復旦哲學·中國哲學文獻叢書

玖

主編

吳震　［日］吾妻重二　［韓］張東宇

東亞《家禮》文獻彙編

朝鮮篇

②

上海古籍出版社

家禮輯覽

［朝鮮］金長生　撰
宋道貴　劉兆玉　整理

《家禮輯覽》解題

[韓]韓在勛　撰　林海順　譯

金長生(一五四八—一六三一)在明宗三年(一五四八)出生於漢城府貞陵洞。本貫光山,字希元,號沙溪,謚文元。在他十三歲(一五六〇)時,師從宋翼弼(一五三四—一五九九),學習了四書和《近思録》等。二十歲(一五六七)時,他前往黄海道海州,成爲李珥(一五三六—一五八四)的門人。他在性理學領域受到李珥的很大影響,而在禮學領域則受到宋翼弼的很大影響。宣祖十一年(一五七八)因學行而被舉薦爲昌陵參奉,一五八一年因宗系辨誣一事隨父去明朝,回來後成爲敦寧府參奉。其後歷任順陵參奉、平市署奉事,後被除授爲活人署別提、司圃署別提、司饔院奉事,但都以身病爲由没有赴任。其後,歷任定山縣監、户曹正郎、軍資監僉正、南陽府使、宗親府典簿等。

金長生雖然也留下了《近思録釋疑》和《經書辨疑》等與性理學相關的著述,但其代表性的業績則集中於禮學。在父親喪中(一五八三年),完成了《喪禮備要》;一五九九年完成了《家禮輯覽》(一六八五年刊行)。《疑禮問解》則是在他死後,由其子金集(一五七四—一六五六)

進行校讎，於一六四六年刊行。如果説《喪禮備要》和《疑禮問解》是爲了考證行禮現場要求的常禮和變禮的多樣内容而著述的，那麽《家禮輯覽》則是爲了徹底通曉《家禮》的儀度和名物而著述的。金長生因爲留下了這三種禮書而被評價爲韓國禮學的宗匠。

若具體考察《家禮輯覽》的結構，與《家禮圖》相關聯的標題語三十六個、與《家禮序》相關聯的標題語三十一個、《通禮》四個項目中標題語二百八十一個、《冠禮》三個項目中標題語九十九個、《昏禮》八個項目中標題語一百三十二個、《喪禮》二十九項目中標題語七百八十四個、《祭禮》七個項目中標題語一百四十八個等，共提出了一千五百一十一個與《家禮》相關聯的標題語，並對此進行了考證和補正。

《家禮輯覽》提出的對《家禮》的考證大體上是從兩個方向進行的。第一，爲了準確理解《家禮》，對於《家禮》中出現的被視爲重要的字、詞和文章，《家禮輯覽》仔細地用標題語進行提示，並加以考證。第二，對於相關禮文或禮制，如果禮書或學者們的見解互相不同時，《家禮輯覽》没有止於將之平面羅列，而是對异説間的優劣進行評價並判斷取捨。

《家禮輯覽》不僅對《家禮》進行了考證，而且還進行了補正。例如，除了丘濬（一四二一—一四九五）在《家禮儀節》中提出的《家禮圖》六種問題點之外，還追加提出了十四處《家禮圖》與《家禮》本文不符的内容。并提議用「祠堂全圖」中丁字閣形態的祠堂圖來補充《家禮》的不足。除此之外，如果説爲便於理解《家禮》中出現的五服年月相關的歷代沿革内容，《家禮輯覽》提供了簡單整理的《五服年月歷代沿革》，那麽修正《家禮》的誤字或闕文自不必説，將《家禮圖》中的「行冠禮圖」分離重構爲「長子冠禮圖」和「衆子冠禮圖」，則是其代表性的成果。

朝鮮中期的《家禮》研究從準備行禮的標準指針的階段，經過全面理解《家禮》的階段，再進入考證的層面，這是到十六世紀後半期的傾向。《家禮輯覽》既是其成果，同時也促使《家禮》發展到了補充和修正的層面，可謂具有揭示十七世紀以後《家禮》研究方向的意義。

本次整理，以韓國國立中央圖書館藏本《家禮輯覽》爲底本進行整理。底本圖書編號爲古朝29—86，共十一卷六册，無目録，半頁六行，行二十字，四周單邊，内向二葉花紋魚尾，中間記書名「家禮輯覽」。

目録

家禮輯覽卷之四

家禮輯覽卷之五

家禮輯覽卷之六

家禮輯覽卷之七

家禮輯覽卷之八

家禮輯覽卷之九

家禮輯覽卷之十

家禮輯覽序

余自幼受讀《家禮》，嘗病其未能通曉。既而從友人申生義慶，與之講論，積有年紀。又就正于師門，遂粗得其梗概。因共取諸家之説，要删纂注於逐條之下，編爲一書，名以《家禮輯覽》。又爲《圖説》，揭之卷首，然後此書名物俱舉，義意粗明，初學之士或有取焉，則亦不無小補云爾。

萬曆己亥季秋光山金長生序。

家禮輯覽後序

晦庵朱夫子編集《家禮》、《小學》、《近思録》諸書，及如《四書》、二經，下至周、程、張、邵文字，無不注釋辨解，而唯《禮經》則晚歲始得施功。自以精力衰耗，其所以求助付託於朋友者，極其諄諄然。而其所編摩，至於《王朝禮》十四而止，所謂《儀禮通解》者是爾，而喪祭二禮則猶未及焉。其體用本末之粗完而可以羽翼本經者，獨《家禮》一書而已。我文元公老先生早登栗谷之門，其所誦法一主晦庵，而自《小學》以下，皆有辨疑，曾已刊行，而所釋《近思録》，則編入於守夢鄭公曄《釋疑》中矣。常以爲朱夫子晚年所致意者，惟在禮書，則後學於此尤當盡心焉。既爲《喪禮備要》、《疑禮問解》以盡其常變。又以爲《家禮》之書，出於草創亡失之餘，而其儀度名物之際，讀者猶有病焉者，遂逐條解釋，辨別其章句，填補其闕略，訛者正之，疑者闕之。既成，名以《家禮輯覽》。又爲《圖説》一編，寘在卷首。而凡古今儀物之可徵者，悉皆如指諸掌焉。自後《家禮》之書人皆可讀焉，其功可謂盛矣。蓋自皇朝以來，祖述此書者，有丘氏《儀節》、魏氏《會成》、楊氏《正衡》而。然其損益修潤皆不純乎朱子之本意，而或反有相戾者，故退溪李先生常不滿於丘《儀》，其於魏、楊可知矣。蓋以此書即是草本而未及再修者，故後世之議論敢到而至，或以爲非夫子之所編，則其謬益甚矣。然其冠、昏之修既冠於《通解》之首，則學者自可推本求末，而後世紛紛不足慮矣。惟喪、祭二禮未暇及焉。勉齋《續編》雖甚詳審精密，然學者猶以未經夫子之手，不能無遺憾焉。以故先生於此二禮用功尤深，雖謂之置水不漏可也。然則是書也，可與勉齋《續編》共爲輿衛於朱門也審矣。嗚呼！禮者本乎天理，而紀綱人道之大端，故《書》曰「天叙有典」，而又必曰「天秩有禮」。夫子論夏商周之因革，必以禮爲言。而朱夫子則又以爲典禮淆訛，便爲憸人舞文弄法，迷國誤朝。若梳洗得此書頭面出來，則亦非少助也。又歎餘日無多，嘗曰：「未知及見此書之成否？」其憂患後世可謂至矣。先生深知其意，有若親承付託於函丈之間。至於易簀之歲，猶且不住點綴，卒爲成書。朱侍郎所謂當有以識其心之所存者，其在斯歟！噫！先生之功，庸或知之，而先生之心，未必知之也。若余小子，弱冠獲遊門下，服習緒餘，不爲不久，而行之不力，老矣無成，感良工之獨苦，撫遺編而興喟。嘗竊妄論，以爲先生之心真以朱夫子晚年之心爲心也，恨不得使朱侍郎見之也。先生没後，胤子文敬公與諸門人共加校讎，藏之巾笥。達城徐公文重、完山李公師命，前後爲西南方伯，剞劂而行於世，蓋亦知其有補於風教也。

崇禎旃蒙赤奮若孟夏日門人恩津宋時烈謹序。

家禮輯覽凡例

一、《圖説》一依《家禮》次序，而間有補入者，故其序有不同者，覽者詳之。

一、凡添補諸説，皆引其書名與篇目，至於瞽説，則以「愚」字「按」字别之。

一、凡喪具，既有《家禮》、《儀禮》舊制，然亦有俗制之便宜者，則並存之，使其用者有所擇焉。他皆倣此。

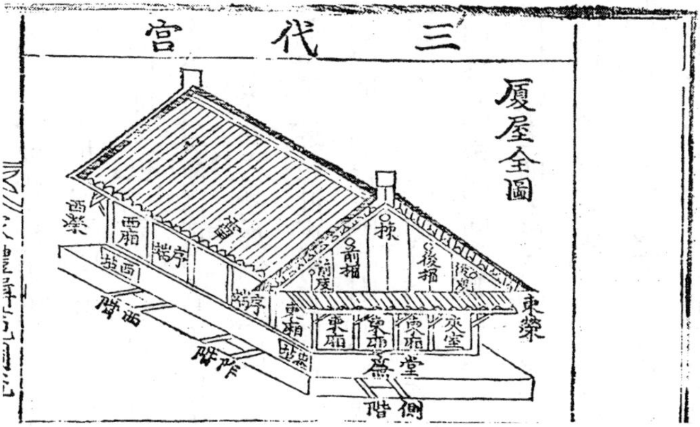
三代宮
厦屋全圖
西榮
東榮
西序
東序
前楣
後楣
西廂
東廂
東夾
西夾
東房
室
堂
西階
阼階
側階

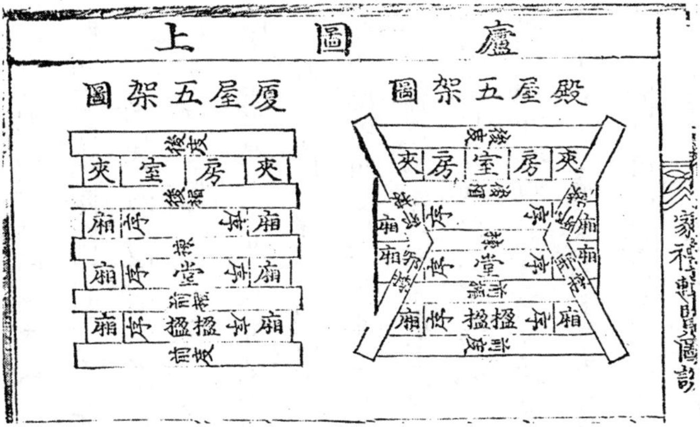
廬圖上
厦屋五架圖
殿屋五架圖
後庋
夾
室
房
後楣
廂
序
堂
楣
前庋

朱子曰：「殿屋五間，前皆爲堂，後爲房室，中間之前爲兩楹間，後爲室。東間之前爲東楹之東，又少東爲阼階，上少北爲東序，後爲東房。西間之前爲西楹之西，又少西爲賓階，上少北爲西序，後爲西房。序即墻也。設位在東西序者，負墻而立也。其南爲序端。東序之東，西序之西爲夾。亦謂之廂。又《説文》云：「廂，廊也。廊，東西序也。」此亦可見。但疑「序」下脱一「外」字。其前爲東西堂，其後爲東西夾室。夾外之廣爲側階，房後爲北階。此其地之盤也。其棟則中三間爲一棟，横指東西，至兩序之上而盡。遂自此處分爲四棟，邪指四隅，上接横棟，下與霤齊。此其上棟之制，所謂四阿也。其宇，則横棟前後即爲南北兩下，横棟盡外即爲東西兩下，四棟之旁即各連所向而下。四面欀桷覆堂簾出階外者，謂之廡。《説文》云：「廡，堂下周屋也。」其屋盡水下處，謂之霤。此其下宇之制也。○厦屋則前五間，後四間。無西房。堂中三間之後只分爲兩間，東房西室。其餘並如殿屋之制。但五間皆爲横棟，棟之前後皆爲兩下之宇。横棟盡外有版下垂，謂之搏風。搏風之下亦爲兩廡，接連南北，以覆側階，但其廡亦不出搏風之外耳。《儀禮疏》云：「卿大夫爲厦屋，其室兩下而四周之。」○殿屋四阿連下爲廡。四面之檐，其水皆多，故其檐皆得以霤爲名。厦屋南北兩下之廡與殿屋同，故其檐亦謂之霤。東西兩廡則但爲腰檐，不連棟下，又不出搏風之外，雖或有水，亦不能多，故但謂之榮，謂之翼，而不得以霤名也。榮、翼乃腰檐之名，《疏》乃直指搏風，誤矣。○見《大全》。」

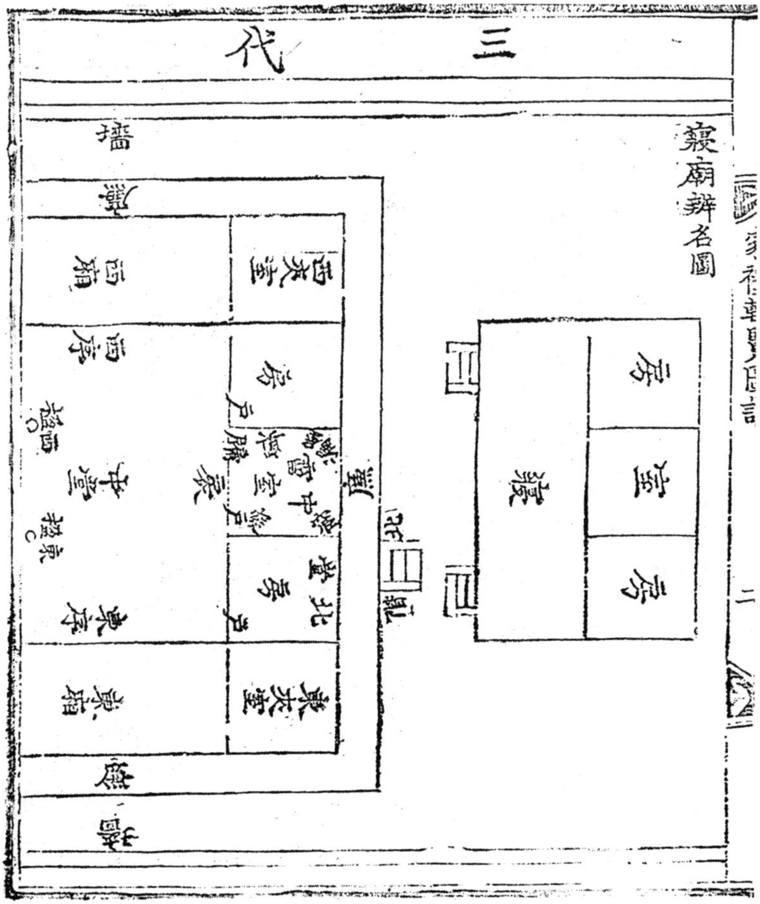
寢廟辨名圖
三代
房
室
房
寢
西夾室
西廂
房
西序
中堂
東序
東夾室
東廂

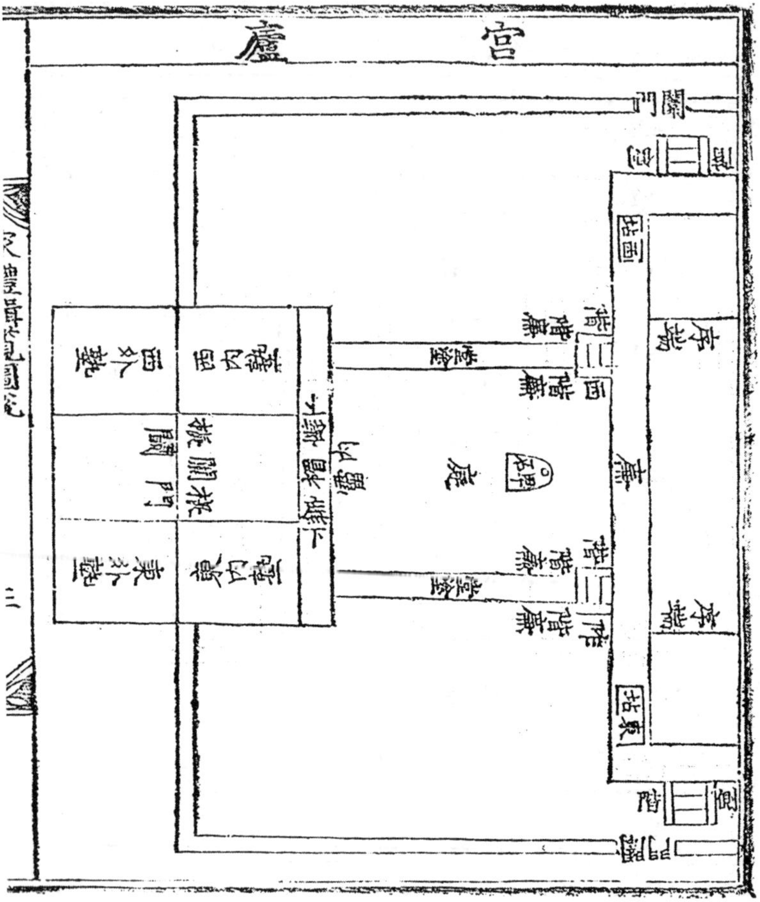

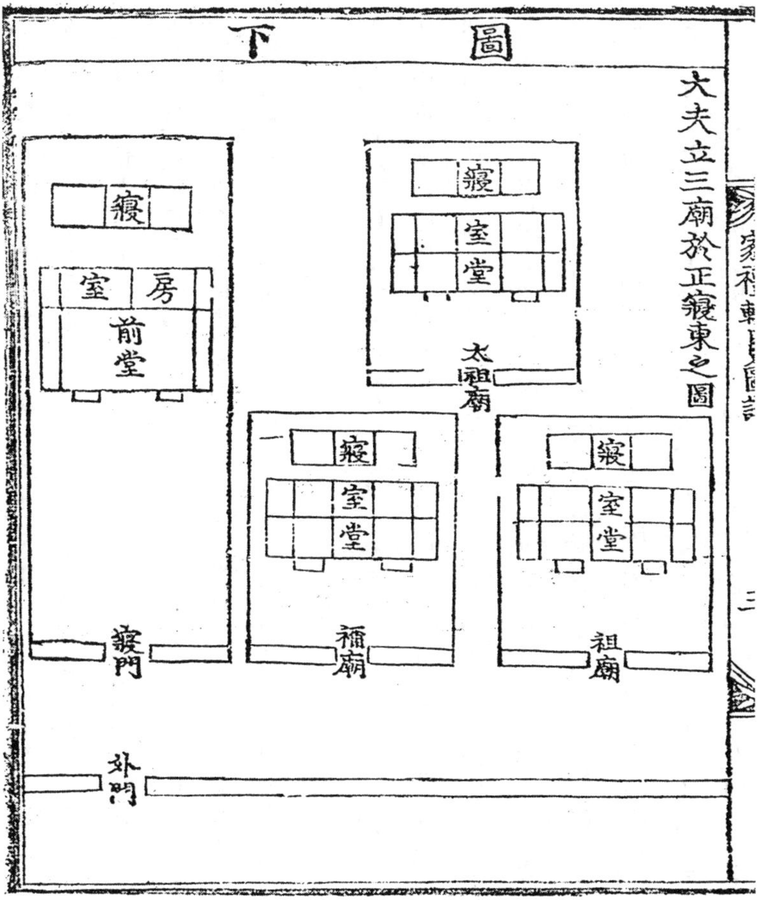
圖　下
大夫立三廟於正寢東之圖
寢
室
堂
太祖廟
寢
室
房
前堂
寢門
寢
室
堂
禰廟
寢
室
堂
祖廟
外門

朱子曰：「宮室之名制，不盡見於經。其可考者，宮必南向，廟在寢東，皆有堂有門，其外有大門。《周禮》：「建國之神位，右社稷，左宗廟。」宮南鄉而廟居左，則廟在寢東也。寢廟之大門，一曰外門，其北蓋直寢，故《士喪禮注》以寢門爲内門、中門。凡既入外門，其向廟也，皆曲而東行，又曲而北。案《聘禮》：公迎賓于大門内，每門每曲揖，及廟門。賈氏曰：「諸侯五廟，太祖之廟居中，二昭居東，二穆居西。每廟之前，兩旁有隔墻，墻皆有閤門。諸侯受聘于太祖廟。太祖廟以西隔墻有三大門，東行至太祖廟，凡經三閤門，故曰『每門』也。大夫三廟，其墻與門亦然，故賓問〔大夫〕，大夫迎賓入，亦每門每曲揖，乃及廟門。」其説當考。大夫、士之門，惟外門内門而已。諸侯則三，天子則五。庠序則惟有一門。《鄉飲酒》、《射禮》主人迎賓于門外，入門即三揖至階是也。

堂之屋，南北五架。中脊之架曰棟，次棟之架曰楣。《鄉射禮·記》曰：「序則物當棟，堂則物當楣。」《注》曰：「是制五架之屋也。正中曰棟，次曰楣，前曰庪。」賈氏曰：「中脊爲棟，棟前一架爲楣，楣前接檐爲庪。今見於經者，惟棟與楣而已。棟一名阿。」又曰：「凡堂皆五架，則五架之屋通上下，而其廣狹隆殺則異爾。」後楣

以北爲室與房。後楣之下，以南爲堂，以北爲室與房。室與房東西相連爲之。案：《少牢饋食禮》：「主人室中獻祝，祝拜于席上，坐受。」《注》曰：「室中迫狹。」賈氏曰：「棟南兩架，北亦兩架。棟北楣下爲室，南壁而開户。以兩架之間爲室，故云『迫狹』也。序之制則無室。」人君左右房，大夫、士東房西室而已。案《聘禮》：賓館于大夫、士，君使卿還玉于館也，賓亦退負右房。則大夫亦有右房矣。又《鄉飲酒禮·記》：「薦出自左房。」《少牢饋食禮》：「主婦薦自東房。」亦有左房、東房之稱，當考。室中西南隅謂之奥。邢昺曰：「室户不當中而近東。

西南隅最爲深隱，故謂之奥，而祭祀及尊者常處焉。」東南隅謂之窔。烏吊反。○郭氏曰：「窔亦隱闇。」《補》程氏復心曰：「宧音怡。室東北隅，養也。窔亦作穾。」西北隅謂之屋漏。《曾子問》謂之「當室之白」。孫炎曰：「當室日光所漏入也。」鄭謂：「當室之白，西北隅得户明者。」經止曰「西北隅」。室南其户，户東而牖西。《説文》曰：「户，半門也。牖，穿壁以木爲交窗也。」《月令正義》：「古者窟居開其上取明，雨因霤之，是以後人名室爲中霤。開牖者，象中霤之取明也。牖一名鄉，其扇在内。」案《士虞禮》：「祝闔牖户，如食間，啓户，啓牖鄉。」《注》：「牖先闔後啓，扇在内也。鄉牖一名是也。」户牖之間謂之依。郭氏曰：「窗東户西也。」《覲禮》「斧依」，亦以設之于此而得依名。《士昏禮注》曰：「户西者，尊處。」以尊者及賓客位于此，故又曰客位。户東曰房户之間。《士冠禮注》：「房西，室户東也。」寢廟以室爲主，故室户專得户名。凡言户者，皆室户，若房户，則兼言房而别之。大夫、士房户之間，於堂爲東西之中。人君之制，《經》無明證。按：《釋宫》曰：「兩階間謂之鄉。」郭氏曰：「人君南向當階間。」則人君之室正中，其西爲右房，而户牖間設依處正中矣。又按：《詩·斯干》曰：「築室百堵，西南其户。」《箋》曰：「天子之寢左右房，異於一房者之室户也。」《正義》：「大夫惟有一東房，故室户偏東，與房相近。天子諸侯既有右房，則室當在其中，其户正中，比一房之室户爲西。」當考。房户之西曰房外。《士冠禮注》：「房之户於房南壁，亦當近東。」房中半以北曰北堂，有北階。《士昏禮·記》：「婦洗在北堂，直室東隅。」《注》：「北堂，房中半以北。」賈氏曰：「房與室相連謂之房，無北壁，故得北堂之名。」按婦洗在北堂，而《士虞禮》「主婦洗足爵于房中」，則北堂亦通名房中矣。堂之上東西有楹。楹，柱也。古之築室者，以垣墉爲基而屋其上，惟堂上有兩楹而已。楹之設於前楣之下。按：《釋宮》曰：「梁上楹謂之梲。」梲，侏儒柱也。梁，楣也。侏儒柱在梁之上，則楹在楣之下，又可知矣。堂東西之中曰兩楹間。《公食大夫禮》：「致豆實陳于楹外，簠簋陳於楹内兩楹間。」言楹内外矣，又言兩楹間，知凡言兩楹間者，不必與楹相當，謂堂東西之中爾。南北之中曰中堂。《聘禮》：「受玉于中堂與東楹之間。」《注》：「中堂，南北之中也。」賈氏曰：「後楣以南爲堂，堂凡四架，前楣與棟之間爲南北堂之中。」案：《士喪禮·注》：「中以南謂之堂。」賈氏曰：「堂上行事，非專一所。若近户即言户東、户西，近房即言房外、房東，近楹即言東楹、西楹，近序即言東序、西序，近階即言東階、西階。其堂半以南無所繼屬者，即以堂言之。『祝淅米于堂』是也。」堂之東西墻謂之序。郭氏曰：「所以序别内外。」序之外謂之夾室。《公食大夫禮》：「大夫立于東夾南。」《注》：「東於堂。」賈氏曰：「序以西爲正堂，序東有夾室。今立于堂下當東夾，是東於堂也。」又案：《公食禮》：「宰東夾北，西面。」賈氏曰：「位在北堂之南，與夾室相當。」《特牲饋食禮》：「豆、籩、鉶在東房。」《注》：「東房，房中之東，當夾北。」則東夾之北通爲房中矣。室中之西與右房之制無明文。東夾之北爲房中，則西夾之北蓋通爲室中。其有兩房者，則西夾之北通爲右房也歟？夾室之前曰箱，亦曰東堂、西堂。《覲禮·記》注：「東箱，東夾之前，相翔待事之處。」《特牲饋食禮注》：「西堂，西夾之前近南爾。」賈氏曰：「即西箱也。」《釋宮》曰：「室有東西箱曰廟。」郭氏曰：「夾室前堂。」是東箱亦曰東堂，西箱亦曰西堂也。《釋宮》又曰：「無東西箱，有室曰寢。」案：《書·顧命》疏：「寢有東夾、西夾。」《士喪禮》：「死于適寢，主人降，襲絰于序東。」《注》：「序東，東夾前。」則正寢亦有夾與箱矣。《釋宮》所謂「無東西箱」

者，或者謂廟之寢也歟？凡無夾室者，則序以外通謂之東堂、西堂。案：《雜記》：「婦人奔喪，外自側階。」《注》：「側階，旁階。」《奔喪》曰：「婦人奔喪，升自東階。」《注》：「東階，東面階。」東面階則東堂之階，其西堂有西面階也。東堂下、西堂下，曰堂東、堂西。《大射儀》：賓之弓矢止于西堂下，其將射也，賓降取弓矢于堂西，即西堂下也。《特牲饋食禮》：「主婦視饎爨于西堂下。」《記》曰：「饎爨在西壁。」則自西壁以東，皆謂之西堂下矣。又案：《大射儀》：「執冪者升自西階。」《注》：「羞膳者從而東，由堂東升自北階，立于房中。」則東堂下可以達北堂也。堂角有坫。《士冠禮注》：「坫在堂角。」賈氏釋《士喪禮》：「堂隅有坫，以土爲之。」或謂堂隅爲坫也。堂之側邊曰堂廉。《喪大記正義》：「堂廉，堂基南畔，廉稜之上也。」又案：《鄉射禮》：「梟弓倚于堂西，矢在其上。」《注》：「上堂西廉。」則堂之四周皆有廉也。升堂兩階，其東階曰阼階。《士冠禮注》：「阼，酢也。東階所以答酢賓客也。」每階有東西兩廉。《聘禮》：「饗鼎設于西階前，當內廉。」此則西階之東廉，以其近堂之中，故曰內廉也。士之階三等。案《士冠禮》：「降三等受爵弁。」《注》：「下至也。」賈氏曰：「《匠人》云：『天子之堂九尺。』賈、馬以爲階九等。諸侯堂宜七尺，階七等。大夫宜五尺，階五等。士宜三尺，故階三等也。兩階各在楹之外而近序。」堂下至門謂之庭。三分庭一，在北設碑。《聘禮注》：「宮必有碑，所以識日景，知陰陽也。」又曰：「設碑近如堂深。」堂深，謂從堂廉北至房室之壁。三分庭一，在北設碑，而碑如堂深，則庭蓋三堂之深也。又案：鄉射之侯去堂三十丈，大射之侯去堂五十四丈，則庭之深可知，而其隆殺之度從可推矣。○《補》孫氏何曰：「古之所謂碑者，乃葬祭饗聘之際所植一大木耳，而其字從石者，將取其堅且久乎？」堂塗謂之陳。郭氏曰：

「堂下至門徑也。」其北屬階，其南接門内霤。按：凡入門之後，皆三揖至階。《昏禮注》：「三揖者，至内霤，將曲揖，既曲，北面揖，當碑，揖。」賈氏曰：「至内霤將曲者，至門内霤，主人將東，賓將西，賓主相背時也。既曲北面者，賓主各至堂塗，北行向堂時也。」又案：《聘禮》：「饔鼎設于西階前，陪鼎當内廉。」《注》：「辟，堂塗也。」則堂塗在階廉之内矣。**中門屋爲門，門之中有闑。**《士冠禮注》：「闑，橜也。」《釋宫》曰：「樴在地者謂之臬。」郭氏曰：「即門橜也。」然則臬者，門中所樹短木在地者也，其東曰闑東，其西曰闑西。**門限謂之閾。**《釋宫》曰：「柣謂之閾。」郭氏曰：「閾，門限。」邢昺曰：「謂門下横木，爲内外之限也。」其門之兩旁木則謂之棖。棖、闑之間則謂之中門。**闔謂之扉。**邢昺曰：「闔，門扉也。」其東扉曰左扉。門之廣狹，按：《士昏禮》「納徵儷皮」，《記》曰「執皮左首隨入」。《注》：「隨入，爲門中阨狹。」《匠人》云：「廟門容大扃七個。」大扃，牛鼎之扃，長三尺，七個二丈一尺，彼天子廟門。此士之廟門，降殺，甚小，故云「阨狹」也。推此則自士以上宫室之制雖同，而其廣狹則異矣。**夾門之堂謂之塾。**《釋宫》曰：「門側之堂謂之塾。」郭氏曰：「夾門堂也。」門之内外，其東西皆有塾，一門而塾四，其外塾南向，内塾北向也。凡門之内兩塾之間謂之宁。謂之宁者，以人君門外有正朝，視朝則於此宁立故耳。周人門與堂脩廣之數不著於經。案：《匠人》云：「夏后氏世室，堂脩二七，廣四脩一。」堂脩謂堂南北之深，其廣則益以四分脩之一也。「門堂三之二，室三之一。」門堂通謂門與塾，其廣與脩取數於堂，得其三之二。室三之一者，兩室與門各居一分也。以夏后氏之制推之，則周人之門殺於堂之數，亦可得而知矣。**門之内外，東方曰門東，西方曰門西。**《特牲饋食禮注》：「凡向内以入爲左右，向外以出爲左右。」《士冠禮注》又曰：以入爲左右，則門西爲左，門東爲右；以出爲左右，則門東爲左，門西爲右。天子、諸侯門外之制，其見於經者，天子有屏，諸侯有朝。《釋宫》曰：「屏謂之樹。」郭氏曰：「小墻當門中。」《曲禮正義》：「天子外屏，屏在路門之外。諸侯内屏，屏在路門之内。」《釋宫》又曰：「門屏之間謂之宁。」謂宁在門之内，屏之外。此屏據諸侯内屏而言也。諸侯路寢門外則有正朝，大門外則有外朝。諸侯三朝，其燕朝在寢，燕禮是也。正朝與外朝之制度不見於經，蓋不可得而考矣。寢之後有下室。《士喪禮注》：「下室，如今之内堂。正寢廳事。」賈氏曰：「下室，燕寢也。然則士之下室，於天子、諸侯則爲小寢也。」又案：《喪服傳》：「有東宫，有西宫，有南宫，有北宫，異宫而同財。」《内則》：「由命士以上，父子皆異宫。」賈氏釋《士昏禮》：「異宫者，别有寢。若不命之士，父子雖大院同居，其中亦隔别，各有門户。則下室之外，又有異宫也。」自門以北皆周以墻。按：墻者，墉壁之總名。室中謂之墉，房與夾亦謂之墉。堂上謂之序，室房與夾謂之墉，堂下謂之壁，謂之墻，其實一也，隨所在而異其名爾。堂下之壁，闈門在焉。《士虞禮注》：「闈門如今東西掖門。」《釋宫》曰：「宫中之門謂之闈。」郭氏曰：「謂相通小門也。」是正門之外又有闈門而在旁壁也。人君之堂屋爲四注，大夫、士則南北兩下而已。按：《考工記》：「殿四阿重屋。」《注》：「四阿，若今之四注屋。」殷人始爲四注，則夏后氏之屋南北兩下而已。周制，天子、諸侯得爲殿屋四注，卿大夫以下但爲夏屋兩下。四注則南北東西皆有霤，兩下則唯南北有霤，而東西有榮。霤者，《説文》：「屋水流也。」徐鍇曰：「屋檐滴處。」榮者，《説文》：「屋梠之兩頭起者爲榮。」又曰：「梠，齊謂之檐，楚謂之梠。」郭璞注《上林賦》曰：「南榮，屋南檐也。」然則檐之東西起者曰榮，謂之榮者，爲屋之榮飾。謂之屋翼者，言其軒張如翬斯飛耳。門之屋，雖人君亦兩下爲之。凡屋之檐，亦謂之宇。《士喪禮注》：「宇，梠也。」《説文》：「宇，屋邊也。」

《釋宫》曰："檐謂之樀。"郭氏曰："屋梠。"邢昺曰："屋檐一名樀，一名梠，又名宇，皆屋之四垂也。"宇西階上者，西階之上，上當宇也。階之上當宇，則堂廉與坫亦當宇矣。《特牲饋食禮》："主婦視饎爨于西堂下。"《注》："南齊于坫。"其《記》又《注》曰"南北直屋梠"是也。階上當宇，故階當霤。此其著於經而可考者也。"《禮經》雖亡闕，然於覲見天子之禮，於燕、射、聘、食見諸侯之禮，餘則見大夫、士之禮。宫室之名制不見其有異，特其廣狹隆殺不可考耳。案：《書·多士》傳："天子之堂廣九雉，三分其廣，以二爲内，五分内，以一爲高，東房、西房、北堂各三雉。公侯七雉，三分廣，以二爲内，五分内，以一爲高，東房、西房、北堂各一雉。伯、子、男五雉，三分廣，以二爲内，五分内，以一爲高，東房、西房、北堂各一雉。士三雉，三分廣，以二爲内，五分内，以一爲高，有室，無房、堂。"《注》："廣，榮間相去也。雉，長三丈。内，堂東西序之内也。高，穹高也。"此《傳》説房、堂及室，與經亦不合，然必有所據，姑存之以備參考。○見《大全》。○《語類》：李丈問太廟堂室之制。朱子曰："古制是不可曉。禮説，士堂後一架爲室，蓋其窄狹。天子便待加得五七架，亦窄狹。不知周家三十以上神主位次相逼，如何行禮？室在堂後一間，從堂内左角爲户而入。西壁如今之墻上爲龕，太祖居之，東向。旁兩壁有牖，群昭列於北牖下而南向，群穆列於南牖下而北向。堂又不爲神位，而爲人所行禮之地。天子設黼扆於中，受諸侯之朝。"○又曰："宫即墻也。"○又曰："《書》言天子有應門，《春秋》書魯有雉門，《禮記》云魯有庫門，皆無云諸侯有臯應者，則臯應爲天子之門明矣。"

三代器

簠

外方内圓盛稻粱之簠器口徑六寸足高二寸挫其四角有蓋象龜其中受十三升

簠

釋奠儀用銅鑄造幷蓋重一十三斤二兩通高七寸深二寸濶八寸一分腹徑長一尺二分

籩　冪巾

釋奠儀以竹為之口徑四寸九分通足高五寸九分深一寸四分足徑五寸一分巾用綌玄被纁裏圓一幅以盛物容四升

登

盛湆以瓦為之足徑尺八寸高二尺四寸小身上有蓋

内方外圓盛黍稷之器所盛之數及蓋之形制與簠同

簋

釋奠儀幷蓋重九斤通蓋高六寸七分深二寸八分濶五寸腹徑長七寸九分濶五寸六分

豆

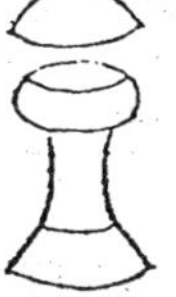

釋奠儀以木為之高下深淺口徑足徑並依籩制以盛濡物

鉶

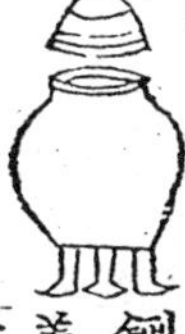

禮書鉶鼎所以實羹者鉶羹所以具五味也自羹言之則曰鉶羹自器言之則曰鉶鼎

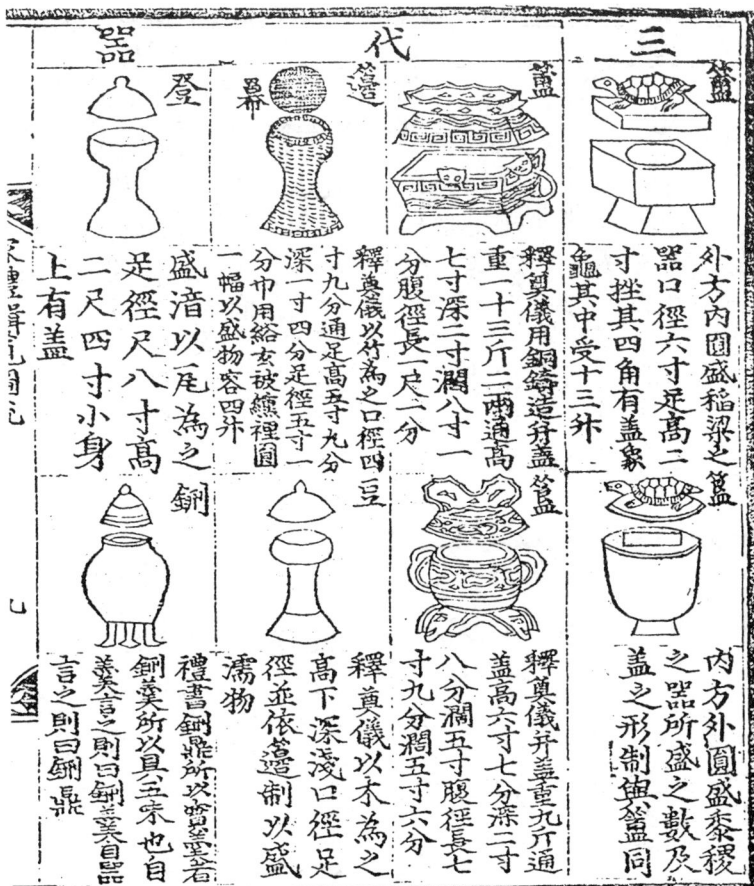

用之圖

鼎

三禮圖牛鼎受一斛天子飾以黃金諸侯白金羊鼎受五斗亦以銅為之豕鼎受三斗牛鼎三足如牛每足上以牛頭飾之羊豕二鼎亦如之所謂周之禮飾器各以其類

鼎扃　鼎畢

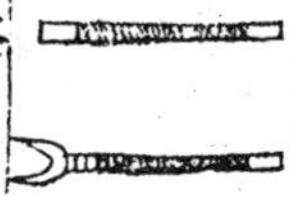

牛鼎扃長三尺羊鼎二尺五寸豕鼎二尺飾兩端以玉各三寸〇三禮圖葉博三寸中鏤去一寸柄長二尺四寸漆其柄末及兩葉皆以棘木為之

鼎冪

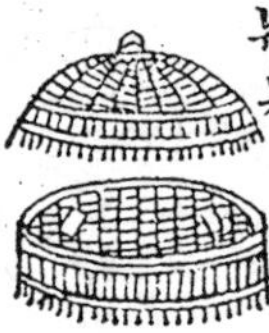

儀禮註凡鼎冪以茅為之長則束本短則編其中盖令其緻密不洩氣也

匕

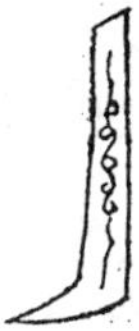

禮書長三尺或五尺有黍稷之匕有牲體之匕有疏匕三匕以棘

俎

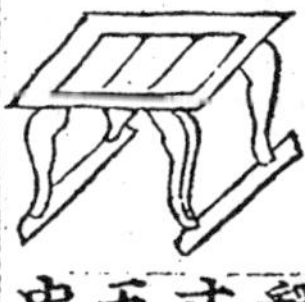

釋奠儀長一尺八寸闊八寸高八寸五分漆兩端以朱中以黑

鑊

周禮亨人掌共鼎鑊以給水火之齊祭祀共大羹鉶羹註鑊煮肉及魚腊之器

錡

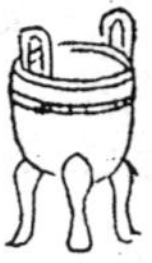

釜

周禮註有足曰錡無足曰釜可用煮蘋藻以供祭

鬲

實五觳厚半寸脣寸郭璞云曲脚鼎也亦用陶以烹飪達水火之氣

大尊

太古瓦尊通足高八寸一分口徑五寸七分腹徑六寸一分足徑三寸八分深六寸五分○追享朝享朝踐用兩大尊太古尊也一盛玄酒一盛醴齊○有虞氏之尊也

著尊

重四斤七兩高八寸四分五釐口徑四寸三分腹徑六寸二分深八寸三分其外畫水紋菱花及魚以飾之秋嘗冬烝朝獻用之以着地無足故名著或云承盥洗棄水

山尊

畫山雲形一盛玄酒一盛盎齊記曰山罍禮書狀如今酒壺頸小有足有流

壺尊

釋奠儀重四斤一兩二錢高八寸四分口徑四寸五分腹徑六寸深七寸一分餘見著尊說

犧尊

重九斤一十兩通足高六寸一分口徑二寸四分頭至足高八寸一分耳高三寸一分五釐耳闊八分五釐深三寸七分○按周禮畫牛於尊今禮局本作犧形

象尊

重一十斤通足高六寸八分口徑一寸八分耳闊一寸二分耳長一寸九分與犧尊同用於春祠夏禴先儒謂飾以象骨陸佃云作象形四足垂其鼻

龍勺

重一斤口徑闊二寸一分長二寸八分深一寸一分柄長一尺二寸九分酌獻盥洗皆以勺挹之

玉爵

周禮大宰享先王贊玉爵○木爵制同受一升見長六寸漆赤中畫雲氣

爵

板

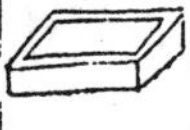

釋奠儀重一斤八兩通柱高八寸二分深三寸三分口徑六寸二分闊二寸九分兩柱三足有流有板金○一升曰爵上有兩柱取不盡之義三足如戈形戒其過則傷也

卣

中尊孫炎云尊彝為上罍為下卣居中卣受五升〇未裸也實卣其將裸則實彝矣尊皆有畫飾惟此寄未詳何飾但圖形

斝

量人凡宰祭與鬱鬯人受斝而皆飲之明堂位曰殷以斝有兩耳

瓚

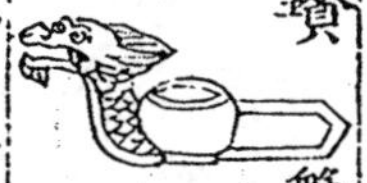

盤

天子以圭為柄諸侯以璋為柄柄厚寸博寸五分鼻寸鼻畀謂龍頭勺徑八寸深二寸瓚下有盤口徑一尺深一寸足徑八寸高二寸〇禮裸始獻酌以降神九命然後賜秬鬯圭瓚以祭宗廟

几

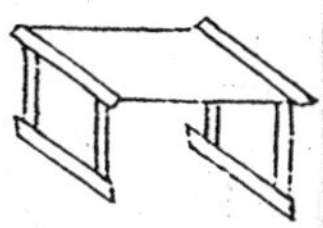

司几筵五几左右玉几彫漆阮氏圖几長五尺高二尺廣二尺兩端赤中央黑漆

筵

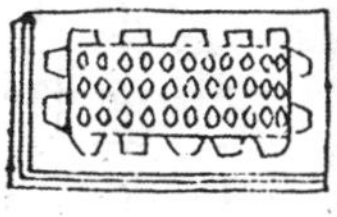

司几筵祀先王設莞繅次三重之席皆有純蒲筵長二尺二寸舊圖無純

洗

重八斤八兩通足高五寸七分口徑一尺三寸六分深二寸九分足口徑八寸九分

洗罍

罍器畫為雲雷之象取其雷震之威以起敬也重十二斤通足高一尺口徑八寸四分深七寸一分足口徑七寸九分

家禮輯覽圖說

度

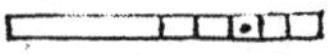

顔師古云取黑黍大小得其中者一黍為分十分為寸十寸為尺十尺為丈十丈為引謂之五度

量

槩

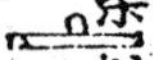

斛

升

斗

以黍千有二百實其龠以水準其槩十龠為合十合為升十升為斗十斗為斛謂之五量

衡

漢書權與物均而生衡衡運生規規圓生矩矩方生繩繩直生準準正則平衡而均權矣是為五則準繩連體權衡合德百工由是足焉

規

以正法式矣

說見衡註

筐

筥

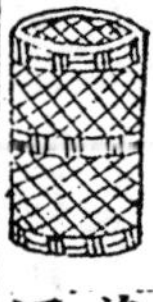

筐筥皆以竹為之祭祀之器詩註方曰筐圓曰筥筐行幣帛及盛物筥但可實物而已

篚

按三禮舊圖篚以竹為之長三尺廣一尺深六寸足高三寸如今小車笭按禮書篚或盛幣帛或盛食饌或盛菜禾或實黍稷

篋

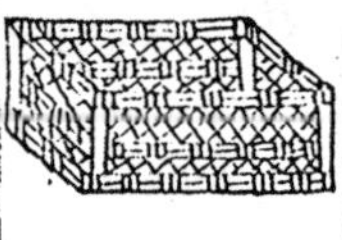

鄭氏曰隋方曰篋則隋者狹而長也

笥

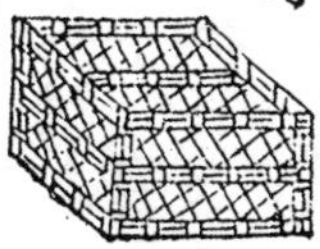

說文飯及衣之器曲禮註圓曰簞方曰笥

揮

植者曰揮

卮

朱子曰酒器也

椸

横竿為椸即衣架也

觚

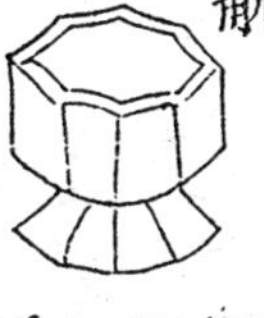

梓人為飲器觚三升獻以爵而酬以觚陳氏云爻體八觚鄭氏引記作觶

匜

朱子曰盛水漿之器也

坫

用以致爵亦以承尊似豆而卑斲木為之口圓微侈徑尺二寸其周高厚俱八分中央直者與周通高八寸横徑八寸足高二寸下徑尺四寸中畫雲氣

釜

朱子曰土釜也今以木為之象土釜之形

圓壺

方壺

容一斛舊圖云飾禮書無飾

罋

甁

周禮甈人甈人王舉則供甈甈各六十罋受二斗甁中寬下直上銳有冪口徑三寸四分腰圓徑七寸五分底圓徑五寸五分容三升

缶

瓦器可以節樂又飲器易尊酒簋貳用缶又汲器左氏具綆缶一曰形如無足盆一曰形如覆盆

盆

盤

盆實二䎨厚半寸脣寸甄土爲之所以盛物古者皆尚陶盤承盥水者

甑

甑甄土為之底七穿通火氣以熟物

庾

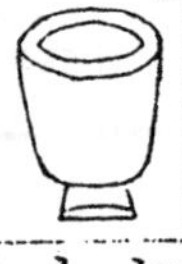

籔

庾實二㲉厚半寸脣寸用以量物亦甄土爲之（）十斗曰斛十六斛曰籔以竹爲之

三代服

皮弁

以白鹿皮為之象太古又舊圖云以鹿皮淺毛黃白者為之高一尺二寸

毋追

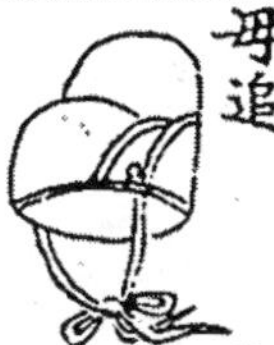

夏之冠以漆布為殼以緇縫其上前廣四寸高五寸後廣四寸高三寸

委貌

周之冠一名玄冠今之進賢冠乃其遺象也

冕

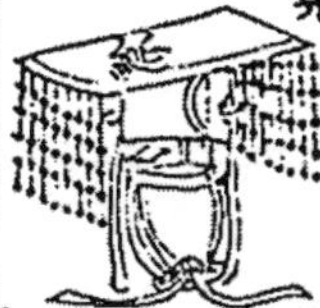

長尺六寸廣八寸前圓後方其旒皆以五綵絲繩貫五采玉每旒各十二垂於冕禮有六冕裘冕無旒袞冕十二旒鷩冕九旒毳冕七旒絺冕五旒玄冕三旒

爵弁

鄭云冕之次其色赤而微黑如爵頭然三十升布為之亦長六寸廣八寸前圓後方無旒而前後平

章甫

商之冠其制與周之委貌夏之毋追俱用緇布為之

弁

周曰弁商曰冔夏曰收俱以三十升布漆為之

家禮輯覽圖說 三

飾之圖

笄

今之簪也士以骨為之大夫以象

纓

結之項下以固冠結之餘者謂之綏

臺笠

臺夫須即莎草也古註謂以夫須皮為笠所以禦暑禦雨

掠頭

交於額上繞髻

髦

用髮為之象幼時鬌劉氏曰子生三月則剪其胎髮為鬌帶之于首男角女羈逮其冠笄也則綵飾之加于冠不忘父母生育之恩也父母喪則去之

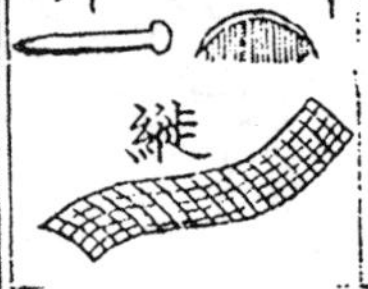

𢷬梳也朱子曰理髮器也○縰者緇纚長六尺所以裹髻承冠以全幅疊而為之○笄者安髮之笄以縰韜髮作髻既訖橫施此笄于髻中以固髻非固冠之笄也

衣

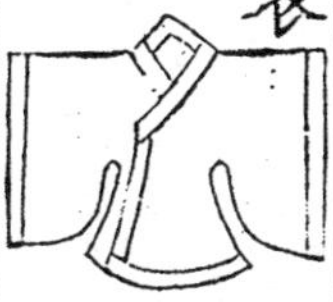

上體之服有玄衮有毛毳衣有黻衣有緇衣有錦衣有深衣其制不一

冕服

皮弁服

婦人褖衣

裳

下體之服古者繡裳五色備前三幅後四幅以纁為之刺繡於其上

爵弁服

緣衣

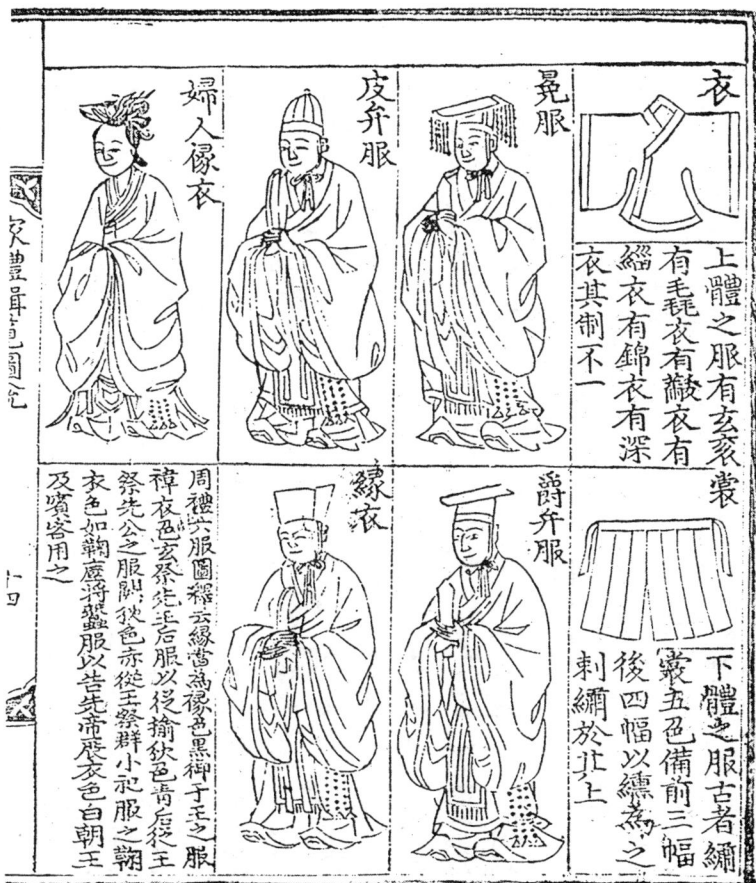

周禮六服圖禒云緣皆為褖色黑御于王之服褘衣色玄祭先王后服以從揄狄色青后從王祭先公之服闕狄色赤從王祭群小祀服之鞠衣色如鞠塵將蠶服以告先帝展衣色白朝王及賓客用之

玄端

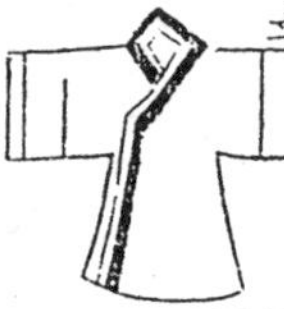

士服也端者取其正也士之衣袂皆二尺二寸而屬幅是廣袤等也其袪尺二寸

中單

正衣祭服其内明衣加以中單以白繒為之青領標襈裾繪黻十一於領用朱刺繡文○以襮領刑若取其赤心奉神也

羔裘

君純羔大夫豹飾袪裏袪裏皆袂也然袂大而袪褎小

大帶

深衣註用白繒袂縫之廣四寸以束腰垂其餘三尺謂之紳

佩玉

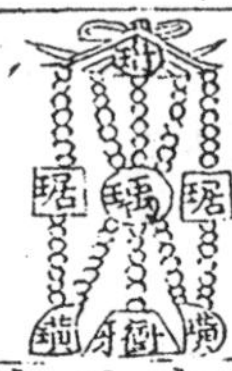

上横曰珩繫三組貫以蠙珠中組之半貫瑀末懸衝牙兩傍組各懸琚璜又兩組交貫於瑀上繫珩下繫璜行則衝牙觸璜而有聲佩於革帶之上

綬

天子佩白玉而玄組綬公侯佩山玄玉而朱組綬大夫佩水蒼玉而純組綬士佩瓀玟而緼組綬綬所以貫玉而相承受者

蔽膝

以羅為表緰為裡與裳同色上下有純去上五寸所繪各有差大夫曰芾士曰韍繫之韋帶

鎮圭

周禮王執鎮圭公執桓圭侯執信圭伯執躬圭鄭註鎮安也所以安四方以四鎮山為瑑飾長尺二寸雙植謂之桓所以安其上以桓為瑑飾長九寸信圭躬圭皆象人形欲其慎行以保身皆長七寸

璋

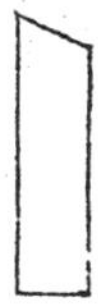

周禮註半圭曰璋又大璋中璋九寸天子以巡狩諸侯以聘女牙璋中璋七寸以起軍旅以治兵守

圭璋繅藉

周禮天子圭璋繅藉圖註繅藉五采五就以繅藉其玉王備五采○諸臣圭璧繅藉圖註圭繅三采三就

笏

忽也君有命則書其上備忽忘也長二尺有六寸其中博三寸其殺六分而去一

璧

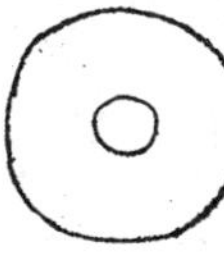

周禮子執穀璧男執蒲璧鄭註穀所以養人蒲為席所以安人二玉以為瑑飾皆徑五寸

璧繅藉

璧繅藉二采二就

偪

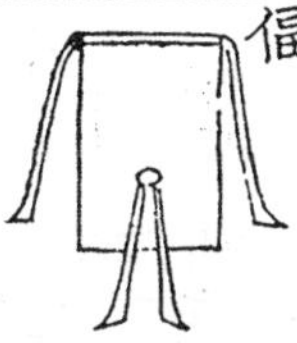

偪者以竹縢偪束其脛自足至膝以自偪束如今行縢

舄

周禮屨人所掌有舄有屨鄭氏謂複下曰舄單下曰屨惟服冕有舄其餘皆屨

紛帨　礪　觿

紛帨拭物之巾也○礪磨刀石也○觿狀如錐角以象骨為之所以解結

玦　捍　遰

玦射決着右手之拇指以鉤弦○捍韝臂也韋為之以捍弦○遰刀蹕也

縞衣婦人服

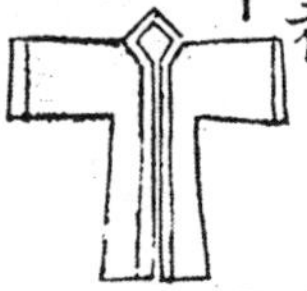

細繒為之戰國策強弩之餘不能穿魯縞是薄繒也

屨

屨頭施綦以為行戒朱子曰綦鞋口帶也古人皆施繫今人從簡易綴之於上如假帶然

金燧　木燧

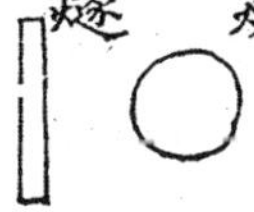

金木二燧以備陰晴之取火

鞞　韘

鞞容刀之鞞今刀鞘也○韘古註沓也以朱韋為之射以彄沓右手食指將指以遂弦也

襘

衣殺前也

縭

香纓也

巾

蒼艾色

玉瑱

塞耳也充耳是已天子以玉諸侯以石以紞懸瑱當耳也紞用絲線織之天子諸侯五色臣三色詩君子偕老註瑱言夫人服飾

童子紳

說見緇衣註

揥

所以摘髮以象骨為之若今之篦兒因以為飾

副

副以覆首為飾祭服有衡笄垂于副旁以懸瑱既笄而加此六飾故謂之珈如漢步搖也

童子服

錦緣緇衣

玉藻童子之節也緇布衣錦緣錦紳并紐錦束髮皆朱錦也童子不裘不帛不屨絇註只白屨不用鼻頭帶未拘之以行戒

纓

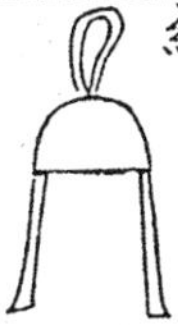

禮記疏用之以佩容臭

右三代宫廬器服之圖，雜出於經傳中者也。《家禮·序文》雖曰「其制皆已不宜於世」，而至於逐條引用其制者多矣。《附注》又有其説，今并著于此，以備參考。

家禮

通禮

祠堂
深衣
居家雜儀

冠禮

冠
笄

昏禮

議昏
納采
納幣
親迎
婦見舅姑
廟見
壻見婦之父母

喪禮一

初終
沐浴
襲
奠
為位
飯含
靈座

魂帛
銘旌
小斂
袒
括髮
免
髽

奠
代哭
大斂
成服
朝夕哭
朝夕奠
朝夕上食

吊
奠
賻
聞喪
奔喪

總圖

喪禮二

治葬　陳器　下棺
遷柩　祖奠　祠后土
朝祖　遣奠　題木主
奠　發引　成墳
賻　及墓　反哭

喪禮三

虞祭　禫　父母亡答人慰疏
卒哭　居喪雜儀　慰人祖父母亡啓狀
祔祭　致奠賻狀　祖父母亡答人啓狀
小祥　謝狀
大祥　慰人父母亡疏

祭禮

四時祭
初祖
先祖
禰
忌日
墓祭

祠堂全圖

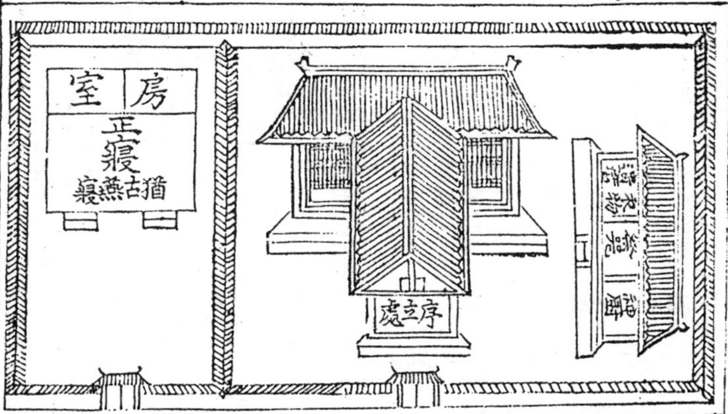

祠堂一間圖

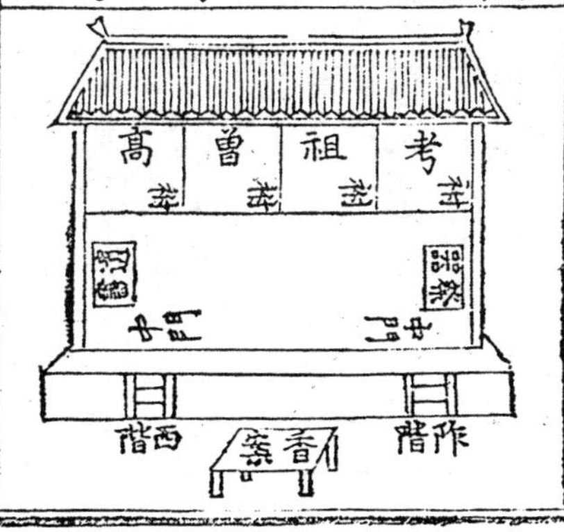

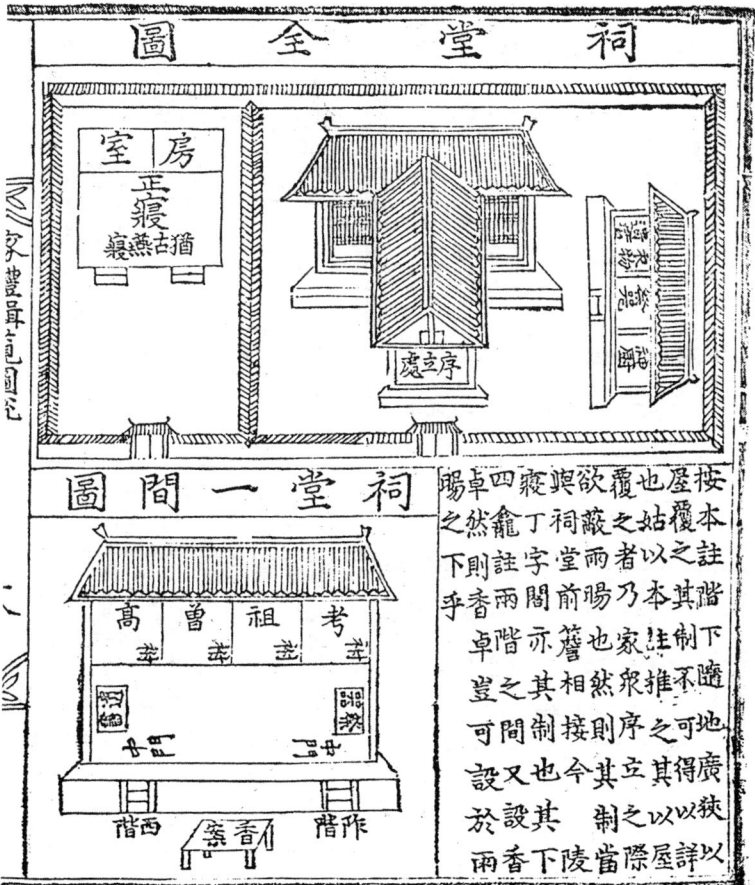

按本註階下隨地廣狹以屋覆之其制不可得以詳也姑以本註推之其以屋覆之者乃家衆序立之際欲蔽兩晹也然則其制當蝩祠堂前簷相接今　陵寢丁字閤亦其制也其下四龕註兩階之間又設香卓然則香卓豈可設於兩晹之下乎

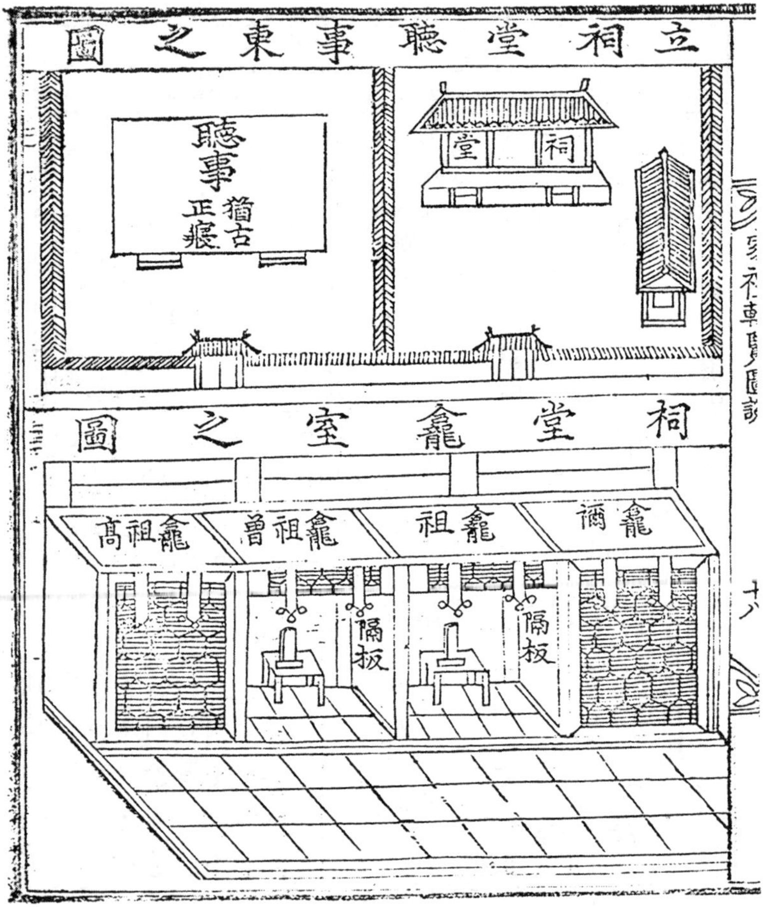
立祠堂聽事東之圖
聽事
猶古正寢
祠堂
家禮輯覽圖說
十八
祠堂龕室之圖
高祖龕
曾祖龕
祖龕
禰龕
隔板
隔板

大宗小

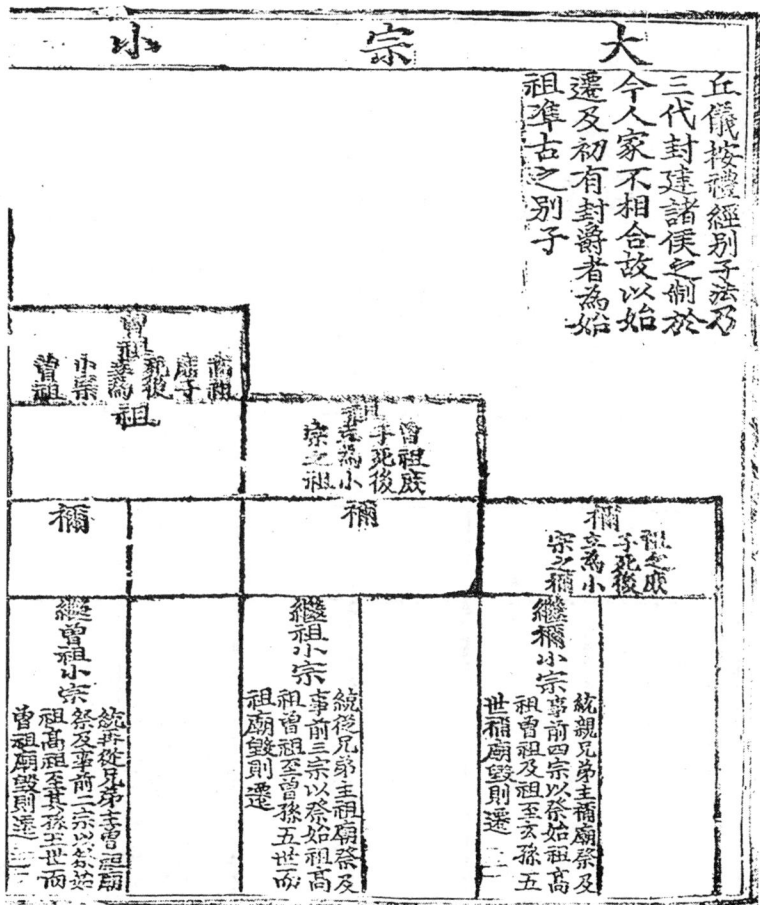

丘儀按禮經別子法乃三代封建諸侯之制於今人家不相合故以始遷及初有封爵者為始祖準古之別子

高祖庶子死後曾祖之孫為小宗曾祖

祖

曾祖庶子死後祖之孫為小宗之祖

禰

祖之庶子死後孫為小宗之禰

禰

禰

繼禰小宗 統親兄弟主禰廟祭及事前四宗以祭始祖高祖曾祖及祖至玄孫五世禰廟毀則遷

繼祖小宗 統從兄弟主祖廟祭及事前三宗以祭始祖高祖曾祖至曾孫五世而祖廟毀則遷

繼曾祖小宗 統再從兄弟主曾祖廟祭及事前二宗以祭始祖高祖至其孫五世而曾祖廟毀則遷

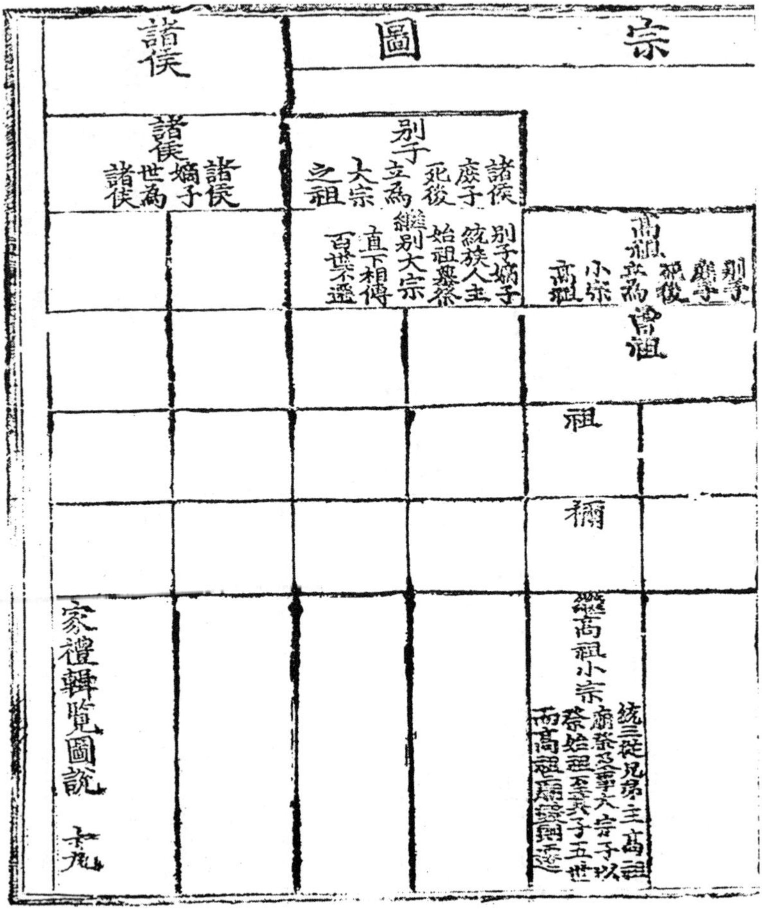
宗圖
諸侯
諸侯
諸侯嫡子世為諸侯
別子
諸侯庶子死後立為大宗之祖
別子嫡子統族人主始祖墓祭繼別大宗直下相傳百世不遷
高祖
曾祖
祖
禰
繼高祖小宗
統三從兄弟主高祖廟祭
家禮輯覽圖說　十九

正至朔日俗節出主櫝前家衆叙立之圖

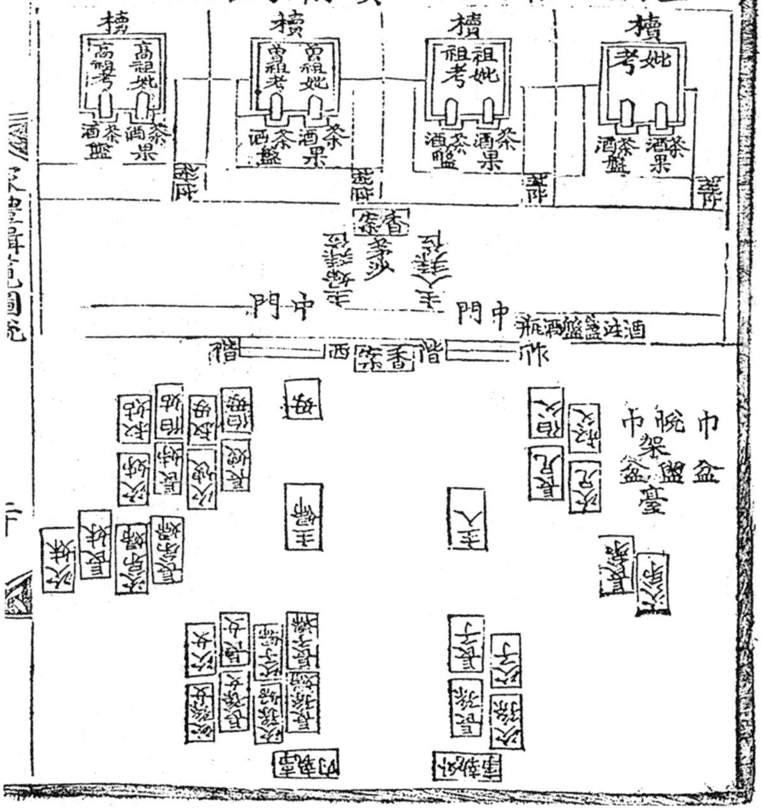

望日不出主圖

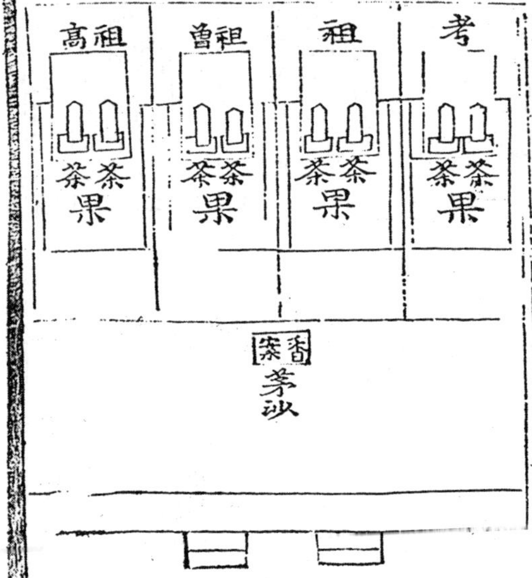

或問今觀此圖諸丈夫既以西為上而諸兄立於主人之東有失兄弟之序故有少前之說然衆兄弟則兄在西弟在東不失其序而亦有少前少後之序何也按王制父之齒隨行兄之齒鴈行朋友不相踰註鴈行竝行而稍後也此圖序立之位亦依此說也何以知之其曰有母則特位於主婦之前子孫外執事在主人之後者卽此隨行也其曰少前少退者卽此稍後也其曰外執事無兄弟之序者恐依此不相踰之序也

男女盛服圖

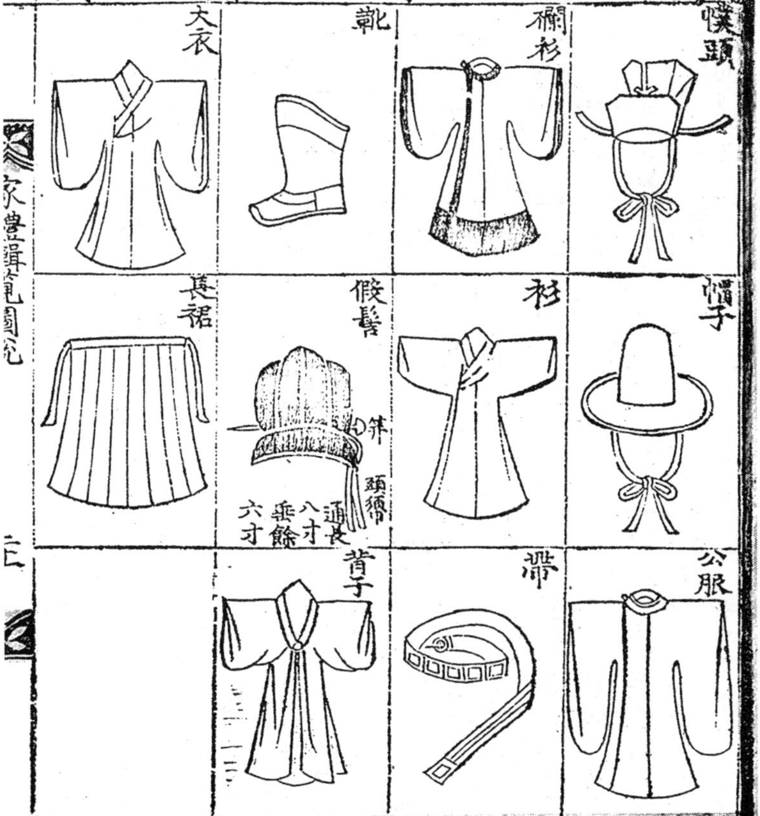

祭器圖

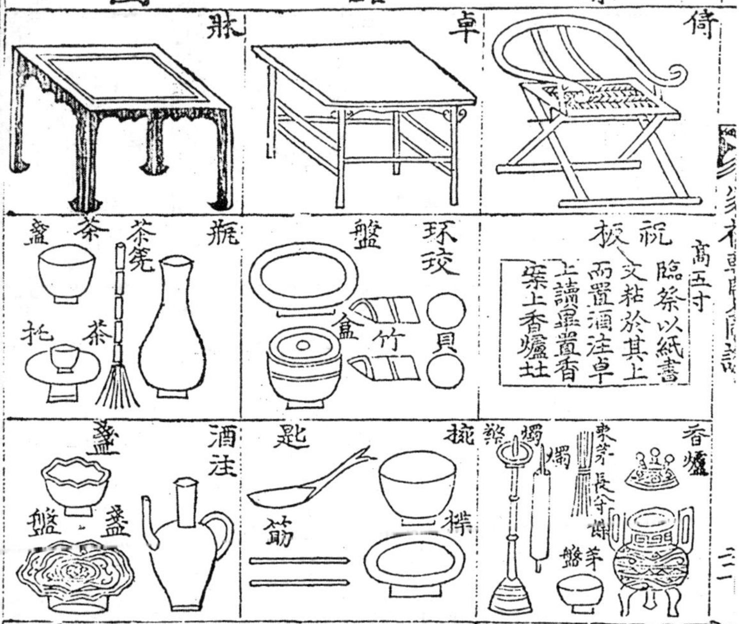

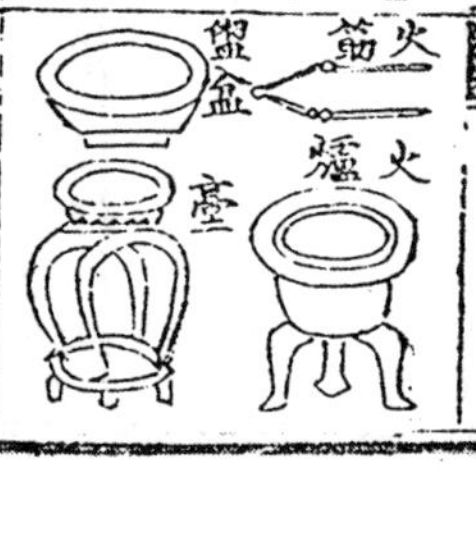

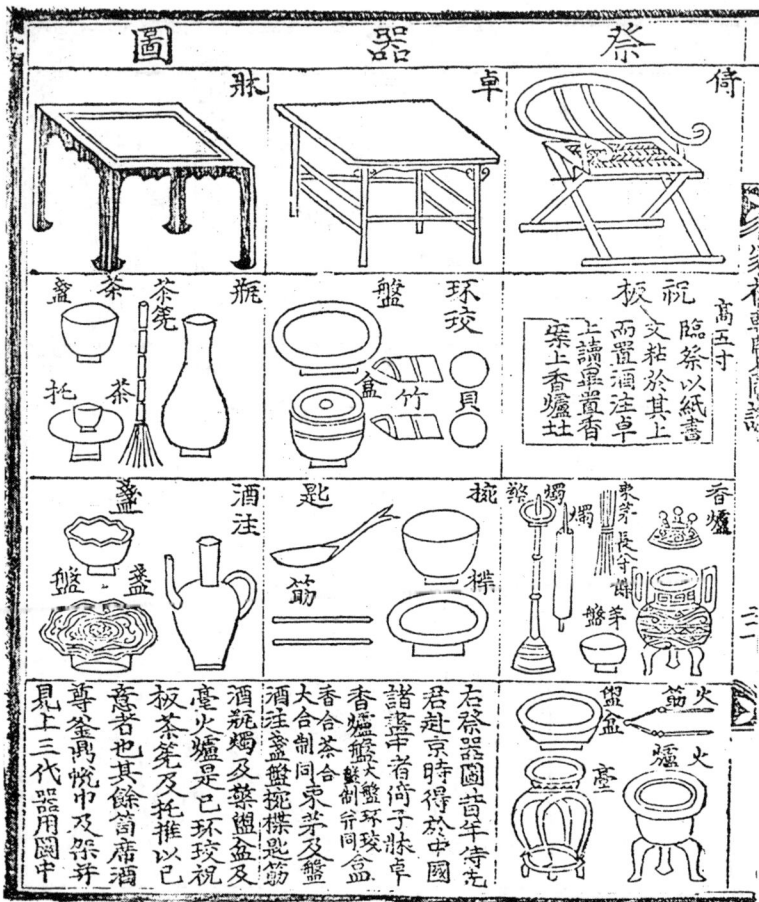

右祭器圖昔年侍先
君赴京時得於中國
諸書中者倚子牀卓
香爐盤大盤环珓盤制竹同盒
香合茶合大合制同束茅及盤
酒注盞盤挔楪匙筯
酒瓶燭及藥盥盆及
臺火爐是已环珓祝
板茶筅及托推以已
意者也其餘茵席酒
尊釜鬲帨巾及祭幷
見上三代器用圖中

叉手圖

凡叉手之法以左手緊把右手大拇指其左手小指則向右手腕右手四指皆直以左手大指向上如以右手掩其胷手不可太着胷須令稍去胷二三寸許方爲叉手法也

祇揖圖

事林廣記凡作揖時用稍闊其足立則穩揖則須直其膝曲其身低其頭眼看自己鞋頭爲準威儀方美使手以只可至膝畔不得入膝内尊長前作揖手須過膝下若畢則手隨時起而叉於胷前揖時須全出手不得只出一大拇指在袖外謂之鮮禮非見尊長之禮也

展拜圖

凡下拜之禮一揖小退再一揖即俯伏以兩手齊按地先跪左足次伸右足屈蟠還左畔稽首至地即起先起右足以雙手齊按膝上次起左足連兩拜起進前叙寒暄少退揖再兩拜進前却叙問闊叙賀語不然初連四拜却叙寒暄亦得

揖禮圖

拜禮圖

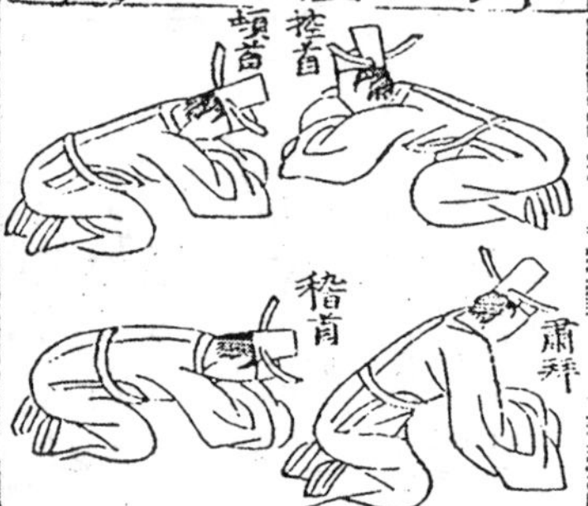

（上禮）下官躬身舉手齊眼下致敬上官隨坐隨立無答（中禮）下官躬身舉手齊口下致敬（下禮）上官舉手齊心答禮

（稽首）謂拜下額按至手伏久方起謂之稽首稽遲也　○（凶禮）拜而後稽顙謂先作頓首後作稽顙稽顙還是頓首但觸地無容謂之稽顙（叩頭）謂拜下以手分按地用頭叩地者三（頓首）謂拜頭至手卽起（控首）謂拜下頭不至手卽起（肅拜）兩膝齊跪伸腰低頭俯引其手而頭不至地拜中最輕唯軍中有此肅拜婦人亦以肅拜爲正（稽首五拜）臣下見　上之禮先稽首四拜后叩頭一拜（稽首四拜）百官見　東宮之禮（頓首再拜）文武官品從相次者下官居下頓首再拜上官居上控首再拜答禮（控首再拜）官品相等者平交相見之禮也　○子孫弟姪甥婿見尊長生徒見師範奴僕見本使行頓首四拜禮長幼親戚依等次行頓首再拜禮

中指中節為寸圖

伸指量寸法圖　屈指量寸法圖

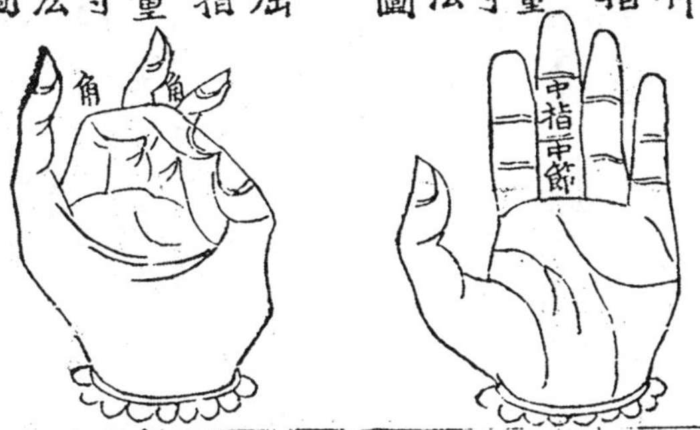

丘文莊濬曰家禮裁深衣及喪服皆用中指中節為寸盖以人身有長短指節人人殊與人身相為長短鍼經以之定俞穴無有差爽者況用以裁衣豈有不稱體也哉但世人往往昧於取法今取鍼經圖列于其上而以定法著之於下鍼經云中指第二節內度兩横文相去為一寸又云中指中節横文上下相去長短為一寸謂之同身寸註云若屈指節旁取指側中節上下兩文角相去遠近為一寸若伸指即正取指中自上節下横文至中節中從上第二條横文長者相去遠近為一寸與屈指之寸長短亦相合然人之身手指或有異者至于指文亦各不同更在詳度之也

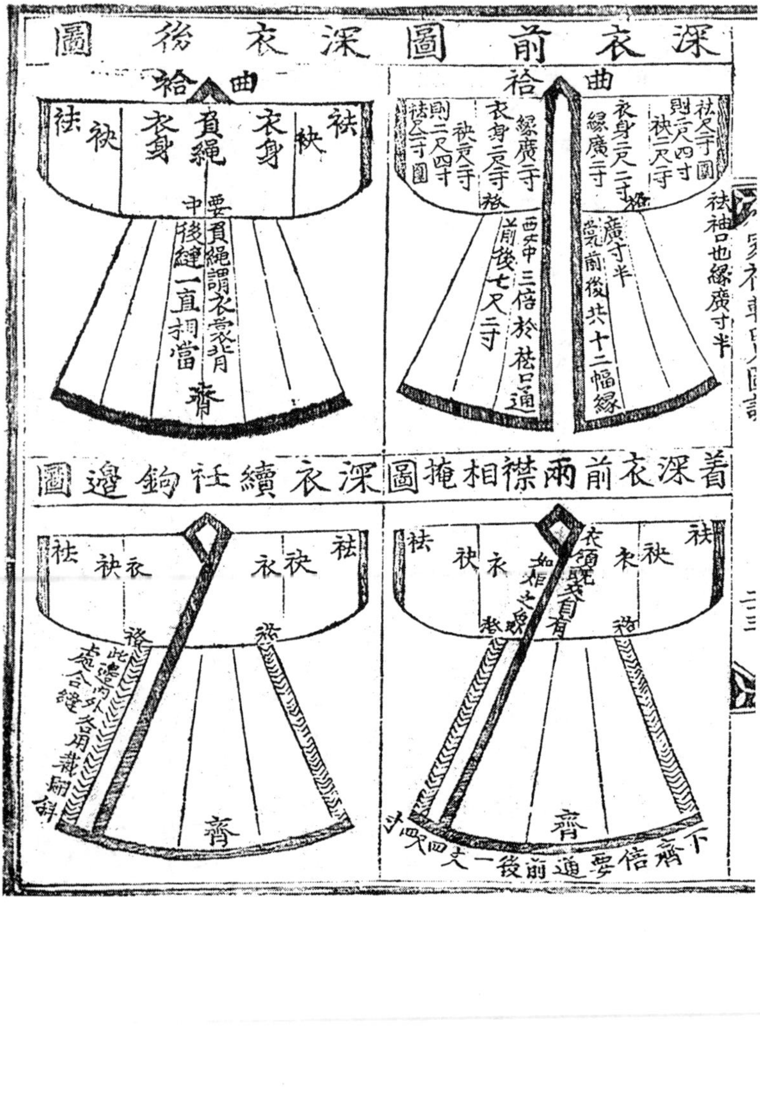
深衣前圖
深衣後圖
曲袷
曲袷
袪袖口也緣廣寸半
裳前後共十二幅緣廣寸半
要中三倍於袪口通前後七尺二寸
要負繩謂衣裳之背中後縫一直相當
齊
着深衣前兩襟相掩圖
深衣續衽鉤邊圖
齊
齊
下齊倍要通前後一丈四尺四寸

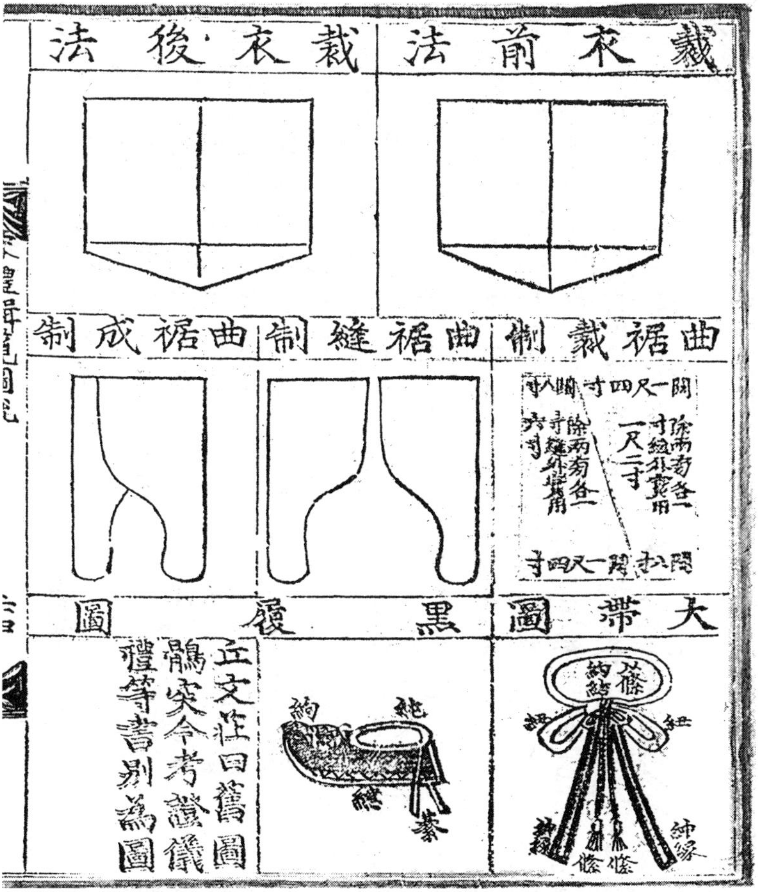
裁衣前法
裁衣後法
曲裾裁制
闊一尺四寸
除兩旁各一寸縫外實用一尺二寸
除兩旁各一寸縫外實用六寸
闊八寸
闊一尺四寸
曲裾縫制
曲裾成制
大帶圖
紐
紐
紳緣
縧
縧
黑履圖
絇
純
繶
綦
丘文莊曰舊圖
鶡突今考儀
禮等書別爲圖

冠梁作柎圖

方八寸
廣六分六厘有奇
廣八分摺之爲梁
廣六分六厘有奇
廣八分摺之爲梁
廣六分六厘有奇
廣八分摺之爲梁
廣六分六厘有奇
廣八分摺之爲梁
廣六分六厘有奇
廣八分摺之爲梁
廣六分六厘有奇
方八寸

緇冠

吉祭時所著

按原圖梁在武上實誤而朱子大全圖亦然原圖恐本於此

補註糊紙或用烏紗加漆爲之裁一長條其長一尺四寸許其高寸許圍以爲武其圍之兩旁各廣三寸前後各長四寸又用一長條廣八寸許長八寸許上襞積以爲五梁則廣四寸縫皆向左彎其中跨頂前後下著于武屈其兩端各半寸自外向内而黑漆之又於武之兩旁半寸之上爲竅以受笄笄用白骨或象牙爲之

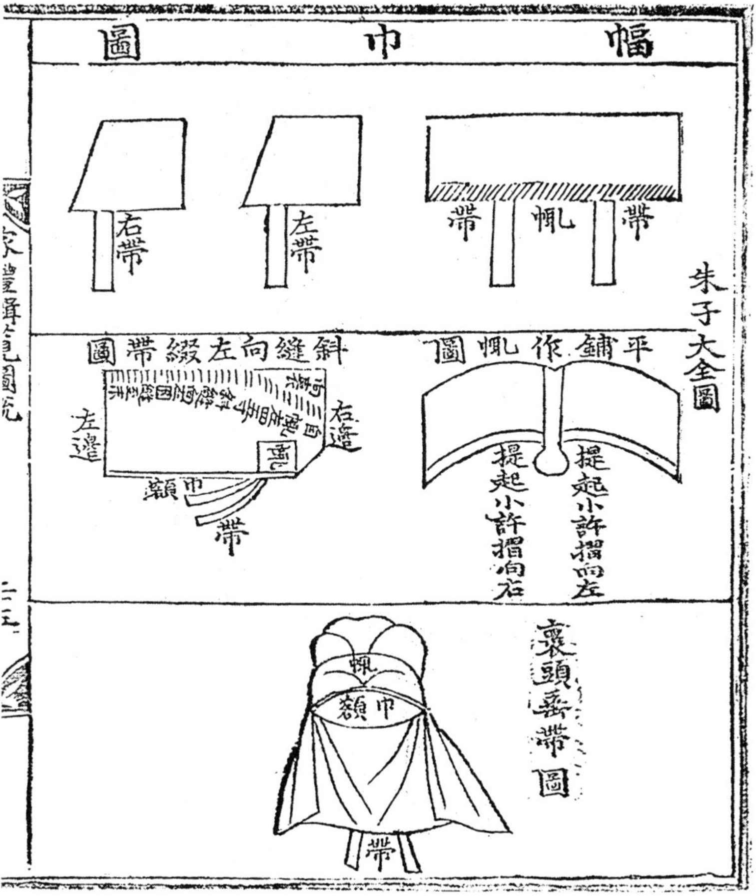
幅巾圖
朱子大全圖
帶
帆
帶
左帶
右帶
平鋪作帆圖
提起小許摺向左
提起小許摺向右
斜縫向左綴帶圖
右邊
左邊
巾額
帶
裹頭垂帶圖
帆
巾額
帶

《朱子大全》：「用黑繒六尺許，刺一邊作巾額，當中作幗，兩旁三寸許，各綴一帶，廣二寸許，長二尺許。循幗中上反屈之，當幅之中，斜縫向後，去其一角而復反之，使巾頂正圓，乃以額幗當頭前，向後圍裹而繫其帶於腦後，餘者垂之。」

《補注》：用皂絹六尺許，當中屈摺爲兩葉。就右邊屈處摺作一小横幗子，又翻轉從幗子左邊四五寸間斜縫一路向左，圓曲而下，循左邊至于兩末，又將翻轉使所縫餘剩絹藏在裏，却以幗子當額前。裹之於對兩耳處，兩邊各綴一帶云云。其作幗子也，就右邊屈處用指提起少許，摺向右。又提起少許，摺向左。兩相湊著，用線綴住，而空其中間以爲幗子。

冠禮主人迎賓入就位圖

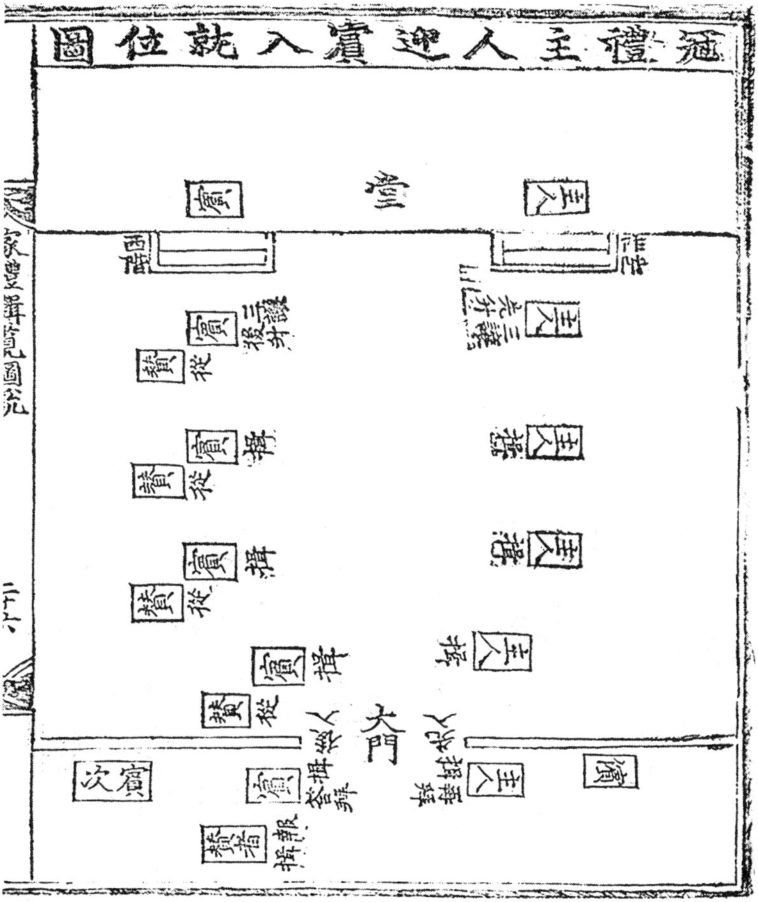

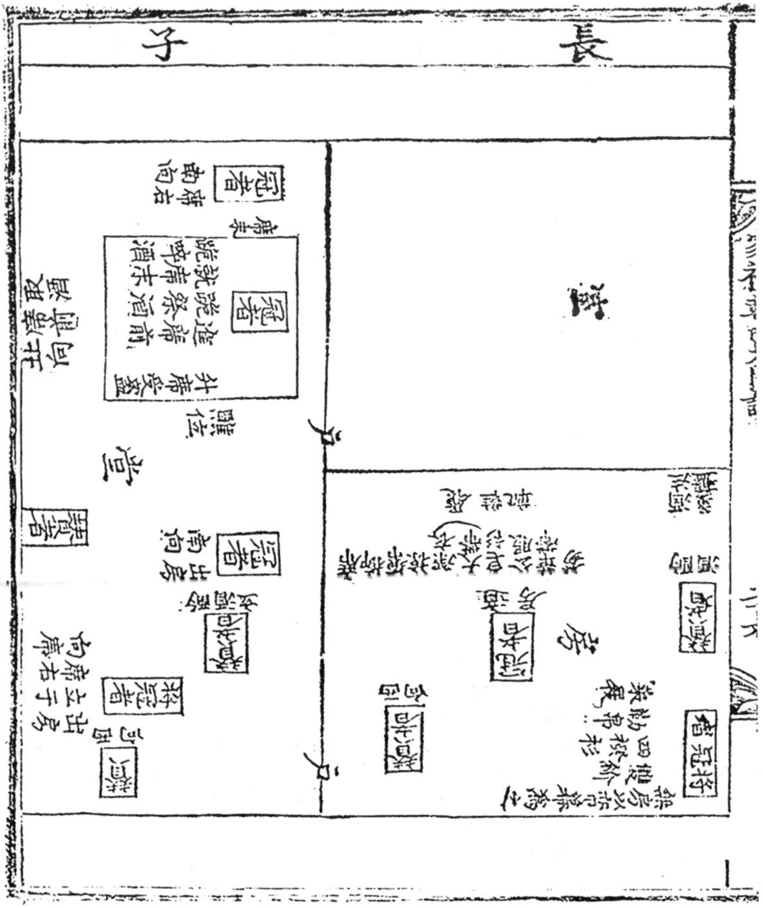

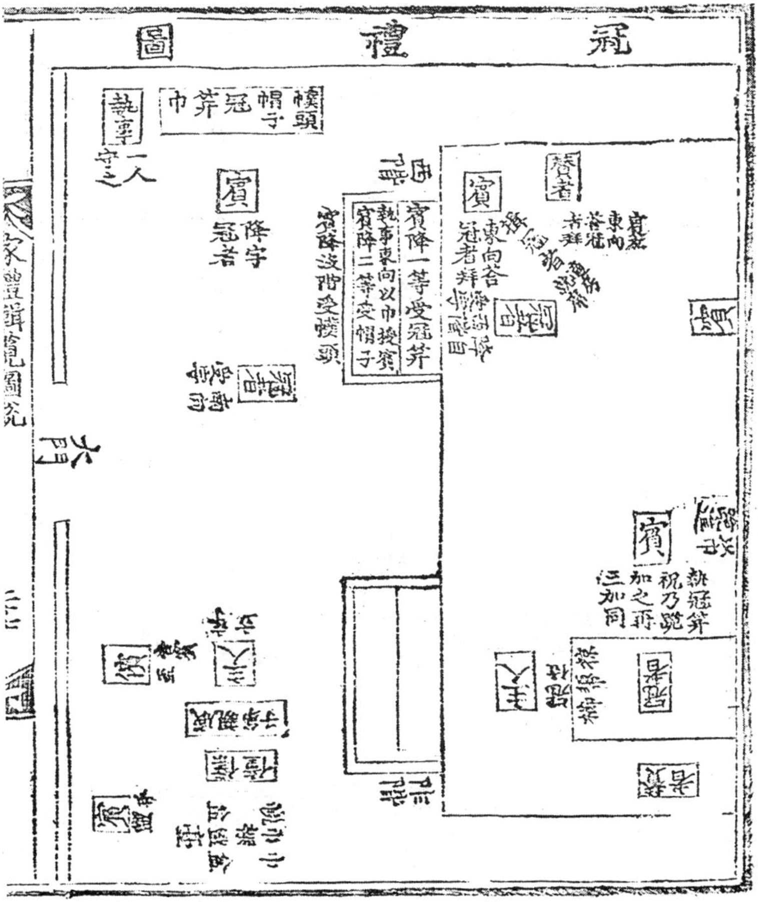
冠禮圖
幞頭 帽子 冠笄 巾
執事
一人守之
賓
降字冠者
西階
賓降一等受冠笄
執事東向以巾授賓
賓降二等受帽子
賓
冠者東向答拜
贊者
大門
賓
主人

衆子冠禮圖

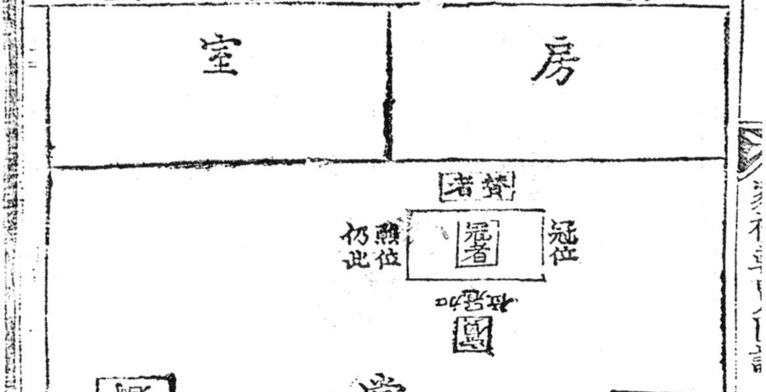

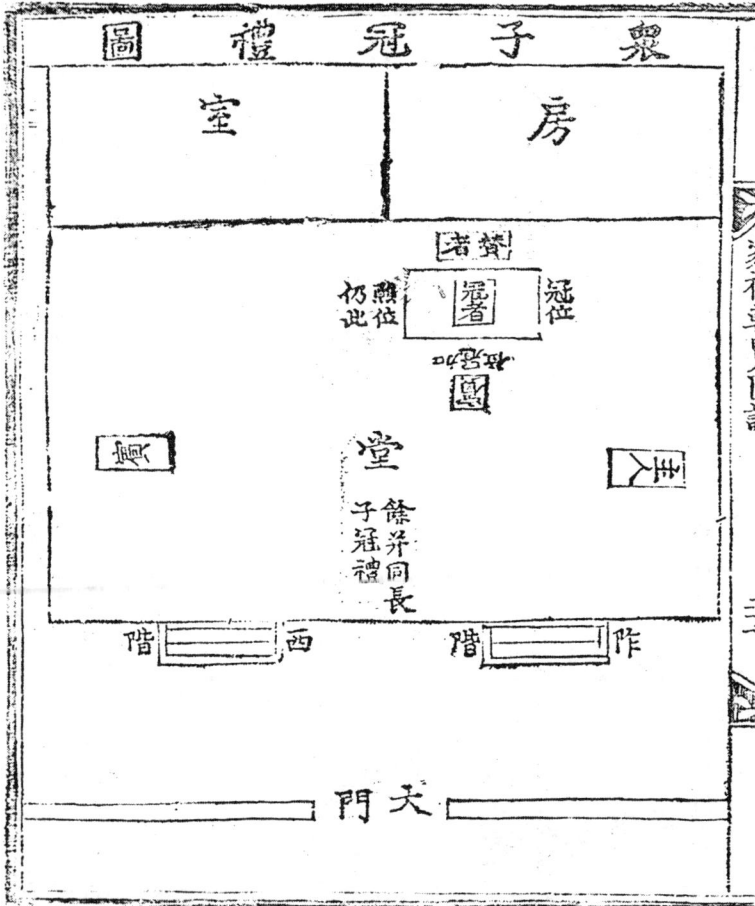

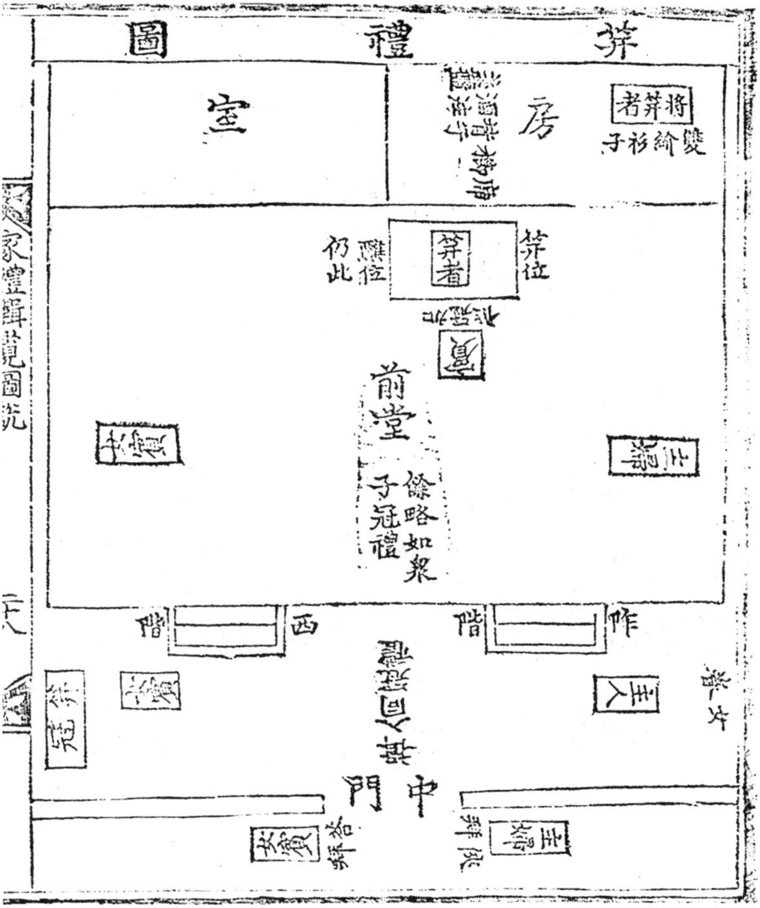
笄禮圖
室
房
將笄者
雙紒衫子
笄者
笄位
前堂
餘略如衆子冠禮
西
階
阼
階
主人
中
門
主婦
賓

昏禮納采具書式

某郡姓某啓（不稱忝親而稱戚也）者方諱

某郡某官（執事隨時）宜（稱）伏承

尊慈不鄙寒微曲從媒議許以令

愛既室僕之男某（或某親之子某）茲有先

人之禮謹專人納采伏惟

尊慈俯賜

鑑念不宣

年　月　日某郡姓某啓

昏禮納采復書式

某郡姓某啓

某郡某官（執事隨時）宜（稱）伏承

尊慈不棄寒陋過聽媒氏之言擇

僕之第幾女某（或某親某之女）之作配令

似（或若姪孫隨其所稱）弱息蠢愚又不能敎

既辱采擇敢不拜從伏惟

尊慈特賜

鑑念不宣

年　月　日某郡姓某啓

重封

某郡某官　執事

某郡姓某謹封

面簽

某郡某官　執事

某郡姓某謹封

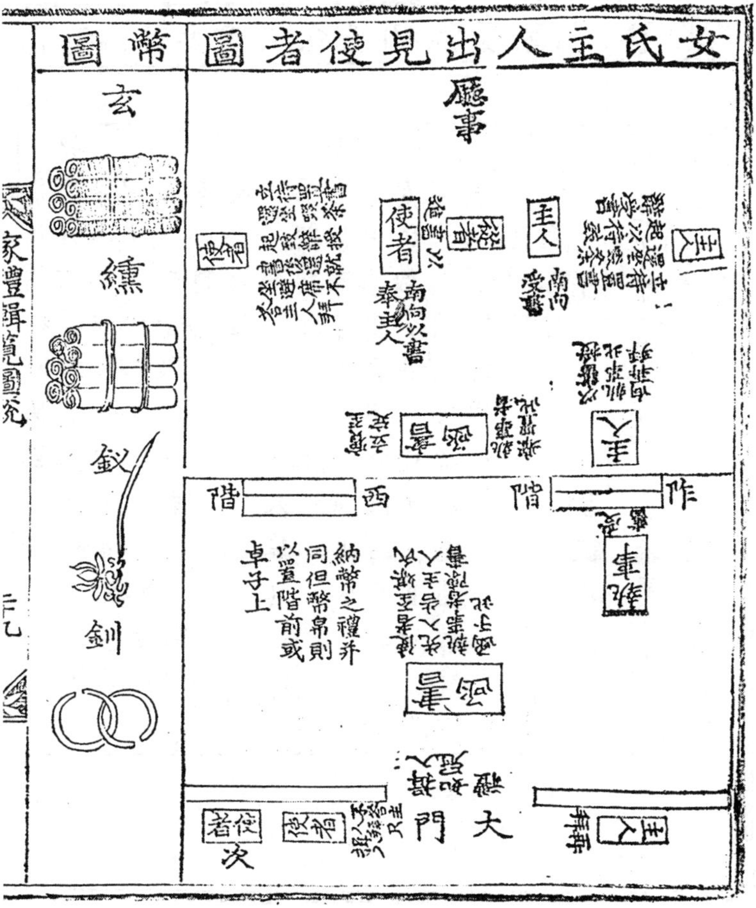

女氏主人出見使者圖
幣圖
玄
纁
釵
釧
廳事
主人
使者
從者
西
階
阼
階
納幣之禮并同但幣帛則以置階前或卓子上
大
門
主人
使者
從者
次
家禮輯覽圖說
二九

昏禮納幣具書式

忝親某郡姓某啓
某郡某官尊親家執事可隨宜稱伏承
嘉命許以令女貺室僕之子某若某親之子某
加之卜占已叶吉兆茲有
先人之禮敬遣使者行納徵伏惟
尊慈特賜
鑑念不宣
年　月　日忝親某再拜

昏禮納幣復書式

忝親某郡姓某啓
某官某郡尊親家執事伏承
嘉命委禽寒宗顧惟弱息教訓無
素切恐不堪卜既叶吉僕何敢辭
茲又蒙順先典貺以重禮辭既不
獲敢不重拜伏惟
尊慈特賜
鑑念不宣
年　月　日忝親某再拜

實封

某官某郡尊親家執事
忝親姓某謹封

重封

某官某郡尊親家執事
忝親姓某謹封

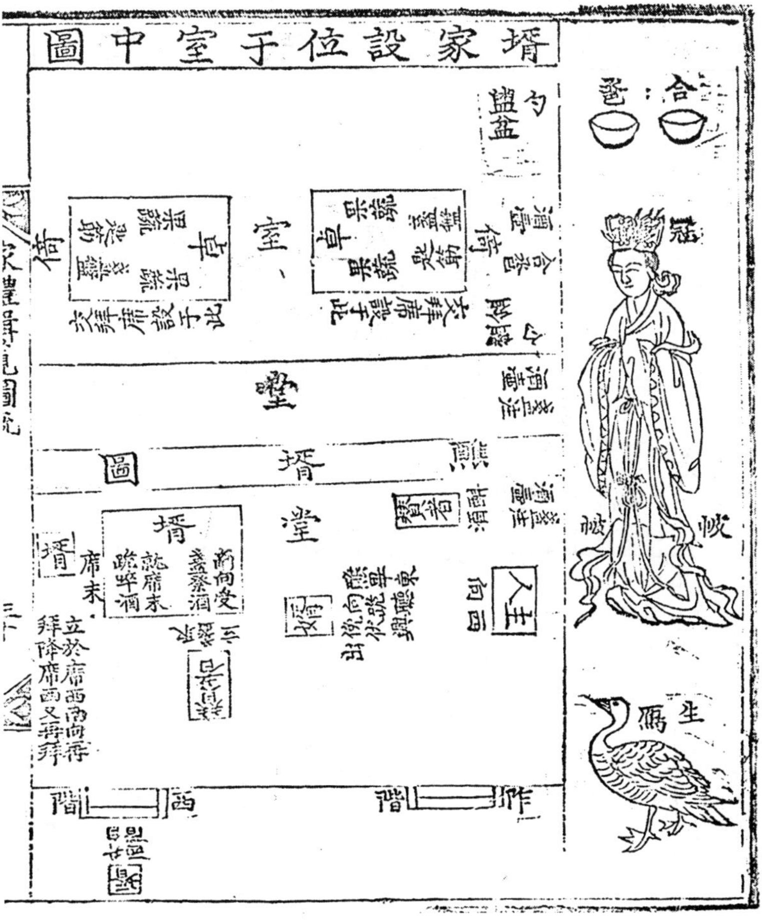
壻家設位于室中圖
合巹
生鴈
主人
室
堂
圖
西
階

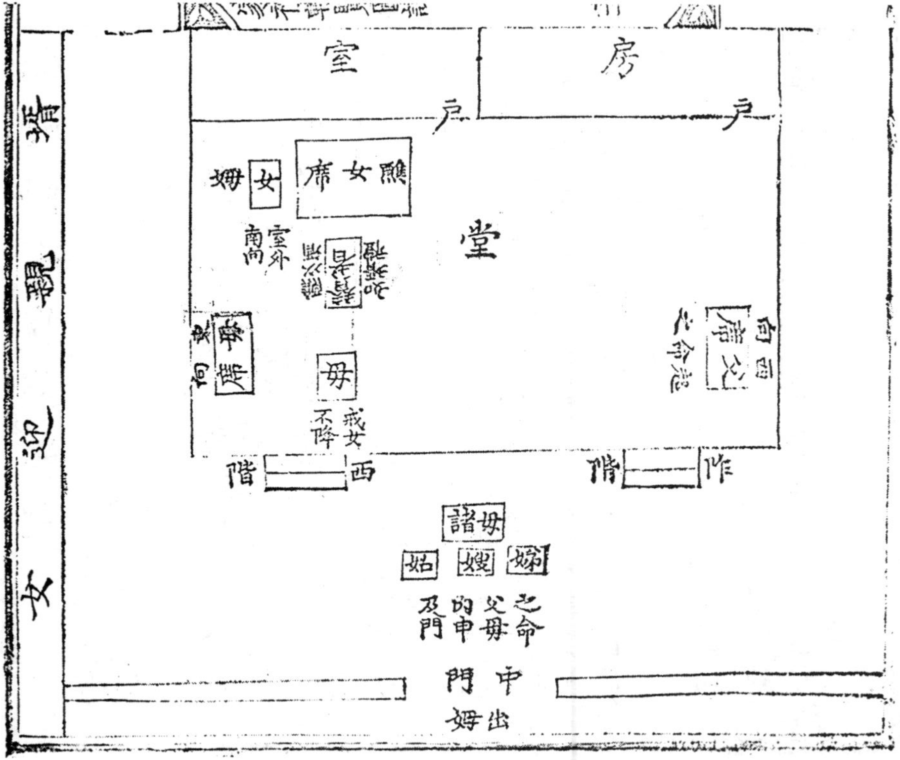
壻親迎女
室
房
戶
戶
醮女席
女
姆
室外南向
堂
母席東向
母
戒女不降
父席西向
西階
阼階
諸母
姑
嫂
姊
中門
姆出

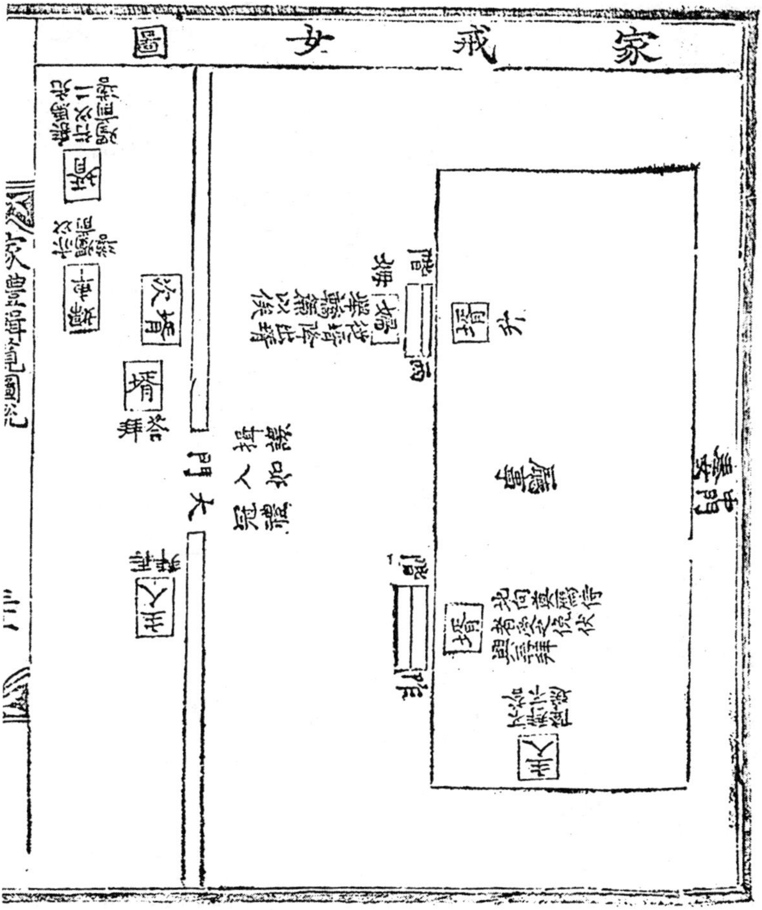
家戒女圖

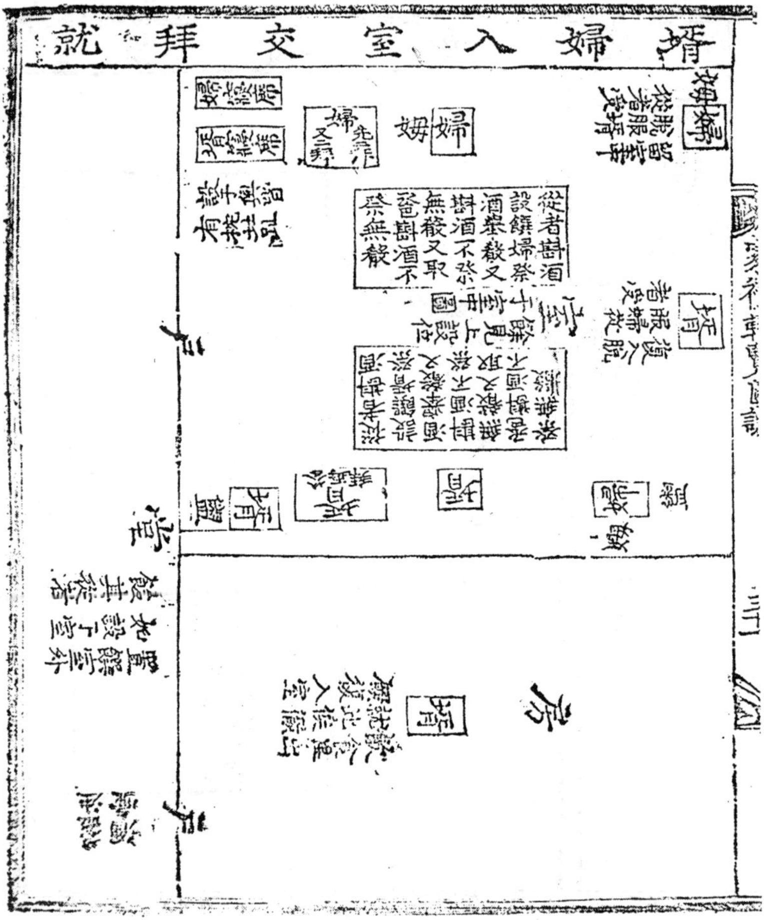
壻婦入室交拜就

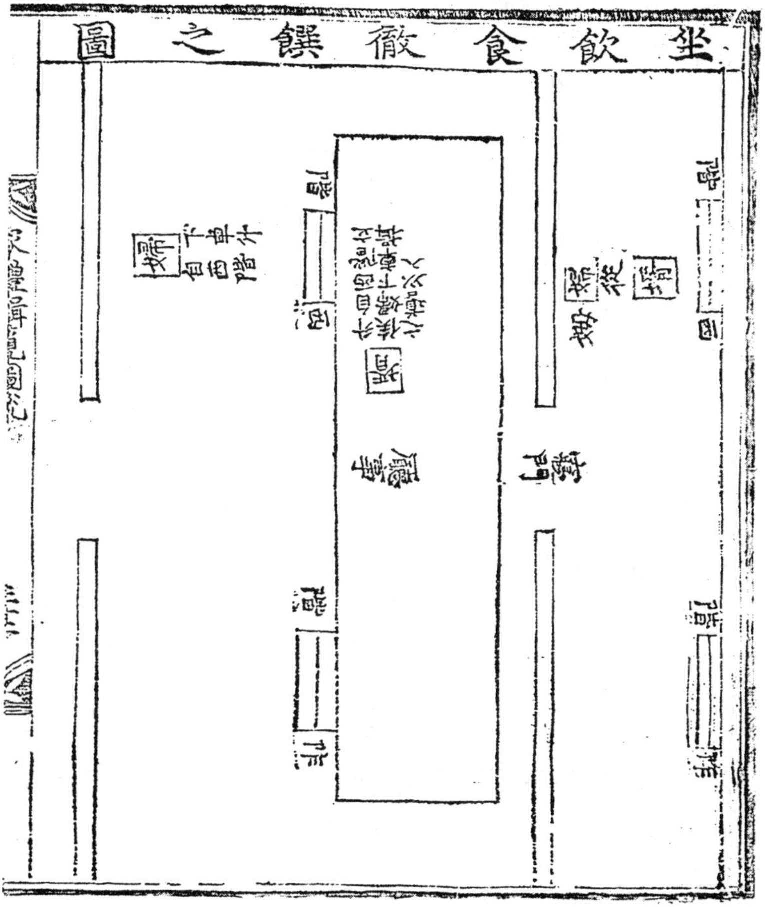
坐飲食徹餕之圖
寢門
廳事
西階
阼階
西階
阼階

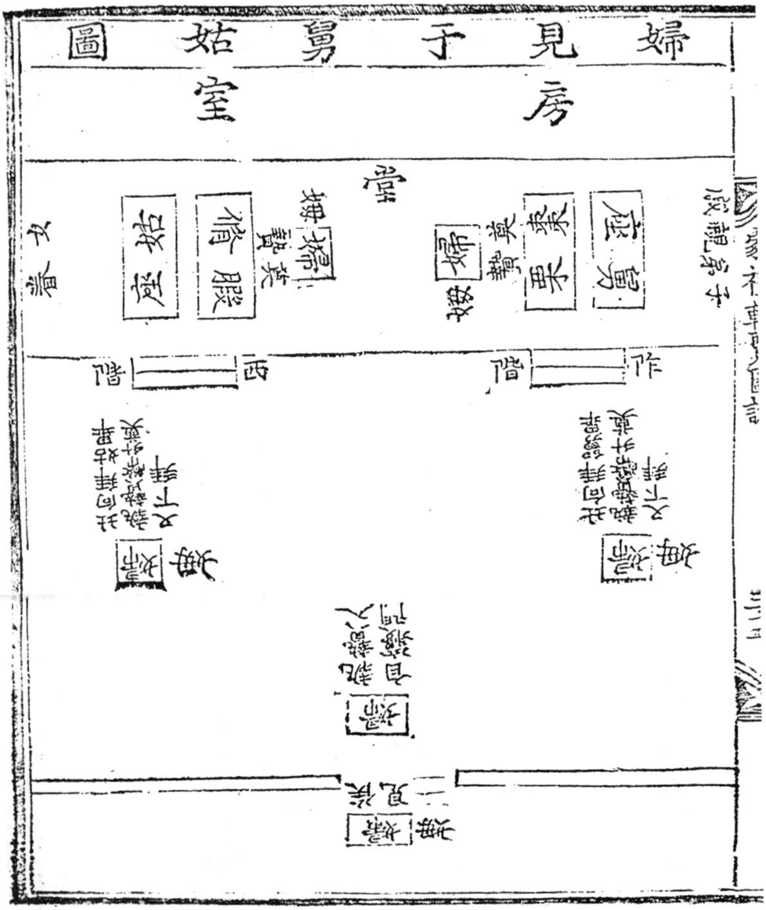
婦見于舅姑圖
房
室
堂
阼階
西階

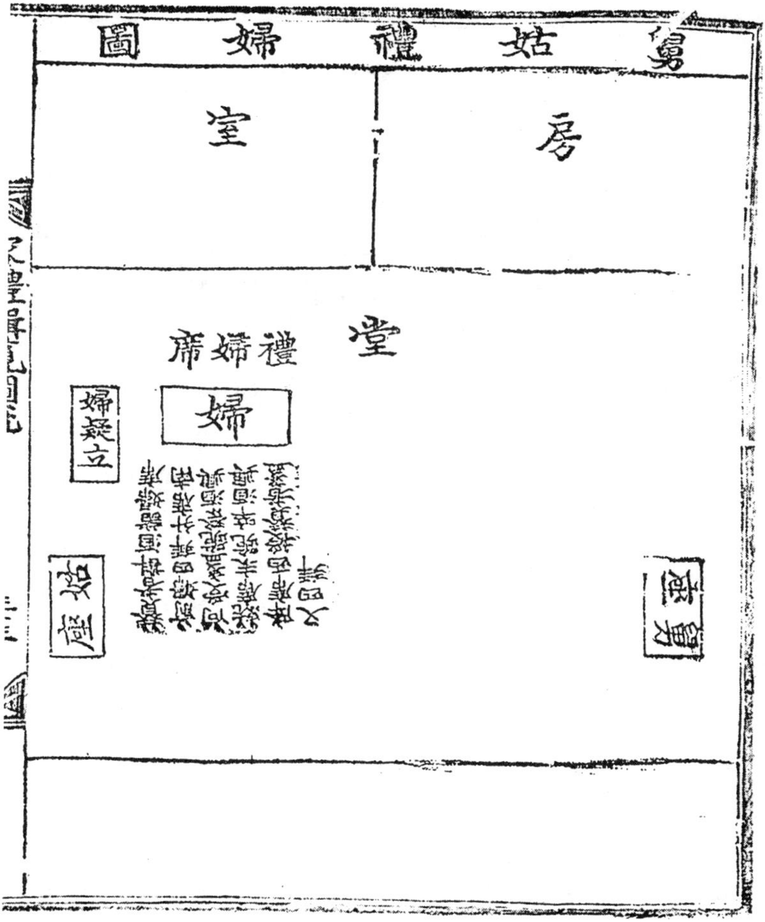
舅姑禮婦圖
室
房
堂
禮婦席
婦
婦降立
姑座
舅座

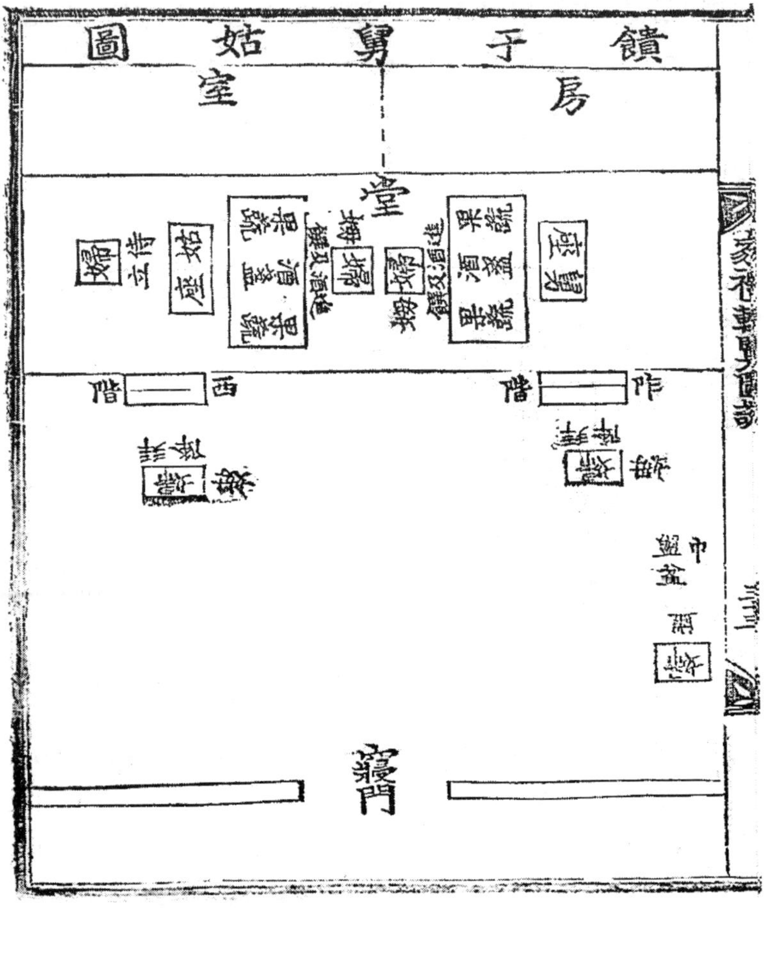
饋于舅姑圖
房
室
堂
西階
阼階
門

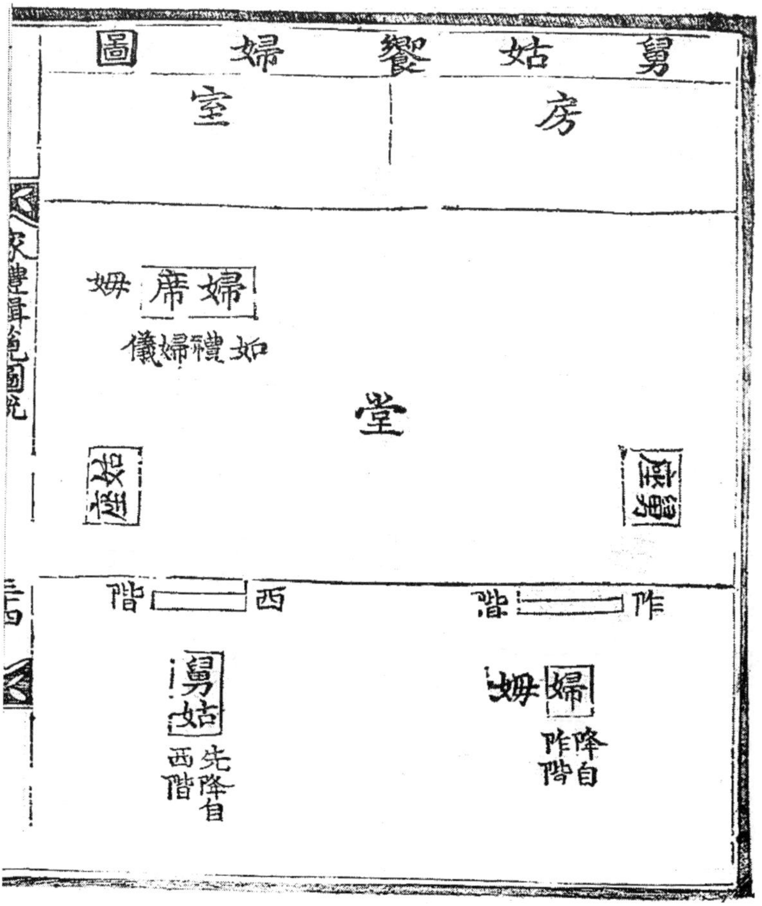
舅姑饗婦圖
房
室
堂
婦席
姆
如禮婦儀
阼階
西階
舅姑
先降自西階
婦
姆
降自阼階

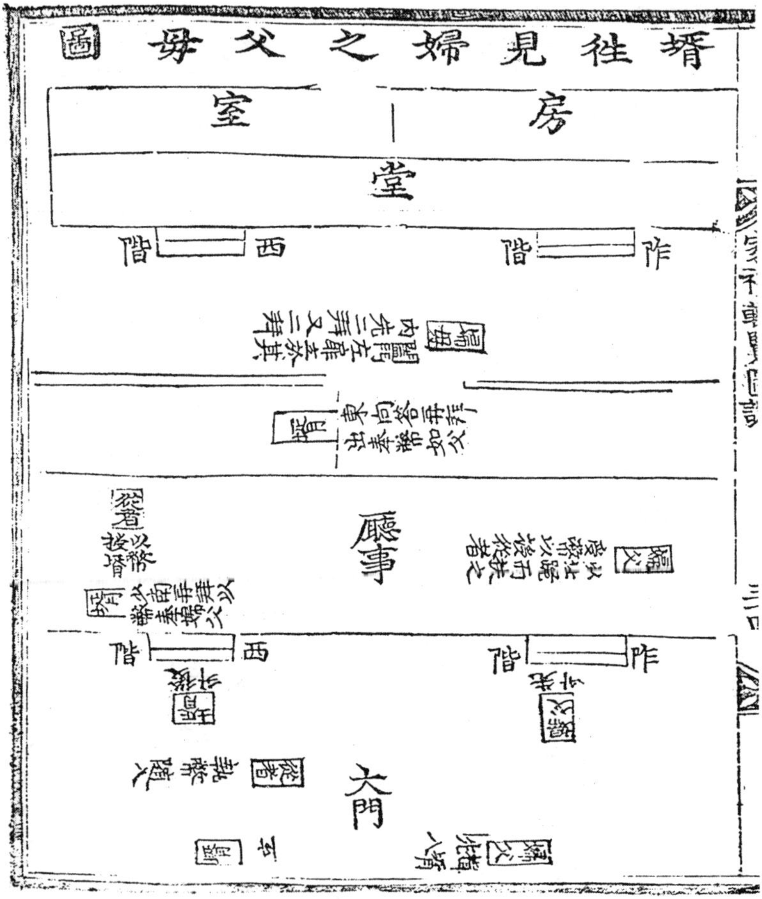
壻往見婦之父母圖
房
室
堂
阼階
西階
廳事
阼階
西階
大門

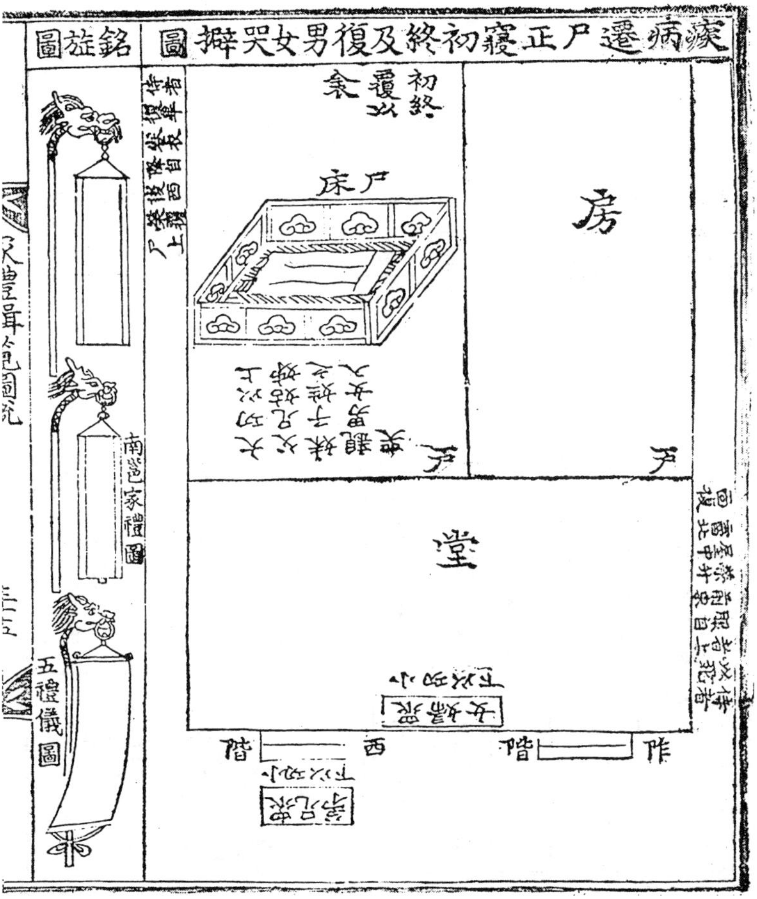
疾病遷尸正寢初終及復男女哭擗圖
銘旌圖
初終覆以衾
尸床
房
堂
尸
尸
西階
阼階
南溪家禮圖
五禮儀圖

棺蓋圖

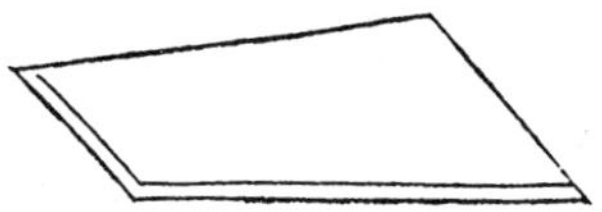

棺下圖

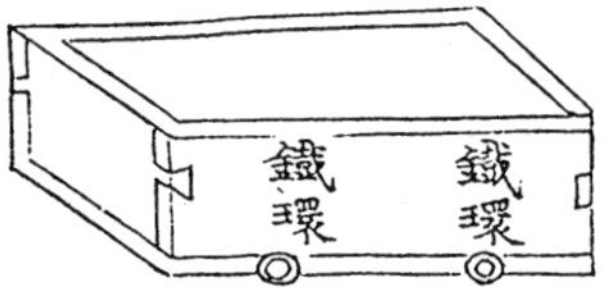

七星板圖

秫圖

棺全圖

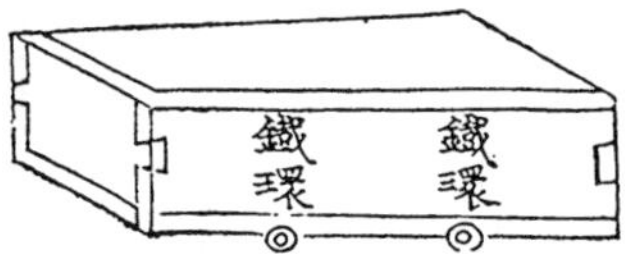

棺虛簷高足圖

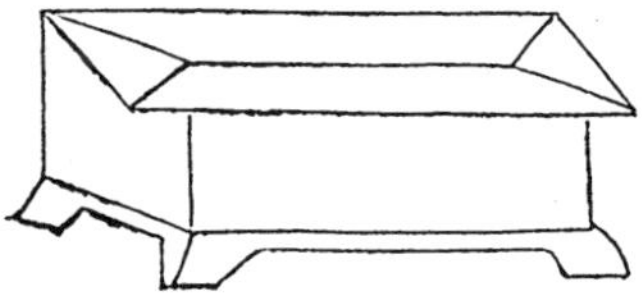

訃告書式

某親某人以某月某日
得疾不幸於某月某日
棄世專人訃
告
月日孤子某泣血
某親某人稱呼隨宜

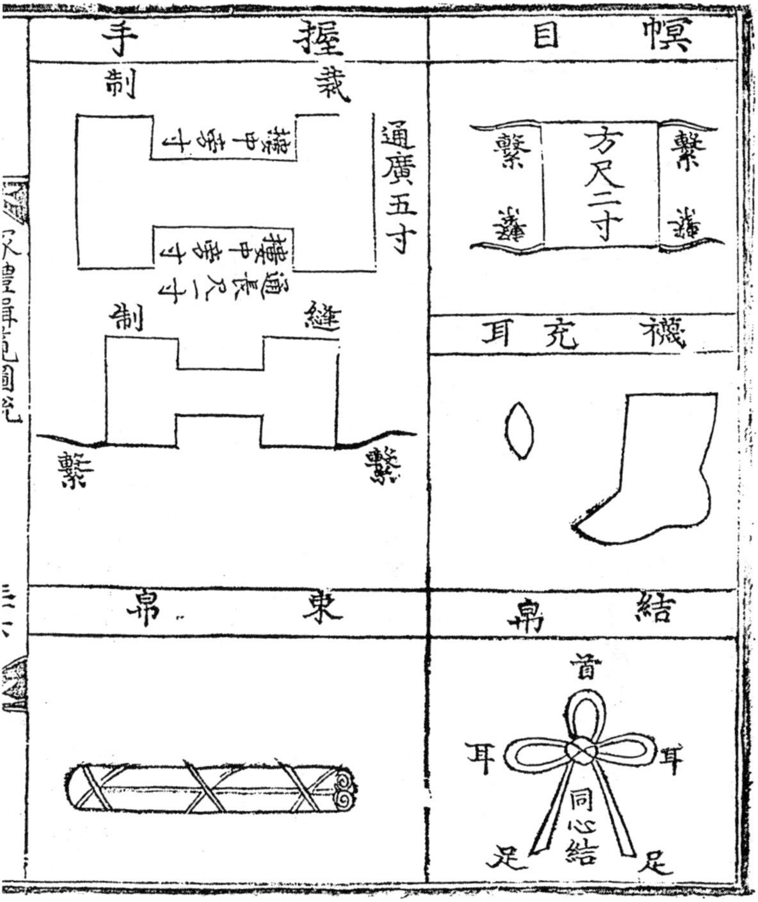
幎目
方尺二寸
繫
繫
握手
裁制
通廣五寸
通長尺二寸
縫制
繫
繫
襪
充耳
結帛
首
耳
耳
同心結
足
足
束帛

重圖

重

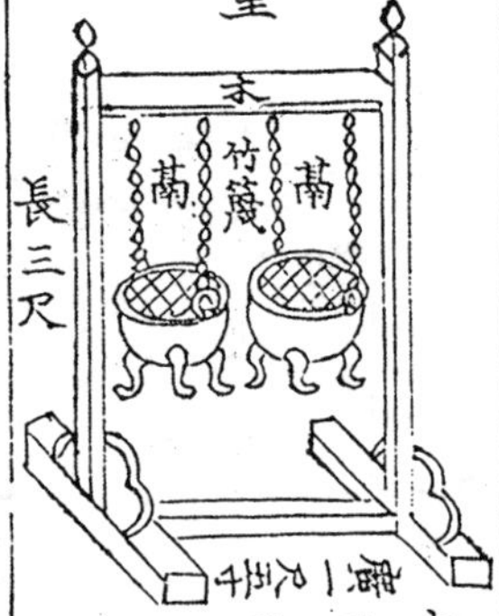

士喪禮重木刊鑿之鬻餘飯用二鬲冪用疏布久之繫用靲懸于重

達水之氣也亦用陶以烹飪

鬲曲足

重前

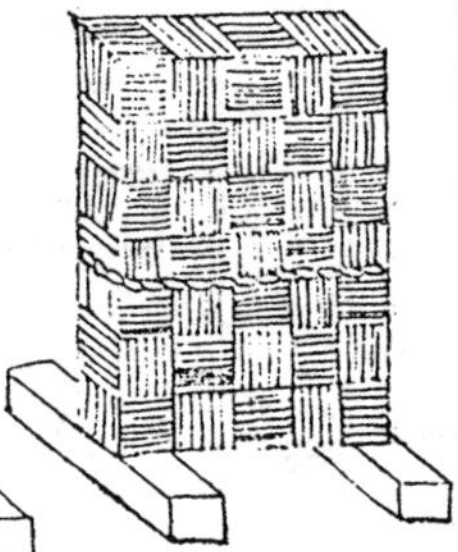

葦席覆重左衽結篾

重後

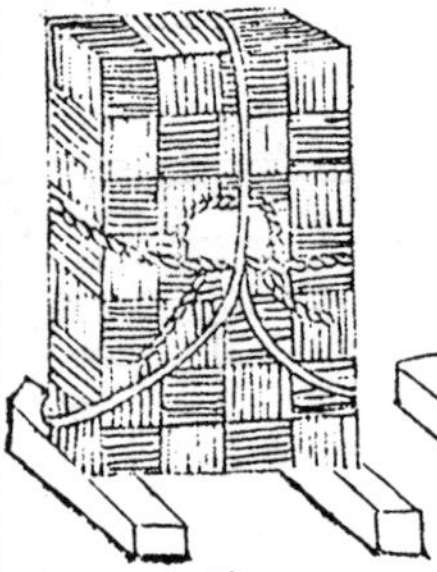

葦席覆重右衽結篾

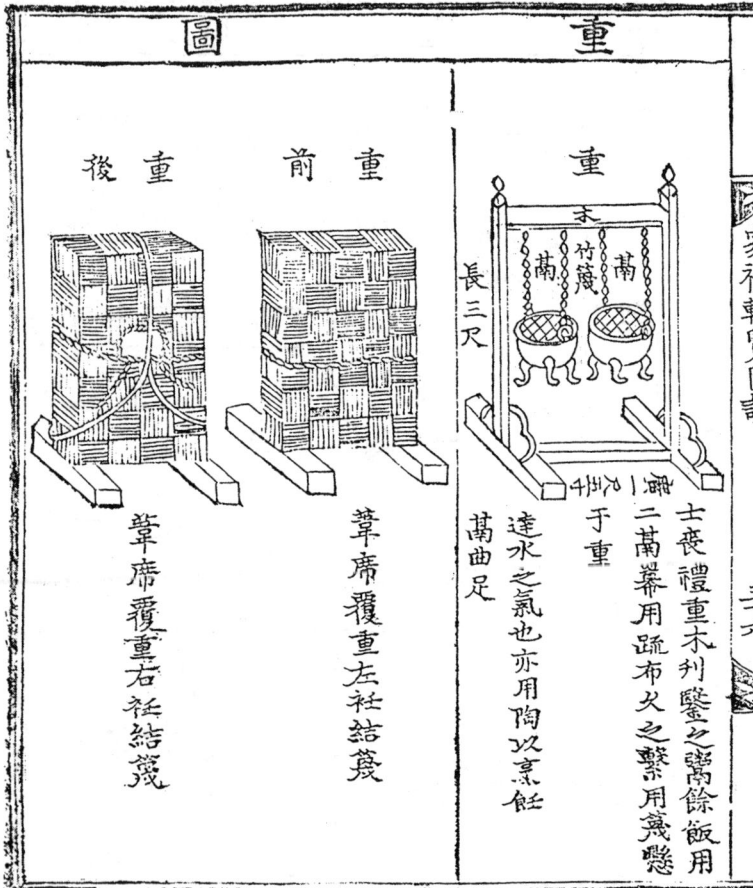

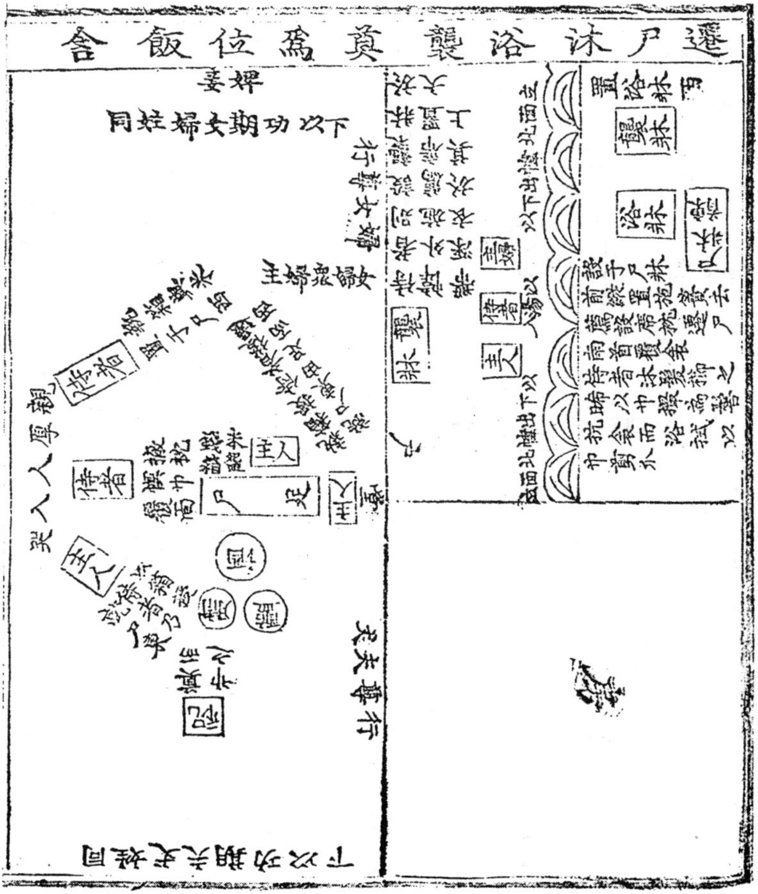
遷尸沐浴襲奠為位飯含
主人
侍者
主人
侍者
主人

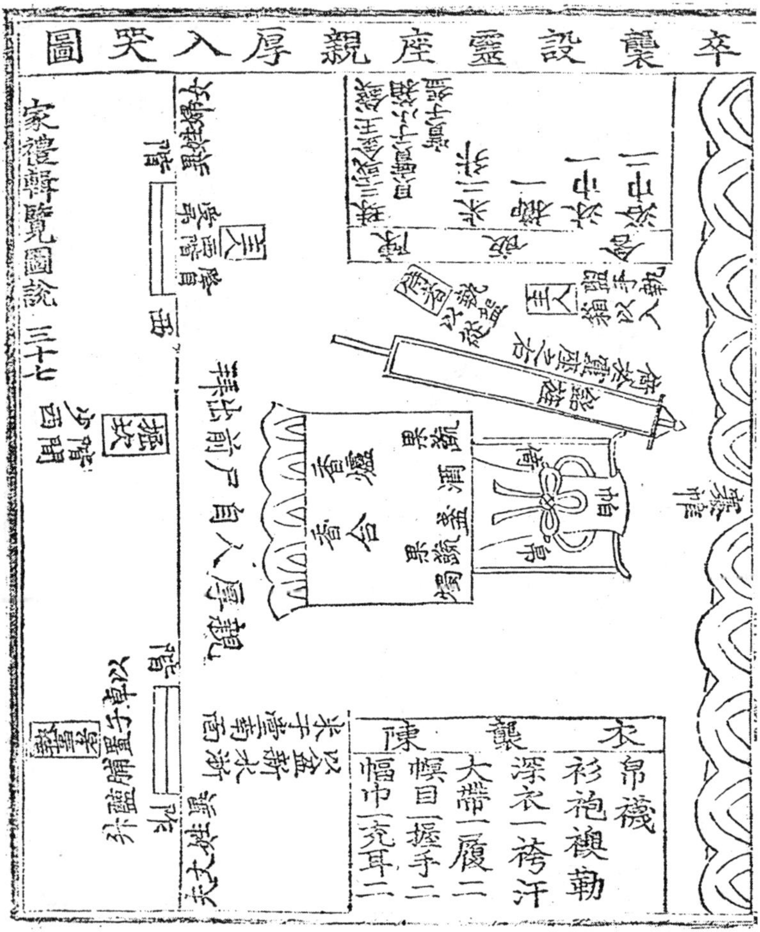
卒襲設靈座親厚入哭圖

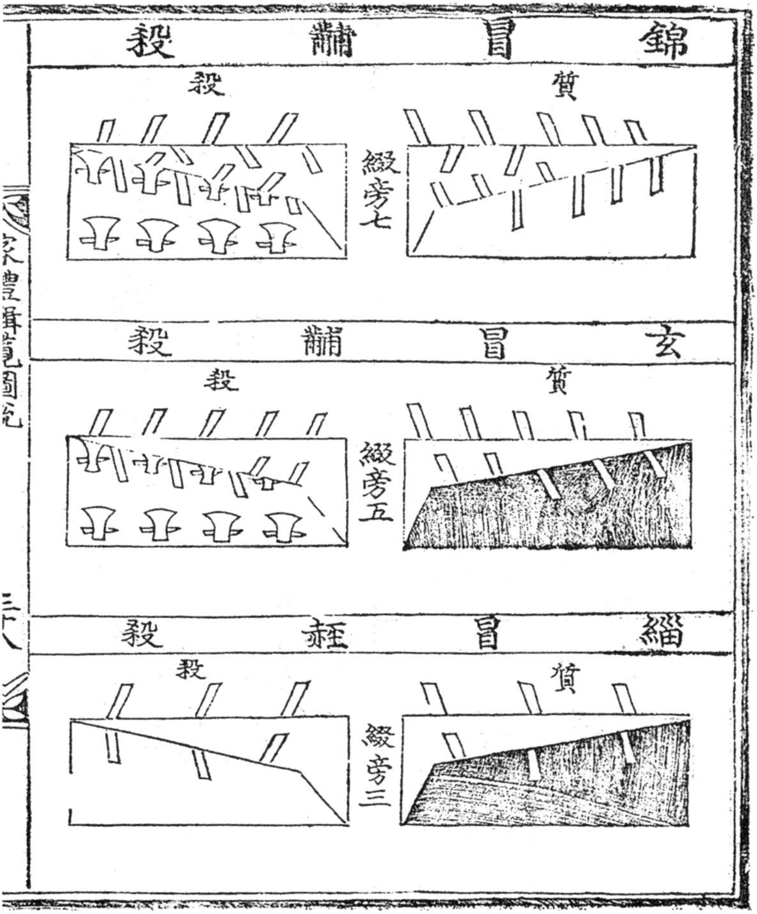
錦冒黼殺
質
綴旁七
殺
玄冒黼殺
質
綴旁五
殺
緇冒赬殺
質
綴旁三
殺

掩圖

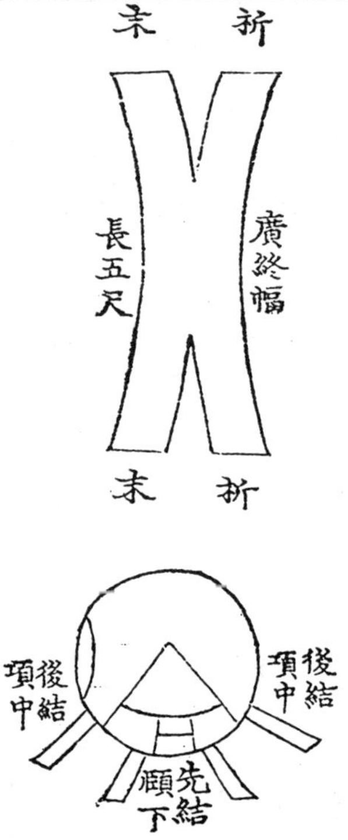

舒絹

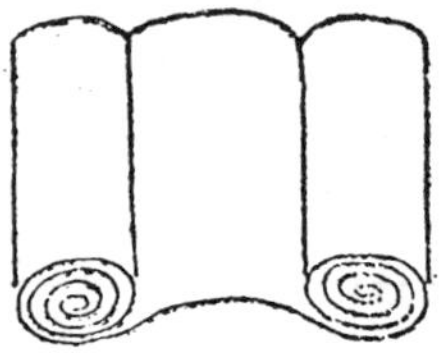

銘旌趺

柩衣

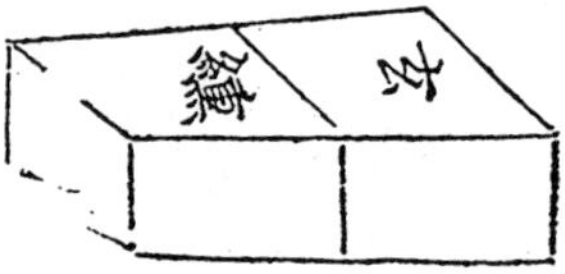

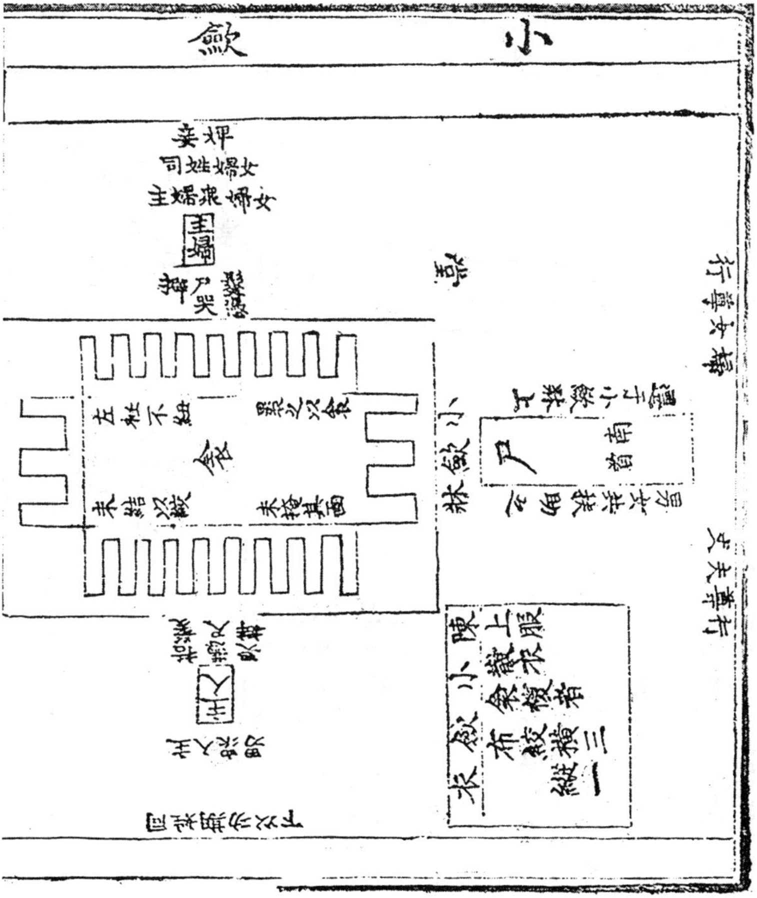
小斂
堂

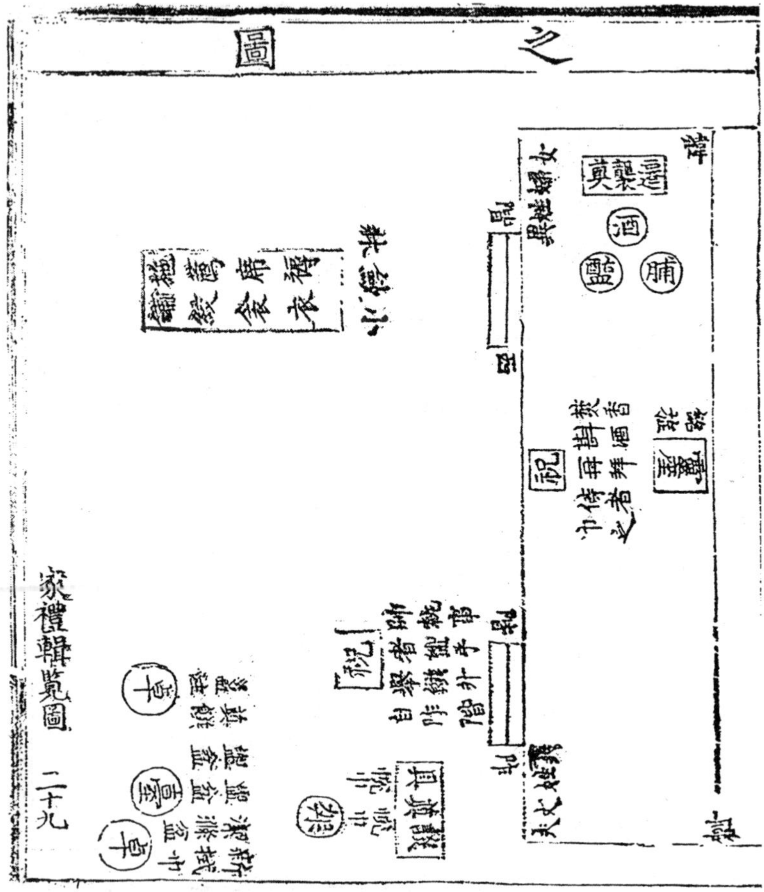
家禮輯覽圖　二十九

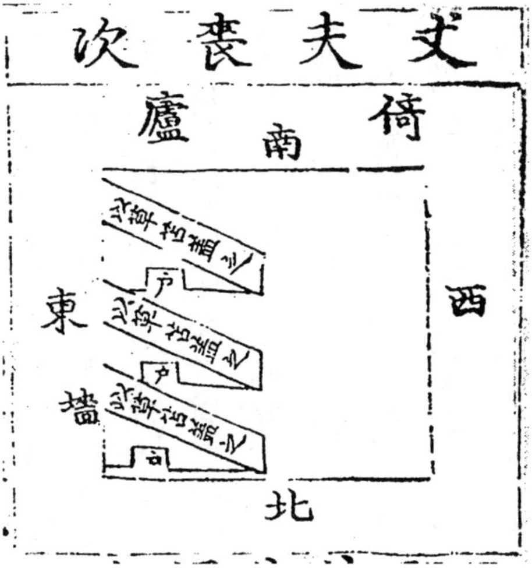
丈夫喪次
倚廬
南
西
東
墻
户
户
北

《三禮圖》：「倚廬者，倚木爲廬，在中門外東方，北户。」《喪服傳》：「孝子居倚廬，寢苫枕塊，不脱經帶。居門外之廬，哀親之在外也。寢苫枕塊者，哀親之在草土也。」苫，編藁。塊，墼也。既虞，翦屏柱楣，寢有蓆。九虞、五虞、三虞之後，故改舊廬，西向開户，翦去户傍兩箱屏之餘草。柱楣者，楣謂之梁，梁下兩頭竪柱施梁乃夾户傍之屏。寢有蓆者，《間傳》云：「既虞，芐翦不納。」鄭云：「芐，今之蒲苹。」即此寢有席，謂蒲席加於苫上也。既練，舍外寢。此寢謂中門外於屋下壘墼爲之不塗塈之堊室也。屋下對廬偏，指東壁而言也。初喪，居廬堊室，子爲父，臣爲君，各依親疏貴賤之序。《天官·宫正》云：「大喪，授廬舍，辨其親疏之居。」《注》云：「親者貴者居廬，疏者居堊室。」《雜記》云：「朝廷卿大夫、士居廬，都邑之士居堊室。」案：唐大曆年中，有楊垂撰《喪服圖説》，廬形制及堊室幕次、叙列次第云：「設廬次於東廊下，無廊，於墻下北上。凡起廬，先以一木横於墻下，去墻五尺，卧於地爲楣。即立五椽於上，斜倚東墉上，以草苫蓋之。其南北面亦以草屏之，向北開門。一孝一廬，門簾以縗布，形如偏屋。其間容半席，廬間施苫凷。其廬南爲堊室，以墼壘三面，上至屋，如於墻下，即亦如偏屋。以瓦覆之，西向户，室施薦木枕。室南爲大功幕，次中施蒲席。次南又爲小功緦麻，次施牀，並西户。如諸侯始起廬門，門外便有小屏，餘則否。其爲母與父同，爲繼母、慈母不居廬，居堊室。如繼母有子，即隨子居廬。爲妻准母，其堊室及幕次不必每致之，共處可也。婦次於西廊下。」見於凷庭葦障中，以葦薄覆之，既違古制，故引唐禮以規之。

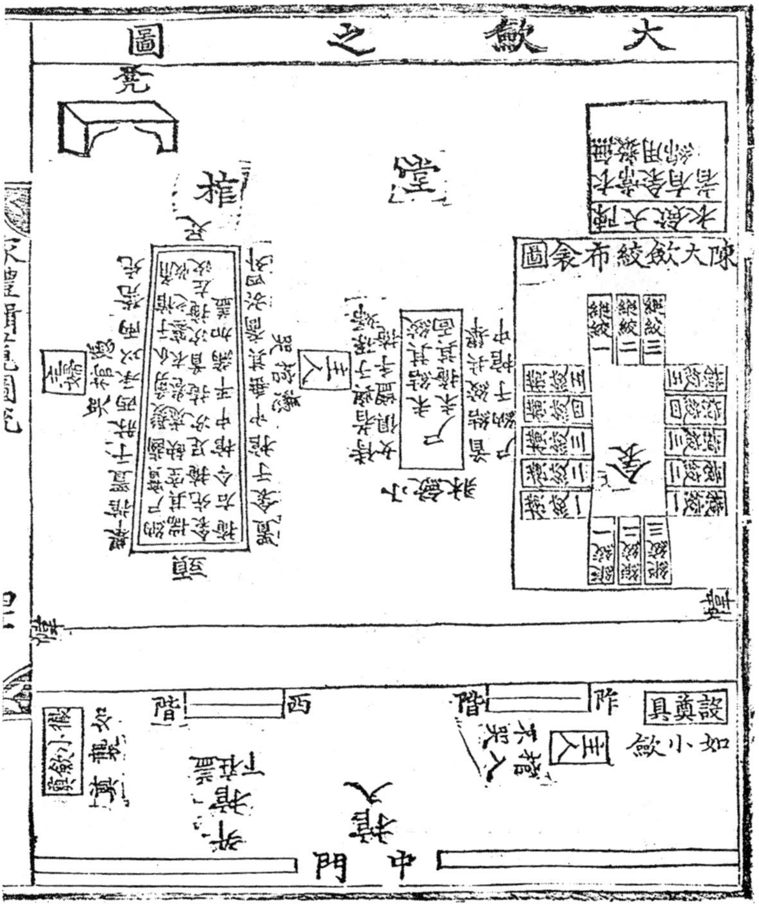
大斂之圖
堂
陳大斂絞布衾圖
主人
設奠具
如小斂
西階
阼階
中門

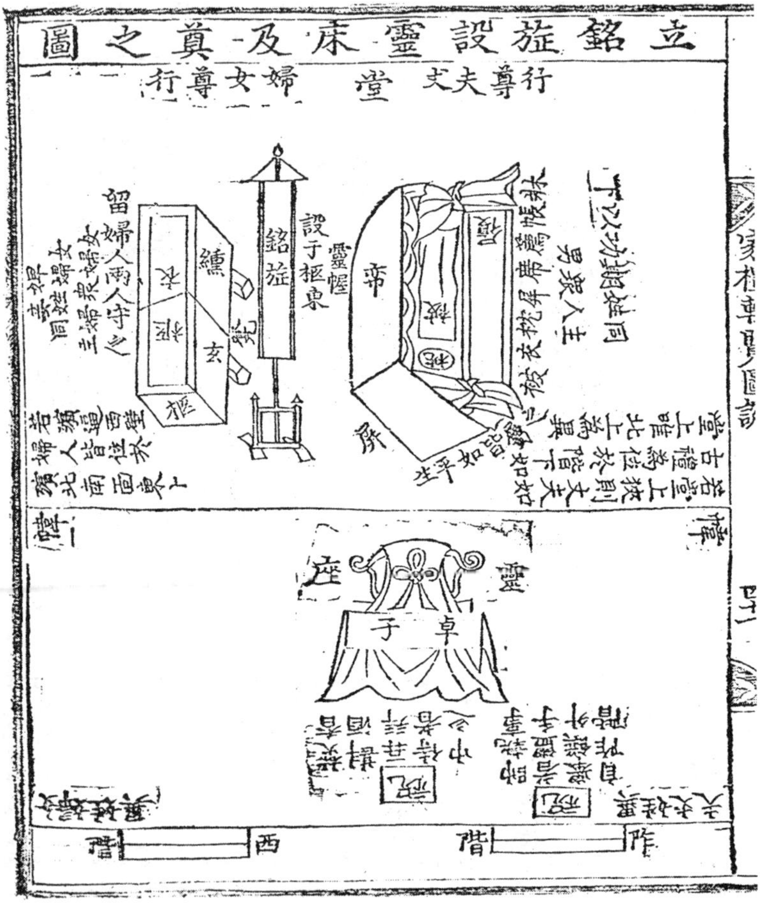
立銘旌設靈床及奠之圖
丈夫尊行
堂
婦女尊行
銘旌
設于柩東
卓子
阼階
西階

五服衰冠升數

斬衰三年（正服）衰三升　冠六升　既葬以其冠為受衰六升　冠七升（義服）衰三升有半　餘同上

齊衰三年（齊衰期）（齊衰不杖）（降服）衰四升　冠七升　既葬以其冠為受衰七升　冠八升（正服）衰五升　冠八升　既葬以其冠為受衰八升　冠九升（義服）衰六升　冠九升　既葬以其冠為受衰九升　冠十升

齊衰三月（義服）衰六升　冠九升　無受

大功九月（殤降服）衰七升　冠十升　無受（成人降服）衰七升　冠十升　既葬以其冠為受衰十升　冠十一升　自斬衰至大功降服凡八條冠皆按衰三等（正服）衰八升　冠十升　既葬以其冠為受衰十升　冠十一升（義服）衰九升　冠十一升　既葬以其冠為受衰十一升　冠十二升　已上二條冠皆按衰二等

總衰裳　四升有半　冠八升　既葬除之

小功五月（殤降服）衰十升　冠同升　無受（成人降服）衰十升　冠同升　即葛五月無受（正服）衰十一升　冠同升　即葛五月無受（義服）衰十二升　冠同升　即葛五月無受

緦麻三月（降）（正）（義）同衰十五升抽其半　冠同升　無受

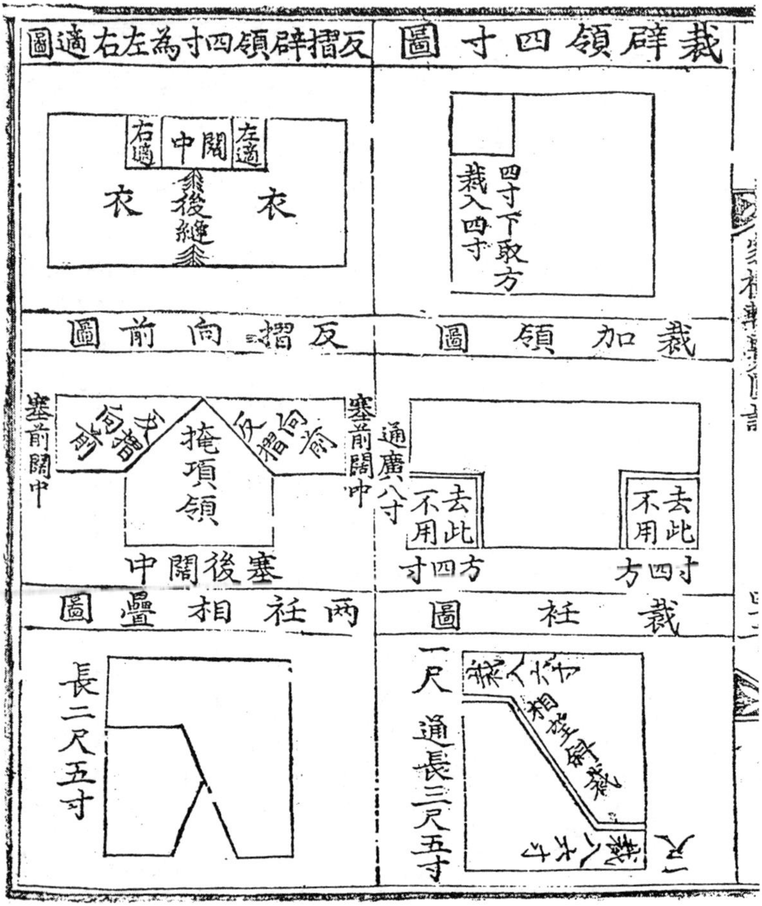
裁辟領四寸圖
四寸下取方
裁入四寸
反摺辟領四寸為左右適圖
右適
中闊
左適
衣
後縫
衣
裁加領圖
通廣八寸
去此不用
去此不用
方四寸
方四寸
反摺向前圖
塞前闊中
反摺向前
掩項領
反摺向前
塞前闊中
塞後闊中
裁衽圖
一尺
通長二尺五寸
一尺
相望斜裁
兩衽相疊圖
長二尺五寸

加領於衣前圖

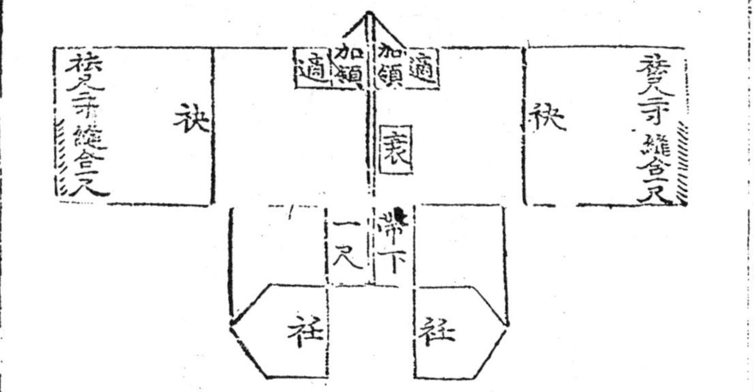

加領於衣後圖

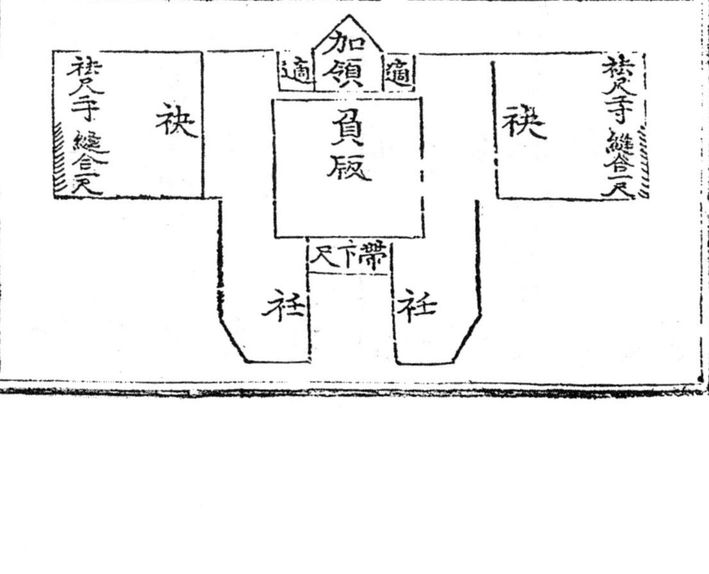

裳制

喪服總圖

斬衰三年	大功九月
用至麁麻布為之不縫下邊	用麁熟布為之
齊衰 三年 杖期一年 不杖期一年 五月 三月	小功五月
	用稍麁熟布為之
	緦麻三月
用稍麁麻布為之縫下邊	用稍細熟布為之

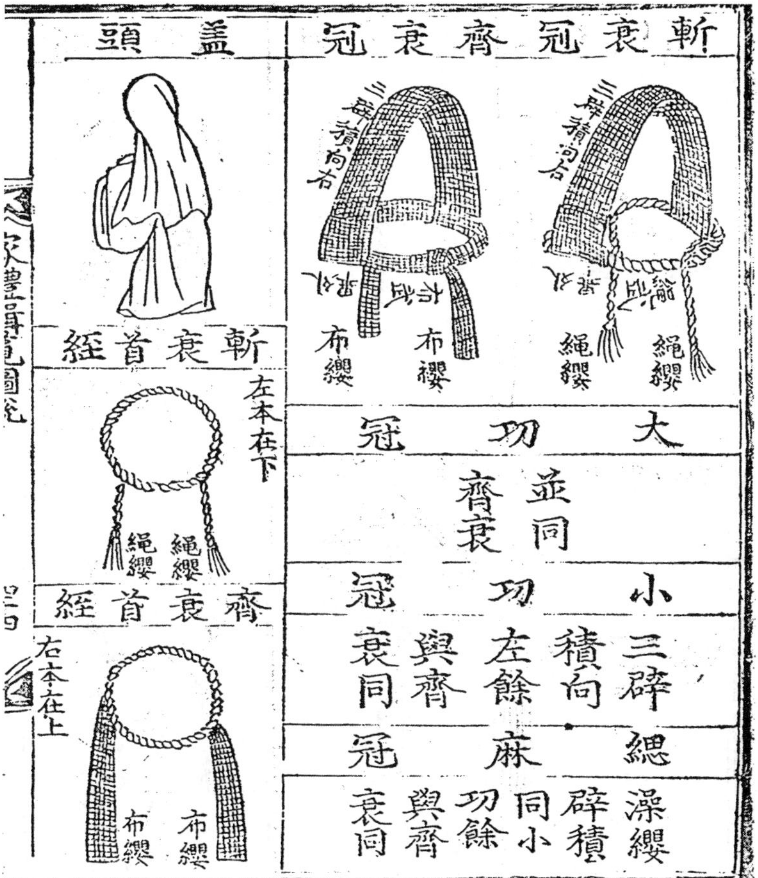
斬衰冠
齊衰冠
三辟積向右
三辟積向右
布纓
布纓
繩纓
繩纓
蓋頭
斬衰首絰
左本在下
繩纓
繩纓
齊衰首絰
右本在上
布纓
布纓
大功冠
並同齊衰
小功冠
三辟積向左餘與齊衰同
緦麻冠
澡纓辟積同小功餘與齊衰同

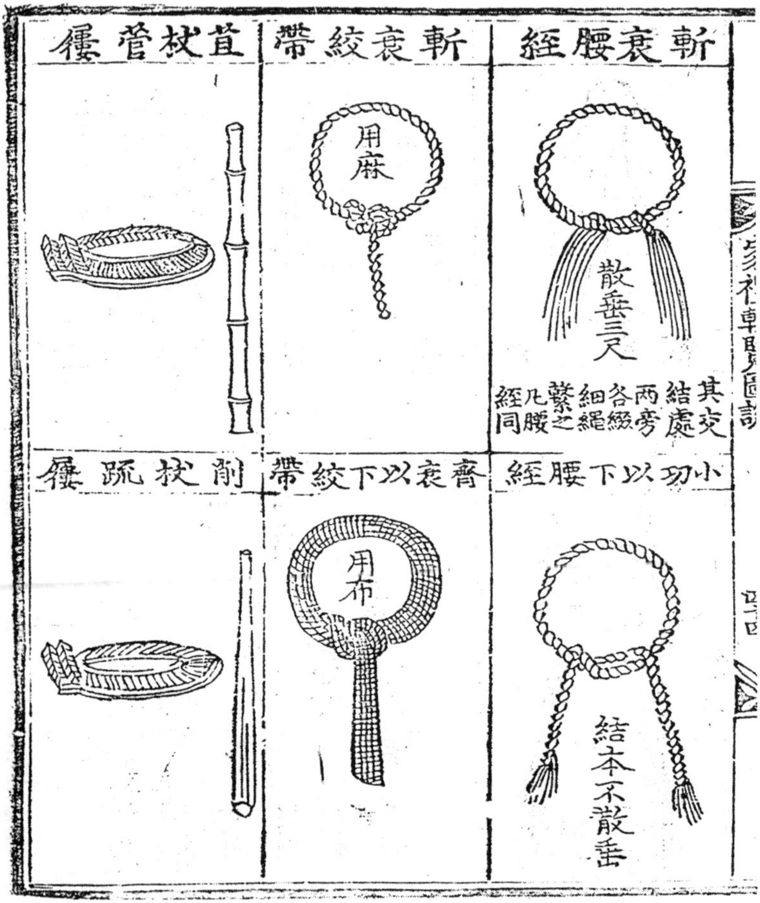
斬衰腰絰
散垂三尺
其交結處兩旁各綴細繩繫之凡腰絰同
斬衰絞帶
用麻
苴杖菅屨
小功以下腰絰
結本不散垂
齊衰以下絞帶
用布
削杖疏屨

本宗五

嫡孫父卒爲祖若曾高祖承重者斬衰三年爲祖母曾高祖母承重者齊衰三年祖在爲祖母止服齊衰杖期

高祖父 齊衰

曾祖父 齊衰

族曾祖伯叔父母 緦

祖父 齊衰不杖期

從祖祖父母 小功

族祖伯叔父母 緦

父 斬衰三年

伯叔父母 不杖期

從祖伯叔父母 小功

族伯叔父母 緦

己

兄弟 不杖期 妻大功

從父兄弟 大功 妻（國制）緦

從祖兄弟 小功 妻無服

族兄弟 緦 妻無服

子 長斬衰三年 衆不杖期

兄弟之子 不杖期 婦大功

從父兄弟之子 小功 婦緦

從祖兄弟之子 緦 婦無服

孫 嫡不杖期 衆大功

兄弟之孫 小功 婦緦

從父兄弟之孫 緦 婦無服

曾孫 嫡不杖期 衆緦

兄弟之曾孫 緦 婦無服

玄孫 嫡不杖期 衆緦

凡男爲人後者爲所後父及所後祖承重斬衰三年爲其私親皆降一等（私親之爲之也亦然）惟本生父母降服不杖期申心喪三年其本生父母亦爲之降服

服之圖

高祖母 三月				
曾祖母 五月	族曾祖姑 緦 嫁無			
祖母 杖期	從祖祖姑 小功 嫁緦	族祖姑 緦 嫁無		
母 齊衰三年	姑 不杖期 嫁大功	從祖姑 小功 嫁緦	族姑 緦 嫁無	
妻 齊衰杖期	姊妹 不杖期 嫁大功	從父姊妹 大功 嫁小功	從祖姊妹 小功 嫁無	族姊妹 緦 嫁無
婦 長不杖期 衆大功	兄弟之女 不杖期 嫁大功	從父兄弟之女 小功 嫁緦	從祖兄弟之女 緦 嫁無	
孫婦 嫡小功其姑在 否庶緦	兄弟之孫女 小功 嫁緦	從父兄弟之孫女 緦 嫁無		
曾孫婦 嫡小功 其姑在 否無	兄弟之曾孫女 緦 嫁無			
玄孫婦 嫡小功 其姑在 否無服				

姑姊妹女及孫女在室或已嫁被出而歸服並與男子同（適人而無夫與子者亦同）嫁而無夫與子者為其兄弟姊妹及姪男女皆不杖期

凡女適人者為其私親皆降一等惟父母降服不杖期祖及曾高祖不降為父後者不降為兄弟姪之妻不降○降服未滿被出則服其本服已除則不復服

三父八母服圖

同居繼父 父子皆無大功之親者也 不杖期

不同居繼父 謂先同今異，或雖同居而繼父有子，已有大功以上親者也 齊衰三月 ○元不同居繼父無服

附異父同母兄弟姊妹 小功

嫡母 謂妾生子稱父之正妻

嫡母父母小功 嫡母死則不服

齊衰三年 本條不著

嫡母兄弟姊妹小功 嫡母死則不服

繼母 謂父之後妻

若父卒，繼母嫁，而己從之者杖期 繼母報服不杖期

齊衰三年

繼母出則無服

母出則為繼母之父母兄弟姊妹小功

養母 謂養同宗及三歲以下遺棄之子者，與親同

齊衰三年 本條不著

慈母 謂妾之無子，妾子之無母，父命他妾養之者

齊衰三年 不命則小功

嫁母 謂親母因父死再嫁他人者也

為父後者不服 母為子不杖期 而為父後猶服

齊衰杖期

女適人者大功 母為女報服

出母 謂親母被父所棄者

上仝

庶母 謂父妾之有子者也 士為庶母緦麻，庶母慈己者小功，所生子齊衰三年，庶子為父後者為其母緦，而為其母之父母兄弟姊妹則無服 庶子之子為父之母不杖期，而為祖後則無服

乳母 謂乳哺己乳母

緦麻

家禮輯覽圖說

三殤降服之圖

從祖祖父 長緦

從祖祖姑 長緦

從祖父 長緦

叔父 長大功 中七月 下小功

姑 長大功 中七月 下小功

從祖姑 長緦

從祖兄弟 長緦

從父兄弟 長中小功 下緦

兄弟 長大功 中七月 下小功

己

姊妹 長大功 中七月 下小功

從父姊妹 長中小功 下緦

從祖姊妹 長緦

從父兄弟之子 長緦

兄弟之子 長大功 中七月 下小功

子 長大功 中七月 下小功

兄弟之女 長大功 中七月 下小功

從父兄弟之女 長緦

兄弟之孫 長緦

孫 嫡孫長大功中七月下小功 衆孫長小功中緦

兄弟之孫女 長緦

嫡曽玄孫 同

大功之殤中從上 小功之殤中從下

齊衰之殤中從上 大功之殤中從下 此主謂妻為夫之親服也

外黨妻黨服之圖

喪服疏外親雖適人不降

君母之父母小功 君母死則不服

母之君母小功 母卒則不服 庶子為後者為其外祖無服

外祖父母 小功

為人後者為本生外祖父母緦

母出則為繼母之父母兄弟姊妹小功

舅 小功 母之兄弟

妻兩兄弟緦國制同

妻父母 緦 妻亡而別娶亦同 親母雖嫁出猶服

從母 小功 母之姊妹

君母之兄弟姊妹小功 君母死則不服

舅之子 緦 即內兄弟

己

姑之子 緦 即外兄弟

從母之子 緦 謂兩姨兄弟姊妹也

甥 小功 姊妹之子

甥婦緦

壻 緦 即外甥

甥女 小功 姊妹之女

外孫 緦 女之子也

婦同

妻為夫黨服圖

			夫高祖父母 緦			
婦從夫服降夫一等			夫曾祖父母 緦	夫為祖曾高祖及祖母曾高祖母承重者夫為人後則並從夫服為本生舅姑服大功		
		夫祖姑 儀節緦	夫祖父母 大功	夫伯叔祖父母 緦		
	夫從祖姑 國制緦	夫姑 小功 不適人不降	舅 斬衰三年 姑 齊衰三年	夫伯叔父母 大功	夫從祖父母 緦	
	夫從父姊妹 緦 適人不降	夫姊妹 小功 適人不降	夫 斬衰三年	夫兄弟 小功 姒娣婦	夫從父兄弟 國制緦 妻緦	
夫從祖兄弟之女 緦 嫁無	夫從父兄弟之女 小功 嫁緦	夫兄弟之女 不杖期 嫁大功	長齊衰年 子衆不杖期 婦嫡不杖期 衆大功	夫兄弟之子 不杖期 婦大功	夫從父兄弟之子 小功 婦緦	夫從祖兄弟之女 緦
	夫從父兄弟之孫女嫁無 緦	夫兄弟之孫 小功 女 嫁無	孫 大功 孫婦 緦	夫兄弟之孫 小功 婦緦	夫從父兄弟之孫 緦	
		夫兄弟之曾孫 緦 孫女 嫁無	曾孫 緦	夫兄弟之曾孫 緦		
凡婦服夫黨當喪而出則除之			玄孫 緦		夫外祖父母及舅從母並緦麻	

出嫁女爲本宗降服圖

兩女各出不再降

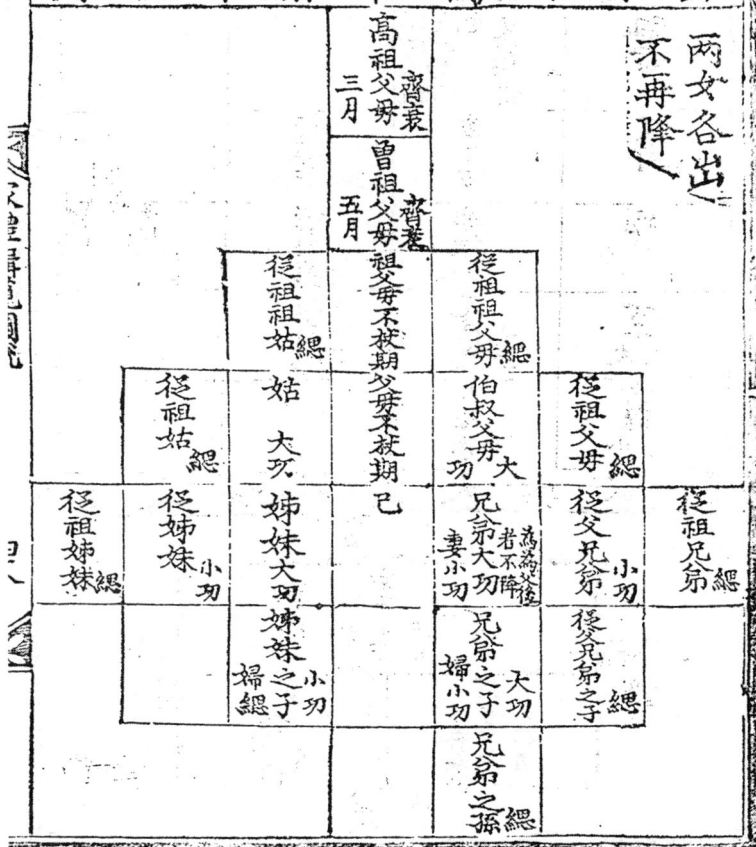

高祖父母 齊衰三月

曾祖父母 齊衰五月

祖父母不杖期

父母不杖期

已

從祖祖父母 緦

從祖祖姑 緦

伯叔父母 大功

姑 大功

從祖父母 緦

從祖姑 緦

從祖兄弟 緦

從父兄弟 小功

兄弟 爲父後者不降 大功 妻小功

姊妹 大功

從姊妹 小功

從祖姊妹 緦

從父兄弟之子 緦

兄弟之子 大功 婦小功

姊妹之子 小功 婦緦

兄弟之孫 緦

己為姑姊妹女子女孫適人者服圖

祖行	歸孫為祖父之姊妹也　父之姑緦		
父行	姑大功	從祖姑緦報	
己	姊妹大功	從父姊妹小功	從祖姊妹緦報
女子大功	兄弟之女大功	從父兄弟之女緦	
女孫小功	兄弟之孫女緦		

丈夫婦人為大宗服圖

丈夫　婦人

宗子之母齊衰三月	
宗子齊衰三月	宗子之妻齊衰三月

丈夫　婦人

丈夫　婦人

丈夫　婦人

大夫

從父昆弟

公之庶昆弟大夫之子爲從父昆弟之爲大夫者相爲服大功

大夫大夫之子公之昆弟爲從父昆弟小功

世叔父母

大夫爲世叔父母爲士者大功

大夫之子爲世叔父母姑無主者爲大夫

昆弟

大夫爲昆弟爲士者大功

大夫之庶子爲嫡昆弟不杖期

公之庶昆弟大夫之庶子爲昆弟大功

大夫之子爲昆弟姊妹無主者爲大夫命婦者不杖期報

昆弟之子

大夫爲昆弟之子爲士者大功

大夫之子爲昆弟之子無主者爲大夫命婦者不杖期

服　或

命婦者不杖期報

姑
大夫大夫之妻大夫之子公之昆弟爲姑嫁於大夫者大功
大夫大夫之子公之昆弟爲姑適士者小功
大夫公之昆弟大夫之子爲姑長殤小功

大夫公之昆弟大夫之子爲昆弟姊妹長殤小功

姊妹
大夫大夫之妻大夫之子公之昆弟爲姊妹嫁於大夫者大功
大夫之庶子爲適昆弟之長殤中殤大功下殤小功
大夫大夫之子公之昆弟爲姊妹適士者小功

報

女子子

不降圖

曾祖父母

曾祖父母爲士者如衆人

祖父母

大夫爲祖父母爲士者不杖期

父母

公之庶昆弟大夫之庶子爲其母大功

己

妻

大夫之適子爲妻不杖期

世子爲妻不杖期

公之庶昆弟大夫之庶子爲其妻大功

子

大夫爲庶子之爲士者大功

大夫爲適子之長殤中殤大功

大夫公之昆弟大夫之子爲其庶子之長殤小功

大夫之子爲女子子無主者爲大夫命婦者不杖期

女子子

大夫大夫之妻大夫之子公之昆弟爲女子子嫁於大夫者大功適士者小功

大夫公之昆弟大夫之子爲女子子之長殤小功

孫

適孫爲士者不杖期

大夫大夫之子公之昆弟爲庶孫小功

妾服圖

妾為其私親服與女子子適人者同

君　斬衰三年

君之父母　按儀禮妾為君之黨服得與女君同

女君　齊衰不杖期

卿大夫為貴妾緦　士妾有子緦

女君於妾無服

君之長子　齊衰三年

君之衆子　齊衰不杖期

其子　齊衰不杖期

為人後者為本宗降服圖

兩男各為人後不再降

			曾祖父母 緦			
		從祖祖姑 緦 嫁無	祖父母 大功	從祖父母 緦		
	從祖姑 緦 嫁無	姑 大功 嫁小功	父母 不杖期	伯叔父母 大功	從祖父母 緦	
從祖姊妹 緦 嫁無	從父姊妹 小功 嫁緦	姊妹 大功 嫁小功	己	兄弟 大功 妻緦	從父兄弟 小功	從祖兄弟 緦
	從父兄弟之女 緦 嫁無	兄弟之女 大功 嫁小功		兄弟之子 大功 婦小功	從父兄弟之子 緦 婦無	
		兄弟之孫女 緦 嫁無		兄弟之孫 緦 婦無		

五服沿革圖	儀禮	家禮	皇朝制	國制
子爲父	斬衰三年女子子在室，嫁反父室同。	同	同	同 軍士及庶人服百日，毋同軍士。願行三年者聽。
父卒，爲祖承重。	斬衰三年	同妻從服曾高祖同。	同	同
父爲長子	斬衰三年 庶子不爲長子斬	同	期	同
爲人後者爲所後父	斬衰三年	同	同	同
爲人後者，父卒，爲所後祖承重。	斬衰三年	同妻從服	同	同
妻爲夫	斬衰三年	同	同	同
妾爲君	斬衰三年	同	同	同
婦爲舅	期	斬衰三年	同	同

續表

五服沿革圖	儀禮	家禮	皇朝制	國制
子爲母父卒得伸。	齊衰三年	同	斬衰三年	齊衰三年
按庶子爲嫡母，《儀禮》、《家禮》不著，當與「子爲母」條通看。	庶子爲父後者，爲其母緦。			
繼母	齊衰三年	同	斬衰三年	齊衰三年
適孫爲祖母承重	齊衰三年	同妻從服曾高祖母同。	上同	上同
母爲長子	齊衰三年	同	期	同
爲人後者爲所後母	齊衰三年	同	斬衰三年	齊衰三年
慈母庶子無母，父命他妾之無子者慈己。	齊衰三年父不命則小功。父在，降，父卒，伸。	同	斬衰三年	齊衰三年
出母	杖期母報，女適人者降。爲父後則無服。	同爲父後則無服。		同心喪三年

續表

五服沿革圖	儀禮	家禮	皇朝制	國制
嫁母	無	杖期爲父後則無服。		同心喪三年
妾爲君之長子	齊衰三年	同	期	同
父在爲母	杖期十一月而練，十三月而祥，十五月而禫。	齊衰三年唐武后始爲三年，《家禮》因之。	斬衰三年	杖期十一月而練，十三月而祥，十五月而禫，解官心喪三年。
婦爲姑	期	齊衰三年宋太祖朝加服，《家禮》因之。	斬衰三年	齊衰三年
父卒，祖在，爲祖母。		杖期		同
父卒，祖在，爲其母。	諸禮並未現，疑父卒，祖在，爲祖母同故也。			
妾子爲嫡母	禮不言妾子爲嫡母，及子之妻爲夫之繼母、妾子妻爲嫡母之服者，與凡所生母同，故更不舉論。		斬衰三年	齊衰三年

續表

五服沿革圖	儀禮	家禮	皇朝制	國制
妾子妻爲嫡母於禮並無。蓋蒙凡子婦，故不言嫡母。○昔年洪政丞暹夫人之喪，沈政丞守慶爲主其喪，以妾子妻爲嫡母無服，使之不服。豈有嫡母死，不服之理，使人陷於不義矣！				
妻爲夫之繼母於禮並無。蓋生母與繼母不異，故不別言繼母。○近年沈相守慶著書謂妻爲夫之繼母無服，云：禮不言子婦爲夫之繼母及妾子妻爲夫之嫡母服者，蓋蒙凡子婦爲姑而言，故不別言嫡母、繼母也。欲爲無服，可乎？夫之伯叔父之妻及夫兄弟子之妻尚有大功之服，夫兄弟之妻小功之服，夫兄弟孫之妻，夫從祖、祖父之妻，並緦麻之服。何況夫之繼母及嫡母，獨無服可乎？其誣經悖禮，使人得罪人倫，爲害甚矣。				
養父母 《大典》三歲前收養者，齊衰三年，己之父母在，則降服期，解官心喪三年。若父没，長子則期而除。士大夫若於賤人，則緦麻。	無	同	養母斬衰三年	齊衰三年
夫爲妻	杖期 適子，父在，不杖。	同 楊氏曰：「父母在，不杖。」	同 有禫	期
爲人後者爲本生父母。	期 報	同		同 鋤頭官心喪三年。

續表

五服沿革圖	儀禮	家禮	皇朝制	國制
父卒繼母嫁 從爲之服報。	杖期	同		同 繼母報不杖。
女子子適人者爲其父母，爲其兄弟之爲父後者。	不杖期	同	同	同 夫亡無子者，爲兄弟姊妹姪同。
繼父同居者 父子皆無大功之親者。	不杖期 昔同居今不同居者，齊衰三月。下同。	同	同	同
爲祖父母 繼祖母同。	期 女適人不降。下同。	同	同	同
庶子之子爲其父之母	無	期 爲祖後則不服。	無	同
爲伯叔父母 姑同，嫁降。	期 姑嫁而無夫與子者同。下同。	同	同	同
昆弟 姊妹同，嫁降。	期 姊妹嫁而無夫與子者同。	同	同	同

續表

五服沿革圖	儀禮	家禮	皇朝制	國制
爲衆子女	期女嫁降，嫁而無夫與子者不降。	同 上同	同	同
爲昆弟之子女	期女嫁大功。	同	同	同
爲嫡孫當爲後者	期曾玄孫同。	同	同	同
妾爲其父母	期妾爲其伯叔父母、姑姊妹，大功。爲私兄弟如邦人。注：私兄弟，目其族親。	同凡妾爲其私親如衆。	同	同
妾爲女君	期	同	同	同
爲夫之兄弟之子	期女嫁則大功。	同女嫁則大功。	同	同
妾爲君之衆子	期爲其子同。下同。	同	同	同
妾爲君之父母	期		同《會典》《儀節》。	同《大典》。

續表

五服沿革圖	儀禮	家禮	皇朝制	國制
舅姑爲嫡婦	大功	期魏徵奏升爲期，《家禮》因之。	同	同
爲曾祖父母繼祖母同。爲所後之曾祖父母同。	齊衰三月 女適人不降。下同。	齊衰五月 魏徵建議升爲五月，《家禮》因之。		
爲高祖父母繼祖母同，爲所後之高祖父母同。	齊衰三月	同	同	同
族人爲宗子母妻	齊衰三月			
爲從父兄弟姊妹在室。同。	大功嫁小功。	同	同	同
爲衆孫男女	大功女嫁小功。	同	同	同
爲衆子婦	小功	大功魏徵奏升爲大功，《家禮》因之。	同	同

續表

五服沿革圖	儀禮	家禮	皇朝制	國制
爲兄弟子之婦	大功	同	同	同
爲夫祖父母	大功	同	同	同
爲夫伯叔父母	大功	同	同	同
爲夫兄弟子之婦		大功	同	同
爲人後者之妻爲本生舅姑。		大功	同	
爲從祖祖父母四寸大父母。	小功	同	同	同
爲從祖祖姑四寸大姑。	緦歸孫。	小功	同	同
爲兄弟之孫	小功女嫁緦。	同	同	同
爲從叔父母五寸叔。	小功	同	同	同

續表

五服沿革圖	儀禮	家禮	皇朝制	國制
爲從姑五寸叔姑。	小功嫁則緦。	同	同	同
爲從兄弟之子五寸姪。	小功	同	同	同
爲從兄弟之女	小功嫁則緦。	同	同	同
爲從祖兄弟六寸兄弟。	小功姊妹嫁緦。	同	同	同
爲外祖父母	小功	同	同	同
爲從母母之姊妹。	小功	同	同	同
爲舅母之兄弟。	緦	小功唐太宗謂侍臣曰：「舅與從母親同而服異。」魏徵等加小功，《家禮》因之。	同	同
爲甥姊妹之子。	緦妻緦。	小功妻仍緦。魏徵等請加小功，《家禮》因之。	同	同

續表

五服沿革圖	儀禮	家禮	皇朝制	國制
爲夫從兄弟之子	小功妻緦，女嫁緦。	同	同	同
爲夫兄弟之孫	小功女嫁緦。	同	同	同
爲夫之姑姊妹	小功適人不降。	同	同	同
娣姒婦相爲	小功	同	同	同
庶子爲嫡母之父母兄弟姊妹	小功君母不在，則不服。爲君母之父母、從母小功。爲君母之兄弟緦。	同	無	同
爲庶母慈己者	小功	同	同	無
爲嫡孫婦曾玄孫當爲後婦同。	小功	同其姑在則不服。	同	同
爲兄弟之妻	無	小功唐太宗朝小功，《家禮》目之。	同	同

續表

五服沿革圖	儀禮	家禮	皇朝制	國制
爲夫之兄弟	無	小功唐太宗朝小功，《家禮》目之。	同	同
同母異父兄弟		大功		小功
女爲兄弟子之妻		小功適人不降。	大功	同
母出爲繼母之父母兄弟姊妹。	小功	同	同	
爲族曾祖父母五寸大父。	緦	同	同	同
爲族曾祖姑		緦嫁無。	同	同
爲族祖父母六寸大父。	緦	同	同	同
爲族祖姑		緦嫁無。	同	同
爲族父母七寸，叔父。	緦	同	同	同

續表

五服沿革圖	儀禮	家禮	皇朝制	國制
爲族姑		緦嫁無。	同	同
爲兄弟之曾孫五寸孫。	妻無，女嫁無。	緦	同	同
爲從兄弟之孫六寸孫。	妻無，女嫁無。	緦	同	同
爲從祖兄弟之子七寸族下。	緦妻無，女嫁無。	同	同	同
爲族父之子八寸兄弟	緦女嫁無，下同。妻無。	同	同	同
爲曾孫	緦婦無。	同	同	同
爲玄孫		緦婦無。	同	同
爲外孫	緦	同	同	同
爲外兄弟父之姊妹之子。	緦	同	同	同

續表

五服沿革圖	儀禮	家禮	皇朝制	國制
爲内兄弟舅之子。	緦	同	同	同
爲兩姨兄弟從母之子	緦	同	同	同
爲夫兄弟之曾孫 五寸孫。		緦	同	同
爲夫從兄弟之孫 六寸，孫。		緦	同	同
爲夫從祖兄弟之子 七寸，姪。		緦	同	同
爲衆孫婦	緦	同	同	同
爲庶母父妾之有子者。	緦	同	杖期	同
爲乳母	緦	同	同	同
爲妻父母 妻亡，別娶亦同。	緦	同 母雖嫁出，亦同。	同	同

續表

五服沿革圖	儀禮	家禮	皇朝制	國制
爲夫之曾祖父母	無	緦開元禮始爲緦，宋朝因之。	同	同
爲夫之高祖父母	無	緦下同	同	同
爲夫之諸祖父母報諸祖父母者，夫之所爲小功，從祖、祖父母、外祖父母。或曰曾祖父母，曾祖於曾孫之婦無服，而云報乎？曾祖父母正服小功，妻從服緦。○按此下别有「夫之從祖、祖父母」、「夫之外祖父母」二條，此不必有，而此注説似當參考，故並本條存之。				
爲兄弟孫之婦		緦	同	同
爲夫兄弟孫之婦	緦	同	同	同
爲夫之從祖祖父母	緦姑同。	同	同	同
爲夫之從祖父母	緦姑同。	緦	同	同
爲從兄弟之子婦		緦	同	同
爲夫從兄弟之子婦	緦	同	同	同

續　表

五服沿革圖	儀禮	家禮	皇朝制	國制
爲夫之從姊妹		緦適人亦不降。	同	同
爲夫之舅及從母		緦	同	無
爲夫之外祖父母	緦	同	同	無
爲外孫婦		緦	同	同
爲壻	緦	同	同	同
女爲姊妹之子婦		緦		
爲甥婦朱子曰：「舅於甥之妻有服，妻於夫之舅無服，是怪。蓋舅是從父身上推將去，故廣；甥之妻從夫身上推將來，故狹。」		緦		同
爲妾之有子者	緦	同		同

續表

五服沿革圖	儀禮	家禮	皇朝制	國制
爲夫從兄弟妻	緦	同	同	同
女爲夫之從父姊妹		緦姊妹雖適人，不降。	同	同
從父姊妹爲從父兄弟之妻當爲報緦，而《家禮》今制國制并無明文，乃遺漏也。				
朋友	緦	同		
從父兄弟之妻	無	同	緦	同
爲夫從父兄弟				緦
同爨	緦	同		
改葬應服三年者。	緦	同		
爲所後母父母		小功		
爲人後者爲本生外祖父母	無		緦	

續表

五服沿革圖	儀禮	家禮	皇朝制	國制
爲人後者爲所生從母舅	無			
繼母嫁而前夫之子從己者	無	期	無	同
爲所後母之兄弟	緦	小功	同	同
爲所後母之從母	小功	同	同	同
妻爲夫之從祖姑本注及《儀禮》無服，此圖恐誤。				
舅妻				緦按：甥爲舅妻既有服，則舅妻當爲之報，而不著，恐是闕文。

五服變例圖

齊衰三年
- 祖父卒而爲祖母後者也
- 爲所後者之妻若子也

齊衰杖期
- 所後父在爲其妻若子也
- 祖父在嫡孫爲祖母也

齊衰不杖期
- 姊妹既嫁相爲服也
- 父母在則爲妻也

齊衰五月
- 爲所後者之祖父母若子也

大功九月
- 爲同母異父兄弟姊妹

小功五月
- 爲所後者妻之父母若子也
- 姑爲嫡婦不爲舅後者也

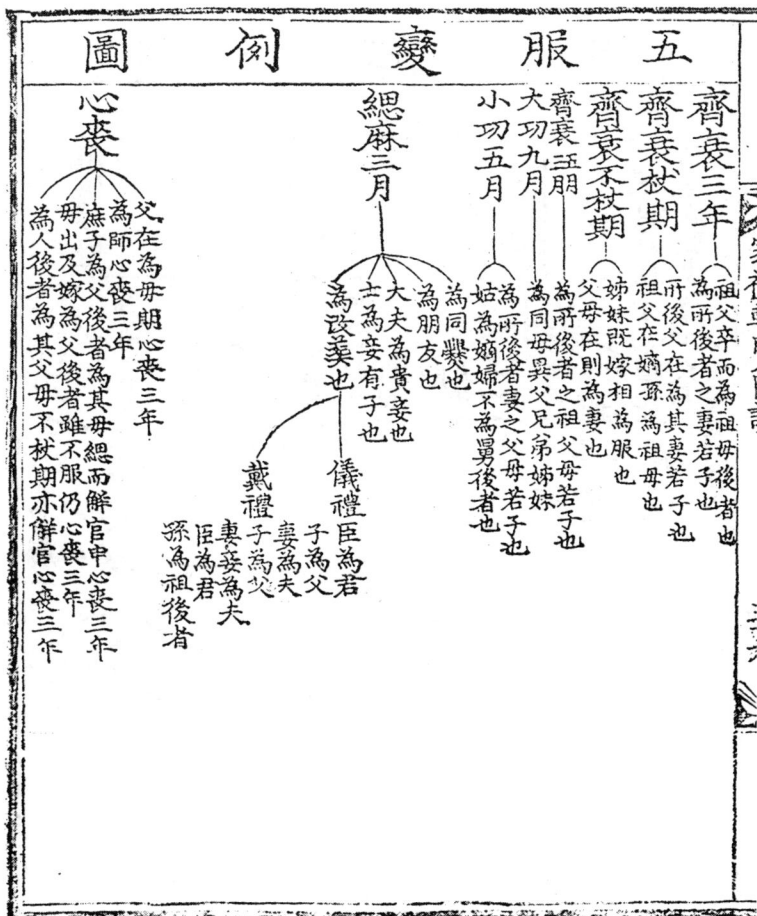

緦麻三月
- 爲同爨也
- 爲朋友也
- 大夫爲貴妾也
- 士爲妾有子也
- 爲改葬也
  - 儀禮 臣爲君 子爲父 妻爲夫
  - 戴禮 子爲父 妻妾爲夫 臣爲君 孫爲祖後者

心喪
- 父在爲母期心喪三年
- 爲師心喪三年
- 庶子爲父後者爲其母緦而解官申心喪三年
- 母出及嫁爲父後者雖不服仍心喪三年
- 爲人後者爲其父母不杖期亦解官心喪三年

式假圖

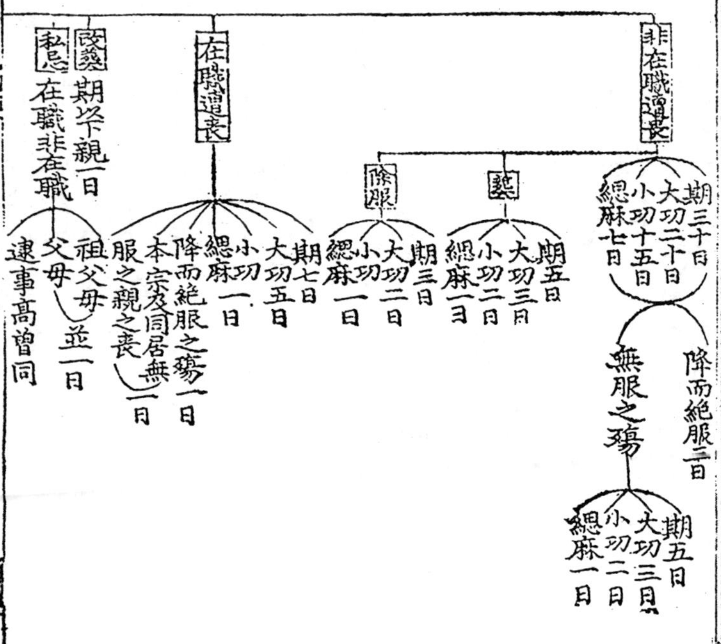
非在職遭喪
期三十日
大功二十日
小功十五日
緦麻七日
降而絶服三日
無服之殤
期五日
大功三日
小功二日
緦麻一日
葬
期五日
大功三日
小功二日
緦麻一日
除服
期三日
大功二日
小功一日
緦麻一日
在職遭喪
期七日
大功五日
小功一日
緦麻一日
降而絶服之殤一日
本宗及同居無服之親之喪一日
改葬
期以下親一日
私忌
在職非在職
祖父母
父母
並一日
逮事高曾同

修名

見官員	進士姓某
見縣官	邑士姓某
見鄉貴	里生姓某
見尊官	學生姓某
見恩官	門生姓某
契家官員	契生姓某
親戚鄉貴	親契生姓某
父祖同年	年家姪姓某
父祖朋友	親契姪姓某
親族尊長	族姪姓某
同姓尊長	宗姪姓某
見師長	學生姓某
見契家	契弟姓某
見同年	年弟姓某
見朋友	友末姓某
見常人	契末姓某
見外鄉人	某郡姓某
見僧道	郡望姓某

凡名刺用好門狀紙闊三四寸左卷如箸大用紅線刺束腰須真楷細書或倉卒無紅線則剪胚紅一小條就名上束之亦得若辭人則於名下書拜辭謝人則於名下書拜謝送人則於名下書拜違

刺式

有官居喪	持服　姓某
常人居喪	墨服　姓某
居父喪	孤子　姓某
居母喪	哀子　姓某
父母俱喪	孤哀子　姓某
居祖喪	孤孫　姓某
居心喪	申心制　姓某
	心喪　姓某
居禫服	居禫　姓某
祖父母喪	縗服　姓某
居妻喪	某服　姓某

凡居父母喪則右卷不可剪齊紙上下仍用白線或白紙條束腰其他服用粉青茸左卷慰人亦然

慰大官門狀式

具位姓某
右某謹詣
門屏祗慰
某位伏聽
處分謹狀
年月　日具位姓某狀

慰辭賀謝隨用改易

慰平交門狀式

具位姓某
右某祗慰
某官謹狀
年月　日具位姓某狀

凡門狀用大紙一幅前空二寸真楷小書字疏密相對如前式武官不用全幅紙但闊四五寸後不用具年但云某月日姓某狀公吏同武官式僧道同官員式右貫細書

弔祭祝文式

維
年號幾年歲次干支
某月干支朔越
幾日干支忝親
某官姓某等謹
以清酌庶羞之
奠致祭于
某親某官公之柩
云云尚
饗

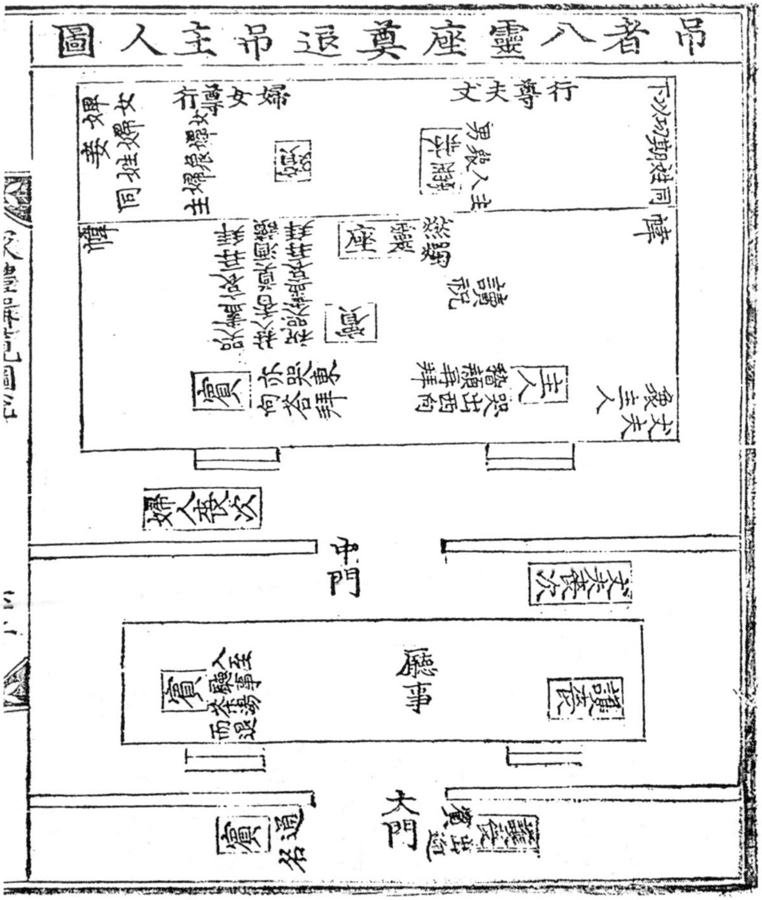
吊者入靈座奠退吊主人圖

奔喪者至家入門詣柩前再拜變服就位哭泣圖

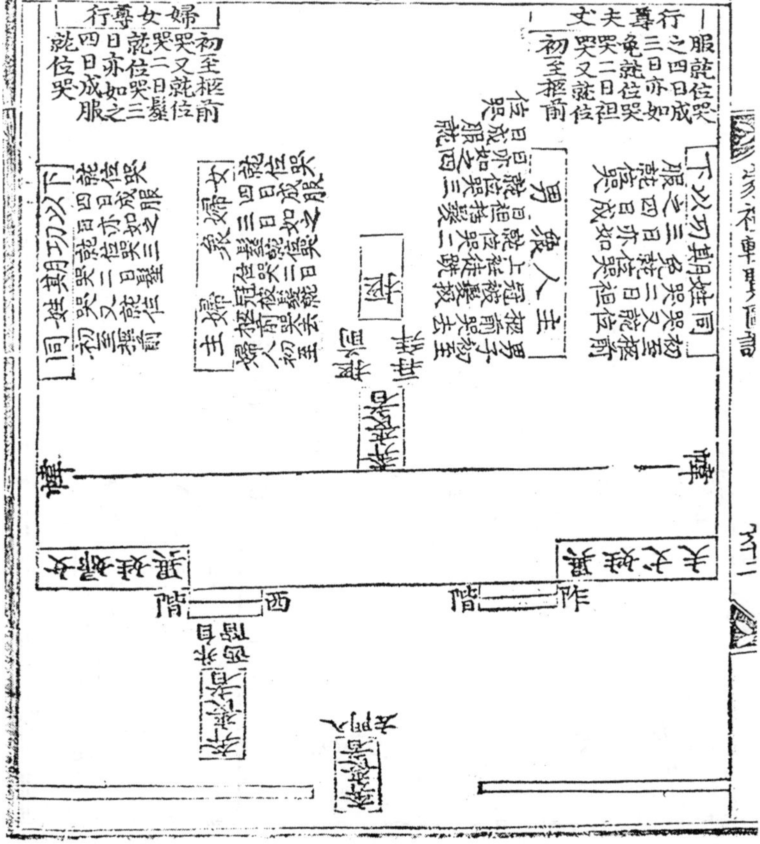

聞喪而未得行則爲位哭

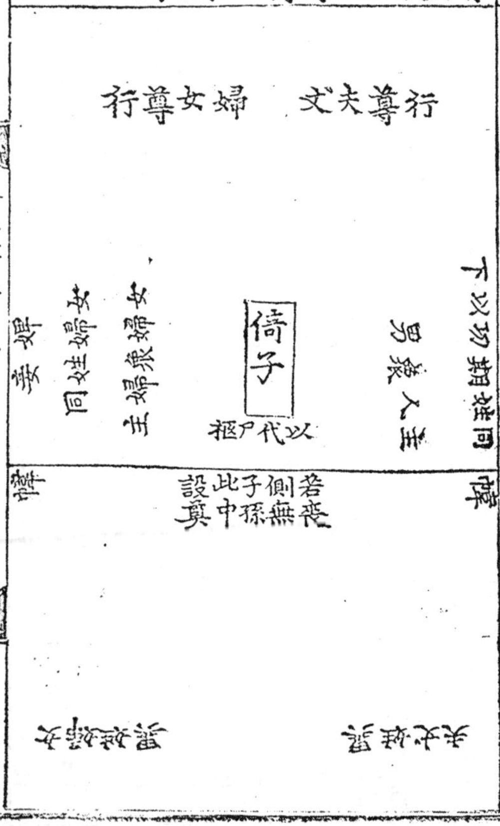

四脚巾圖

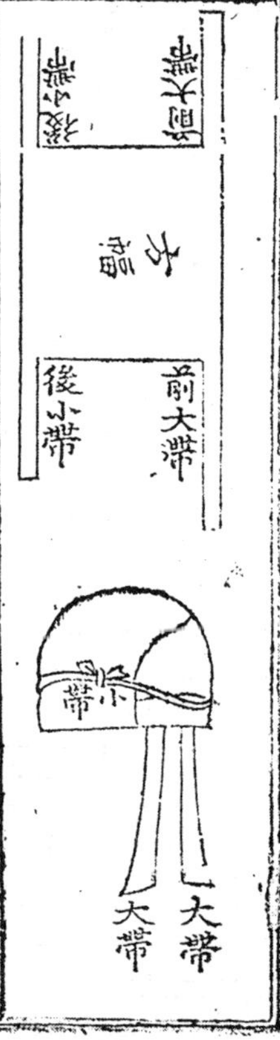

告后土氏祝文式

維
年號幾年歲次干支幾月干支朔幾日干支某官敢昭
告于
土地之神今為某官姓名營建宅兆
神其保佑俾無後艱謹以清酌脯醢祗薦于
神尚
饗

掘兆告后土氏之圖

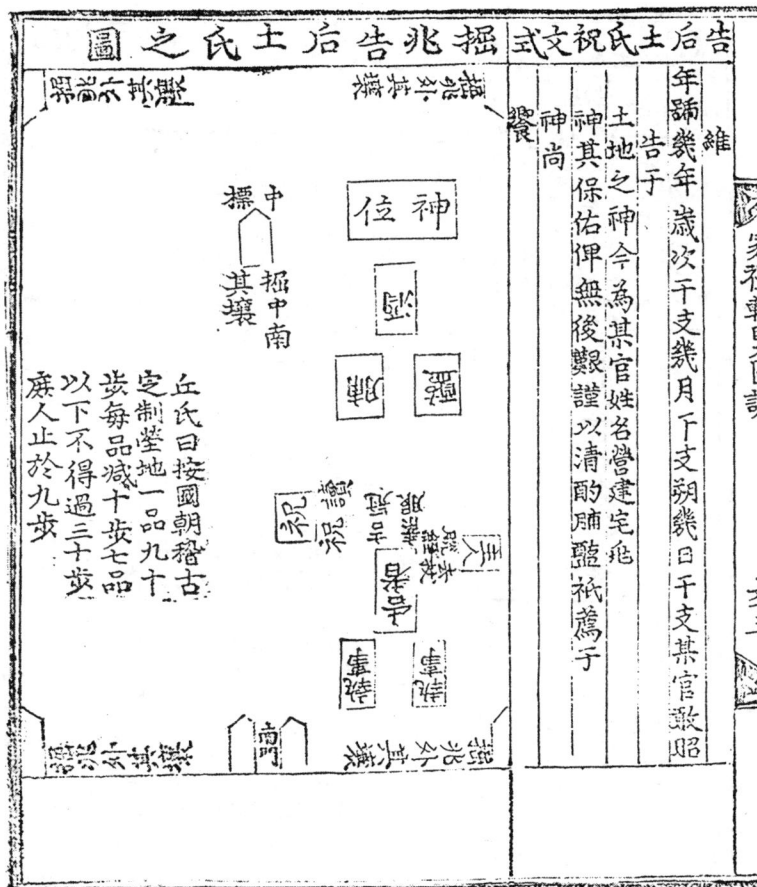

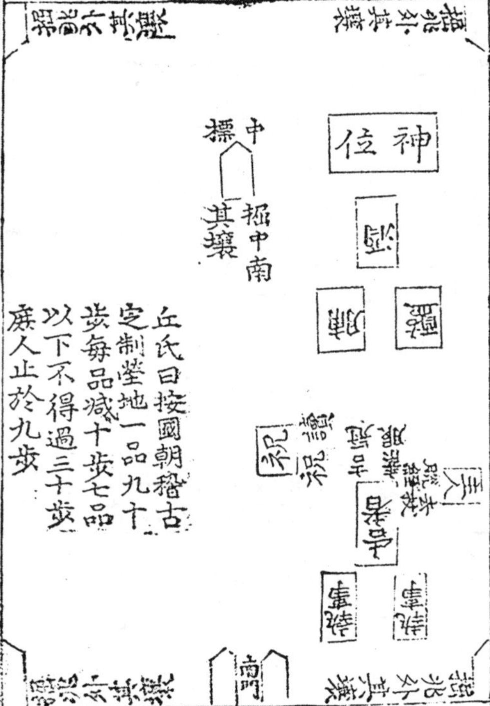

丘氏曰按國朝稽古定制塋地一品九十步每品減十步七品以下不得過三十步庶人止於九步

築灰隔及内外盖圖

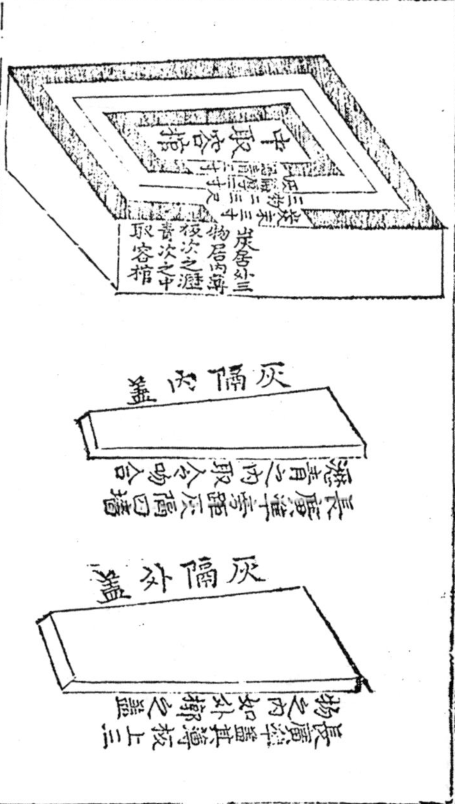

誌石圖

底

某官某公諱某字某
某州某縣人考諱某
某官母某氏某封某
年月日生叙歷官遷
次某年月日終某年月
日葬某鄉某里某處
取某氏某人之女子男
某某官女適某官某人

盖

某官某公之墓

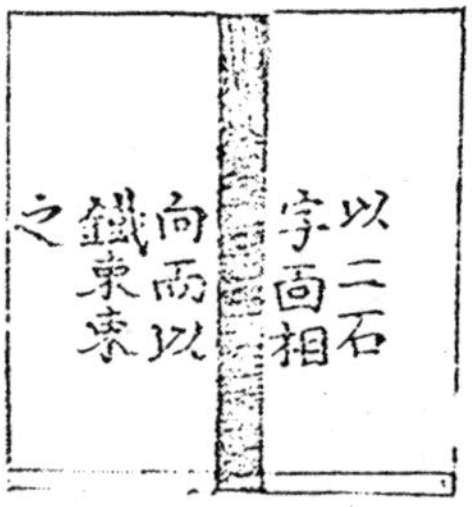

苣圖

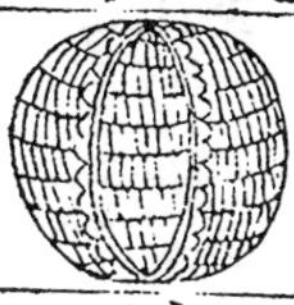

筲圖

罌圖

大轝圖

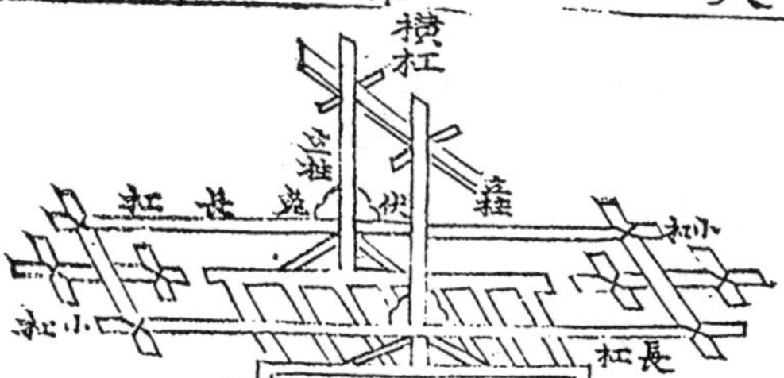

竹格圖

柳車圖
齊
朱
白
蒼
褚
褚
輇
輇
輇
黼翣
黻翣
雲翣
周禮白與黑謂之黼黼為斧形
周禮黑與青謂之黻儀節用黑青二色相間為亞形當從家禮皆畫以紫
大夫四黻翣雲翣各二
士只用雲翣二
以紫畫為雲氣

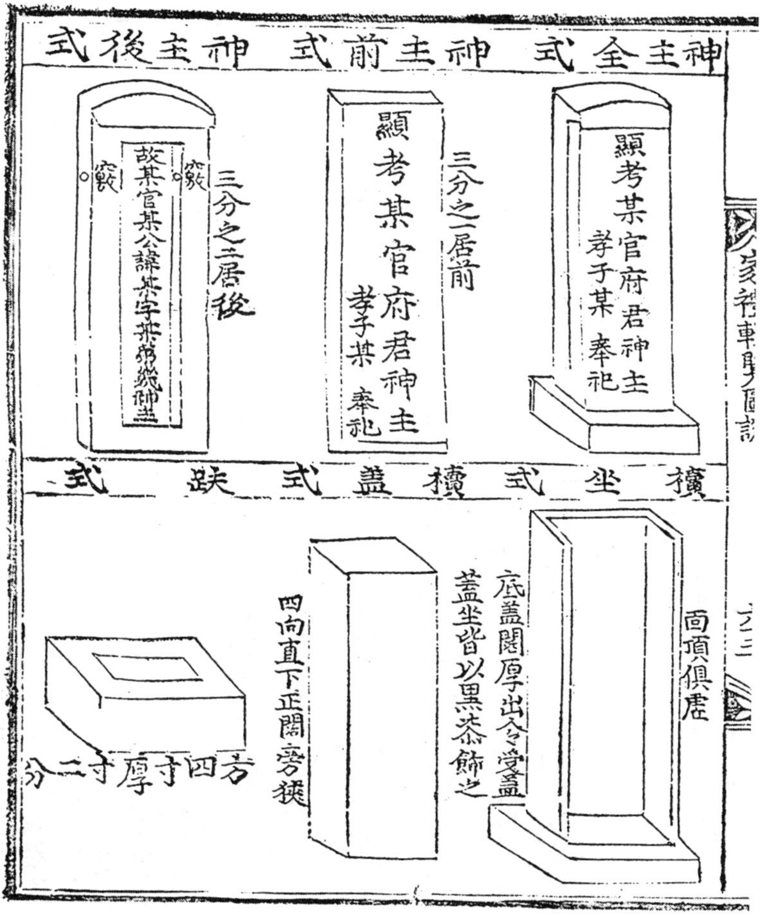
神主全式
顯考某官府君神主
孝子某奉祀
神主前式
顯考某官府君神主
孝子某奉祀
三分之一居前
神主後式
故某官某公諱某字某第幾神主
竅
竅
三分之二居後
櫝坐式
櫝蓋式
趺式
面頂俱虛
底蓋闊厚出令受蓋
蓋坐皆以黑漆飾之
四向直下正闊旁狹
方四寸厚寸二分

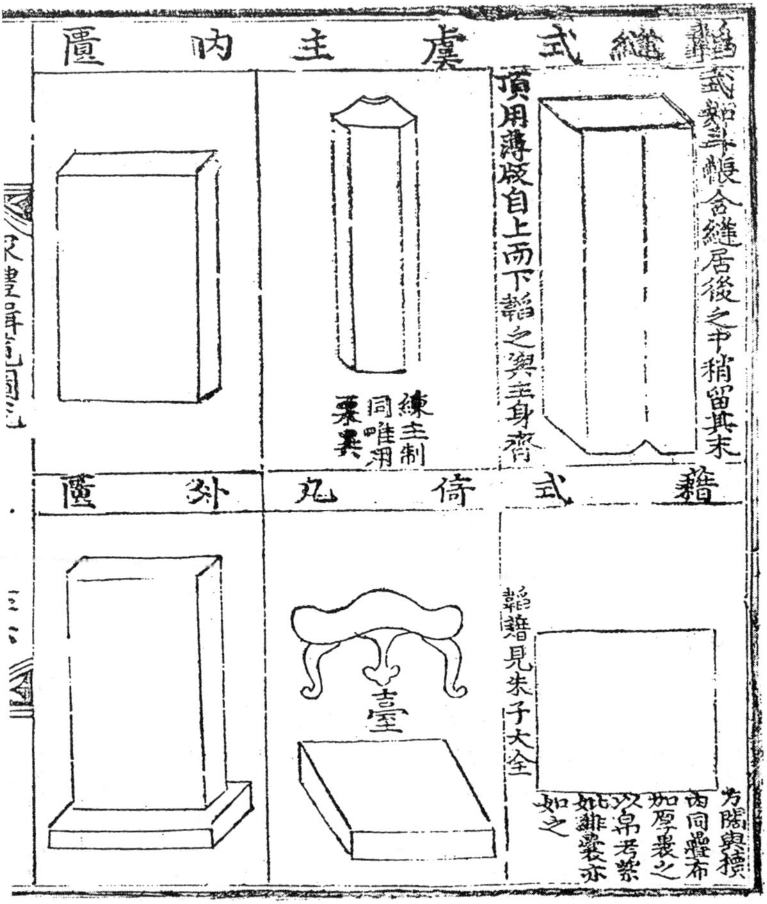
韜縫式
式如斗帳合縫居後之中稍留其末
須用薄絹自上而下韜之與主身齊
虞主
練主制同唯用桑木
內匱
藉式
韜藉見朱子大全
方隨與櫝內同體布加厚裹之以帛考紫妣緋囊亦如之
倚丸
臺
外匱

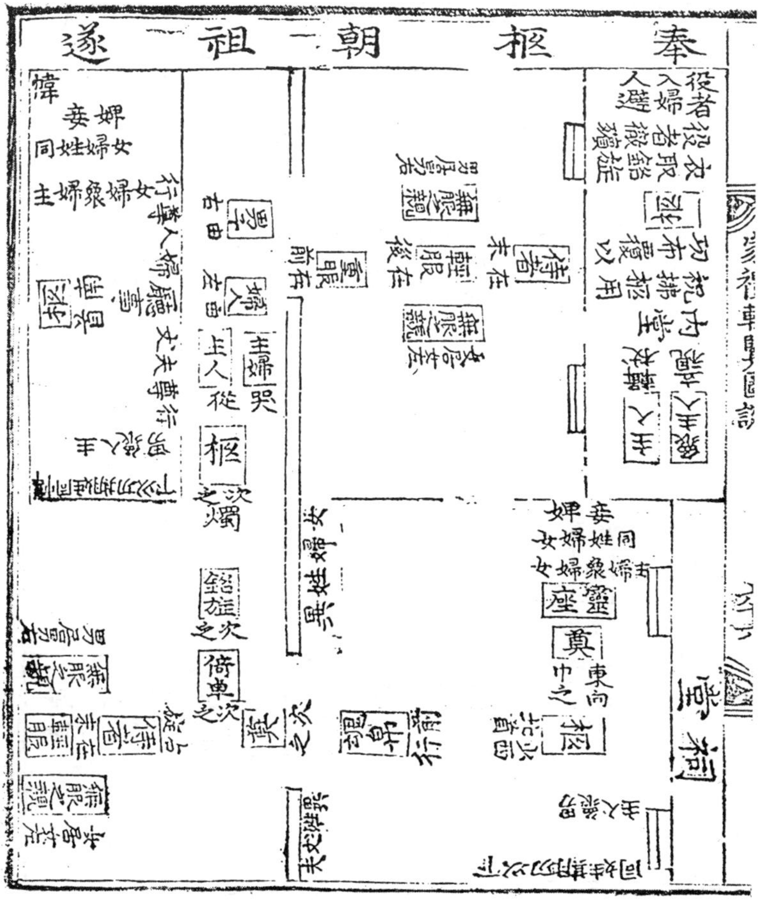
奉柩朝祖
祠堂

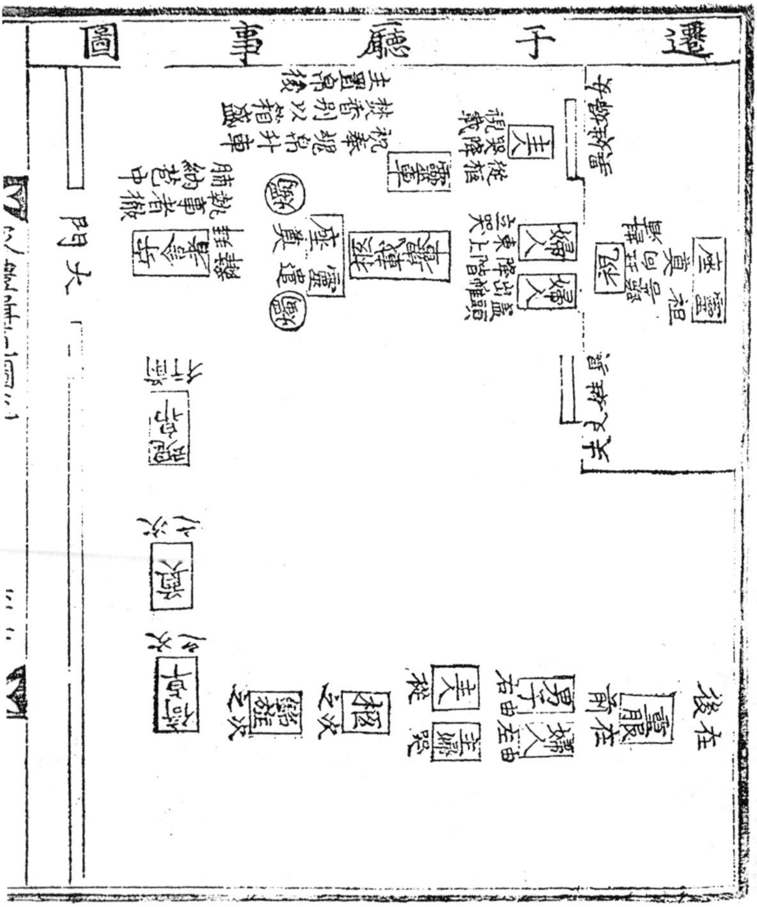
遷于廳事圖

輁軸圖

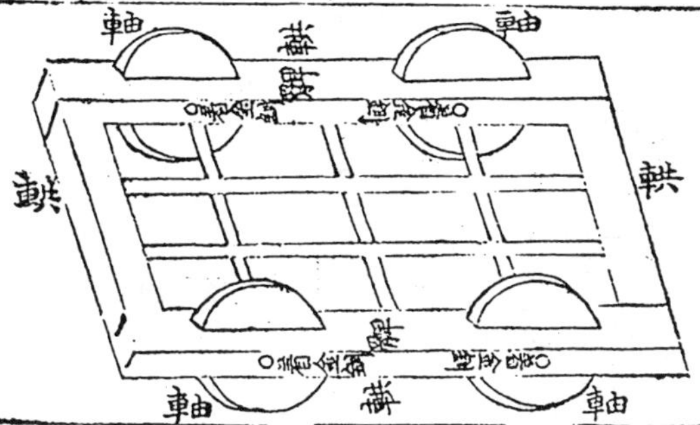

方相魌頭

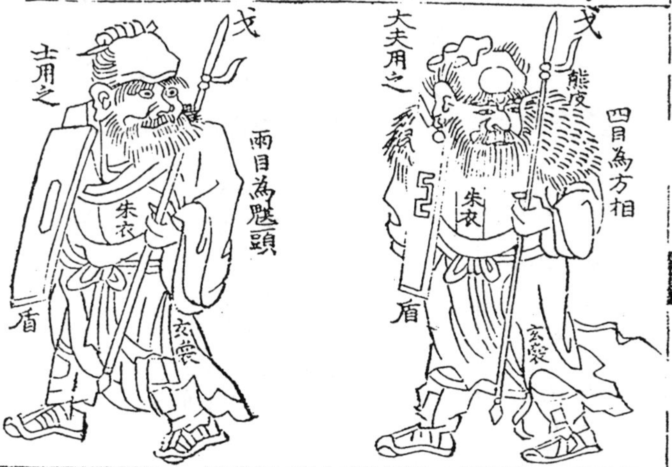

藏明器下帳苞筲甖誌石圖

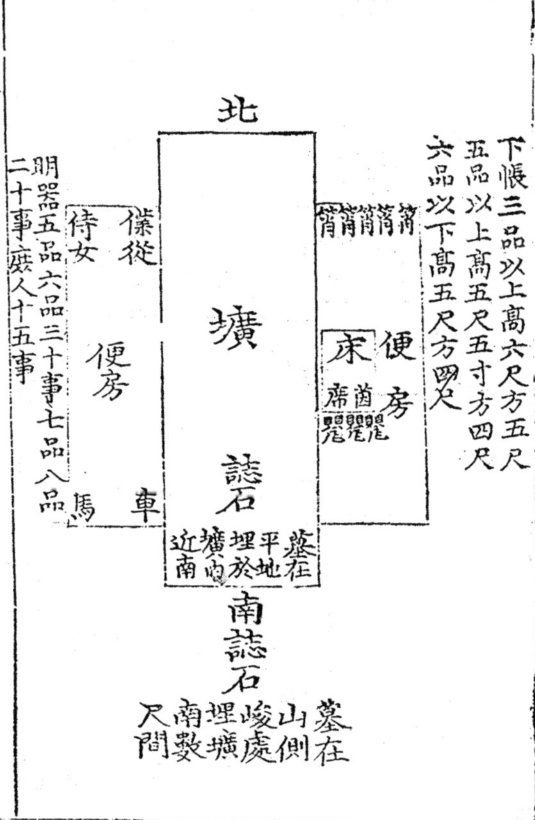

題主祝文式

維

年號幾年歲次干支幾月干支朔幾日干支孤子某敢昭告于

顯考某官封謚府君形歸窀穸神返室堂神主旣成伏惟

尊靈舍舊從新是憑是依

發引

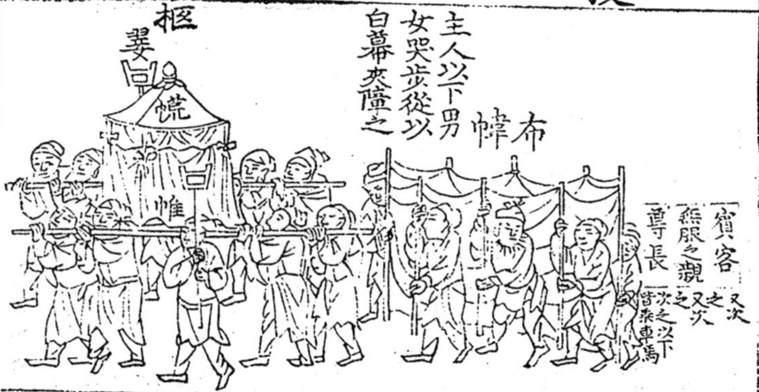

豐碑古制圖

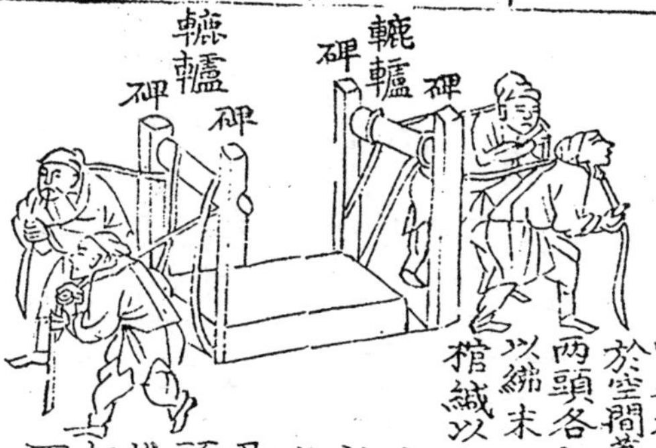

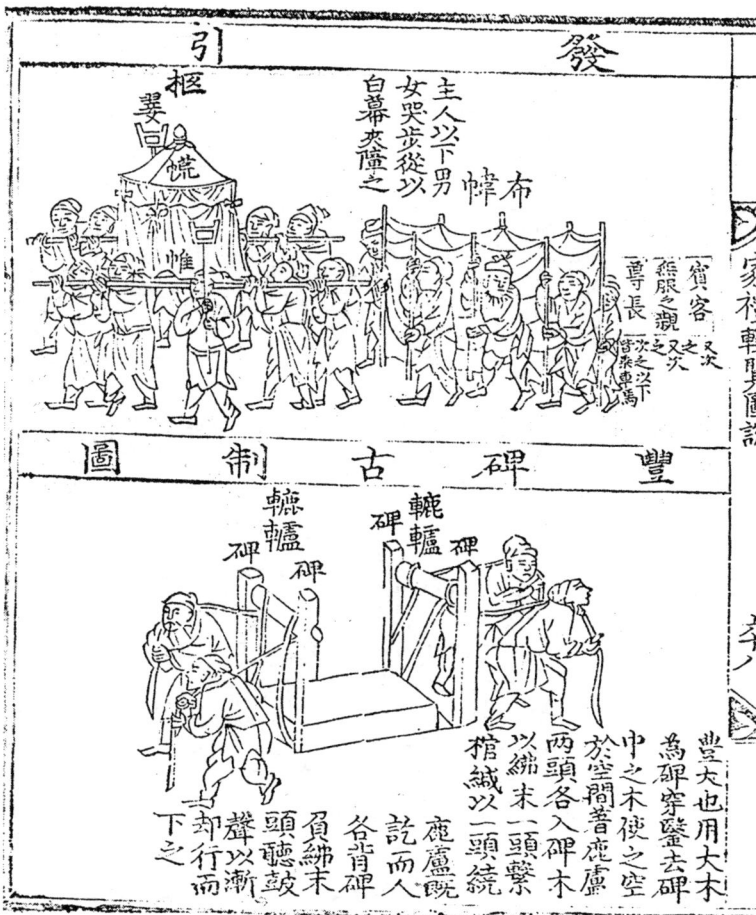

豐大也用大木為碑穿鑿去碑中之木使之空於空間著鹿盧兩頭各入碑木以綍末一頭繫棺緘以一頭繞鹿盧既訖而人各背碑負綍末頭聽鼓聲以漸卻行而下之

之圖

五禮儀壙口長杠上去横杠下棺圖

五禮儀壙內槨上去橫杠下棺圖

今制金井機上下各立柱用轆轤下棺圖

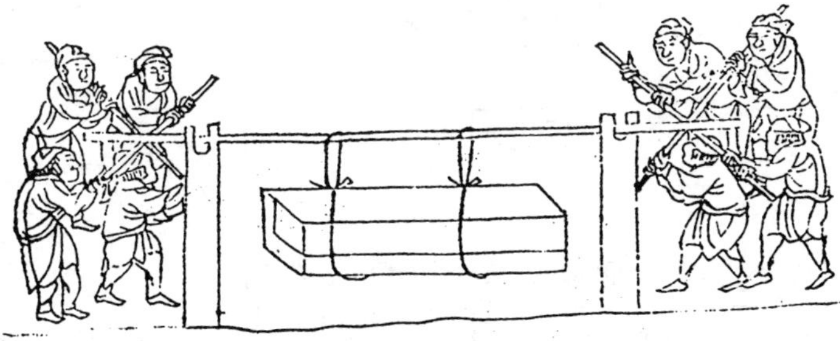

及墓下棺祠后土題木主之圖

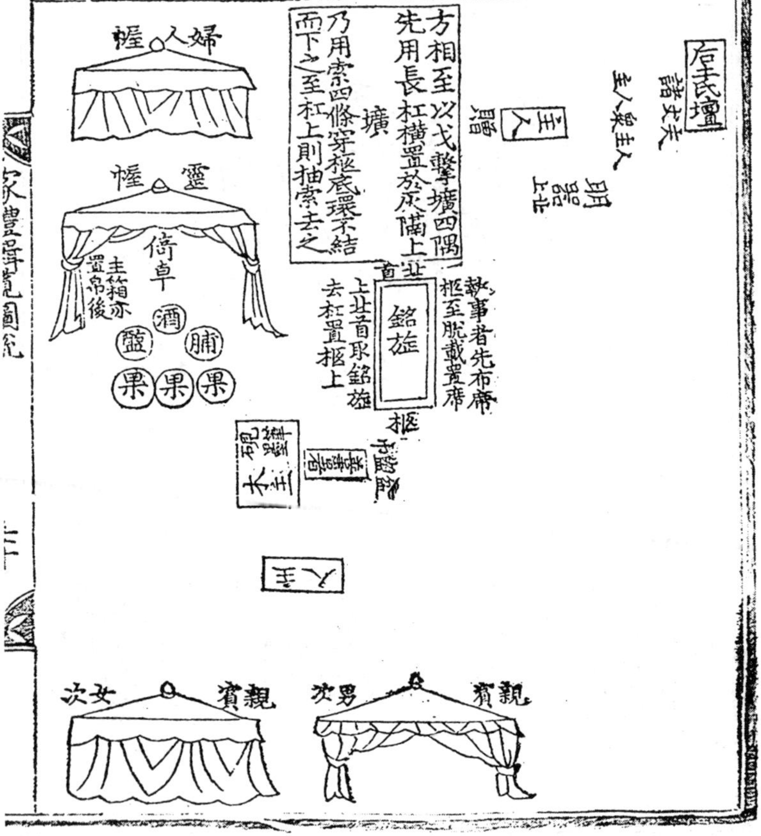

墳圖

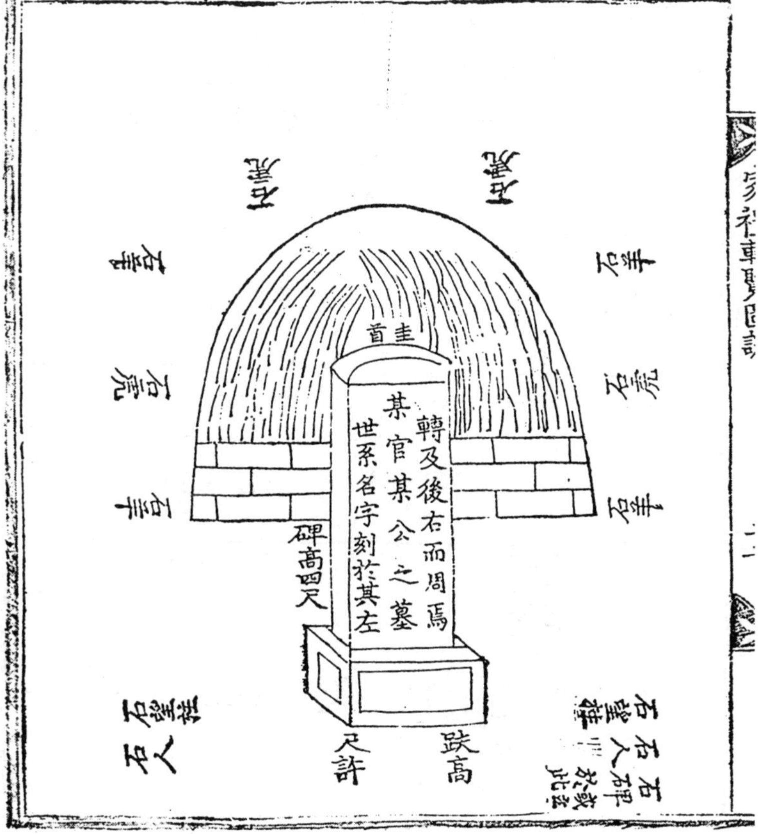

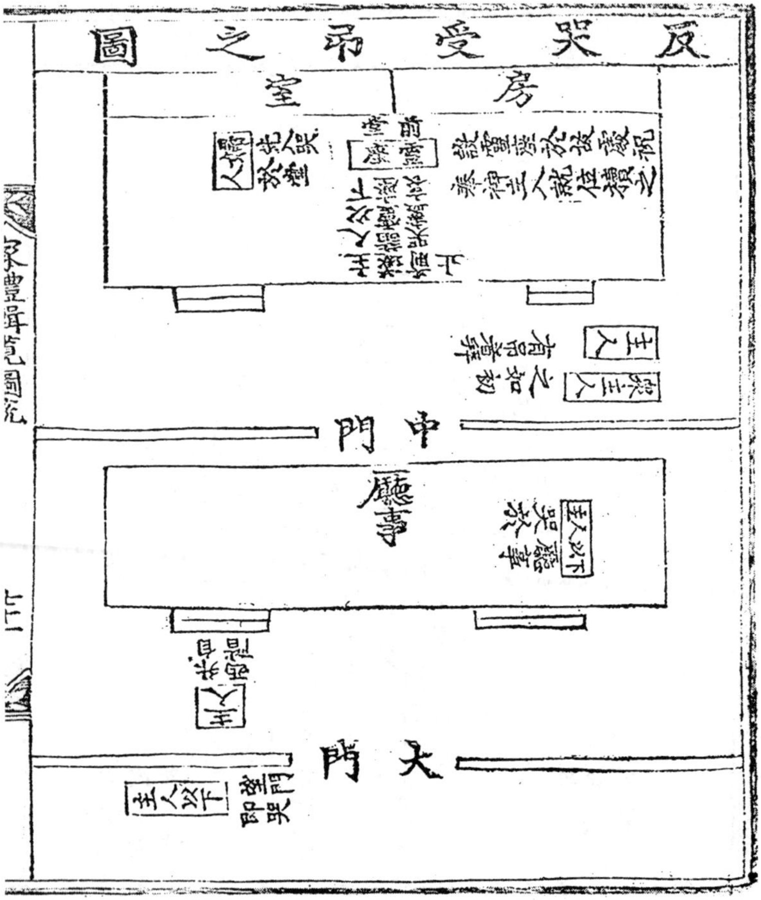
反哭受弔之圖
室
房
中門
廳事
大門

三虞卒哭祔及小祥大祥禫祭祝文式

維
年號幾年歲次干支幾月干支朔幾日干支孤子祔祭以後並稱孝子○若
祔祭而喪主非宗子則隨宗子所稱某若祔祭而祔父則此下但云諱以清酌庶羞適于顯曾祖
考某官府君隮祔孫某官祔母云顯曾祖妣某封某氏隮祔孫婦某封某氏尚饗○告亡者則父云
哀薦祔事于顯考某官府君適于顯曾祖考某官府君母云哀薦祔事于先妣某封某氏適于顯曾
祖妣某封某氏尚饗敢昭告于
顯顯考某官府君妣某封某氏日月不居奄及初虞再虞云再虞三虞云三虞卒哭
云卒哭小祥云小祥大祥云大祥禫祭云禫祭夙興夜處小祥則此下有小心畏忌不惰
其身八字哀慕不寧謹以小祥云敢用潔牲柔毛粢盛醴齊
不用牲則曰清酌庶羞哀薦小祥則云薦此祫事再虞云虞事三虞云成事卒哭同但
其下云來日隮祔于祖考某官府君小祥云常事大祥云祥事禫祭云禫事尚
饗

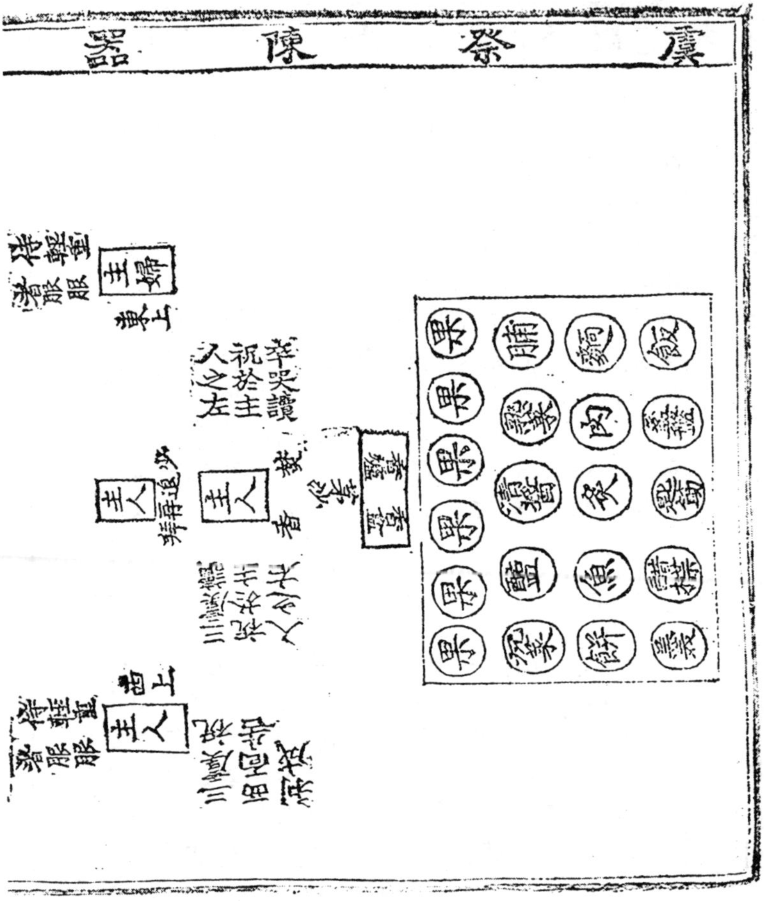
虞祭陳器
主婦
主人
主人
主人

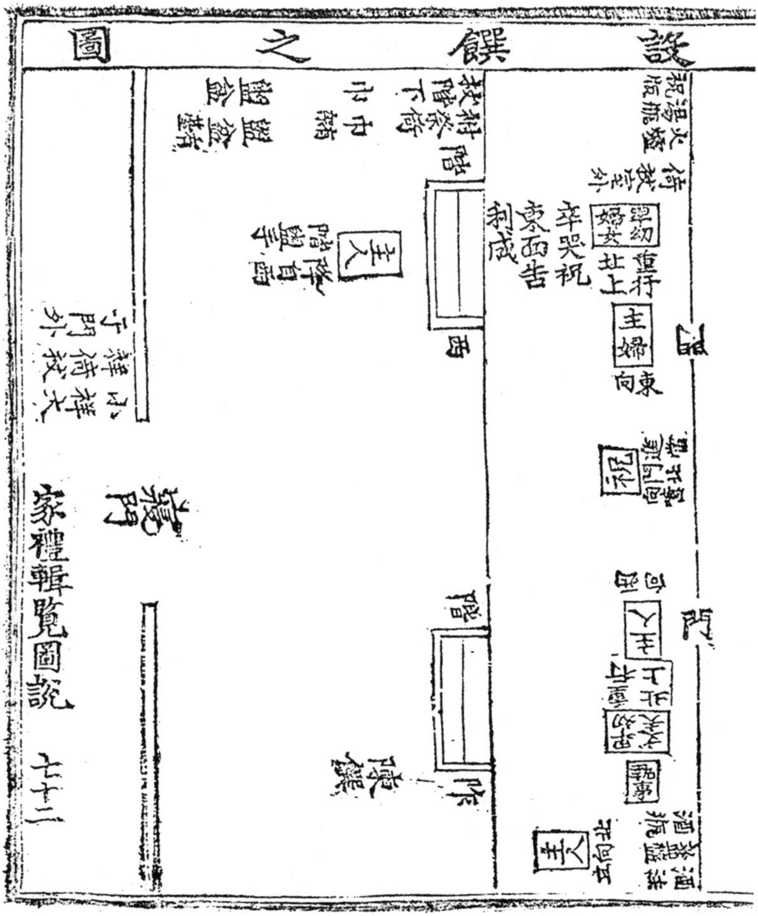
設饌之圖
家禮輯覽圖說

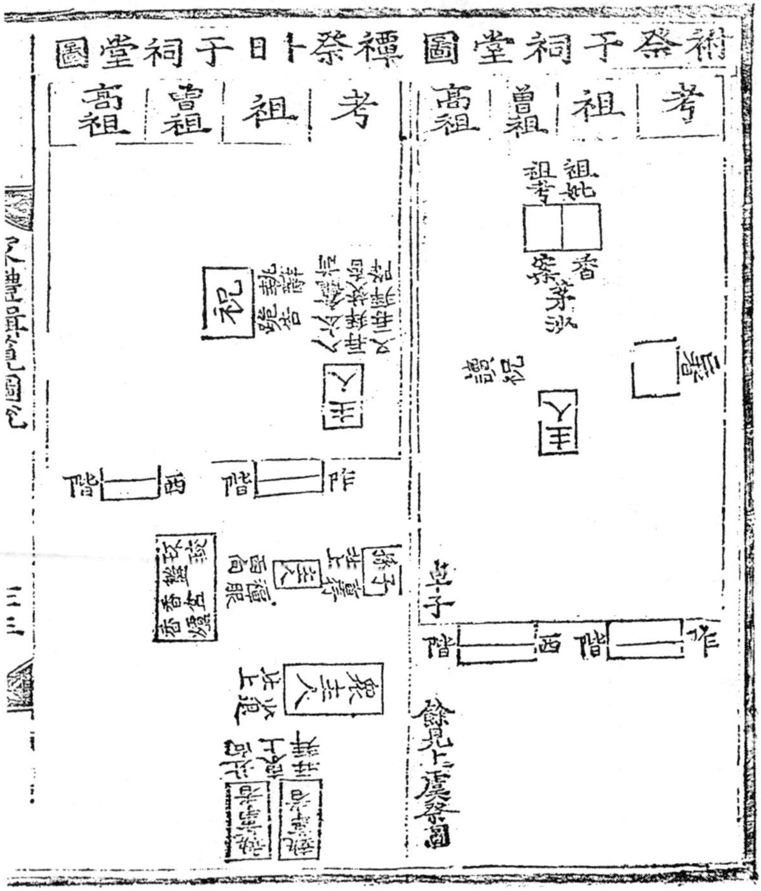
祔祭于祠堂圖
考
祖
曾祖
高祖
禫祭卜日于祠堂圖
考
祖
曾祖
高祖

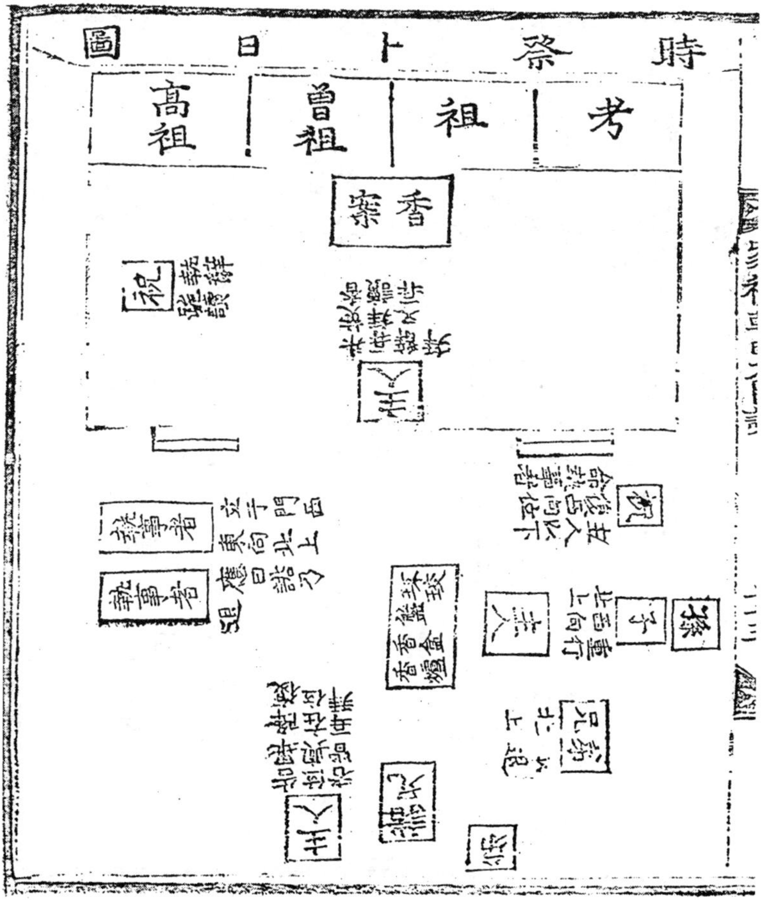
時祭卜日圖
高祖
曾祖
祖
考
香案

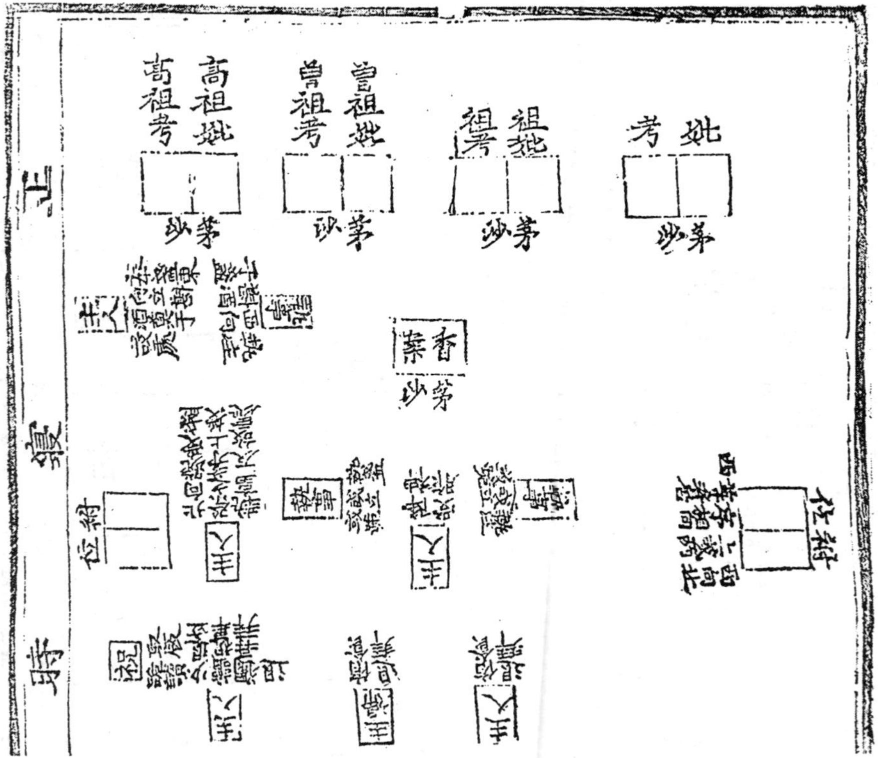
正寢時
高祖考
高祖妣
曾祖考
曾祖妣
祖考
祖妣
考
妣
茅沙
茅沙
茅沙
茅沙
香案
茅沙
祔位
祔位
主人
主人
主人
主人
祝
執事

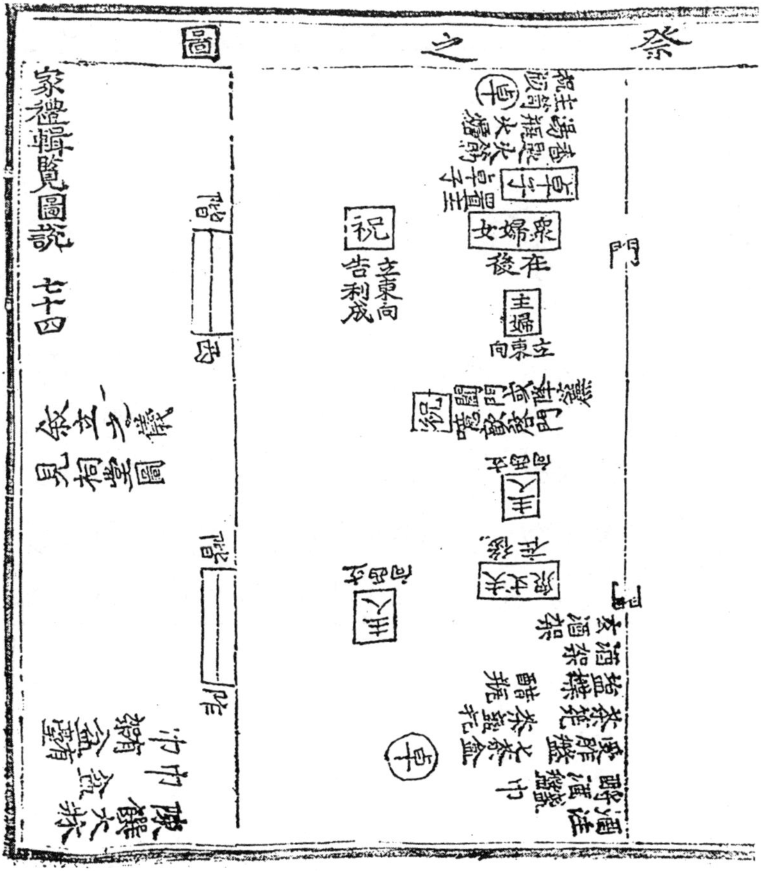
祭之圖
門
卓子
衆婦女在後
主婦
東向
祝
東向告利成
主人
階
西
階
阼
家禮輯覽圖說 七十四

時祭每位設饌圖

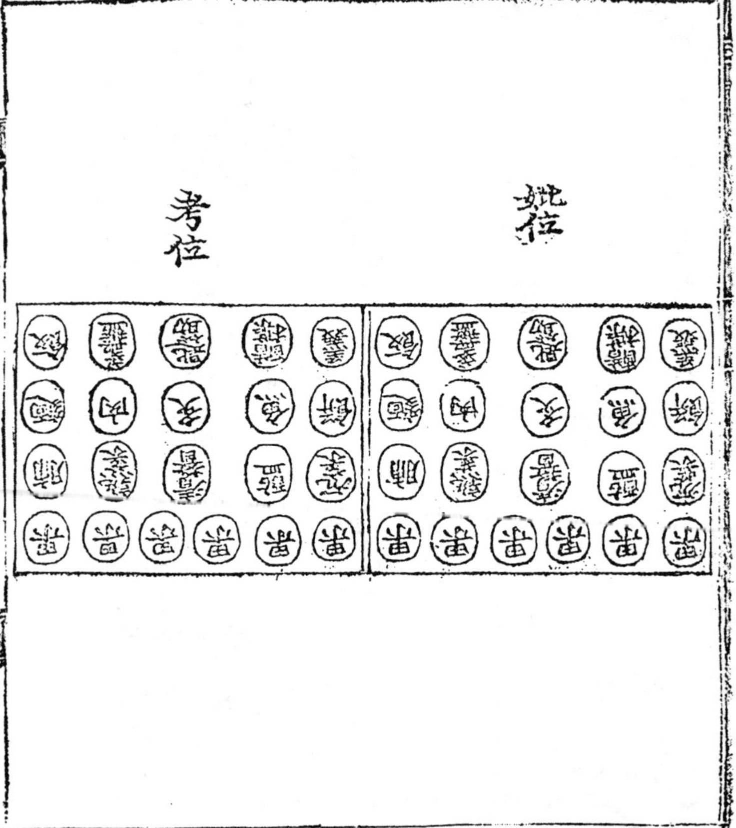

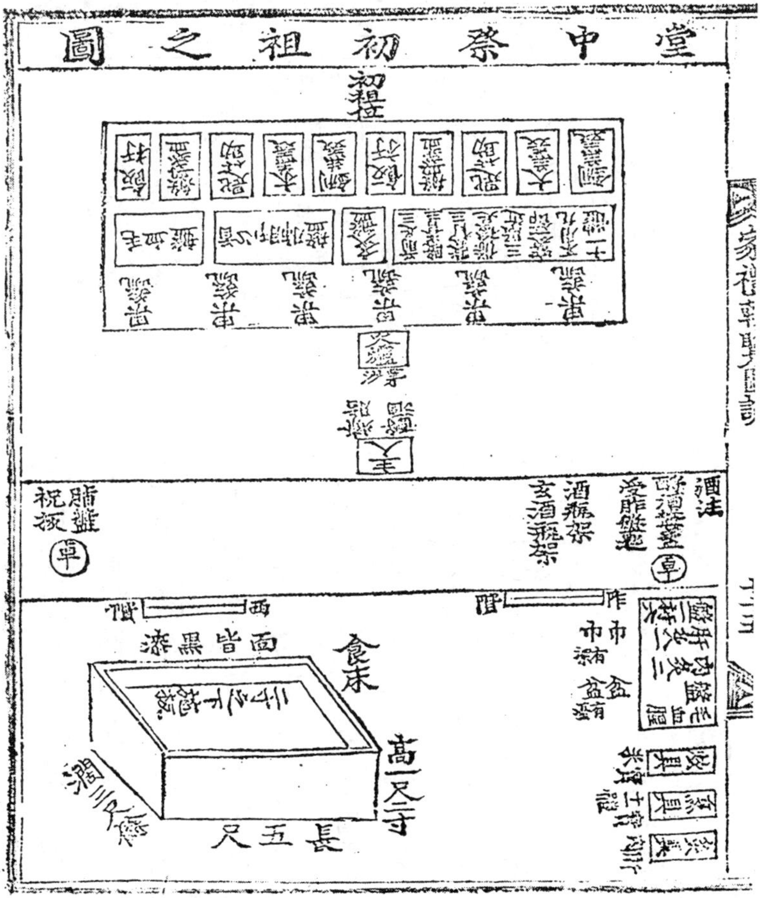
堂中祭初祖之圖
食床
面皆黑漆
高一尺二寸
長五尺
酒注
酒瓶架
玄酒瓶架
卓
祝版

豕牲右胖圖

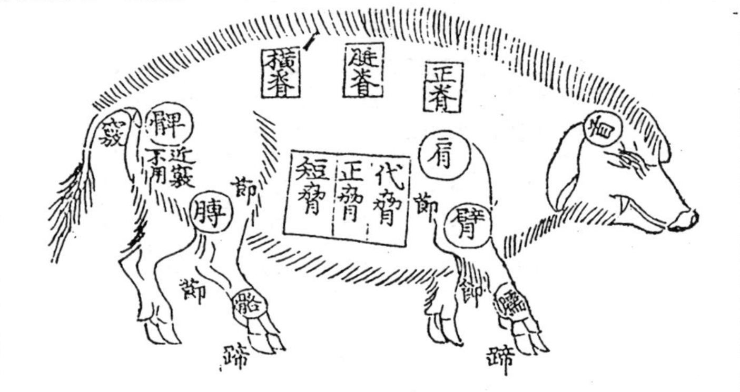

（少牢饋食禮）升豕右胖髀不升肩臂臑肫骼正脊一脡脊一橫脊一短脅一正脅一代脅一皆二骨（注）升猶上也上右胖周所貴也髀不升近竅賤也脊脅骨多六體各取二骨幷之以多為貴○（既夕禮）其實羊左胖（注）反吉祭也言左胖者體不殊骨也　（士昏禮）注脊者體之正也食時則祭之飯必舉之貴之也

祠堂祭先祖之圖

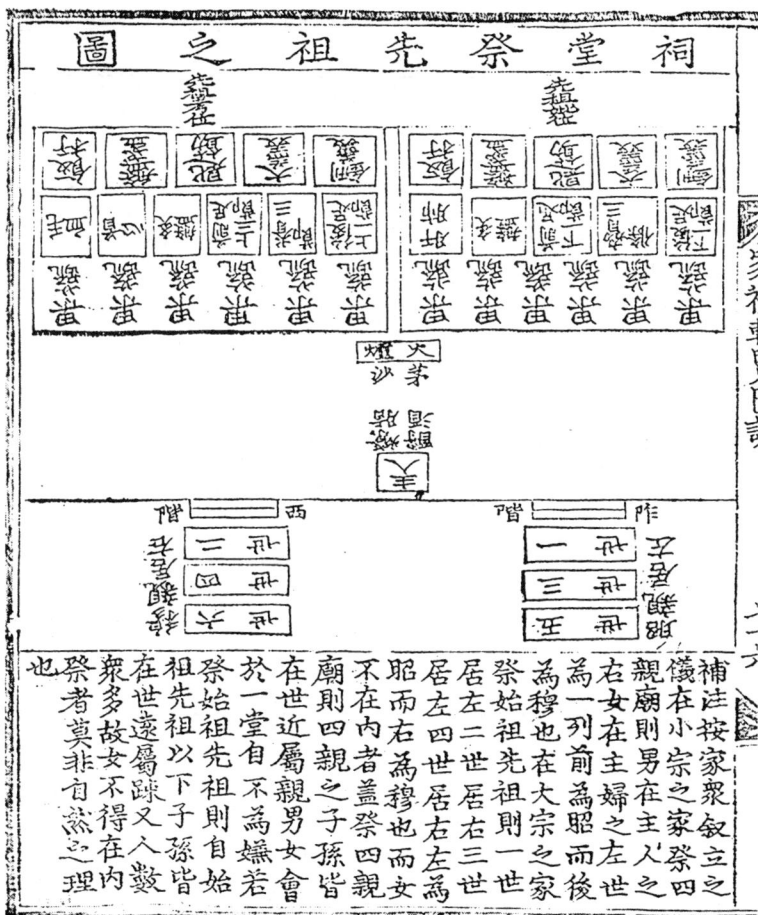

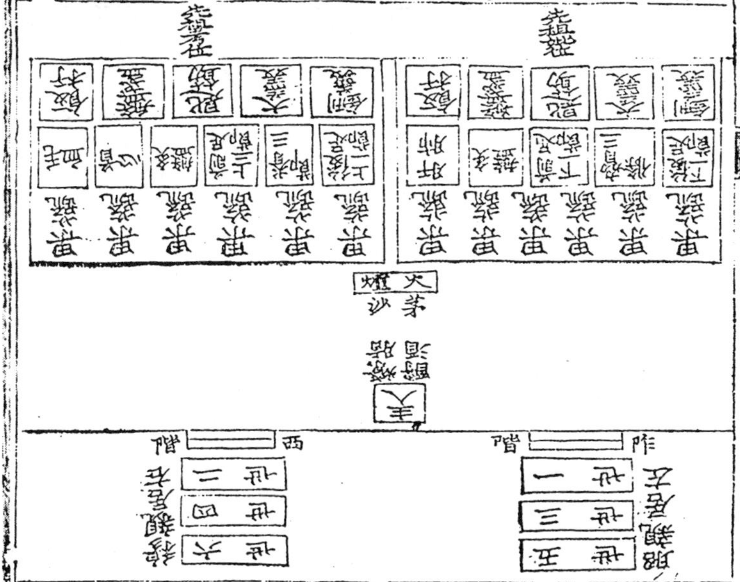

補注按家衆叙立之儀在小宗之家祭四親廟則男在主人之右女在主婦之左世爲一列前爲昭而後爲穆也在大宗之家祭始祖先祖則一世居左二世居右三世居左四世居右左爲昭而右爲穆也而女不在内者蓋祭四親廟則四親之子孫皆在世近屬親男女會於一堂自不爲嫌若祭始祖先祖則自始祖先祖以下子孫皆在世遠屬疎又人數衆多故女不得在内祭者莫非自然之理也

尺

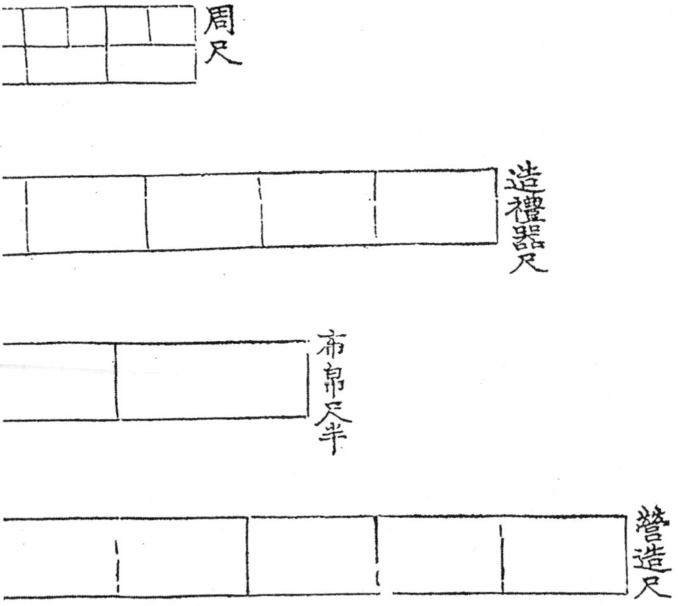

式

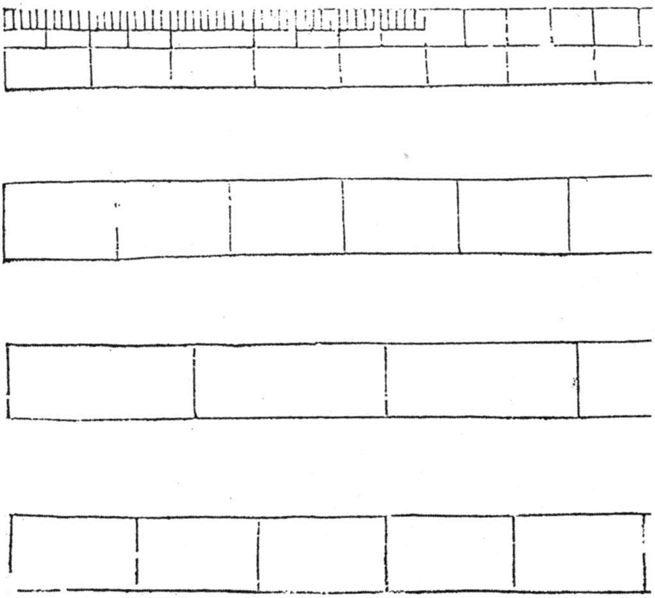

家禮輯覽卷之一

家禮圖

圖【《補注》】瓊山丘氏名濬，謚文莊。《儀節》是其所述。曰：按文公《家禮》五卷而不聞有圖，今本載于卷首，不言作者，而圖注多不合於本書，今數其大者言之。《通禮》云「立祠堂」，而圖以爲家廟，一也。深衣緇冠，冠梁包武而屈其末，圖安梁於武之上，二也。本文黑屨，而圖下注用白，三也。《喪禮》陳襲衣不用質殺，而圖陳之，四也。本文大斂無布絞之數，而圖有之，五也。大斂無棺中結絞之文，而圖下注結于棺中，六也。或問：圖固非朱子作矣，何以「祠堂」章下有「主式見《喪禮》及前圖」八字？曰：南雝舊本止云「主式見《喪禮》治葬章」，並無「見前圖」三字，不知近本何據改「『治葬』章」三字爲「見前圖」也。由是推之，則圖爲後人贅入，昭然矣。【愚按】：此圖緇冠蓋與《家禮》本《注》不同，而依放《大全圖》。【又按】：圖之不合於本文非但此也，《祠堂圖》下子孫序立與本文不相應，一也。《冠禮》公服皂衫深衣東領北上，而圖西領南上，二也。櫛纚掠置席左，而圖在右，三也。《昏禮》主人與婿無再拜之禮，而圖有之，四也。《喪禮》陳小斂衣衾在東壁下，而圖在北壁下，五也。襲含時尸南首，而圖北首，六也。襲主人爲位坐于床東奠北，而圖次於東南，七也。小斂衣衾以桌子陳于堂東壁下，而圖陳于北壁下，八也。大斂絞布之數裂布爲五條，而圖十五條，九也。翣只二角，而圖三角，十也。大轝橫杠上施短杠，短杠上更加小杠，而圖則小杠上更加小杠，十一也。祖姑姑姊妹出嫁則皆降一等，而圖降二等，十二也。妻爲夫黨衆子嫡婦不杖期，而圖並杖期，爲夫堂姑、夫堂昆弟、夫從祖姑皆無服，而圖並緦麻，十三也。本生父母爲其子之爲人後者降服大功，而圖爲之不杖期，十四也。其他與本文不同處甚多，而至如《主式圖》有「大德」字，大德是元成宗年號，則圖非朱子所爲益明矣。《曲裾裁制圖》【或問】：曲裾裁制若以本《注》所謂狹頭當廣頭之半之説考之，此是三分之一爲狹頭，二爲廣頭也。然則狹頭七寸三分有奇，廣頭一尺四寸六分有奇，而《圖注》則曰廣頭之闊一尺四寸，狹頭之闊八寸者，何也？【愚答】曰：「此乃裁之之法也。若各除兩旁爲削幅，則狹頭之闊爲六寸，廣頭之闊爲十二寸，而正合本《注》狹頭當廣頭半之説也。然裁之之際，當以廣頭之六分有奇，合之於狹頭之三分有奇，然後狹頭乃爲八寸也。」《深衣冠履圖》、《玉藻》《禮記》篇名。素帶朱裏。【長樂陳氏名枅】曰：「天子至士，帶皆合帛爲之，或以素，或以練，或終辟，紕。或辟垂，或下辟。其飾或朱緑，或玄華。蓋素得於自然，練成於人功。終辟則所積者備，辟垂、下辟則所積者少。朱者正陽之色，緑者少陽之雜，玄與緇者陰之體，華者文之成。天子體陽而兼乎下，故朱裏裨以朱緑。諸侯雖陽而不兼乎上，故飾以朱緑，而不朱裏。大夫體陰而有文，故飾以玄華。士則體陰而已，故飾以緇。」○【按】：陳説合帛與《家禮》合縫同，而與《士冠禮疏》「白繒單作」異。《冠禮圖》、《冠義》：《禮記》篇名。房堂。【金河西麟厚】曰：「『堂』恐『室』字之誤。」衆子冠位，醮仍席。【按】：此七字當在衆子冠位櫛纚掠下。三讓。【《鄉飲酒義》】：「讓之三也，象月之三日而成魄也。」《語類》作「成明」，乃是。賈《疏》賈公彦作《儀禮疏》。《唐書·儒學傳》：永平賈公彦譔次章句甚多，終大學博士。《韵會》：「疏，通也。」《昏禮親迎圖》：姆出房外。【按】：《姆儀禮圖》作「母」，《家禮》本文從「女」。袗玄，次，純衣纁袡，纚、笄、宵衣。俱見本篇「女盛飾」條。筵几。【《士昏禮》】：「主人筵于户西，西上，右几。」【《疏》】：「以祖先之遺體許人，將告神，故女父先於廟設神席乃迎婿也。設席皆東上，是統於人。今以神尊，不統於人，故席西上，几在右也。」父正，衣若笄。【《士昏禮》】：「女出于母左，父西面戒之，必有正焉，若衣，若笄。」【《注》】：「必有正焉，以托戒之，使不忘。」爵弁、纁裳、緇袘、玄端。俱見本篇「婿盛服」條。《喪服圖》：負版。【按】：《喪服記》：「負廣出於適寸。」《注》云：「負出於辟領外旁一寸。」而《圖》不然，恐非也。不裁，闊中，當如常式。【按】：功緦以下之服，雖去負版辟領，衰而闊中，則與齊、斬無異，故楊氏曰：「古者衣服吉凶異制，衰服領與吉服不同也。」此云「不裁，闊中，當如常式」，其説非是。《冠絰絞帶圖》、《士喪禮》：《儀禮》篇名。搤。【《韵會》】：「乙革切，握也。」彄。【《韵會》】：「墟候切，弓弩端弦所居。」搭。【《韵會》】：「得合切，附也，掛也。」《喪轝圖》、《喪大記》：《禮記》篇名。翣、柳車、帷幌。俱見本條。花頭。未詳。《本宗五服圖》：從父兄弟妻，無。【退溪李先生滉】曰：「從父兄弟妻，《大明會典》、《大明律》、我國《大典》皆緦麻，惟《翰墨全書》同此無服。蓋程朱只加兄弟妻小功，未加此條故也。」姑嫁，小功。從姊妹嫁，緦。祖姑嫁，無。【退溪】曰：「《儀禮》、《大明會典》、《經國大典》等，爲出嫁姑大功，從姊妹小功，祖姑緦，皆降一等。此圖則降二等，不知何也？」○【愚按】：當以《家禮》本文皆降一等爲正。神主式連頷，三分之二居後。【按】：「二」或作「一」，非是。神主旁題。【按】：《廣記》及何氏《小學圖》，奉祀之名並題於神主之左旁。河西曰：「當從何氏圖爲正。」宋頤庵礪城尉，名寅。曰：「古今文字間有曰如左、在左，皆指頭詞爲右，下文爲左，此不易之法也。」何氏之意，蓋曰神道以右爲尊，而奉祀之名不當在主銜之右也。然人道以左爲上，今寫奉祀在主銜之下，而却自奉祀視主銜則便是在左，乃得其所尊之道矣。《家禮》作式固自有意，況廟中置主既以西爲上，則從神道也，題主奉祀乃以左爲尚，則用人道也，各得其義。而《二程全書》及《大明會典》所圖皆同，復何疑？或言嘗聞諸鄭北窗士潔，名礦。其所云正如此。復得馮氏善。《集説》，或問：本《注》其下左旁題奉祀之名，近見他書反以上右爲下者，當何從？曰：凡言右皆是上文，言左皆是下文。詳觀《大學》「右傳十章」與「別爲序次如左」，則左爲下文，不待辨説自明矣。曰：據子之言，左誠爲下文矣。然則祠堂神主以西爲上，如子所言，豈不奉祀之名反在西而居上，祖宗之名反在東而居下乎？曰：西上之制起於漢明帝，漢之前論昭穆無此也。蓋旁題乃爲宗子承家主祭而設，初不以所書前後較尊卑也。即如彼以上文爲左，而今陽道皆尚左，凡臣子上書於君親，皆具名於前，亦豈嫌其名居前而爲僭乎？國朝《性理大全圖》皆然。愚謂或者以本注其下左旁之左爲神主之左，以爲文勢然也。然按其下立小碑，注略述世系、名字、行實而刻於其左，轉及後右而周焉，此文勢正相同。若如或説，則碑文亦將從碑左逆書而周焉乎？決不然也。○【或】曰：神主下方題奉祀之名，其勢順也。所謂左旁，以書者之左言之也，恐無他義也。櫝韜籍式。【《集説》】：或問：今人以坐蓋爲韜櫝，而罕用兩窗之櫝，間有用者，則不復用坐蓋。又夫婦共爲一匣之制，則爲匾闊坐蓋以受二主，而又難施。考紫妣緋之韜，今當如何？曰：意古者置主於坐，乃用帛韜韜之，然後加蓋置于櫝後。人從簡不復兩用，乃呼坐蓋爲韜櫝，沿襲用之，故《家禮》籍下注「方闊與内同」。及櫝用漆，且容一主，則至今遂一向呼坐蓋爲韜櫝，而不復依古制，兩用矣。以禮揆之，則合依前式兩用者爲是。若欲從簡，則依下圖。今式只爲匾闊坐蓋，夫婦共爲一匣，則韜帛亦何嫌於一色哉？蓋前代重紫輕緋，故有此分別。然吾以祖宗均視考妣，又豈必規規以分重輕於事爲之末哉？且玄、黄、紫色，國朝制度不可僭用，韜用紅羅，當從之。且朱子論作主周尺長短，云：「非有聲律高下之差，得一書爲據足矣。」愚以爲韜櫝亦然，不必過論也。○【愚按】：《圖》所謂坐蓋，是司馬公所制也，兩窗是韓魏公所制也，二制皆名爲櫝也，然《家禮》所謂櫝只是司馬之制，而今或有并用者，恐非《家禮》本意。○【《丘儀》】：「祠堂」本章下只云爲四龕，每龕内置卓子，其上置櫝，龕外各垂小簾，無有韜籍之説。其説蓋出温公《書儀》，朱子既已不取，不用可也。今不復爲之圖，而只圖櫝式，從簡省也。有力者如式爲之，亦無不可。○【愚按】：《圖式·圖注》：「合縫居後之中，稍留其末。」其所以留其末不縫者，欲令并韜其趺也。今人或有只距趺面而不并韜者，恐非也。

潘時舉【《語類》】：「字子善，天台人。」○【台寓録】：「臨海人，以上舍釋褐，爲無爲軍教授。」尺式。【《丘儀》】：《家禮》神主制度本伊川説而無尺寸式，後人以潘時舉所得司馬家尺式圖於卷首。近時書肆刻《附注》等書，以板本短狹之故，而所書之尺亦隨而短。雖曰當今三司布帛尺七寸五分弱，今世之人豈識三司尺爲何等尺哉？朱子曰：「得一書爲據足矣。」惟據周尺爲則云。比上周尺更加三寸四分。【按】：此與「深衣」章《附注》温公説不同，更詳之。

《大宗小宗圖》：身事五宗【《補注》】：「繼高祖小宗，統三從兄弟，主高祖廟，及事前大宗子以祭始祖。繼曾祖小宗，統再從兄弟，主曾祖廟，及事前二宗以祭始祖、高祖。繼祖小宗，統從兄弟，主祖廟，及事前三宗以祭始祖、高祖、曾祖。繼禰小宗，統兄弟，主禰廟，及事前四宗以祭始祖、高祖、曾祖及祖。此小宗子也。」【按】：身事五宗，指繼禰宗子之弟而言，五宗即禰宗、祖宗、曾祖宗、高祖宗及大宗，凡五也。《補注》説不是。若是繼禰之宗，則已既爲宗，安得謂之事？祭祀，【《祭法注》】：「既曰祭，又曰祀者，蓋祭者祀之事，祀者祭之道。」〇【《五禮儀》】：「辨祀」《注》：「凡祭祀之禮，天神曰祀，地祇曰祭，人鬼曰享，文宣王曰釋奠。」庶子【《祭義疏》】：「庶者衆也，適子衆多，故總謂之庶子，非適子庶弟而稱庶子也。」減殺，不得同宗子。見下祭禮。《每位設饌圖》。【《丘儀》】：舊圖考妣每位各設饌，則四代該八卓矣。今人家廳事多狹隘，恐不能容。今擬考妣兩位共一卓設饌，如世俗所謂卓面者，庶幾可行。若夫地寬可容者，自當如禮。〇【或問】：《設饌圖》脯醢若蔬菜并合爲一圖，恐當盛一楪。【愚答】曰：按古禮，雖合二物言之，而其設之必各盛二器。

家禮序

《家禮》【李氏方子】曰：「乾道五年九月，先生丁母祝令人憂，參酌古今，因成喪葬祭禮，推之於冠昏，共爲一篇，命曰《家禮》。」〇【《語類》】：温公《儀》，人所憚行者，只爲閑辭多，其實行禮處無多。某嘗修《祭儀》，只就中間行禮處分作五六段，甚簡易曉。後被人竊去，亡之矣。問：《祭儀》更有修改否？曰：大槩只是温公《儀》，無修改處。〇【黄氏瞀】曰：「其書始成，爲一童行竊以逃。先生易簀，其書始出。然其間有與晚歲之論不合者，故未嘗爲學者道也。」〇【陳氏淳】曰：「嘉定辛未歲，過温陵，先生季子敬之倅郡，出示《家禮》一編，云：『此往年僧寺所亡本也，有士人録得，會先生葬日携來，因得之。』」〇【黄氏榦】曰：「昔聞諸先師曰『禮者天理之節文，人事之儀則也』。蓋自天高地下，萬物散殊，而禮之制已存乎其中矣。於五行則爲火，於四序則爲夏，於四德則爲亨，莫非天理之自然而不可易。人稟五常之性以生，禮之體雖具於有生之初，形而爲恭敬辭遜，著而爲威儀度數，則又皆人事之當然而不容已也。聖人沿人情而制禮，既本於天理之正。隆古之世，習俗醇厚，亦安行於是理之中。世降俗末，人心邪僻，天理湮晦，於是始以是爲强世之具矣。先儒取其施於家者，著爲一家之書，爲斯世慮至切也。晦庵先生以其本末詳略猶有可疑，斟酌損益，更爲《家禮》，務從本實以惠後學。蓋以天理不可一日而不存，則是禮亦不可一日而間缺也。先生教人，自格物致知、誠意正心以修其身，皆所以正人心、復天理也，則禮其可緩歟？迨其晚年，討論家鄉、侯國、王朝之禮，以復三代之墜典，未及脱藁而先生殁矣，此百世之遺恨也。」○【《丘儀》】：武林應氏作《家禮辨》，謂文公先生於紹熙甲寅八月，跋《三家禮範》云：「某常欲因司馬氏之書，參考諸家之説，裁定增損，舉綱張目，以附其後，顧以衰病不能及已。」勉齋先生《家禮後序》云：「文公以先儒之書，本末詳略猶有可疑，斟酌損益，更爲《家禮》。迨其晚年，討論家鄉、侯國、王朝之禮，未及脱藁而先生殁，此百世之遺恨也。」今且以其書之出不同置之，姑以年月考之，宋光宗紹熙甲寅，文公已於《三家禮範》自言「顧以衰病不能及已」，豈於孝宗乾道己丑已有此書？况勉齋先生亦云「未及脱藁而文公殁」，則是書非文公所編，不待辨而明矣。文公集中有與門人言及《家禮》已成四卷，并《家禮序》文，此門人編入以爲張本耳。應氏此言，謂《家禮》未成之書，雖成而未盡用可也。及并以爲無此書，可乎？既無此書，則胡爲而有此《序》？且《序》文决非朱子不能作，而謂門人編入以爲張本，决不然也。况其所引勉齋《跋》語，所謂未及脱藁者，指《經傳通解》也，非謂《家禮》也。《三家禮範序》所云，是亦謂未及參考諸家，裁定增損，使無遺恨爾，非謂無是書也。黄、陳、李、楊諸子，皆出自朱門，親受指教，皆不以爲疑。而應氏生元至正間，一旦乃肆意辨論，以爲非朱子所編，斷斷乎出於門人附會無疑，且謂其妄意增損《三家禮範》之文，殊乖《禮經》。又謂《附注》穿鑿尤甚。噫！應氏之爲此言，其亦淺妄之甚矣。其《辨》中所言笄禮略如冠禮，及謂祝穆爲文公甥，皆可笑。愚恐學者惑於其説，故載其語而略辨之。○【《家禮集説》】：凡例遵依國朝制度，如喪禮，父母及嫡繼慈養母，皆斬衰三年，祭四代，共一祝版之類，則皆革去《家禮》舊文，悉從時制。《附注》謂《家禮》爲初年本，與朱子後來所行不同。如深衣續衽鈎邊，喪禮惟父母用衰、辟領、負版，與夫祭禮冬至、立春不祭始祖、先祖之類，一以《附注》爲主，此不復録《家禮》原文，非倍其書也，蓋從朱子晚年所行者爲正。

紀綱。【《樂記注》】：「綱，網大繩。紀，附綱小繩。」**折衷**。【《韵會》】：「衷，陟隆切。」【《語類》】：「衷只是中。《左傳》説『始中』，終亦用此『衷』字，衷是三摺而處其中者。」**貧寠**。【《韵會》】：「寠，郡羽切。」○【孔氏】曰：「寠謂無財可以爲禮，貧謂無財可以自給。」【《爾雅》】：「貧寠通也。」**一家之書**。【按】：謙言行於一家之書。**從先進**。見《論語·先進》。**謹終追遠**。見《論語·學而》。

【《附注》】楊復【《實記》】：「字志仁，號信齋，福寧州長溪人。所著《祭禮圖》十四卷，《儀禮圖解》十七卷，《家禮雜説附著》二卷。」○【周氏復】曰：「文公門人三山楊復附注於逐條之下者，可謂有功於《家禮》矣。復別出之以附于書之後，恐其間斷文公本書也。抑文公此書欲簡便而易行，故與《儀禮》或有不同，如婦人用今之衰裳吊喪者，徇俗而答拜之類。其所同者，又不能無詳略之異。昏禮之六禮、喪禮襲斂用衣多少之類。楊氏往往多不滿之意。復竊謂《儀禮》存乎古，《家禮》通於今，《儀禮》備其詳，《家禮》舉其要，蓋並行而不悖也。故文公雖著《家禮》，而尤拳拳於編集《儀禮》之書，遺命治喪必令參酌《儀禮》、《書儀》而行之，其意蓋可見矣。好古而欲盡禮者，固有《儀禮》。在楊氏之説，有不得而盡録云。」**先生**。【《曲禮注》】：先生者，父兄之稱，有德齒可爲人師者，猶父兄也，故亦稱先生。以師爲父兄，則學者自比於弟子，故稱弟子。**參酌**。【《韵會》】：「審擇度量也。」童行。【《續綱目注》】：「行，合浪切，輩行也。童行猶言童稚之行也。」易簀。見《禮記・檀弓》。《儀禮》。【鄭康成】曰：《周禮》言周不言儀，《儀禮》言儀不言周，既同是周公攝六年所制，題號不同者，《周禮》取別夏、殷，故言周。《儀禮》不言周者，欲見兼有異代之法。司馬氏。名光，字君實，陝州夏縣人，贈温國公，謚文正。高氏。名閌，字抑崇，宋人，爲禮部侍郎，撰《厚終禮》。横渠。横渠，鎮名，在鳳翔郿縣。先生名載，字子厚，姓張。遺命治喪。【《續綱目注》】：「遺，留也，如所謂顧命。」【《實記》】：「慶元六年三月甲子，以疾終于正寢。」【《注》】：「前夕癸亥，精舍諸生入問疾。甲子，即命移寢中堂。黎明，諸生復入問疾，因請曰：『先生之疾革亟，同急也。矣，萬一不諱，當用書儀乎？』朱子摇首。『然則當用《儀禮》乎？』亦摇首。『然則以《儀禮》、《書儀》參用之乎？』乃頷之。就枕誤觸巾，目門人使正之，揮婦人無近。諸生揖而退，良久恬然而逝。送終諸事，皆用遺訓焉。」韓魏公。名琦，字稚圭，安陽人。天聖中舉進士，嘉祐拜相，後封魏國公，卒謚忠獻，後追封魏王。大宗小宗。【張子】曰：「夫所謂宗者，以己之旁親兄弟來宗己，所以得宗之名。」又曰：「言宗子者，宗主祭祀。」〇【《大傳注》】：「謂之小宗者，以其將遷也。」〇【潛室陳氏】曰：「宗法爲諸子之庶子設，恐其流派浸多，姓氏分錯，易至殽亂。故於源頭有大宗以統之，則人同知尊祖；分派處有小宗以統之，則人各知敬禰。大宗是始祖正派，下雖其後支分派别，皆同宗此祖，則合族皆服齊衰三月，初不以親屬近遠論，是爲百世不遷之宗。小宗是禰正派，下親盡則絶。繼禰者，親兄弟宗之，爲之服期。繼祖者，則從兄弟宗之，爲之服大功。繼曾祖者，再從兄弟宗之，爲之服小功。繼高祖者，三從兄弟宗之，爲之服緦麻。自此以後，代常趲一代，是爲五世則遷之宗。宗法之立適長之尊，有君道焉。大宗所以統其宗族，凡合族中有大事，當稟大宗而後行。小宗所以統兄弟，如同禰者有大事，則同禰之兄弟當稟繼禰之小宗而後行。一族之中，大宗只是一人，小宗儘多，故一人之身，從下數至始祖，大宗惟一，數至高祖，小宗則四。此古者宗族人情相親，人倫不亂，豈非明適庶之分，有君臣之義，由大宗之法而然歟？」愛禮存羊。見《論語・八佾》。拳拳。【《中庸注》】：「奉持之貌。」伊川。

姓程，名頤，字正叔，明道先生之弟。祭始祖，不祭。初祖之「初」恐當作「先」，《祭禮》「初祖」章可考。

通禮

通禮。【按】：此通「祠堂」、「深衣」、「居家雜儀」三章而名之。

祠堂

祠堂【《補注》】：「按：古者天子、諸侯、大夫、士不拘廟之多寡，其廟主皆分左右爲昭穆。及朱子定《家禮》，廟主皆自西而列，蓋宗廟有爵者之所宜立也，昭穆因始祖之所由分。古者天子、諸侯、大夫、士凡有功德於民者，雖其爵有尊卑，皆得以立廟祭祀爲始祖，使其子孫世守之爲大宗家，故其廟主有始祖居中，而高、曾、祖、禰得分左右爲昭穆。至於庶人無廟，則無始祖。文公以祠堂代廟，不敢私祭始祖，故神主遂不能分昭穆，而但以西爲上也。」○【按】：《家禮》以西爲上，特同時王之制，宋朝太廟亦以西爲上，《補注》説恐非朱子意也。○藍田吕氏曰：「凡主祭者出仕即告于廟，以櫝載位版而行，於官所權立祠堂以祭之。」《注》周旋。《小學注》：「是直去却回來其回轉處，欲其圜如規也。」

《附注》太子。《王制注》太子，適子也。太則以大言之也，適子大而庶子小，故謂之太子。少傅。《韻會》傅，相也，傅之德義。有司。《士冠禮注》群吏有事者。文潞公。名彥博，字寬夫，介休人。歷事四朝，出將入相，五十年官至太師，封潞國公。命士。《史注》：「初命爲士，再命爲大夫，三命爲卿。或曰：一命受職，再命受服，三命受爵。未知孰是。」○《禮記注》《周官·典命》：「子男之士不命。」則士固有不命者矣。○李氏靚曰：「一命者，天子之下士，公、侯、伯之上士，子、男之上大夫也。再命者，天子之中士，公、侯、伯之大夫，子、男之卿也。三命者，天子之上士，公、侯、伯之卿也。」○《丘儀》按：一命若今八九品官，再命若今六七品官，三命若今京官五品以上者。寢廟正廟。《士虞禮·注》鬼神所在曰廟。○《檀弓疏》室有東西廂曰廟，無東西廂有室曰寢。○《通典》說者以爲古宗廟前制廟，後制寢，以象人君之居前有朝，後有寢。廟以藏主，以四時祭。寢有衣冠几杖，象生之具，以薦新物。秦始出寢，起於墓側，漢因而弗改，故陵上稱寢殿，起居衣服象生人之具，古寢之意也。○《文獻通考》先儒謂廟藏神主，而祭以四時；寢藏衣冠几杖之具，而祭之以新物。然《國語》大寒取名魚，登水禽，嘗之寢廟。《月令》四時新物皆先薦寢廟。蓋有寢者薦於寢，無寢者薦於廟，非謂薦止於寢也。○方氏曰：「既曰寢，又曰廟，何也？蓋王者之於祖禰，以人道事之則有寢，以神道事之則有廟。天子七廟，而《周官》隸僕止掌五寢者，以二祧將毀，先除其寢，事有漸故也。祭神道也，薦人道也。」只祭考妣。《中庸注》或問：官師一廟，得祭父母而不及祖，無乃不盡人情耶？朱子曰：「位卑則流澤淺，其理自然如此。」又問：今士庶人家亦祭三代，却是違禮。曰：「雖祭三代，却無廟，亦不謂之僭。古所謂廟，體面甚大，皆具門堂、寢室，非如今人但以一室爲之。」祭有豐殺疏數。《王制》天子社稷皆太牢，諸侯社稷皆少牢，大夫、士宗廟之祭，有田則薦。《注》太牢具牛羊豕，以其大，故曰太。少牢則羊豕而已，以其少，故曰少。天子之社稷，主天下之土穀，故用太牢以祭之。諸侯之社稷，主一國之土穀，故用少牢以祭之。此隆殺之別也。○程子曰：「自天子至於庶人，五服未嘗異，皆至高祖。服既如是，祭祀亦須如是。其疏數之節未有可考，但其理必如此。」古人所以廟面東。退溪曰：「『面』恐當作『必』，或作『皆』。」○朱子曰：「堂室皆南向，但室户在室南辟之東偏而南向，牖在室南辟之西偏而南向，故以室西南隅爲奥，而爲尊者之居。所謂宗室牖下，既以西南爲尊者之位，固以東向爲尊矣，非謂廟東向而太祖東向也。」户牖奥五架屋。俱見卷首「圖宫廬」《注》。長龕堂。四龕堂。堂置位牌，堂外用簾。《補注》此四「堂」字恐當作「室」。蓋古者堂屋五架，中脊之架曰棟，次棟之架曰楣。後楣之下，以南爲堂，以北爲室與房。今當以近北一架爲四龕室，以前四架爲堂。張子曰：「祭堂後作一室，都藏位版。如朔望薦新，只設於室。惟分至之祭設於堂，此之謂也。」○《爾雅》古者爲堂，自半已前虚之謂之堂，半已後實之爲室。位牌。《韵會》牌，蒲街切，牓也。○《翰墨大全》《家禮》「納采」條「奉以告祠堂」《注》：「無祠堂，或畫影，或寫立位牌。」小祭大祭。《集説注》小祭如節祀之類，大祭如四時及正朝之類。按正朝謂之大祭，與《家禮》不同。京師。《公羊傳》京，大也。師，衆也。天子所都，必以衆大也。杜佑《唐書》萬年人，德、憲兩朝拜司空、司徒，博學，撰《通典》二百篇。○按佑黨於伾、文，朱子譏之。立廟西京。司馬温公曰：「先王之制，自天子至於官師皆有廟。及秦非笑聖人，蕩滅典禮，務尊君卑臣，天子之外無敢營宗廟者。漢世公卿貴人多建祠堂於墓所在，都邑則鮮焉。魏、晉以降，漸複廟制，其後遂著於令，以官品爲世數之差。唐世貴臣皆有廟，及五代禮頹教墜，廟制遂廢。宋興，夷亂蘇疲，久而未講。仁宗閔群臣貴窮，公相而祖禰食于寢，儕於庶人，聽文武官依舊式立家廟。於是共奏請，自平章事以上立四廟，東宫太保以上立三廟，詔如其請。公卿無肯唱衆爲之者，獨平章事文公首奏乞立廟河南，詔可之。」庶人祭於寢。《王制注》先王之於死者，常待之以生。由士以上，生而異宫，父子異宮也。死則爲之立廟。庶人則生非異宫，死則祭於寢而已。士大夫。《通典注》古者六卿，天子上大夫也，今之九卿，光禄大夫諸秩中二千石者當之。古之大夫亞於六卿，今之五營校尉、郡守諸秩二千石者當之。上士亞於大夫，今之尚書丞郎、御史及秩千石縣令在官六品者當之。古之中士亞於上士，今之東宮洗馬、舍人、六百石縣令在官七品者當之。古之下士亞於中士，今之諸縣令長丞尉在官八品九品者當之。不可用影。《集説》問：祭時如何不可用影？曰：程子謂若用影祭，須無一毫差方可。若多一莖鬚，便是別人。○《蹇齋瑣綴録》予先世遺像皆歷年久，楮繒墨色漫漶滅裂，不可把玩，乃命繪史王琚仍舊摹新，共爲一軸，而各贊四言六句於其中，庶歲時忌日懸揭簡便，久而不至於散失故也。昔者儒先君子有云「影像一髮不似，則爲他人矣」，意若可有可無。此必爲當時子孫曾識祖父母者言，而非爲後世子孫言也。蓋後世子孫未嘗親覩平生之丰儀，安知其似與否？若賢子孫於一覩之頃，豈無僾然若有見乎其位，而或感慕奮勵，思所以修身飭行，冀無忝於所生者哉？是又不可泥先儒之一言，而遂視之若故紙也。按 此言雖善，然其非爲後世子孫云云，似未安。

君子，寢東。《曲禮》君子宗廟爲先。《注》君子，有位者也。宗廟所以奉先，故先營之。○《祭義》右社稷而左宗廟。《注》右陰也，地道之所尊，故右社稷。左陽也，人道之所鄉，故左宗廟。位宗廟於人道所鄉，亦不死其親之意。○朱子曰：「復宗子法於廢後，而宗子無力，不能立祠堂，則庶子立之，然亦宗子主其祭而用宗子所得命數之禮。」《注》外爲中門。按 中門對外門而言，外門在南墻，中門在堂之南壁。階三級作階。並見卷首圖「宮廬」《注》。遺書。按《開元禮》：有疾病遺言則書之文，即是遺書。遺衣。《周禮·春官》遺衣服藏焉，若將祭祀，則各以其服授尸。《注》遺衣服，大歛之餘也。尸當服卒者之上服，以象生時。《疏》按：《士喪禮》云小斂十九稱，不必盡服，則小斂亦有餘衣，必知據大歛之餘者，小斂更用之，大歛餘乃留之。○《中庸注》裳衣，先祖遺衣服，祭則設之以授尸也。《語類》古者先王衣服藏之廟中，臨祭時出以衣尸，如后稷之衣，到周時恐已不在，亦不可曉。繚。《韻會》力照切，纏也。常加扃閉。《曲禮注》扃，門關木。○《士昏禮》婦出，祝闔牖户。

《疏》以其祭訖，則闔牖户明，是無事則閉之，以其鬼神尚幽暗故也。櫝。《韵會》側史切，匣也。廳事。《小學注》廳所以治事，故曰廳事。

奉先世神主。朱子曰：「廟中自高祖以下，每世爲一室，而考妣各自爲主。同匣。兩娶三娶者，伊川則謂廟中只當以元妃配，而繼室者祭之他所，恐於人情不安。唐人自有此議，云當並配。出妻入廟，决然不可。爲子孫者，只合歲時就其家之廟拜之。若相去遠，則設位望拜可也。族祖及諸旁親皆不當祭，有不可忘者，亦倣此例足矣。」《注》高祖。《爾雅注》高，最上也。祖，始也。曾祖。《爾雅注》曾，重也。設香卓堂中兩階間。《補注》本注簾外設香卓，是各設一卓。兩階之間又設，是共設一卓也。蓋同堂異室，其禮如此。按《補注》各設云云，恐是錯看本《注》也。兩階間所設，蓋爲晨謁及出入告辭時所用。及前圖。此三字舛誤，詳見《圖説》第一條。

《附注》管攝。《韵會》管，主當也。攝，持也。宗族。《韵會》宗，尊也。族者，氏之别名。譜系。《韵會》譜，籍録。系，繼也。壞。《韵會》胡怪切，自破也。牒。《韵會》達協切，札也，簡也。又書版曰牒。以西爲上。《會成》皇明人魏堂所撰。祠堂并列四龕，高祖居中東第一龕，曾祖居中西第一龕，祖居近東壁一龕，禰居近西壁一龕。按：《大明會典・祠堂圖》下云：朱子祠堂神主位次以西爲上，今品官士庶祭祀遵用時制，奉高祖居中東第一龕，曾祖而下則以此而列。○周氏曰：「古者廟皆南向而各有室，神主在室則皆東向。先王之祭，有堂事，有室事。設始祖東向之位於室中，昭北穆南，左右相向，以次而東，此室事也。堂事、室事皆父昭在左，子穆在右，則古之神道尚左，彰彰然矣。」○侯氏曰：「以西爲上之制，神道尚右之説，其來已遠，似難遽變，但行之雖久，而人心至今未安，義雖有取於常情，皆若有違。至我聖祖太廟之制出自獨斷，不沿於舊，可謂酌古準今，得人心之安者矣。」昭穆。《說文》「昭」本作「佋」。父爲昭，南面。子爲穆，北面。《孝經注疏》昭，明也。穆，敬也。故昭南面，穆北面，孫從父坐。○《中庸注》《王制》所謂三昭三穆，昭在左，左爲陽，昭者陽明之義。穆在右，右爲陰，穆者幽陰之義。以周言之，《書》於文王曰「穆考文王」，《詩》於武王曰「率見昭考」，父穆則子昭，父昭則子穆也，子孫亦以爲序。《祭統》所謂「昭與昭齒，穆與穆齒」是也。○《集説》朱子欲獻議以復昭穆，不果。○朱子曰：「周禮：建國之神位，太祖在北，二昭二穆，以次而南。蓋太祖之廟，始封之君居之；昭之北廟，二世之君居之；穆之北廟，三世之君居之；昭之南廟，四世之君居之；穆之南廟，五世之君居之。廟皆南向，主皆東向。及其祫于太廟之室中，則惟太祖東向自如，而爲最尊之位。群昭之入于此者，皆列於北牖下而南向；群穆之入于此者，皆列於南牖下而北向。南向者取其向明，故謂之昭；北向者取其深遠，故謂之穆。」陸農師。《宋鑑》陸佃，字農師，山陰人，居貧苦學，擢進士。嘗受學王安石，而不以新法爲是。徽宗時爲尚書右丞，著《埤雅》、《樂》、《春秋後傳》、《禮象》等書。按《大全》有爲安石隱諱語，蓋是黨於安石者。顧成廟。《漢書》文帝四年作顧成廟。《注》漢文自爲廟制度卑狹，若顧望而成，猶文王之靈臺，不日而成之，故曰顧成。又曰身在而爲廟，若《尚書》之顧命也。祔於光武廟。《後漢書》明帝十八年秋八月壬子，帝崩，遺詔無起寢廟，藏主於光烈皇后更衣別室，掃地而祭，杅水脯糒而已。過百日，唯四時設奠，置吏卒數人供給灑掃，勿開脩道。敢有所興作者，以擅議宗廟法從事。《大傳》。《禮記》篇名。別子。《小記注》別子有三：一是諸侯適子之弟，別於正適；二是異姓公子來自他國，別於本國不來者；三是庶姓之起於是邦爲卿大夫，而別於不仕者，皆稱別子。繼禰者爲小宗。《本疏》小宗所繼非一，獨云繼禰者，蓋小宗雖四，初皆繼禰爲始，據初爲元，故云繼禰。適長。《韵會》適與嫡通。玄孫。《爾雅注》玄者，親屬微昧也。孫猶後也。廟毁。《春秋傳》文公二年，壞恠。廟之道，易檐余廉切。可也，改塗可也，説者以爲將納新主，故示有所加耳，非盡撤而悉去之也。○朱子曰：「改塗易擔，言不是盡除，只改其灰飾，易其屋檐而已。」從兄弟。見下「喪服」條「從父」下。同堂兄弟。《喪服傳》娣姒婦相與居室中。《通典》宋庾蔚之謂《傳》以同居爲義。蓋從夫謂之同室，以明親近，非謂常須共居。今人謂從父昆弟爲同堂，取於此也。魯季友。《左傳》季友，魯桓公庶子，莊公弟也，其後爲季孫氏，專魯政。所自出。朱子曰：「衍文也。」滕文之昭。滕，姬姓，侯爵，文王子叔繡之後也。至宣公十七世，乃見《春秋》。後六世，齊滅之。○朱子曰：「文王是穆，故其子曰文之昭也。」周公爲長。《管蔡世家》武王同母兄弟十人，長伯邑考，次武王發，次管叔鮮，次周公旦，次蔡叔度，次曹叔振鐸，次郕叔武，次霍叔處，次康叔封，次聃季載。有大宗而無小宗。《語類》問：有小宗而無大宗。曰：「此説公子之宗也。謂如人君有三子，一嫡而二庶，則庶宗其嫡，是謂有大宗而無小宗。皆庶則宗其庶長，是謂有小宗而無大宗。」○按《儀禮經傳》及《注疏》，公子不得宗其君，故君命一人爲宗以領公子，而諸公子宗之，嫡子爲宗，則宗之以大宗之禮，庶子爲宗，則宗之以小宗之禮，皆公子昆弟中禮也，他族則無之。恁地。《語録解》如是也。衮。按疑當從水。《韵會》滚通混渾，未相離也。却有古宗法意。《曲禮》支子不祭，祭必告于宗子。《注》支子，庶子也。祖禰廟在適子之家，庶子賤，不敢當祭，則庶子代攝可也，猶必告于宗子然後祭。○《内則》庶子若富，則具二牲，獻其賢者於宗子，夫婦皆齊而宗敬焉，終事而後敢私祭。《注》賢猶善也，謂擇牲之善者獻宗子使之祭，而用其不善者以私祭也。私祭，謂己之祖禰也。《古今祭禮》。朱子所撰。這般。《語録解》猶言此等也。

做個樣子。《語録解》做，作工夫，有成意。個，語辭。樣，法也。子，語辭。

旁親之無後者。《中庸·或問》自吾父、祖、曾、高謂之正統，其伯叔、曾高伯叔、父祖衆子昆弟皆爲旁親。

○《或問》禮既有爲後之文，則所謂旁親之無後者，亦可以有後，而曰無後者，何也？愚按《曾子問》：孔子曰：

「宗子爲殤而死，庶子不爲後。」《注》：雖是宗子死在殤年，無爲人父之道故也。曰：「然則成人而無後者，何也？」曰：「按《喪服傳》：『爲人後者孰後？後大宗也。曷爲後大宗也？尊之統也。』」又按《通典》，張湛謂曹述初曰：「禮所稱爲人後，後大宗，所以承正統。若非大宗之主，所繼非正統之重，無相後之義。」班祔。《士虞禮》以其班祔。《注》班，次也。《疏》以孫祔於祖，孫與祖昭穆同，故以孫連屬於祖而祭之。○《小記》庶子不祭殤與無後，從祖祔食。《注》庶子所以不得祭此二者，以己是父之庶子，不得立父廟，故不得自祭其殤子也。不得立祖廟，故無後之兄弟，己亦不得祭也。祖廟在宗子之家，此殤與此無後者當祭祖之時，亦與祭於祖廟，故曰從祖祔食。○《集說》或問：祠堂內則孫祔祖龕，若孫死而祖在，則祔何處？曰：按《禮記》，祔於高祖龕。妻死夫之祖母在亦然。○餘見下「喪禮祔祭」條。《注》主櫝並如正位。《丘儀》祔位或不用櫝，列主於龕之兩旁，男左女右，亦可祔殤，亦如之。按當以《家禮》爲正。姪之父。宋龜峰名翼弼曰：「姪之父，從兄弟，再從兄弟也。姪無後，當祔其祖，而其祖尚存，則就祔于宗家祖位。及其祖死，而其父立祠堂，則乃遷而從親祖也。」按《家禮正衡》亦如龜峰說。

《附注》纔祭高祖，酌獻祔位。或問楊氏復謂纔祭高祖畢云云，「時祭」條亦曰每逐位讀祝畢，即分詣本位所祔之位獻酌云云。祔高祖者，乃曾祖之子，行而反先獻於曾祖，無乃未安耶？愚謂儀節則先獻正位畢而次祔位。朱子亦曰：「祔食之位，古人祭於東西廂。某只設於堂之兩邊，正位三獻畢，使人分獻一酌，如學中從祀然。」尚饗。《士虞禮注》尚，庶幾也，勸强之意。嫂妻婦。按兄嫂，己妻，弟婦也。祔于祖母之傍。按「母」上疑闕「父」字。曾祖兄弟不祭。《會成》凡祔，昭祔昭，穆祔穆，如曾祖兄弟無後者，無昭穆可祔，故不祭。大時節。《集說注》四仲月時祭之類。祭于堂。按堂即祠堂内龕前之堂也。亦如在廟時排定。《補注》按：祔位有一，祔祭有二。蓋四龕神主以西爲上，先高祖考妣，次曾祖考妣，次祖考妣，次考妣。其祔位，伯祖父母、叔祖父母祔于高祖伯父母，叔父母祔于曾祖。妻若兄弟，若兄弟之妻祔于祖，子姪祔于父，皆西向，以北爲上，此合男女而言也。至於祔祭，小小祭祀，只就其處，四龕神主不動。祔祭神主，則以東西分男女，祭伯叔祖父祔于高祖考，西邊東向；祭伯叔祖母祔于高祖妣，東邊西向；祭伯叔父祔于曾祖考，西邊東向；祭伯叔母祔于曾祖妣，東邊西向；祭兄弟祔于祖考，西邊東向；祭兄弟嫂妻婦祔于祖妣，東邊西向。若大祭祀，則出神主于堂或寢，惟高祖考在西邊南向，高祖妣在東邊南向，曾祖考、祖考與考皆西邊東向，曾祖妣、祖妣與妣皆東邊西向。祔主若伯祖祔于祖考之上，叔祖祔于祖考之下，伯祖母祔于祖妣之上，叔祖母祔于祖妣之下，伯父祔于父之上，叔父祔于父之下，伯母祔于母之上，叔母祔于母之下，正位與祔位皆分男女而言也。○退溪曰：「今按本注，正位如在廟時排定，《附注》云云，未詳何義。」○或曰：「《附注》云『右丈夫左婦女』，然則祔位之夫婦當分左右耶？」愚答曰：「所謂丈夫婦女，似指兄弟與姊妹，或子與女之謂。若兄弟之妻，則當與兄弟合櫝，何可分而貳之也？」○或曰：「劉氏垓孫引朱子説，以爲如祔祭伯叔，則祔于曾祖之傍西邊安，伯叔母則祔于曾祖母之傍東邊安。所謂伯叔、伯叔母則明是夫妻，而此説合櫝何可分云者，與劉説不同。」按伯叔父與伯叔母皆死，則當合櫝而祔于右矣。若伯叔母先死，則當姑祔於左矣。朱子之意，恐當如此。就裏爲大。按裏，内也，指堂之北而言也。○龜峰曰：「大，尊也，如《左傳》『新鬼爲大』之大。蓋僖公，閔公之兄，故以僖公之鬼爲大。」

置祭田。《注》墓下子孫之田。龜峰曰：「非謂田在墓下也，乃其墓子孫之田云。」典賣。按典，質也。杜《詩》「典春衣」。

具祭器。《丘儀》倚卓子、床、席、香爐、香合、香匙、燭檠、茅沙盤、祝板、环珓、酒注、盞盤、盞、茶瓶、茶盞，并托椀、楪子、匙筯、酒尊、玄酒尊、托盤、盥盤，并架帨巾，并架火爐。○《曲禮》凡家造，祭器爲先。○《丘儀》祭器，人家貧不能備者，用燕器代之亦可。○《曲禮》祭服敝則焚之，祭器敝則埋之。《注》人所用則焚之，焚之陽也；鬼神所用則埋之，埋之陰也。劉氏曰：「不焚不埋，則移於他用，無已瀆於神明哉！」

出入告。《注》瞻禮。按 瞻禮猶言揖。《丘儀》男子唱喏，婦人立拜。婦人拜。《丘儀考證》《周禮》：「大祝辨九㩁。古「拜」字。九曰肅㩁。」鄭《注》：「肅拜但俯下手，今揖撎於義切。是也。推手曰揖，引手曰撎。」《儀禮》：「婦拜扱地，坐奠菜于几東席上，還，又拜如初。」《注》：「扱地，手至地也。婦人扱地，猶男子稽首。」《疏》：「以手至地，謂之扱地。今重其禮，故扱地。」按：婦人以肅拜爲正，蓋肅拜乃婦人之常。而昏禮拜扱地，以其新來爲婦，盡禮於舅姑。《少儀》：「婦人吉事，雖有君賜，肅拜。爲尸坐，則肅拜。爲喪主，則不手拜。」《注》：肅拜，如今婦人拜，《左傳》「三肅使者」亦此。拜手，拜則手至地而頭在手上，如今男子拜。婦人以肅拜爲正，故雖君賜之重，亦肅拜而受。若爲夫與長子之喪主，則稽顙，故不手拜。若有喪而不爲主，則手拜。《内則》：「凡女拜尚右手。」《注》：「右，陰也。」按《檀弓》：「孔子與門人立，拱而尚右。」《注》：「尚謂右手在上也。」《通鑑》：周天元詔内外命婦皆執笏，其拜宗廟及天臺，皆俯伏如男子。按：謂之如，則前此不如此可知矣。《語録》：問：「古者婦人以肅拜爲正，何謂肅拜？」朱子曰：「兩膝齊跪，手至地，而頭不下爲肅拜。手拜亦然。爲喪主則頭亦至地，不肅拜。《樂府》説婦人云：『伸腰再拜跪。』伸腰，亦是頭不下也。」又曰：「古人坐也是跪，其拜亦容易。婦人首飾盛多，自難俯伏地上。周天元令命婦爲男子拜，史官書之以表其異，則古者婦人之拜首不至地可知也。然則婦人之拜，當以深拜頗合於古。」按本《注》：「凡拜，男子再拜，婦人四拜，謂之俠拜。」蓋主立拜言也。今南方婦女皆立而叉手，屈膝以拜，北方婦女見客，輒俯伏地上，謂之磕頭，以爲重禮。禮之輕者，亦立而拜，但比南方略淺耳。考之古禮及儒先之説，蓋婦人當以肅拜爲正。大略似是兩膝齊跪，伸腰低頭，俯引其手以爲禮，而頭不至地也。今北俗磕頭則類扱地，稽顙之禮，惟可用之昏禮見舅姑，及喪禮爲夫與子主之時，尋常見人宜略如所擬肅拜儀可也。南俗立拜已久，不可驟變，但須深屈其膝，母但如北俗之沾裙叉手，以右爲尚，每拜以四爲節，如所謂俠拜者。若夫見舅姑，則當扱地，爲喪主，則稽顙，不爲喪主，則手拜，庶幾得古禮之意云。

俠拜。俠，《韵會》并也。參《韵會》覲也。《注》設新果。《丘儀》殺菜之類隨宜。○《少儀》未嘗，不食新。《注》嘗謂薦新於寢廟。○程子口嘗新必薦享後方可，薦數則瀆，必因告朔而薦。盞托。《韵會》托作拓，闔各切，手承物。束茅聚沙。詳見下「時祭」條。帨巾各二。《丘儀》止用一亦可。盛服。《丘儀》按：今時制冠服與前代異，非惟不宜於俗，且不得其制。今擬有官者，宜服烏紗帽、盤領袍、革帶、皂靴。生員服儒巾、襴衫、絲條、皂靴。無官者平定巾、直領衣、絲條，靴或履，或深衣、幅巾。命婦珠冠、背子、霞帔，或假髻、盤領袍、香茶帶。非命婦假髻，服時制衣裙之新潔者。重行西上。《補注》謂重行者，若伯父與叔父、伯母與叔母云云是也。謂西上者，以西爲上。若伯父在叔父之左，諸兄在諸弟之左是也。謂東上者，以東爲上，若伯母在叔母之右，諸嫂在諸弟婦之右是也。至於大祭祀，則出主於堂於正寢，并祔位神主，亦有重列者，若大伯叔祖祔于曾祖，伯叔祖祔于祖之類是也。祔正位者，考以東爲上，若大伯祖父在曾祖考之左，大叔祖父在曾祖考之右是也。妣以西爲上，若大伯祖母在曾祖妣之右，大叔祖母在曾祖妣之左是也。祔側位者以北爲上，若伯祖父在祖考之上，叔祖父在祖考之下，伯祖母在祖妣之上，叔祖母在祖妣之下是也。但神主位次則男西女東，子孫位次則男東女西，此陰陽之別。○按重行者，主人前行，伯叔父爲一行，主人兄弟爲次行，主人子姪又爲次下，主人之孫又爲次下，是謂重行。《補注》説可疑。○

《王制》男子由右，女子由左。《注》右有力而左無爲，故其所由如此。搢笏。《小學注》搢，插也，插於大帶。笏者忽也，書以備忽忘者。○《玉藻》笏度二尺有六寸，其中博三寸，其殺六分而去一。《注》中廣三寸，天子、諸侯、大夫、士之笏皆然。天子、諸侯則從中以上稍稍漸殺，至上首止，廣二寸半，是六分三寸而去其一也。其大夫、士又從中殺至下，亦廣二寸半，故惟中間廣三寸也。○陸氏曰：「此言諸侯之笏降殺以兩，則大夫二尺四寸，士二尺二寸歟？」○朱子曰：「漢初有秉笏奏事。」又曰：「執簿亦笏之類，只是爲備遺忘，故手執、眼觀、口誦於君前，有所指畫，不敢用手，故以笏指畫。今世遂以爲常執之物。」啓櫝。或問置櫝蓋方位。愚按《唐元陵儀注》：大祝奉神主置於曲几後趺上，其匱置於几東近後，以此推之可見。盥。《説文》洗手。焚香。温公《書儀》以香代爇蕭。朱子曰：「亦似僭，灌獻爇蕭乃天子、諸侯禮，爇蕭欲以通陽氣，今太廟亦用之。或以爲焚香可當爇蕭，然焚香乃道家以氣味香而供養神明，非爇蕭之比。」降神。按下「時祭」條，《附注》北溪陳氏之説，則此降神亦在參神之下，而《丘儀》亦然，未知何也？愚意大祭祀時，奉主出置他所，則不可虛視，必拜肅之，故降神在後，時祭、禰祭、忌祭是也。若小祭祀時，只就其處而神主不動，則先降後參，朔望及節祀是也。又按設位而行祭，則必先降後參，祭始祖、先祖是也。據此，則祭紙榜及墓祭疑亦皆然。《擊蒙要訣》：栗谷先生李珥所編。「墓祭先降後參，似有此意。但《家禮》本文先參後降，恐難違也。」斟。《韵會》諸深切，酌也，益也。茶。《丘儀》按本注：「主婦執茶筅蘚典切。點茶。」蓋先設盞托，至是乃注湯于盞，用茶筅點之。古人飲茶用末。所謂點茶者，先置末茶於器中，然後投以滚湯，點以冷水，而用茶筅調之。筅之制不見於書傳，惟元謝宗可《茶筅詩》「此君一節瑩無瑕，夜聽松風漱玉華。萬縷引風歸蠏眼，半瓶飛雪起龍牙」，其形狀彷彿見矣。今人煎茶葉，而此猶云點茶者，存舊也。或謂茶筅即蔡氏《茶録》所謂茶匙，非是。○《退溪》曰：「筅以竹爲之。」辭神而退。《丘儀》辭神下有奉主入櫝之節。不出主。《丘儀》此下有「只啓櫝」三字。姑老不與於祭。《内則注》老謂傳家事於長婦。○《士昏禮注》《禮》：七十老而傳，八十齊斬之事不及，若是者，子代其父爲宗子。《疏》按《曲禮》「七十曰老而傳」，《注》：傳家事於子也，是謂宗子之父。又《王制》「八十齊喪之事不及也」，《注》：八十不齊，則不祭也，子代之祭。○《語類》問：「七十老而傳，則嫡子、嫡孫主祭，如此則廟中神主都用改換作嫡子嫡孫名奉祀，然父母猶在，於心安乎？」曰：「然此等也難行，也且得躬親耳。」又問：「嫡孫主祭，則便須祧六世七世廟主。自嫡孫言之，則當祧。若叔祖尚在，則乃是祧其高曾祖，於心安乎？」曰：「也只得如此。聖人立法，一定而不可易，兼當時人習慣，亦不以爲異也。」○又曰：「在《禮》雖有七十曰老而傳，則祭祀不預之説。然亦自期儻年至此，必不敢不自親其事。然自去年來拜跪已難，至冬間益艱辛，今年春間僅能立得住，遂使人代拜，今立亦不得了。然七八十而不衰，非特古人，今人亦多有之，不知某安得如此衰也？」幞頭。《事物記原》古以皂布三尺裹頭，號頭巾。三代皆冠列品，黔首以皂絹裹髮，亦爲軍容之服。後周武帝依周三尺裁爲幞頭，至唐馬周交解爲之，用一尺八寸左右三襵法三才，重繫前脚法二儀。《唐會要》：「故事：全幅皂向後幞髮，俗謂之幞頭。周武帝建德中，裁爲四脚。按：穆宗朝帝好擊毬，而宣喚不以時，諸司供奉人急于應召，始爲硬裹裝于木圍之上，以待倉卒。五代梁太祖始布漆于紗，施鐵爲脚作今樣也。」《筆談》：「唐惟人主用硬脚。晚唐方鎮擅命，始僭用之。宋朝有直脚等五等，惟直脚貴賤通服也。」靴。《事物記原》胡屨也。趙武靈王好胡服，常短靿，於教切，鞾韈也。以黄皮爲之，後漸以長靿，軍伐通服之。唐馬周以麻爲之，殺其靿，加以靴氈。開元中，裴叔通以皮爲之，隱麖，加以帶子裝束。續事始曰故事。胡服不許着入殿省，至馬周加飾乃許也。進士。《事物記原》周諸侯貢賢于天子，升之太學，曰造士。大樂正論造士之秀者，以告于王，以升諸司馬，曰進士。隋大業中，始置進士科。襴衫。《事物記原》唐馬周以三代布深衣着襴及裾，名襴衫，以爲上士之服。今舉子所衣者。○《韵會》本作幱。衣與裳連曰幱。今文省作「幱」，平聲。處士。《史注》士未仕，處士也，猶女未嫁曰處女也。○愚謂如宋朝賜號林逋，亦謂之處士，蓋以別於常人之無官者。皂。《韵會》又作皂柞，栗屬，其房可以染黑，故俗因謂黑爲皂。帽子。《通典》上古衣毛帽皮，則帽名之始也。按：或云義取覆其首，本纚也。古者冠下有纚，以繒爲之。後世施幘于冠，因裁纚爲帽，上下通服之，歷代皆有，五代梁始漆爲今樣。衫。《輿服志》唐馬周上《儀禮無服衫》之文，三代有深衣，清襴袖褾飾也。襈，衣緣也。爲士人上服。開骻腰骨也。者，名缺骻衫，庶人服之，即今四袴衫也。凉衫。《事物記原》近歲京師士人朝服乘馬，以黲蒙之，謂之凉衫，亦古遺法也。《儀禮》曰「朝服加景」，但不知古人制度何如。假髻。見「忌祭」條「特髻」下。大衣。《事物記原》商、周之代，内外命婦服諸翟。唐則裙襦大袖爲禮衣。開元中，婦見舅姑，戴步摇插翠釵。今大衣之制，蓋起于此。《實録》：「大袖在背子下，身與衫齊而袖大，以爲禮服。」長裙。《事物記原》隋煬帝作長裙十二破，名仙裙。今大衣中有之。女在室者。處女也。冠子。《事物記原》爰自黄帝制爲冠冕，而婦人之首飾服無文，至周始有，不過副笄而已。漢宫掖承恩者，始賜碧或緋芙蓉冠子，則自漢始矣。《古今注》：「魏文帝時起。」背子。《事物記原·背子》注秦二世詔衫子上朝服加背子，其制袖短于衫，身與衫齊而大袖。今又長與裙齊，而袖纔寬于衫半臂。《注》：《實録》曰：「隋大業中，内官多服半臂，除即長袖也。唐高祖減其袖，謂之半臂。

今背子也，江湖之間或曰綽子。士人競服隋制也，今俗名搭䙪。」○《語類》「前輩無着背子者，雖婦人亦無之。士大夫常居，常服紗帽、皂衫、革帶，無此則不敢出。背子起殊未久。」問：「婦人不着背子，則何服。」曰：「大衣。」問：「大衣非命婦亦可服否？」曰：「可。」僩舉胡德輝《雜志》云：「背子本婢妾之服，以其行直主母之背，故名背子。後來習俗相承，遂爲男女辨貴賤之服。」曰：「然。然嘗見前輩《雜説》中載，上御便殿，着紗帽、背子，則國初已有背子矣，皆不可曉。」

《附注》元旦。《玉燭寶典》正月爲端月，履於始也。其一日爲元日。除夕行事。《續綱目》注除夕，十二月三十日，歲除，故云除夕。○《荆楚記》年隨夜盡，故具酒饌以延新年。○《語類》問：「先生除夜有祭否？」曰：「無。」○《丘儀》按：除夕自有除夕之禮，履端之祭隔年行之，恐亦未安。今朝廷於元朝行大朝賀禮，而孟春時享亦於別日行之，今擬有官者以次日行事。裝香。按載物於車曰裝車，裝香之裝亦此意。祠版。《通典》晉劉氏問蔡謨云：「時人祠有版，版爲用當主，爲是神座之榜題？」謨答：「今代有祠版木，乃始禮之奉廟主也。主亦有題，今版書名號，亦是題主之意。安昌公荀氏《祠制》：神板皆正，長尺一寸，博四寸五分，厚五寸八分。大書某祖考某封之神座，夫人某氏之神座，以下皆然。書訖，蠟油炙，令入理刮拭之。」唱喏。華使許國曰：「『喏』字出《漢書》，兩手垂下作揖之狀。」○金河西曰：「喏音若，唱喏，揖也。」○《會成·揖相傳》云：唱喏，想古人相揖必作北聲，不默然也。唱喏者，引氣之聲也。不如是者，爲不知禮，衆所嗤笑。宋人記虜廷事實云：虜揖不作聲，名曰啞揖。契丹之人手於胸前，亦不作聲，是謂相揖。宋人以爲怪。即宋以前人，中國之揖作聲可知。今日承元之後，揖不作聲久矣，而其名唱喏猶存，獨官府升堂公座，輿皂排衙，引聲稱揖，豈非唱喏之謂歟？此固自有本也。○或曰：「喏音惹，揖也。」《詞曲》曰：『一個唱，百個喏。』謂一人呼唱於上，衆人應喏於下，如將帥在營，幕下軍卒投謁於前者，列立於庭，將帥發一令語，則衆下齊聲以應。凡里巷子弟謁父兄亦然。因謂揖曰唱喏。未詳是否。但《家禮集注》說云：『揖者，拱手着胸也。』恐非所謂唱喏也。今中朝俗以鞠躬拱手爲唱喏。」

俗節。按《丘儀》補入，元夕十月朔臘日除夕。獻以時食。《小學注》薦後方食，一飲食不敢忘父母。未薦而遽食新，則是死其親而無其心。○《語類》問：「行時祭則俗節如何？」曰：「某家且兩存之。」問：「莫簡於時祭否？」曰：「是要得不行，須是自家亦不飲酒始得。」○晦齋李先生彥迪曰：「按世俗，正朝、寒食、端午、秋夕，皆詣墓拜掃，今不可偏廢。是日晨，詣祠堂薦食，仍詣墓所奠拜。」《注》寒食。《韵府群玉》冬至後百四日、五日、六日，有疾風暴雨爲寒食。《丹陽集》龍星，木之位，春屬東方，心爲大火，懼火盛，故禁火而寒食，有龍忌之禁。《史》介之推三月初一日爲火所焚，人哀之，爲之寒食。重午。按重午，端午日。《風土記》仲夏端午。《注》端，始也。又五月五日午時爲天中節。中元。《翰墨全書》七月十五日中元節，《道經》以是日爲天真朝元。又地官下降，定人間善惡。正月十五日爲上元，十月十五日爲下元。重陽。《翰墨全書》魏文帝《書》云：九爲陽數，其日與月并應，故曰重陽。角黍。按角黍，粽也。《風土記》以菰葉裹糯米，五月五日祭汨羅之遺俗也。人裹糯米爲粽，以象陰陽相包，裹未分散也。糯，奴過切。粘米。粽，子貢切。蘆竹葉裹米。

《附注》正祭。時祭也。浮屠。按通作浮圖。釋典僧曰浮屠，塔亦曰浮屠。《魏志》：浮屠正號曰佛陀，與浮屠聲相近。張南軒名栻，字敬夫，廣漢人，謚宣公。學於五峰胡氏，以周、程爲宗。今日。當今也。

有事則告。韓魏公云：「古者告祀但告于禰，今或時祭遍告先世。」○朱子《遷居告家廟文》熹罪戾不天，幼失所怙。祗奉遺訓，往依諸劉。卜葬卜居，亦既累歲。時移事改，存没未安。乃眷此鄉實亦祖考所嘗愛賞而欲卜居之地。今既定宅，敢伸虔告，以安祖考之靈。伏惟降鑑，永奠厥居。垂之子孫，萬世無極。○《致仕告家廟文》維慶元五年歲次己未六月辛酉朔，孝孫具位熹敢因時享，昭告于祖考之靈。熹至愚不肖，蒙被先世遺德，獲祇祀事五十餘年，歲時戰兢，罔敢怠忽。至于今，兹行年七十，衰病侵凌，筋骸弛廢，已蒙聖恩許令致仕，所有家政當傳子孫。而嗣子既亡，藐孤孫鑑次當承緒，又以年幼未堪跪奠。今已定議，屬之奉祀，而使二子埜、在相與佐之，俟其成童，加冠于首，乃躬厥事。異時朝廷察熹遺忠，或有恩意，亦令首及。伏惟祖考，擁佑顧韵，永永亡斁，熹不勝大願。其諸家務亦當計度區處，分屬埜等及諸孫息，使有分職，以守門户，尋别具告而施行之。熹之衰病勢難支久，如以恩靈尚延喘息之間，猶當黽勉提總大綱，不使荒頽，以辱先訓。伏惟祖考，實鑑臨之。謹告！○《焚黄文》恭惟先君，天賦異質，孝友之行，足繼前修，雅健之文，追古作者。爵壽不稱，隕於半途。施及後人，叨被寵禄。追榮七命，始列從班。而先夫人亦膺顯號，厚德之報，不其在兹！並命帝庭，璽封霙檢，賛辭褒異，視昔有加。惟是音容，日荒月遠，生我勞瘁，追養靡從。祇奉命書，舍爵以告，涕泗摧咽，不知所云。尚饗！○又熹賴遺訓，竊禄于朝，獲被慶恩，追榮禰廟，亦有年矣。比以鈎黨廢錮，憂畏過深，以故，及今始克祇奉命書以告于寢廟。惟我皇考，洞視古今，靡有遺情，陟降如存，尚克歆此，丕顯休命。顧熹衰頽，年迫告休，使我皇考未躋極品，而先夫人亦未克正小君之號，流根之報，無復後期。永念及兹，痛恨何極。仰惟慈廕，俯鑑愚衷，尚啓後人，不日昌大。熹瞻望忌靈，不勝感慕摧咽之至。謹告！○又日者天子始郊，肹慶寓内。熹以職秩得從大夫之後，故我亡室，錫號有加。恭奉制書，俯仰悼歎。惟爾有靈，尚克嘉之。謹告！○《贈官告皇考文》往歲天子用祀泰壇，上帝降歆福祚，昭答慶賜之澤，覃及萬方，中外幽明，罔不咸賴。謂熹名秩有列内朝，降以命書，賁其禰廟。顧念孤藐，禄不逮親。

祇奉明恩，益深哀慕。茲用齊祓，致告寢庭。欽惟神靈，服此休顯。熹雖不肖，敢不敬恭，惟孝惟忠，無或荒墜。嗣有褒賜，尚克嘉之。覆其後人，延于永世。○按家有喪，亦當告也。蓋《禮》：「君薨，祝取群廟之主藏諸祖廟。」《注》：「象爲凶事而聚也。」以此推之，可知其必告也。**注　祝版。**按祝，祭主贊詞者也。《曲禮》：「廟中不諱。」《注》：「謂有事於高祖，則不諱曾祖以下，尊無二也，於下則諱上也。」王肅曰：「祝則名君，不諱。」按《五禮儀》，版以松木爲之，長一尺二寸，廣八寸，造禮器尺。此與《家禮》不同。○《會成》按：祝版非有法，象稍高大亦不妨，大小則字多之文書不盡矣。○《丘儀》臨祭置于酒注卓子上，讀畢置于案上香爐之左，祭畢則揭而焚之，留版。凡祭倣此。**維年朔。**《書經講義伊訓》：「惟元祀十有二月乙丑。」《注》：「惟者，凡策書年月，必以惟字發之。」○《武成》惟一月壬辰旁死魄，越翼月癸巳。《注》：先記壬辰旁死魄，然後言癸巳，猶後世言某日，必先言某朔。**孝子**《雜記》祭稱孝子孝孫，喪稱哀子哀孫。《注》祭，吉祭也。卒哭以後爲吉祭，故稱孝。自虞以前爲凶祭，故稱哀。方氏曰：「祭所以追養而盡於一身之終，喪所以哭亡而止於三年。孝則爲子孫終身之行，故稱孝。哀則發於聲音，見於衣服，蓋三年之禮而已，故止稱哀。」○按《丘儀》，自初虞至禫，於先祖稱孝，於亡者稱哀，此與《雜記注》不同。**敢昭告。**《士虞禮注》敢，昧冒之辭。昭，《韵會》明也。**故某親。**《丘儀》按《家禮》舊本，於高曾祖考妣上俱加「皇」字，今本改作「故」字。「故」字近俗，不如用「顯」字。蓋「皇」與「顯」皆明也，其義亦通。按「顯」字之稱，已見於《家禮》卷首圖。**謚。**《韵會》誄行立號以易名也。**府君。**《語類》無爵曰府君、夫人。漢人碑已有，只是尊神之辭。府君如官府之君，或謂之明府，今人亦謂父爲家府。**虔。**《韵會》恭也。**刷。**

《韵會》數刮、所劣二切，拭也。制書。《史記》下有司曰制。又《史記注》：「帝者制度之命，其文曰制。」○《丘儀》先日命善寫者以黄紙録一通，以盤盛置香案上正中。贈故某親。《丘儀》如再贈，則於「贈」字上加「加」字。竊位于朝。《丘儀》如外官則改竊禄于朝，爲叨有禄位。咽《韵會》烏結切，哽咽也，聲塞也。洗去舊字。《會成》有刷醮水洗之。滿月而見。《丘儀》嫡孫亦如之。若生餘子孫，則不設茶酒，只啓櫝，不出主。生子名某。《内則》子生三月之末，擇日，妻以子見于父。父執子之右手，咳而名之。○凡父在，孫見於祖，祖亦名之。禮如子見父，無辭。冢子未食而見，必執其右手。適子、庶子已食而見，必循其首。《注》天子、諸侯尊别，世子雖同母，禮則畢矣。未食已食，急正緩庶之義。《疏》必以手撫循其首，示恩愛之情也。按《内則》三月而名，與《家禮》不同。乃降復位。《丘儀》主人、主婦俱復位，以子授乳母。焚祝文。《集説注》焚祝文自玉璵始。元孫。《丘儀》按宋朝諱「玄」，故《家禮》稱「元孫」。今悉改從「玄」。某氏夫人。《丘儀》按：無官者，妣曰某氏夫人。蓋婦人稱夫人，猶男子之稱公也。今制二品方得封夫人，宜如俗稱孺人。

《附注》焚黄。《瑣碎録》唐上元三年前，制敕皆用白紙，多有蠹食，自後并用黄紙。○《丘儀》執事者奉所録制書黄紙，即香案前，併祝文焚之。焚畢，辭神，四拜平身，奉主八櫝。○朱子《焚黄文》見「上有事則告」條。張魏公名浚，字德遠，緜竹人。所著有《五經解》。孝宗封魏國公，即南軒父。

水火先救祠堂。《檀弓》有焚其先人之室，則三日哭。《春秋》成公三年，新宫災，三日哭。《穀梁》曰：「禮也。」遞遷。《手鑑》遞，更代也。遷，移也，昇也。《注》親盡則藏於墓所。《五禮儀》若有親盡之祖始爲功臣而百世不遷者，則代數三代也。外別立一龕祭之。

《附注》祭四代已爲僭。《語類》「士庶當祭幾代？」曰：「古時一代即有一廟，其禮甚多。今於禮制大段虧缺，而士庶皆無廟。但温公禮祭三代，伊川祭自高祖，始疑其過。要之，既無廟，又於禮煞缺，祭四代亦無害。」○晦齋曰：「按程子言，高祖有服，不祭甚非。文公《家禮》祭及高祖，蓋亦本於程氏之禮也。然《禮》，大夫三廟，士二廟，無祭及高祖之文，故朱子亦以祭高祖爲僭。且今國朝禮興，六品以上祭三代，不可違也。竊意高祖雖無廟，亦不可專廢其祭。春秋俗節，率其子孫詣墓祭之，庶無違禮意，而亦不至忘本也。」○頤庵曰：「時祭則拘於國法，止於曾祖，而高祖則只行墓祭、忌祭，五代祖則只行墓祭於寒食秋夕，六代祖之墓祭則只行於寒食。」○《侯氏廷訓》曰：「洪武年間《儀注》，亦有孝孫祭高曾祖禰考妣祝文，則此又時制也。」○按栗谷《擊蒙要訣》亦從國制，只祭三代。然《家禮》既以四代定爲中制，故好禮之家多從《家禮》。

深衣制度

深衣。《禮記》本注朝服、祭服、喪服皆衣與裳殊，惟深衣不殊，則其被於體也深邃，故名深衣。制同而名異者有四焉：純之以采曰深衣，純之以素曰長衣，純之以布曰麻衣，著在朝服祭服之内曰中衣。但大夫以上，助祭用冕服，自祭用爵弁服，則以素爲中衣。士祭用朝服，則以布爲中衣也。皆謂天子之大夫與士也。○《丘儀》去古日遠，古服不復可見。幸而遺制尚略見於《禮記·玉藻》，而其義則詳著於《深衣》之篇，後之君子猶得以推求其制於編簡之中。温公始倣古製，深衣以爲燕居之服，而文公先生亦服之。樂平馬氏曰：「冕服之外，惟深衣其用冣廣，自天子至於庶人皆可服之。蓋深衣者，聖賢之法服也，裁製縫衽動合禮法，故賤者貴者可服，朝廷可服，燕私亦可服。天子服之以養老，諸侯服之以祭膳，卿大夫服之以夕視私朝，庶人服之以賓祭，蓋亦未嘗有等級也。古人衣服之制不復存，獨深衣則《戴記》言之甚備。則其制雖具存，而後世苟有服之者，非以詭異貽譏，則以懦緩取哂。雖康節大賢，亦有今人不敢服之説。司馬温公必居獨樂園，而後服之。吕滎公、朱文公必休致而後服之。然則三君子當居官莅職見用於世之時，亦不敢服以取駭於俗觀也。蓋例以物外高人之野服視之，可勝慨哉！」按：馬氏此言，則在宋服之者固已鮮矣，况今又數百年後哉！幸而文公之道大明于今世，《家禮》爲人家日用不可無之書。居官莅職者，固當尊時制。若夫隱居不仕，及致政家居者，又宜依古製爲一襲，生以爲祭兼之服，死以爲襲斂之具，豈非復古之一端哉！然《家禮》本《書儀》，其言頗略，其制不盡備。○《語類》衣服當適於體，康節向温公説：「某今人着今之服，亦未是。」問：「古人制深衣，正以爲士之貴服，且謂完且不費，極是好，上至天子，亦服之。不知士可以常服否？」曰：「可以儐相，可以治軍旅，如此貴重，恐不可常服。」曰：「朝玄端，夕深衣，已是從簡便了。且如深衣有大帶了，又有組以束之，今人已不用組了。凡是物事，纔是有兩件，定是廢了一件。」

《附注》服妖。侯氏甸曰：「古服之制，上衣下裳，謂陰陽相半而不踰制也。近世男子競爲長衣短裳，故人皆異之。昔漢建安中，男子好爲長衣，而下甚短，女子好爲長裙，而上甚短。時益州從事莫嗣以爲服妖，後遂大亂。今京師故設此禁，亦可以防世變矣。」

度用指尺。《孟子》度然後。《注》度，丈尺也。《注》中指中節。《丘儀》按：中指中節乃屈指節向内兩紋尖相距處，即《鍼經》所謂同身寸也。

《附注》咫尋。《韵會》八寸爲咫，八尺爲尋。

衣《補注》用布二幅，長四尺四寸，中屈之，爲二尺二寸，下除寸餘爲腰縫，及兩腋之餘，縫長二尺一寸，所以爲衣之長。幅廣二尺二寸，四幅八尺八寸，除負繩之縫，與領旁之屈積各寸，及兩腋之餘，前後各三寸許，約圍七尺二寸，所以爲衣之廣也。按：衣全四幅，如今之直領衫，但不裁破腋下，俗所謂對襟是也。《丘儀》從白雲朱氏之説，欲於身上加内外兩襟，左掩其右。今人又裁破腋下而縫合之，綴小帶於右邊，如世常服之衣，非古制也。○《丘儀》裁衣法：用布二幅，布廣狹以一尺八寸爲則。中摺，前後爲四葉。其在前兩葉，每葉長二尺六寸，裁時從一邊修起，除去四寸，留二尺二寸，漸漸修至將近邊處不動。比修起處留長四寸。其在後兩葉，每葉長二尺三寸，亦從一邊修起，除去一寸，留二尺二寸，漸漸斜修至將近邊處不動。比修起處留長一寸。按《家禮》，衣身長二尺二寸，今前加四寸，後加一寸者，裁法也。不如此則兩襟相疊，衣領交而不齊矣。脇。《韵會》迄業切，腋下切，亦作脅。屬。《韵會》朱欲切，連也。

裳。《補注》古者布幅長四尺四寸，廣二尺二寸。深衣腰廣七尺二寸，若用布六幅，廣一丈三尺二寸，交解爲十二幅，則狹頭在上，每幅七寸三分有奇，十二幅共八尺八寸。廣頭在下，每幅一尺四寸六分有奇，十二幅廣一丈七尺六寸。又除裳十二幅合縫及前襟反屈各寸，則腰得七尺五寸，下得一丈六尺三寸，則上多三寸，下多一尺九寸，即截去之，上屬於衣。本舊《注》當如此説，則「續衽鈎邊」一句終難解。蓋《禮記》制十有二幅，以應十有二月，指深衣所用之布，非謂裳十二幅也。蓋衣袖共四幅，裳四幅，及續衽鈎邊四幅，所謂十二幅也。蓋裳用布四幅，長四尺四寸，除腰縫及下齊反屈，長四尺二寸，廣八尺八寸，除負繩及左右續衽合縫與前襟反屈各寸，又餘八寸，即截去之，爲七尺二寸。又用布二幅，長四尺四寸，廣二尺二寸，斜截爲四幅，下廣二尺二寸，四幅廣八尺八寸，内除各合縫八寸，又餘八寸，亦截去之，爲七尺二寸，續於裳之兩旁，《禮記》所謂「續衽鉤邊」者是也。又曰：黄潤玉云：「古者朝祭衣短有裳，惟深衣長邃無裳，不知《禮記》明言『腰縫半下』；既有腰縫，豈得無裳？」○《丘儀》按朱子《語録》，讀書先文勢而後義理。今以「深衣」章文勢觀之，則所謂「制十有二幅，以應十有二月」一句，似通一衣而言也。若專以爲裳，不應列於袂袷之上。蓋上衣下裳，効法天地，不應顛倒逆置如此。况其下文先言袂，次袷，次負繩，而後及於齊，亦自有次第可見。然自漢以來，先儒皆以爲裳，豈敢一旦臆決，以爲必然，姑書所見以俟。○按交解裁法見圖「曲裾裁制」下注。○又《丘儀》按白雲朱氏曰：「衽，《説文》曰『衿』。《注》：交衽爲襟。《爾雅》：衣皆爲襟，通作『衿』。《正義》云：深衣外衿之邊有緣，則深衣有衽明矣。宜用布一幅，交解裁之，上尖下闊，内連衣爲六幅，下屬於裳。《玉藻》：深衣，衽當旁。王氏謂衿下施衿，趙氏謂十六幅，皆是也。」又曰：「續衽鉤邊，邊謂邊也，縫也。衽邊斜幅既無旁屬，別裁直布而鉤之，續之衽下，若今之貼邊。《經》曰『續衽鉤邊』，正以鉤邊續於衽也。後人不察，至有無衽之衣。朱氏此説，與《家禮》不合。蓋欲於衣身上加内外兩襟，如世常服之衣，別裁直布鉤而續之衽下，以爲續衽鉤邊如此，則便於穿着，但以非《家禮》本制，不敢從，姑存以備説。又按：深衣制度乃温公據『深衣』篇所新製，非古相傳者也。愚於《考證》疑其裳制於『深衣』篇文勢不倫，固已著其説矣。後又得吴興敖繼公説，謂衣六幅，裳六幅，通十二幅。吴草廬亦云裳以六幅布裁爲十二片，不可言十二幅。又但言裳之幅而不言衣之幅，尤不可良以敖説爲是。蓋衣裳各六幅，象一歲十二月之六陰六陽也。愚因參以白雲朱氏之説，衣身用布一疑二。幅，袖用一疑二。幅，別用一幅布裁領，又用一幅交解裁兩片爲内外襟，綴連衣身，則衣爲六幅矣。裳用布六幅，裁十二片，後六片如舊式，前四片綴連外襟，二片連内襟，上衣下裳通爲十二幅，則於『深衣』本章文勢順矣。舊制無襟，故領微直而不方。今以領這兩端各綴内外襟上，穿着之際，右襟之末斜交於左脅，左襟之末斜交於右脅，自然兩領交會，方如矩矣。或謂衣連裳不殊，通一幅布爲之，如此則無要矣。《玉藻》謂倍要者何也？」踝。《手鑑》胡瓦切，足兩側高骨也。

圓袂。《補注》兩腋之餘三寸，屬以二尺二寸，幅之袖則二尺有五寸也，内除衣袂續處合縫及袂口反屈各寸許，則二尺二寸也。蓋袂之前後長四尺二寸，廣二尺二寸，如月之半圓，合左右袂，如月之全圓也。《注》徑。

《韵會》吉定切，通作「徑」，直也。按此與圍三徑一之「徑」不同，乃指袂口相合之直長而言。

《附注》反屈及肘爲準。肘，《手鑑》張柳切，臂節也。○《禮記》本篇袼各。之高下可以運肘，袂之長短反屈之及肘。《注》袼袖與衣接，當腋下縫合處也。運，回轉也，肘臂中曲節。衣四幅，而腰縫七尺二寸，又除負繩之縫與領旁之屈積各寸，則兩腋之餘前後各三寸許，續以二尺二寸，幅之袖則二尺有五寸也。然周尺二尺五寸不滿今舊尺二尺，僅足齊手，無餘可反屈也。曰反屈及肘，則接袖初不以一幅爲拘矣。凡《經》言「短毋見膚，長毋被土」，及「袼可運肘，袂反及肘」，皆以人身爲度，而不言尺寸者，良以尺度布幅有古今之異，而人身亦有大小長短之殊故也。朱子云：「度用指尺，中指中節爲寸，則各自與身相稱矣。」

方領。《補注》衣之兩肩上各裁入三寸而反摺之，就綴於兩襟，左右相會，其形自方，非別有所謂領也。蓋袂圓在外，領方在内，有錢圓含方之象。一説裁入反摺即剪去之，別用布一條自項後摺，轉向前綴兩襟上，左右齊反摺之長，表裏各二寸，除反屈，《禮記》所謂「袷二寸」是也。○《丘儀》按《玉藻》「袷二寸，緣寸半」。今《家禮》

深衣制度不言袷尺度幾何，止言袂緣廣二寸。今擬宜如古禮，用布闊二寸，長如衣身爲袷，而加緣寸半於其上，庶全一衣之制云。又按：近時人有斜入三寸裁領法，臆説無據，不可從。且衣必有領，而後緣可施。信如其説，是有緣而無領矣。《玉藻》所謂「袷二寸」者，果何物也？况《家禮》本文既有方領，又有黑緣，其爲異物亦明矣。

曲裾。《注》布邊向外。《大全》深衣制度，疊兩頭向上，布邊不動，但稍裁其内，向内而（綴）〔緝〕之，相沓綴於裳上之右旁，以掩裳際，右幅在下，左幅在上，布邊在外，裁處在内。太半。謂十分之六。喙。《韵會》許穢切，獸口。續衽鈎邊。《丘儀》當裳之兩旁，自腋下至齊前後相交處，皆合縫之，使相連續不開，是謂續衽。又覆縫其邊，如俗所謂鈎針者，是謂鈎邊。○《補注》按《禮記注》引《衣圖》云：既合縫了，又再覆縫，方便於着，以合縫爲續衽，以覆縫爲鈎邊。本《注》蔡氏淵謂續衽鈎邊者，只是連續裳傍前後幅之縫，左右交鈎，即爲鈎邊。愚按：二説俱未甚明白。若深衣果裳十二幅，則其腰與十二幅各合縫爲續衽，裳前兩襟及下齊反屈爲鈎邊，邊即純邊之邊也。後細思之，《禮記》十二幅指深衣一身所用之布，屈裾則用布二幅，斜裁爲四幅，廣頭在下，尖頭在上，續裳之兩旁，故謂之續衽。在裳之兩旁，故謂之鈎邊。《玉藻》所謂「衽當旁」是也。鄭注。《士冠禮疏》鄭玄，字康成，青州北海高密縣人。漢徵爲大司農而不就。年七十四，卒於家。○言注者，注義於經下，若水之注物。

《附注》皇氏、熊氏、孔氏。皇甫侃，南朝宋人。熊安生，北朝齊人。孔穎達，唐人，與顔師古受詔撰《五經義訓》，凡百餘篇，號《義贊》，詔改爲《正義》。穿鑿。退溪曰：「不得直通，而旁穿曲鑿之義。」異同。退溪曰：「或異或同。」應十有二月。《禮記》本注十二月者，天數也。袂圓以應規，而圓者天之體。曲袷如矩以應方，而方者地之象也。負繩及踝以應直，下齊如權衡以應平，而直與平者人之道。蓋天之大數不過十二，故月之至于十二而後成。歲功猶之深衣也，必十二幅而後可以爲衣之良也。○方氏曰：「袂在前以動而致用，故欲圜。圜者，動故也。袷在中以静而成體，故欲方。方者，静故也。」**圓**。《韵會》圓本作「圜」。**曲袷**。《玉藻》袷劫。二寸。《注》袷，曲領也，其廣則二寸。方氏曰：「以交而合，故謂之袷。」**可以爲文爲武**。《禮記》本注深衣之用，上下不嫌同名，吉凶不嫌同制，男女不嫌同服。諸侯朝朝服夕深衣，大夫士朝玄端夕深衣，庶人吉服深衣而已，此上下同也。有虞氏深衣而養老，將軍文子除喪受吊，練冠深衣，親迎女在途，而婿之父母死，深衣縞總以趨喪，此吉凶男女之同。蓋簡便之服，非朝祭皆可服之也。○方氏曰：「端冕則有敬色，所以爲文；介冑則有不可辱之色，所以爲武。端冕不可以爲武，介冑不可以爲文，兼之者惟深衣而已。《玉藻》：『夕深衣。』深衣，燕居之服也。端冕雖所以修禮容，亦有時而燕處，則深衣可以爲文矣。介冑雖所以臨戎事，亦有時而燕處，則深衣可以爲武矣。雖可爲文，非若端冕可以視朝臨祭，特可贊禮而爲擯相而已；雖可爲武，非若介冑可以臨衝，特可運籌以治軍旅而已。」**深衣爲之次**。《禮記》本篇善衣之次。《注》吉服以朝祭爲上，故曰「善衣之次也」。**多飾爲孝**。《禮記》「深衣」注具父母、大父母純以繢，備五采以爲樂也。具父母純以青，體少陽以致敬也。孤子純以素，存凶飾以致哀也。小功純以縓，則大祥緣以布，吉時夕服緣以采。○何氏曰：「是亦戲彩斑斕之義。」**孤子**。《禮記》「深衣」注二十以下無父者，可以稱孤。若三十之上，有爲人父之道，不言孤也。

黑緣。緣，去聲。○《丘儀》用皂絹爲之，領及袂口裳邊表裏皆用寸半，領及裳邊内外則夾縫在本布上，袂口則綴連布之外，即所謂袂口布外别此緣之廣也。按：《家禮》領緣用二寸，袂口裳邊用寸半。今不然者，考《禮記·玉藻》：「袷二寸，緣廣寸半」，不分領與裳袂，則皆寸半矣。今擬領亦用寸半，與裳袂同，俾少露領也，否則是袷爲虛設矣。又按：朱子亦只謂衣領既交，有如矩之象，未嘗謂緣即領也。

大帶。《士冠禮》緇帶。《注》黑繒帶也。士帶博二寸，再繚四寸，屈垂三尺。《疏》黑繒帶者，謂以黑飾白繒帶也。《玉藻》：「士練帶，率下裨。」又言：「士緇裨。」率與繂同，劣戌切。謂緶緝也。裨，飾也。蓋以練熟白繒單作帶體，其廣二寸，而緶緝其兩邊，又以緇飾其垂下之兩末與兩邊也。再繚四寸，屈垂三尺者，帶之垂者必反屈向上，又垂而下。大夫則裨其屈與垂者，士則惟裨其向下垂者，而不裨其屈者。○《補注》古者深衣不綴小帶，當腰中，惟束以大帶而已。按：本《注》帶用白繒，廣四寸。《禮記》又曰：「士緇辟二寸，再繚四寸。」蓋白繒四寸，而緶緝其兩邊各寸，即二寸也。而再繚腰一匝，則亦是四寸矣。○《玉藻》大夫素帶辟垂，士練帶率下辟。丘氏曰：「辟讀爲紕，帶之緣也。大夫之帶止緣其兩耳及垂下之紳，士以練爲帶，單用之而緶緝其兩邊，故謂之繂。腰及兩耳皆不緣。」今本《注》夾縫之合如禮，單用爲是。○《大全》以繒經紳之兩旁及下，表裏各寸半。《注》五彩條。《玉藻》并紐約用組三寸，長齊于帶。注 紐則帶之交結也，合并其紐用組以約，則帶始束而不可解。長齊于帶，言組之垂與紳齊也。三寸，其廣也。愚按「寸」當作「分」。○何氏曰：「組用青小條爲之。」

緇冠。《家禮簡易》糊紙爲胎，加漆，以烏紗裏之。其制，先裁一條長一尺四寸、高一寸，圍以爲武，前後各四寸，旁各三寸。又用一長條廣四寸，長八寸，上襞積爲五梁，向左彎，其中跨頂前後。○《補注》裁一長條，其長一尺四寸許，其高寸許，圍以爲武，圍之兩旁各廣三寸，前後各長四寸。又用一長條，廣八寸許，長八寸許，上辟積以爲五梁，則廣四寸，縫皆向左。○《大全》前後三寸，左右四寸，上爲五梁，辟積左縫，廣四寸，長八寸，著於武外，反屈其兩端，各半寸，內向。○《丘儀》按：「深衣」篇無有冠制，而緇布冠，古用以爲始加之服，然亦冠而敝之，非常服也。至温公始服深衣冠緇冠，而裹以幅巾。朱子效之，亦非古制也。若夫幅巾之制，古者有冠而無巾，止以幕尊罍瓜果之用，不加於首也。至漢去罪人冠，而加以黑幪，所謂巾幘者，特爲庖人賤者之服。士大夫以爲首服者，始見于郭林宗折角巾，亦非古制。然世承用已久，姑書于此，使有所考云。○冠梁辟積法：外面㡇廣各六分，内面㡇廣各六分有奇，用指尺。緇冠梁廣八寸，折半得四寸者，爲二一分。爲㡇間者六，各廣六分六厘有奇，一分爲㡇廣五，各廣八分，而相間分之，爲㡇間者六，爲梁者五，五梁居其中。《注》糊。《韵會》粘也。武。《韵會》冠卷也。○《曲禮注》文者上之道，武者下之道。足在體之下，曰武。卷在冠之下，亦曰武。廣袤。《韵會》東西曰廣，南北曰袤。跨。《韵會》枯化切，越也，騎也。竅。《韵會》詰吊切，空也。笄用白物。《丘儀》或象牙爲之。

幅巾。《大全・深衣制度》刺一邊作巾額，當中作㡇。○《補注》用皂絹六尺許，當中屈摺爲兩葉，就右邊屈處指作小横㡇子，又飜轉從㡇子左邊四五寸間斜縫一路向左圓曲而下，循左邊至于兩末，又將飜轉使所縫餘剩絹藏在裏，却以㡇子當額前裹之。其作㡇子也，就右邊屈處用指提起少許摺向右，又提起小許摺向左，兩相揍着，用線綴住，而空其中間。○或曰：幅巾之制，右邊就屈處爲横㡇了者，自右邊向左邊反屈之處而言其横也。其作横㡇子，則就右邊屈處兩旁用指提起少許摺向左，又提起少許指向右，兩相揍着，用線綴住。而《補注》云「與衰裳㡇子少異」者，衰裳㡇子則屈其兩邊，相揍在上，幅巾横㡇子則屈其兩邊，相揍在裏也。左邊飜屈之者，右邊就屈處作横㡇子時，屈伸平鋪而後爲之，至於畢，作㡇子，則左邊還飜屈之斜縫向左，至于兩末，復飜轉所縫餘繒，使之藏在裏，故横㡇子揍在裏，與衰裳㡇子少異也。如此而成巾着之，則額前突起，頂後圓曲矣。《注》㡇。《韵會》陟涉切，猶摺也，摺疊也。

黑履。《事物記原》《世本》：「草曰菲麻，皮曰履。」《實録》曰：「三代皆以皮爲之，單底曰履，複底曰舄。」《古今注》：「舄，以木置履下，乾腊，不畏泥濕。履乃屨之不帶者。」蓋祭服謂之舄，朝服謂之履，燕服謂之屨也。○《士冠禮》履，夏用葛。玄端黑屨，青絇［繶］純，純博寸。冬，皮屨可也。《注》屨色同冠。絇之爲言拘也，狀如刀衣，鼻在屨頭以爲行戒。○《書儀》黑屨白緣，夏用繒，冬用皮。自注云：複下曰舄，單下曰履。《周禮》履有五色，近世惟赤黑二舄，赤貴而黑賤。今用黑履白緣，亦從其下。古者夏葛屨，冬皮屨，今無以葛爲屨者，故從衆。○《丘儀》按《禮》，黑履當作白履爲是。用白布作屨，如世俗所謂鞋者而稍寬大。既成，用皂絲條一條，約長尺三四寸許，當中交屈之，以其屈處綴履頭近底處，立起出履頭一二寸，歧爲二，復綴其餘條於履面上雙交，如舊圖所畫者，分其兩梢綴履口兩邊緣處，是謂之絇。於牙底相接處，用一細絲條用圍綴於縫扶用反。中，是之謂繶。又於履口納足處周圍，皆緣以皂絹，廣一寸，是之謂純。又於履後跟綴二皂帶以繫之，如世俗鞋帶，是之謂綦。如黑履則用皂布爲之，而以白或青爲絇、繶、純、綦。又曰：「黑履」注「白絇、繶、純、綦」，而卷首《圖注》則深衣用白屨，蓋以屨順裳色，深衣裳既用白，則屨亦合用白矣。又《禮》：黑屨以青爲絇、繶、純，白屨以黑爲絇、繶、純。深衣用白屨，則當用黑色爲飾；若黑屨，又當以青爲飾，不用白也。○《士喪禮注》綦繫于履也。《疏》綦繫于履也者，經云：「繫于踵」，則綦當屬于跟後，以兩端向前與絇相連于脚跗踵足之上，合結之，名爲繫于踵也。○《語類》綦，鞋口帶也。古人皆旋繫，今人只從簡易綴之於上，如假帶然。

司馬氏居家雜儀

凡爲家長。《補注》此節言家長御群子弟及家衆之事。制財用。《集説注》凡理財，先輸貢賦，供徭役，後及家事。量。《韻會》吕張切，槩量多少也。又音亮，《禮記》「量入爲出」。冗。《韻會》乳勇切，雜也。本作「宂」，俗作「冗」，非。禁。《韻會》居吟切，制也，劫持也。稍。《韻會》所教切，小也，漸也。《注》倉廩。《韻會》倉，藏也。《月令疏》穀藏曰倉，米藏曰廩。

凡諸卑幼。《補注》此節言卑幼事家長之道。咨禀。咨，謀也。注 嚴君。《程傳》家人之道，必有所尊嚴，而君長者謂父母也。雖一家之小，無尊嚴則孝敬衰，無君長則法度廢，有嚴君而家道正，家者國之則也。

凡爲子爲婦者。《補注》此下九節猶《小學》言父子之親。毋得。毋，平聲。蓄。《韻會》勑六切，積也。《注》《内則》。陳氏曰：「《内則》，《禮記》篇名。言閨門之内，軌儀可則也。」蓄。《韻會》許六切。《通志》畜，田畜也，而爲畜聚之畜，借音不借義。或賜之。本注 或，謂私親兄弟也。茝蘭。本注 香草。賈誼《史》洛陽人，文帝時爲梁王太傅。借父耰。德色。《補注》耰，鋤治田之器。慮，疑也，謂疑其容色自矜爲恩德也。毋取，誶語。《補注》箕，箒掃地之具。○《韻會》誶音崒，責讓也。又音碎，告也。漱。《韻會》先奏切，蕩口也。昧爽。《韻會》昧，莫佩切，闇也。爽，所兩切，明也。昧爽，微明也。筯。《韻會》本作「箸」，遲據切，飯敧也，又挾也。唾。《韵會》吐卧切，口液也。《注》頭須。見下冠禮。《禮》之晨省。《禮》即《曲禮》，下同。本《注》省其安否。脱。《韵會》或然之辭。中饋。《易·家人》六二爻無攸逆，在中饋。《傳》婦人居中而主饋者。惟酒食是議。《詩·小雅·斯干》篇無非無儀，維酒食是議，無父母詒罹。《注》有非，非婦人也；有善，非婦人也。女子惟酒食是議，而無遺父母之憂則可矣。膳。《曲禮注》美食之名。昏定。本《注》定其衽席。

籍記。《韵會》籍，秦昔切，簿書也。反命。《小學注》復命也。

鄉黨州閭。《曲禮注》二十五家爲閭，四閭爲族，五百家爲黨，二千五百家爲州，萬二千五百家爲鄉。熟諫。本《疏》純熟慇懃而諫，若物之成熟然。

《附注》幾諫。《論語注》幾，微也。倚閭倚門。《月令注》閭巷之門。○《戰國策》王孫賈失王之處，其母曰：「汝朝出而晚來，則吾倚門而望；汝暮出而不還，則吾倚閭而望。」飲至。《左傳》隱五年注：「告至于廟而飲酒。」

調嘗藥餌。《韵會》調，田聊切，和也。○《小學注》嘗謂度其所堪也。○《韵會》藥，治病草。餌，仍吏切，粉米蒸屑皆餌也。先屑米爲粉，然後溲之。不滿容。《曲禮注》不能充其儀觀之義。《注》《顔氏家訓》《小學注》顔氏，名之推，北朝人，作《家訓》。

《附注》惑馮紞，王攸。《晉書》泰始中，太后王氏疾篤，帝及弟齊王攸侍，太后謂帝曰：「汝與攸至親，吾没之後，善遇之。」言訖，崩。初，帝友愛攸甚篤，爲荀勗、馮紞都感切。所搆，欲爲身後之慮，乃出攸爲大司馬都督青州軍事。群臣諫，不聽。攸憤怨發病，猶催上道，乃嘔血而卒。溺武氏，無忌。【《唐史》】武氏，故荊州都督士彠之女，年十四，太宗召入後宫，爲才人。太宗崩，武氏爲尼。高宗詣寺見之，納之後宫，拜爲昭儀。先是太宗疾篤，詔長孫無忌、褚遂良入卧内，謂太子曰：「無忌、遂良在，汝勿憂天下。」又謂遂良曰：「無忌盡忠於我，我有天下，多其力也。我死，勿令讒人間之。」有頃，上崩。太子即位，一日召無忌等，顧謂曰：「皇后無子，武昭儀有子，今欲立昭儀爲后，何如？」遂良對曰：「伏請妙擇天下令族，何必武氏？」上大怒，命引出。昭儀在簾中大言曰：「何不撲殺此獠？」無忌曰：「遂良受先朝顧命，有罪不可加刑。」武后以無忌不助己，深惡之，削無忌官，黔州安置，尋殺之。

忠養之。《小學注》以其飲食忠養之者，蓋養親之道，雖非即飲食以能盡，亦非舍飲食以能爲。君子何以處之，亦曰忠養之而已矣。夫養之以物，止足以養其口體，養之以忠，則足以養其志矣。

《附注》賾討。《韵會》賾，士革切，幽深難見也。《易》聖人有以見天地之賾。討，探討。按《繫辭注》：「賾，雜亂也。」今以爲探討之義，此與所謂雜亂者不同意者，探索義理於雜亂之中，故以爲探索之意，猶治亂而曰亂。蔑。《韵會》莫結切，無也。庭除。《韵會》除，陳如切，階除也。帳幄。《韵會》帳，張也。幬謂之帳，上下四旁悉周曰幄。

凡子婦未敬未孝。《補注》此下一節猶《小學》言夫婦之别。子放，犯禮。《内則注》雖放逐其子，出棄其婦，而不表明其失禮之罪，示不終絶之也。

蒼頭。《蘇秦傳注》以青巾裹頭，以異於衆。《蕭望之傳注》宫府之給賤役者。

凡卑幼於尊長。《補注》此節猶《小學》言長幼之序。丈夫，處右。《語類》問：「左右必竟孰爲尊？」曰：「漢初右丞相居左丞相之上，《史》中有言曰「朝廷無出其右者」，則是右爲尊也。到後來又却以左爲尊。而老子有曰：上將軍處右，而偏將軍處左，喪事尚右，兵凶器也，故以喪禮處之。如此則吉事尚左矣。漢初豈習於戰國與暴秦之所爲乎？叙寒暄。《韻會》暄，許元切，温也。

凡受，甥拜。《補注》此節言接女婿、外甥、外孫之禮。○《爾雅》姊之子曰甥，謂甥猶生也。《注》搊策。《韻會》搊，初尤切，拘也。《廣韻》手搊也。○退溪曰：「未詳。」

非時家宴。《補注》此節言家宴上壽之儀。○按非時家宴，如賀受官、賀生辰之類。○《語類》問：「誕辰亦受子弟壽酒否？」曰：「否。」「衣服易否？」曰：「否。一例不受人物事。」問：「在官所還受人壽儀否？」曰：「否。然也有行不得處，如作州則可以不受，蓋可以自由。若有監司所在，只得按例與之受，蓋他生日時又用還他。某在潭州如此，在南康、漳州不受，亦不送。」《大全》陳安卿問：「程子曰：『人無父母，生日當倍悲痛。』如先生舊時，亦嘗有壽母生朝及大碩人生朝與向日賀高倅詞，恐非先生筆，不審又何也？豈在人子自己言，則非其所宜，而爲父母，待親朋，則其情又有不容已處否？然恐爲此，則是人子以禮律身，而以非禮事其親，以非禮待於人也。其義如何？」曰：「此等事是力量不足放過了處，然亦或有不得已者，其情各不同也。」五福。《洪範》一曰壽，二曰富，三曰康寧，四曰攸好德，五曰考終命。《注》：攸好德者，樂其道也。考終命者，順受其正也。

凡子始生。《補注》此節言教男女之道。自名。《曲禮》子於父母則自名也。《注》自稱其名。○吕氏曰：「子之名父母所命，敬親之命，不敢有他稱。」早寢，無時。《内則注》早寢則未與乎日入之夕，起宴則未與乎昧爽之朝。唯所欲食無時，則以弱而未勝其節制，且養之不可不備也。《列女傳》。《小學注》列女猶言諸女，漢劉向采其事以爲《傳》。《女戒》。曹大家所著，凡七篇，見《後漢書》。荀、楊子。《史》荀子，趙人，名况，時人相尊，號之曰卿。後避漢宣帝諱，號曰孫卿。至楚，春申君以爲蘭陵令。著書十二篇。揚子，成都人，名雄，字子雲。好學，無所不見。象《易》，作《太玄》，象《論語》，作《法言》。然雄仕王莽，作《劇秦美新》文，論者譏之。質明。《儀禮圖解注》質，平也。總角。《内則注》總聚其髮而結束之爲角，童子之飾。方氏曰：「後言男角女羈，此兼男女而止曰角者，舉男以該之也。」《注》胎。《韵會》湯來切，婦孕三月也。慣。《韵會》習也。嬰孩。《韵會》嬰，伊盈切。女曰嬰，男曰兒。《釋名》人始生曰嬰。嬰，腦前也。投之嬰前乳養，故曰嬰孩。《四聲通解》始生小兒。又咳同，小兒笑貌。詈《韵會》力智切，正斥曰罵，旁及曰詈。曹大家《後漢書》扶風人，曹世叔妻，班彪女，名昭，有節行法度。和帝召入宮，令皇后、貴人師事焉，號曰「大家」。○家，姑音，義同。《學記》、《大學》、《中庸》、《樂記》並《禮記》篇名。纂組。何氏曰：「纂似組而赤。」《漢景帝記》綿繡纂組害女紅。注：赤組也。紅，工音，義同。

凡内外僕妾。《補注》此節言僕妾事主父母之道。浣。《韵會》澣，亦作浣，合管切，濯衣垢也。紉《韵會》泥鄰切，以綫貫針。

凡女僕同輩。《補注》此下三節言主父母御僕妾之道。姨《説文》妻之姊妹，同出爲姨。郭曰：「同出謂已嫁。」○《丘儀》世俗謂母之姊妹爲姨，殊不知姨者妻之姊妹同出也，降尊以就卑，非禮也。

家禮輯覽卷之二

冠禮

冠禮【《補注》】《冠義疏》："冠禮起早晚，書傳無正文。《世本》黄帝造旃冕，是起于黄帝也。黄帝以前，以羽皮爲冠，以後乃用布帛。其冠之年，天子、諸侯皆十二。"○【《左傳》】歲星爲年紀，十二而周於天，天道備，故人君子十二可以冠。自夏、殷，天子皆十二而冠。○【鄭康成】曰："天子之子則二十而冠。"○【《補注》】今按：《儀禮》所存者惟士冠。自士以上，有大夫、諸侯、天子冠禮，見於《家語·冠頌》、《大戴·公冠》與《禮記·特牲》、《玉藻》，遺文斷缺不全，而大槩亦可考。如趙文子冠則大夫禮也，魯襄公、邾隱公冠則諸侯禮也，周成王冠則天子禮也。大夫無冠禮。古者五十而爵，何大夫冠禮之有！其冠也，則服士服，行士禮而已。始冠，緇布冠，自諸侯達天子。始冠，加玄冠，其詳見於《儀禮經傳通解》。○【《郊特牲》】適子冠於阼，以著代也。醮於客位，加有成也。三加彌尊，喻其志也。冠而字之，敬其名也。【《注》】著代，顯其爲主人之次也。酌而無酬酢曰醮。客位在户牖之間。加有成，加禮於有成之人也。三加，始加緇布冠，次加皮弁，次加爵弁也。喻其志者，使其知擴充志意以稱尊服也。此適子之禮。若庶子，則冠於房户外南面，醮亦户外也。夏、殷之禮，醮用酒，每一加而醮。周則用醴，三加畢乃總一醴也。【方氏】曰："冠者成人之服，阼者主人之階，成人則將代父而爲之主，故冠於阼以著代。著則所以明之也，醮則以酒澤之也，每一加則一醮。蓋酒所以饗賓客之物，故醮於客位。冠於阼則是以主道期之也，醮於客位則是以賓禮崇之也。以其有成人之道，故以是禮加之，故曰『加有成也』。然緇布之粗不若皮弁之精，皮弁之質不若爵弁之文，故曰『三加彌尊』。服彌尊則志宜彌大，故曰『喻其志也』。以冠禮考之，非特冠彌尊，而衣也屨也亦彌尊，非特衣屨彌尊，至於祝辭、醮辭亦然，所以喻其志則一而已。」〇《儀禮疏》君父之前稱名，至於他人稱字，是字敬名也。〇《丘儀》按：今冠禮，三加之冠未必彌尊者，拘於時服，非若古人服制可以上下通服。〇《曾子問》：「將冠子，冠者至，揖讓而入，聞齊衰、大功之喪，如之何？」孔子曰：「內喪則廢，外喪則冠而不醴，徹饌而掃，即位而哭。如冠者不至，則廢。如將冠子而未及期日，而有齊衰、大功之喪，因喪服而冠。」《注》冠者，賓贊。夫子言若是大門內之喪則廢，大門外之喪，喪在他處，可以加冠，但三加之後不醴，醴及饌具悉徹去，掃除冠之位使净潔，即位而哭。未及期日，在期日之前也。因著喪之成服而加喪冠也。齊衰以下，可因喪服而冠。惟斬衰不可。按孔子曰：武王崩，成王年十三而嗣立。明年夏六月，既葬，冠而朝于廟。此因變除而冠也。以此觀之，斬衰不可之言，恐未然也。〇《雜記》以喪冠者，雖三年之喪可也。既冠於次，入哭踊，三者三，乃出。《注》次謂居喪之次。三者三，言一次三踊，凡三次三踊也。〇杜氏曰：「以其冠月因喪服則冠矣，非因冠月待變除卒哭而冠也。」〇司馬公曰：「因喪而冠，恐於今難行。」《丘儀》今世俗有行之者。〇《語類》古禮惟冠禮最易行，只一家事。如昏禮，須兩家皆好禮方得行。喪禮臨時哀痛中，少有心力及之。祭禮則終獻之儀煩多，皆是難行。〇易氏宗曰：「冠，成人之道。古人賀冠不賀昏，良有以也。但古禮在今多不可行，且如始加用幅巾，今則拘於俗而不能服，三加用襆頭，今則限於制而不敢服。故程子云：『行冠禮，若制古服而冠，冠了又不常服，即是僞也，必須用時之服。』此說最爲允當。且今世俗以包網巾爲冠，則此一節亦當重者。至於生員用儒巾，庶人用方巾而小帽，又通乎上下，即程子所謂時服也。昔孔子居魯縫掖，居宋章甫，而不變一邦之俗，而況今天下所通行乎？余故僭以裹巾爲始加，小帽爲再加，頭巾爲三加。用今時之言，易古服之説，庶幾名稱其實，而周旋之間不爲虛設矣。至如及席之時，將冠者跪，賓詣冠者前，祝畢亦跪。此禮亦無謂。蓋既云責以成人之道，正欲使之知長幼之序，況賓乃主人所請以教冠者，加冠之際，冠者跪而受之，亦不爲過，何故使賓亦跪耶？又如既醮之後，冠者拜賓，賓不答，賓復位，拜亦不答，於人情似亦不安。夫禮緣人情而設，人情不安而行禮，其如禮何？余故於此二處，亦僭削之。其三加祝辭仍用前二句者，以今人冠無定時，而兄弟存否又不能盡同故也。」按 易氏於《家禮》肆加攻斥，汰哉甚矣，覽者詳之。○《會成》按：《戴禮》云：「冠無樂。」《春秋傳》云：「君冠，必以金石之樂節之。」許慎云：「人君飯舉樂，而冠無樂，非禮意也。」陳詳道云：「《儀禮》士冠無金石之樂，而左氏云然此蓋國君之禮歟！今世冠禮不行，而於昏喪之禮必廣奏音樂。況冠禮既有左氏、許慎之言爲證，如有能行之者，苟不察其制禮之意，而於三加醮字之際，見廟醴賓之時，肆焉用樂以娱之，則其僭禮殊甚矣！志復古禮者，尚知所以慎之哉！」

冠

二十可冠。《冠義注》二十而冠，始學禮。子，陽之類也，而二十則爲陰之數矣。二十而冠者，以陰而成乎陽。女，陰之類也，而十五則陽之數矣。十有五年而笄者，以陽而成乎陰，陰陽之相成，性命之相通也。○

永嘉戴氏曰：「二十血氣猶未定，然趍向善惡判於此，故責以成人之禮。」《注》駮。《韵會》語駮切，癡也。必父母無期喪。《注》大功未葬。《雜記》大功之末，可以冠子，可以嫁子。父小功之末，可以冠子，可以嫁子，可以取去聲。婦。己雖小功，既卒哭，可以冠，取妻。下殤之小功，則不可。《注》末，服之將除也。下言父小功之末，則上文大功之末是據己身而言。舊説父及己身俱在大功之末或小功之末，恐亦不然。下殤之小功，自期服而降，以本服重，故不可冠取也。張子曰：「『大功之末，可以冠子，可以嫁子。父小功之末，可以冠子，可以嫁子，可以取婦。』疑『大功之末』已下十二字爲衍，宜直云『父大功之末』云。父大功，則是己小功之末也，而己之子緦麻之末也，故可以冠取也。蓋冠取者固已無服矣，凡卒哭之後皆是末也。所以言衍者，以上十二字義無所附著。己雖小功，既卒哭，可以冠取妻，是己自冠取妻也。」

前期三日。《士冠禮注》空二日也。《注》正月内擇一日。《會成》按本《注》，古禮筮日。今但正月内擇一日。丘文莊從之。《後漢志》：「正月甲子若丙子爲吉日，加元服。」《獻帝紀》：「興平元年正月甲子，帝加元服。建安十八年正月壬子，濟北王加冠。」此皆以正月冠者也。《夏小正記》：「二月，冠子之時也。」《博物記》：「孝昭帝冠辭曰：『欽奉仲春之吉辰，普專大道之郊域，秉率百福之休靈，始加昭明之元服。』」此皆以二月冠者也。王彪之曰：「禮冠自卜日，不必三元也。」禮，夏冠用葛屨，冬冠用皮屨。此又以四時皆可冠者也。夫《儀禮》筮日之法固不能行，至於擇日，則或不當以正月、二月拘也。冠者之祖、父。謂祖及父。介子。《曾子問注》庶子也。不曰庶而曰介者，庶子卑賤之稱，介則副貳之義，亦貴貴之道也。

戒賓。《士冠禮注》戒，警也，告也。賓，主人之僚友。古者有吉事則樂與賢者歡成之，有凶事則欲與賢者哀戚之。今將冠子，故就告僚友使來。《注》若某子。退溪曰：「『子』疑當作『之』，唐本亦作『子』。」按一本作「之」。以病吾子。《士冠禮注》病，猶辱也。吾子，相親之辭。子，男子之美稱。《疏》古者稱師曰子。又《公羊傳》名不若字，字不若子，是子者男子之美稱也。重有命。《士冠禮注》重，直用反。地遠則書。《丘儀》按：《家禮》戒賓辭，乃《儀禮》本文，語意簡奧，非今世所宜。又按：《書儀》：「使者不能記其辭，則爲書如《儀》中之辭。後云：某上一辭爲一紙，使者以次達之。賓答亦然。」今隱括其辭，爲書如左：「某郡姓某再拜，奉啓某官執事。稱呼隨宜。某有子某，若某親之子某。年及成人，將以某月某日加冠於其首，求所以教之者。僉曰：以德以齒，咸莫吾子宜。至日不棄，寵臨以惠教之，則某之父子感荷無極矣。未及躬詣門下，尚祈照亮，不宣。具位姓某再拜。」復書：「某郡姓某再拜，奉復某官執事。稱呼隨宜。某無似，伏承吾子不棄，召爲冠賓，深恐不克供事，以病盛禮。然嚴命有加，敢不勉從。至日謹當躬造，治報不虔，餘需面既，不宣。具位姓某再拜奉復。」按《禮》有賓對曰：「某不敏，恐不能供事，以病吾子，敢辭。」主人曰：「某願吾子之終教之也。」據此，當再有書請。但以今人家請賓，須是預先使人通知，然後發書，不必過爲虛文可也。若有欲盡禮者，如禮再書往復亦可。

宿賓。《士冠禮注》宿，進也，謂進之使知冠日當來。○《補注》宿賓是隔宿戒之，上戒賓是親往，此宿賓是遣子弟，俗言爲覆請也。○《語類》問宿賓，曰：「是戒肅賓也，是隔宿戒之。」《注》以書致辭。《丘儀》某上某官執事：某將以來日加冠於子某，吾子既許以惠臨矣，敢宿。某再拜上。莅。《韵會》力至切，臨也。答書。《丘儀》某復某官執事：承命以來，日行禮。既蒙見宿，敢不夙興！某再拜上。

陳設。《丘儀》凡冠者席，賓主位次皆用灰依圖界畫，至日按畫敷布。又於便室，或用帷幕，隔一處爲賓次。《注》盥帨。《士冠禮》贊者洗于房之中。古注洗，盥而洗爵者。《疏》凡洗爵者無盥，此經不具，故古《注》明之。○《丘儀》按：冠禮不但設盥帨于堂下，而房中亦當設也。然《儀禮》所謂洗，特言洗爵耳，盥乃注家增入也。若人家窄狹，就於堂下所設盥洗處，先洗爵，持入房中亦可。　帟幕。《韵會》帟，夷益切，在上曰帟，又小幕。《説文》帷在上曰幕。　堊。《韵會》遏戟切，白善土也。

《附注》褊隘。《韵會》褊，俾緬切，衣小也。隘，么解切。《孟子注》狹窄也。　中堂。義見卷首圖「釋宮」注。

《士冠禮》。《儀禮》篇名。○《大全》郭子從問：「庶人吉凶皆得而同，行士禮以禮窮則同，故不別制禮焉。不審然否？」曰：「恐當如此。」○按冠禮只舉士而名之，至於昏喪亦然。《士冠禮疏》：《周禮》六官六十，叙官之法，事急者爲先，不問官之大小。《儀禮》見其行事之法，賤者爲先，故以士冠爲先，無大夫冠禮，諸侯冠次之，天子冠又次之。其昏禮亦士爲先，大夫次之，諸侯次之，天子爲後。又按：《曲禮》「禮不下庶人」，《注》：庶人卑賤，且貧富不同，故《經》不言庶人之禮。古之制禮者，皆自士而始也。先儒云：「其有事則假士禮而行之。」蓋《家禮》所以只據士禮而作者，恐亦是此意歟！設洗，堂深。

本《注》洗音鮮，承盥者，棄水器也。用鐵直吉值反。當也。深，申鴆反。凡度淺深曰深，亦見《鄉飲酒禮·疏》。堂深，謂從堂廉北至房屋之辟堂下洗北，去堂遠近深淺取於堂上深淺。假令堂深二丈，洗亦去堂二丈，以此爲度。○《鄉飲酒義》洗當東榮，主人之所以自潔而以事賓也。《注》東榮亦主人所在，故曰主人所自潔。水在洗東。《鄉飲酒義》洗之在阼，其水在洗東，祖天地之左海也。《注》海水之委也，天地之間，海居于東，東則左也。水則盛之於罍者，蓋酌之於罍而滌之於洗，故其水在洗東。罍洗。《韵會》罍，盥器，畫爲雲雷之象，取其雷震之威以起敬也。筮日筮賓。《士冠禮注》筮者，以蓍問日吉凶於《易》也。《疏》鄭知筮以蓍者，《曲禮》云：「龜曰卜，蓍曰筮。」○郭璞曰：「上有蔭叢蓍，下有千齡蔡。凡蟲之知莫善於龜，凡草之靈莫善於蓍，蓍龜自有靈也。」○本注筮日所以求夫天之吉，筮賓所以擇夫人之賢。然筮而不卜，何哉？蓋古者大事用卜，小事用筮。天下之事，始爲小，終爲大。冠爲禮之始，聖王之所重者，重其始而已，非大事也，故止用筮焉。至於喪祭之慎終，則所謂大事也，故於是乎用卜。嘉事。本注謂嘉會足以合禮。《傳》嘉事不體，何以能久？○《禮器注》嘉事，冠昏之禮。

陳冠服。《丘儀》用卓子陳當用衣帶、靴履、梳篦、網巾，并用笥盛。又用卓子設酒注、盞盤，并脯醢楪。

《注》櫛纚掠。《丘儀》按：本條下《注》有陳櫛纚掠於房中。温公《書儀》：合紒用櫛、篦、總、幧頭四物。總是頭纚，幧頭是掠頭也。《家禮》去篦用櫛、纚、掠三物。櫛是梳子頭，纚即是總。《禮・注》所謂裂練繒以束髮是也。掠頭，今無其制，考《喪禮》篇解「免」字，謂裂布或縫絹廣寸，自項向前交於額上，郤繞髻後，如着掠頭，則其制亦可以意推矣。今皆不用，擬以時制網巾代之。東領北上。《士冠禮》陳服于西墉下，東領，北上。《疏》《喪大記》與《士喪禮》，服或西領，或南領。此東領者，此嘉禮異於凶禮，故上之冠時，先用卑服，北上便也。帞。《韵會》帞同，普罵切，衣袱也。席。《三禮圖》士蒲筵長七尺，廣三尺三寸，無純。○《漢書》文帝莞蒲爲席。

《附注》却是僞。《丘儀》按古禮，始加緇布冠，再加皮弁，三加爵弁。緇布冠亦是當時不用之服，豈是僞哉？今《家禮》始加用深衣幅巾，而再加三加以時服，似亦是存古之意，宜從之，不必泥程子此說也。

序立。《注》親戚。《釋名》父黨曰親，母黨曰戚。儐。《韵會》必仞切。《周禮注》出接賓曰儐。將冠者。《士冠禮注》以其冠事未至，故言將冠者。雙紒。《丘儀》「紒」是「髻」字。童子髻似刀鐶，疑是作兩圓圈子也。四䙆衫。《丘儀》不知其制。《玉篇》、《廣韻》并無「䙆」字。准《車服志》：「䙆，睽桂反，衣裾分也。」李膺云：「國朝面賜緋，即四䙆。」《事物記原注》有：「缺骻衫，庶人服之。即今四袴衫也。」《記原》，宋高承作。所謂今者，指宋時言也。豈四袴衫即此四䙆耶？又按《書儀》，始加，適房服四䙆衫，無四䙆衫即服衫，則是四䙆衫亦可無也。況此服殊非深衣之比，不用可也。○《士冠禮》將冠者采衣。《疏》童子尚華，故衣此。勒帛采屐。《韵會》勒，歷德切，絡也。屐，竭戟切，屩也。○《文獻通考》石林葉氏曰：「余見大父時家居及見賓客，頂帽而繫勒帛。勒帛亦垂紳之意，雖施之外，不爲簡。或云：勒帛不便於搢笏，故易背子。」○《東坡詩》紅線勒帛光繞脅。○《丘儀》所謂勒帛采屐者，《書儀》無采屐，而於勒帛下有「素」字，自注云：「幼時多躡采，將冠，可以素。」謂之躡，意勒帛乃用以裹足者也。此蓋當時童子服。按勒帛之制，見於葉氏說，而《丘儀》如此，似未之考也。○《異苑》介子推抱木燒死，晉文公伐以製屐，司馬晉遂爲常服也。《古今注》屐即舃之制，而木底曰齒也。

賓至，主人迎入。《丘儀》賓既至，宜暫於便處少憩，以待主人之出。主人將出時，賓於門外東面立，贊者在右，少退。《注》贊冠者。《士冠禮注》佐賓爲冠事者。儐者入告主人。《集説》儐者入，立堂中，北面揖，唱賓至，請迎賓，主人出門迎賓。主人出門左。《士冠禮注》左，東也。出以東爲左，入以東爲右。贊者立於房中。《士冠禮注》立于房中，近其事也。《疏》又與主贊俱是執勞役之事者也。以其物皆在房中，故不立於堂上，而先入房，並立。又尊敬賓之贊者，故位在南面西居上也。按此出《通解》而與本疏略異。朱子曰：「今詳贊者西面，則負東牖而在將冠者之東矣。」筵于東序少北。《士冠禮注》筵，布席也。東序，主人位也。適子冠於阼少北，辟主人。《爾雅》東西墻謂之序。加冠巾納履。《補注》冠謂緇布冠，巾謂幅巾，履謂黑履。○《玉藻》始冠，緇布冠，自諸侯下達，冠而敝之可也。《注》冠禮初加緇布冠，諸侯以下通用。存古，故用之，非時王之制也。故既用，即敝棄之。○玄冠朱組纓，天子之冠也。緇布冠，諸侯之冠也。《注》夫始冠之冠，或以玄，或以緇者，反本復古也。然玄則存乎天之色，緇則雜以地之色，故以爲天子。諸侯降殺之，變齊之冠一以玄者，以陰幽思也。○《丘儀》按：孟懿子曰：「始冠必加緇布冠，何也？」孔子曰：「示不忘古。」今冠禮始加以緇冠幅巾，亦此意也。或者乃以其非世所常服，而別以他巾代之，蓋亦不考禮之過也。且古之時，冠而敝之。今恐其拂時而不之常服，冠畢而藏之亦可也。《注》將冠者，席右。河西曰：「右即席之北端也。」○《士冠禮》將冠者出房南面。《注》南面立於房外之西，待賓命。櫛纚掠，席左。按《士冠禮》：「贊者奠纚、笄、櫛于筵南端。」據此，左即席之南端也。即席西向跪。河西曰：「衆子則南向。」如其向跪。按謂西向跪於冠者之左也。爲之櫛。《集説注》今用刀鑷人。祝。三加祝辭。并《士冠禮》文。○《集説》凡祝辭，或賓不能諳誦，紅紙書之看誦。○《語類》問：「冠昏之禮，如欲行之，當須使冠昏之人易曉其言，乃爲有益。如三加之辭，出門之戒，若只以古語告之，彼將謂何？」曰：「只以今之俗語告之，使之易曉乃可。」吉月令日，成德。《小學注》吉、令，皆善也。元服，首服，謂冠也。爾，汝也。既冠，爲成德，幼志童心也。壽考維祺。《韻會》考，老也。《士冠禮注》祺，祥也。以介景福。《士冠禮注》介、景，皆大也。因冠而戒，且勸之：汝如是則有壽考之祥，大汝之大福也。《疏》因冠而戒者，即《經》「棄爾幼志，順爾成德」是也。且勸之者，即《經》「壽考維祺，介爾景福」是也。南向立良久。《韻會》良，甚也，頗也。○《士冠禮》冠者興，賓揖之，適房服玄端爵韠，出房南面。《注》復出南面者，一加禮成，觀衆以容體。《疏》觀衆以容體者，以其既去緇布衣錦緣童子服，著此玄端成人之服，使衆觀知，故云「觀衆以容體」也。

再加帽子皂衫。《丘儀》今擬以時樣帽子、直領衣、絲絛、布鞋或皮鞋。按：所謂帽子皂衫者，其制不可考，惟文公《語録》有云：「前輩士大夫家居，常服紗帽、皂衫、革帶。」又云：「温公冠禮，先裹巾，次裹帽。」又云：「今來帽子做得恁地高硬，既不便於從事，又且費錢，皂衫更費重，向疑其必廢，今果人罕用也。」由是數語推之，帽子必是以紗爲之，温公時猶以軟幅裹頭，至文公時始爲高硬之制。然此亦非古服，今不用之亦可，故擬代以時制。但今世所戴帽子有二等：所謂大帽者，乃是笠子，用以蔽雨日，决不可用；惟所謂小帽子者，以皺紗或羅或段爲之。此雖褻服，然今世之人通貴賤以爲燕居常服，環衛及近方官舍以事朝見者，亦往往戴之。今世除此二帽之外，别無他帽。必不得已，用以再加其紗製者，似亦可用。○祝畢，贊者徹冠巾，賓跪加帽。《注》令辰，眉壽。《士冠禮注》辰，子丑也。《小學注》辰，時也。申，重也。有威而可畏謂之威，有儀而可象謂之儀。淑，善也。老人以秀眉爲壽徵也。享受遐福。《丘儀》按：《儀禮》及舊本皆作「胡」，今本作「遐」，改從舊。

三加幞頭。《丘儀》今擬爲生員者，儒巾、襴衫、皂絲絛、皂靴，餘人平定巾、盤領袍、絲絛、皂靴。按：此三加用幞頭公服，而温公《書儀》亦云「幞頭、靴、笏」，則是幞頭在宋時上下通服也。今惟有官者得用幞頭，而襴衫專爲生員之服。但世未有既官而後冠者，其幞頭公服、革帶、靴、笏不可用，故擬代以時制如此。○《集説》問：「無官者不宜用幞頭，帽子則以何者爲三加？」曰：「國朝親王冠禮以綱巾爲始加，士民所當法也，則再加冠笄或幅巾，三加時制頭巾可也。服則用時服。《注》没階。《論語注》下盡階也。歲之正，無疆。《小學注》正猶善也。咸，悉也。黄謂髮白而變黄。耇，老人面凍梨色，如浮垢，皆壽徵也。無疆猶言無窮也。言當歲月之正，悉加爾三者之服。當爾兄弟無故之時，以成就其德。爾德既成，則必有無窮之壽，而受天福慶矣。○按《簡易家禮》「三加祝辭」，無「兄弟俱在」一句。

醮。《韵會》子肖切。《説文》冠娶祭名。○《士冠禮》若不醴，則醮用酒。《疏》醴太古之物，自然質，宜無酬酢，酒則宜有酬酢。故以其無酬酢而名醮，取醮盡之義也。又《疏》適子，周冠一醴，夏、殷三醮。按此出《通解》，而與本《疏》略異。朱子曰：「其用醴與三醮，爲適而加耳，庶子則皆一醮以酒。」《注》改席于堂中間。《士冠禮》筵于户西，南面。《注》户西，室户西。嘉薦令芳。《士冠禮注》嘉，善也。薦，謂脯醢芳香也。拜受祭之。《曲禮注》古人不忘本，每食必每品出小許，置於豆間之地，以報先代始爲飲食之人，謂之祭。○朱子曰：「古人祭酒於地，祭食於豆間，有板盛之，卒食徹去。」○馬氏曰：「古者於爨則祭先炊，於樂則祭樂祖，將射則祭侯，用火則祭司爟，用龜則祭先卜，養老則祭先老，於馬則祭馬祖、馬社，於田則祭先嗇、司嗇，於學則祭先聖、先師。凡此，不忘本也，又况飲食之間哉！」不忘。《士冠禮注》長有令名。東向答拜。《丘儀》此下補入「薦脯醢」一節。贊者以楪盛脯，自房中出。冠者進席前，跪，左手執盞，右手執脯醢楪，置于席前空地上。按：《家禮》本《書儀》，略去《儀禮》「薦脯醢」一節。然温公以人家無醴，既改「甘醴惟厚」作「旨酒既清」矣，而下文「嘉薦令芳」，古《注》謂脯醢芳也，若去「薦脯醢」一節，則是此一句爲虚設矣。今補入，若從簡省，不用亦可。就席末啐酒。《士昏禮》啐，七内切，嘗也。○《鄉飲酒義》啐酒，成禮也。於席末，言是席之正，非專爲飲食也，爲行禮也，此所以貴禮而賤財也。《注》啐，謂飲主人酒而入口，所以成主人之禮也。席末，席西頭也。按：《儀禮》祭薦、祭酒、嚌肺皆在席之中，惟啐酒在席末。嚌是嘗之名，祭酒是未飲之稱。敬主人之物，故祭薦、祭酒、嚌肺皆在席中。啐酒入於己，故在席末。於席上者是貴禮，於席末啐酒是賤財也。○呂氏曰：「敬，禮也。食，財也。人之所以争者，無禮而志於財也。如知貴禮而賤財，先禮而後財之義，則敬讓行矣。

《附注》醴。《禮運注》猶體也。猶之一宿者，《周禮》謂之醴齊。○《王制注》成而汁滓相將。

字冠者。《曲禮注》冠，成人之服也。夫成人則人以字稱我矣，則人之名非我所當名也。又况有長幼之序，貴賤之别，其可名之哉？女子之笄猶男子之冠，閨門之内亦當敬其名也。○湯氏曰：「凡人之對賓則稱名，不可稱字，非惟對賓，終身對人言語及發書簡，皆不可棄父母命名而謬稱表德，不然，孔聖人何以終身則稱丘，未嘗自稱仲尼也？」○《潛室宋氏》曰：「古之人生子三月而名，年二十加巾於其首，始字之。字之所以尊其名也，亦《周禮》之彌文也。後世於字之外又加别稱，果禮意乎？孫於祖禰例稱字，如《儀禮》所載是也。弟子於師例稱字，如孟子稱仲尼是也。非惟此，降及中世，有字其諸父諸祖者。夫人之尊者莫逾於祖，若父師又其次焉，尚皆字而不避，蓋字之乃尊之也。自諂諛卑佞之習勝，天下之人睊睊焉不敢字其友者亦有之。嗚呼！世之不古，若者寧獨此哉！」○《會成》若古之帝王、先聖、先賢，洎兇惡不忠不孝之人名字，不可全犯，宜慎之。《注》爰字，于嘏。《士冠禮》「嘏」作「假」。《注》假，古雅反。叶音古。爰，於也。孔，甚也。髦，俊也。攸，所也。于，猶爲也。假，大也。宜之是爲大矣。朱子曰：「『假』與『嘏』同，福也。《注》説非是。」郭璞曰：「士中之俊，猶毛中之髦。」伯某，所當。《士冠禮注》伯、仲、叔、季，長幼之稱。甫是丈夫之美稱，孔子爲尼甫，周大夫有嘉甫，宋大夫有孔甫，是其類。「甫」或作「父」，音甫。《疏》伯、仲、叔、季，若兄弟四人，則依此稱之。○《檀弓》幼名冠字，五十以伯仲，死謚，周道也。《注》殷以上有生號，仍爲死後之稱，更無別謚，堯、舜、禹、湯之例是也。周則死後別立謚。○朱子曰：「《儀禮疏》：少時便稱『伯某甫』，至五十乃去『某甫』，而專稱伯仲。此説爲是。如今人於尊者不敢字之，而曰『幾丈』之類。」○葉氏曰：「子生三月而父名之，非特父名之，人亦名之也。至冠則成人矣，非特人不得名之，父亦不名焉，故加之字而不名，所以尊名也。五十爲大夫，則益尊矣，有位於朝，非特人不字，父與君亦不字焉，故但曰伯、仲而不字，所以尊字也。或言《士冠禮》既冠而字曰『伯某父』，仲、叔、季唯其所當，則固已稱伯、仲，何待於五十？疑《檀弓》之誤。此不然，始冠而字者，伯、仲皆在上，此但以其序次之所以爲字者，在下者某甫也，如伯牛、仲弓、叔肸、季友之類是已。至於五十爲大夫，尊其爲某甫者，則去之，故但言伯、仲，而冠之以氏，伯仲皆在下，如召伯、南仲、榮叔、南季之類是也。《檀弓》言伯、仲者，去其爲某甫者而言伯、仲爾。」○《集説》去「伯甫」二字。○《曲禮》男女異長。《注》各爲伯、仲，示不相干雜之義也。冠者對，祗奉。《韵會》祗，章移切。《説文》敬也。○《丘儀》按：《家禮》無再拜之文，今補之者，蓋以下文冠者見于鄉先生，有誨焉，且拜而不答，况賓祝之以辭乎？別作辭，之意。劉屏山《字朱子祝辭》冠而欽名，粤惟古制。朱氏子熹，幼而騰異。交朋尚焉，請祝以字。字以元晦，表名之義。木晦於根，春容曄敷。人晦於身，神明内腴。昔者曾子，稱其友曰「有若無，實若虛」，不斥厥名，而傳於書。雖百世之遠也，揣其氣象，知顔氏如愚。迹參并遊，英馳俊驅。豈無他人，夫誰敢居！自諸子言志，回欲無伐，一宣於聲，終身不越。陋巷闇然，其光烈烈。從事於斯，惟參也無慚。貫道雖一，省身則三。夾輔孔門，翺翔兩驂。學的欲正，吾知斯之爲指南。惟先吏部，文儒之粹。彪炳育珎，又華其繼。來茲講磨，融融悥悥。真聰廓開，如原之方駛，望洋渺瀰，老我縮氣。古人不云乎，「純亦不已」，悵吾道之衰變，切切而唯唯。子德不日新，則時予之耻。勿謂此耳，充之益充。借曰合矣，宜養於蒙。言而思毖，動而思躓。凛乎惴惴，惟曾、顔是畏！○吴草廬、虞采、虞集《字辭》著雍困敦，相月六蓂。虞氏二子，丱突而成。既加元服，乃敬其名。字采曰受，字集曰生。采也維孟，集也維伯。爰加爾字，用勗爾德。孰采孰受？忠信於禮。孰集孰生？道義於氣。禮喻夫采，受者其本。如繪之初，質以素粉。義在夫集，生者其效。如耘之熟，苗以長茂。予告汝采，自誠而明。行有餘力，一貫粗精。予告汝集，自明而誠。及其成功，四體充盈。念念一實，表裏無僞。言動威儀，浸浸可備。事事一是，俯仰無怍。盛大周流，進進罔覺。采匪辭華，集匪辯博。希賢希聖，爾有家學。相門有嗣，禮義有傳。是究是圖，毋忝爾先。

出就次。《士冠禮注》次，門外更衣處也。必帷幕簟席爲之。《疏》次者，舍之名，以其行禮，衣服或與常服不同，更衣之時，須入於次，故云「更衣處也」。○賓出，主人送於廟門外。請醴賓，賓禮辭，許。賓就次。《注》不出外門，將醴之。「醴」當作「禮」，謂以醴禮之也。禮賓，謝其勤勞也。○《丘儀》行禮畢，賓揖主人曰：「盛禮既成，請退。」主人揖賓曰：「某有薄酒，敢醴從者。」賓辭曰：「某不敢當。」主人請曰：「姑少留。」賓曰：「敢不從命。」賓主對揖，賓出，贊從之。至客次，主人命執事治具。

見于尊長。《注》父母堂中南面坐。《士冠禮》冠者見于母。《疏》未字先見母，既字乃見兄弟。急於母，緩於兄弟也。○冠者見於兄弟。《疏》不見父與賓者，蓋冠畢則已見可知，故不言。按《家禮》與古《禮》不同。姑。《韻會》父之姊妹爲姑，王父之姊妹爲王姑。

《附注》母拜之。《冠儀注》母之拜子，先儒疑焉。惟石梁王氏云：「記者不知此禮爲適長子代父承祖者，與祖爲正體，故禮之異於衆子也。」斯言盡之矣。葉氏曰：「母兄弟雖在所親，而比於父則有所屈，故與其爲禮，則拜之而不及父，則是父不可屈也。」

禮賓。《丘儀》親朋有來觀禮者，亦併待之。主人至客次迎賓，主人先行，客從之，儐贊禮生及諸親朋各以序隨至堂階。主人揖賓請升，賓辭。主人先升，賓繼升，贊以下各以序升，就位，賓主以下各序立如常儀。主人拱手向賓前曰：「某子加冠，賴吾子教之，敢謝！」再拜。賓答拜謝，贊者再拜謝，儐同。若贊儐卑幼，不敢當拜，揖之可也。主人獻酒，賓酢酒。主人獻贊儐以下，如常儀。酒遍，主人自席末先升，賓次升，贊儐及陪席者以次皆升坐。冠者及執事者行酒，或三行，或五行。進饌，或三或五。執事以盤捧幣進，主人受以獻賓，賓受以授從者，再拜，主人答拜。以次奉贊儐幣，贊儐謝，主人答拜皆同。送賓至大門外，揖，俟賓上馬，歸賓俎。《注》幣多少隨宜。《丘儀》按：《書儀》端匹丈尺臨時隨意。凡君子使人，必報之至。於昏喪相禮者，當有以酬之。若主人實貧，相禮者亦不當受也，索取決不可。

《附注》一獻。本注 按《特牲·少牢》，主人獻尸，主婦亞獻，爲二獻。此則主人獻賓而已。獻酢酬。朱子 曰：「主人酌賓曰獻，賓飲主人曰酢，主人又自飲而復飲賓曰酬，賓受之，奠於席前而不舉，至旅而後，少長相勸，而交錯以遍也。」酬賓束帛。本注 飲賓客而從之以財貨曰酬，所以申暢厚意。贊者皆與。本注 與音預。贊者，衆賓也。皆與，亦飲酒爲衆賓也。朱子 曰：「今詳贊者，謂主人之贊者，恐字誤作『衆賓』耳。」《鄉飲酒禮》。《儀禮》篇名。歸賓俎。《丘儀》按：

古《注》「一獻之禮，有薦有俎，其牲未聞」，則似古，亦或用牲矣。今擬富家用之，貧無力者不用可也。

鄉先生。《士冠禮注》鄉中老人爲鄉大夫致仕者。《疏》即《鄉飲酒》與《鄉射記》所謂先生，《書・傳》所謂父師，亦有士之少師。執友。《曲禮注》執友，同志者。同師之友，其執志同，故曰執友。○《丘儀》按：鄭氏《家儀》有或因事故倉卒簡便行禮之儀。今恐人家有力不能備禮者，略放其儀，別爲《儀節》附其下。是日夙興，告祠堂，如朔日之儀，不用祝。先期擇親屬一人爲賓，子弟一人爲贊，一爲禮生。主人立東階上，賓立西階上，再拜。執事者、布冠者席于主人後，少北。將冠者即席跪，梳髮合髻。賓盥，執事者捧進冠笄，賓受之，行至冠者前，祝辭用始加之辭。如賓不能，不用亦可。賓跪加巾，興，復位。冠者興，改舊服，着時服，納靴，出，降階，立少東，南向。賓主俱降階。賓字冠者，祝用前辭。若賓不能，只曰「字汝曰某」，冠者對。若加冠無祝辭，此亦不用。再拜，冠畢。見于祠堂尊長，俱如上儀。

笄

笄。《補注》簪也。婦人不冠，以簪固髻而已。

許嫁笄。《士昏禮注》許嫁，已受納徵禮也。○《曲禮注》不言許嫁之年，不可以預定也。《注》年十五。《内則注》三五而圓者月也，故女子之年至是數而笄。雖未許嫁，亦笄。朱子曰：「未許嫁而笄，則不戒女賓，而自以家之諸婦行笄禮也。」○〖《士冠禮》〗燕則鬈音拳。首。〖《疏》〗既未許嫁，雖已笄，猶以少者處之，故既笄之後，尋常燕居，則復去笄而分髮爲鬌紒也。

戒賓。〖《丘儀·戒賓書式》〗忝親某氏拜啓。非親則云辱交，或辱識某親某封妝次。笄禮久廢，兹有女年適可笄，欲舉行之。伏聞吾親閑於禮度，敢屈。非親則改夫人、孺人，隨所稱。惠臨以教之，不勝幸甚！月日，某氏拜啓。○〖《復書式》〗忝親某氏拜復某親某封妝次。蒙不棄，召爲笄賓。自念粗俗，不足以相盛禮。然既有命，敢不勉從！謹此奉復！月日，某氏拜復。

賓至迎入。〖《丘儀》〗主婦東階下，少東，西向。女眷重行在後，北上。賓至，主婦出中門見賓，賓主相見，再拜，各就位，主婦東，賓西。侍者布席于東階之東，少西，南向。將笄者出房，贊者取梳篦之類置席左，賓以手導將笄者即席，西向立。笄者跪，侍者亦如其向跪，解髮梳之，爲之合髻。賓降階，主婦亦降。洗訖，主婦請賓復位。侍者以冠笄盤進，賓詣將笄者前，祝辭云云。賓跪加冠笄，興，復位。笄者興，適房，易服徹櫛。笄者服上衣，出房。

〖《注》〗不用贊。〖王氏〗曰：「《家禮》笄不用贊。幼女多羞，不用贊決不能行。」○〖《丘儀》〗主人以笄者見于祠堂，告辭曰：「某之第幾女某，今日笄畢，敢見！」再拜。笄者立西階上，少東，四拜。主人、主婦再拜。○笄者見于尊長。〖《附注》〗魯襄。〖按〗襄公名午。

家禮輯覽卷之三

昏禮

昏禮。《補注》謂之昏者，以昏爲期，因名焉。必以昏者，取陽往陰來之義。世俗往往拘忌陰陽，家書選擇時辰，雖昕朝晝夜亦皆成禮，殊爲紕繆。○《曾子問》孔子曰：「宗子雖七十，無無主婦，非宗子，雖無主婦可也。」《疏》凡人年六十無妻者不復娶，以陽道絶故也。而宗子領宗男於外，宗婦領宗女於内，昭穆事重，不可廢闕，故雖年七十，亦猶娶也。陳氏曰：「此謂大宗之無子，或子幼者。若有子有婦，可傳繼者，則可不娶矣。」○《語類》今之士大夫多是死於欲。古人法度好。天子一娶十二女，諸侯一娶九女，老則一齊老了，都無許多患。○《曾子問》「昏禮既納幣，有吉日，女之父母死，則如之何？」孔子曰：「婿使人吊。如婿之父母死，則女之家亦使人吊。父喪稱父，母喪稱母。父母不在，則稱伯父世母。婿已葬，婿之伯父致命女氏曰：『某之子有父母之喪，不得嗣爲兄弟，使某致命。』女氏許諾，而不敢嫁，禮也。婿免喪，女之父母使人請，婿不取，上聲。而後嫁之，禮也。女之父母死，婿亦如之。」○「娶女有吉日而女死，如之何？」曰：「婿齊衰而吊，既葬而除之。夫死亦如之。」○「親迎女在塗，而婿之父母死，如之何？」曰：「女改服，布深衣，縞總，以趨喪。女在塗，女之父母死，則女反。」○「婿親迎，女未至，而有齊衰大功之喪，則如之何？」曰：「男不入，改服於外次；女入，改服於内次；然後即位而哭。」

「除喪則不復昏禮乎？」曰：「祭，過時不祭，禮也，又何反於初？」《注》有吉日者，期日已定也。彼是父喪，則此稱父之名；彼是母喪，則此稱母之名吊之。某之子，此「某」字是伯父之名。不得嗣爲兄弟者，言繼此不得爲夫婦也。夫婦同等，有兄弟之義，亦親之之辭。不曰夫婦者，未成昏，嫌也。使某致命，此「某」字是使者之名。致謂致還其許昏之命。○若夫死，女以斬衰往吊，既葬而除也。《大全》郭子從問：「曾子問娶有吉日而女死，如之何？孔子曰云云。夫死亦如之。服用斬衰，恐今難行。」答曰：「未見難行處，但人自不肯行耳。」○布深衣，縞總，婦人未成服之服也。女子在室，爲父三年；父卒，亦爲母三年，已嫁則期。今既在塗，非在室矣，則只用奔喪之禮，而服期。○此特問齊衰大功之喪者，以小功及緦輕，不廢昏禮，禮畢乃哭。若女家有齊衰大功之喪，女亦不反歸也。曾子又問除喪之後，豈不更爲昏禮乎？孔子言祭重昏輕，重者過時尚廢，輕者豈更復行乎？○《白虎義》不娶同姓，取與禽獸同。外屬小功已上，亦不得娶也。

議昏

男子，二十。《内則注》嫁必止於二十，娶必止於三十，陰以少爲美，陽以壯爲强故也。○《家語》哀公問：「禮，男子三十而有室，女子二十而有夫，豈不晚哉？」孔子曰：「夫禮言其極，不是過也。男子二十而冠，有爲人父之端。女子十五而許嫁，有適人之道。」○陳止齋曰：「《詩序》以《標有梅》爲男女及時。是説也，聖人之慮天下也，血氣既壯，難盡自檢；情竇既開，奚顧禮義？故昏欲及時者，所以全節行於未破之日；學欲及時者，所以全智慮於未知之時。」無期以上喪，可成昏。《士昏禮》三族之不虞。《注》三族，謂父昆弟、己昆弟、子昆弟。虞，度也。不億度，謂猝有死喪。此三族者，己及子皆爲服期，期服則踰年，欲及今之吉也。《雜記》大功之末，可以冠子、嫁子。《疏》父昆弟則伯叔及伯叔母，己昆弟則己之親兄弟，子昆弟則己之嫡子庶子。○《喪服》父在，爲母。《傳》何以期也？屈也。父必三年然後娶，達子之志也。《疏》子於母，屈而期，心喪猶三年。故父雖爲妻期而除，然必三年乃娶者，通達子之心喪故也。按國制，士大夫妻亡者，三年後改娶。若因父母之命，或年過四十無子者，許期年後改娶。《注》以族人之長爲主。《士昏禮》宗子無父母命之，親皆没，己躬命之。支子則稱其宗，弟則稱其兄。《注》命之，命使者。躬，猶親也。言宗子無父，是有有父者。禮，七十老而傳，子代其父爲宗子，其取也，父命之。支子，庶昆弟也，稱其宗子命使者。弟，宗子母弟。《疏》命使者，謂納采以下至請期五者，皆命使者也。按：隱二年秋九月，「紀裂繻來逆女。」《傳》：「裂繻者何？紀大夫也。何以不稱使？昏禮不稱主人。」何休云：「爲養廉遠耻也。」「然則曷稱？稱諸父兄師友。」休云：「禮，有母，母當命諸父兄師友，稱諸父兄師友以行。」「然則紀有母乎？曰：有。有則何以不稱母？母不通也。」休云：「禮，婦人無外事，但得命諸父兄師友耳。母命不得達，故不得稱母，又所以遠别也。」若然，直使子之父兄師友命使者，不自親命使者。此《注》云：「命之，命使者。」似母親命者，鄭略言之，其實使子父兄師友命使者也。○《會成》孤而無族長者，母舅主之；無母舅者，父執里宰皆可。○《大全》李繼善問：「議親十年，展轉牽制，尚未咸畢。老母欲令今冬畢親，但先兄几筵未撤，老母乃齊衰三年之服，復有妨礙，然主昏却是叔父。欲姑從鄉俗就親，不知可否？若就畢挈歸，凡百從殺衣服，皆從淡素，不知可否？」曰：「若叔父主昏，即可娶婦無嫌，禮律皆可考也。但母在而叔父主昏，恐亦未安，可更詳也。」又問：「禮，婿將親迎，父醮而命之。今孝述繼善名。父兄俱没，上惟母在，旁尊有叔父，不知往迎之時，當受母命耶？爲復，受叔父之命耶？」曰：「當受命於母。然母既有服，又似難行。記得《春秋》隱二年，《公羊傳》有母命其諸父兄，而諸父兄以命使者之説，恐可檢看。爲叔父，稱母之命以命之。否更詳之，更以上條并考之。」

必先使媒氏。《士昏禮注》《詩》云：「娶妻如之何？非媒不得。」昏必由媒交接，所以養廉耻。○《韵會》媒，謀梠切，謀也，謀合二姓也。女氏。《韵會》氏，猶言家也。《注》昏姻。《白虎通》昏時行禮，故曰昏。婦人因人，故曰姻。○《士昏禮疏》男曰昏，女曰姻者，義取婿昏時往取，女則因之而來。及其親，則女氏稱昏，男氏稱姻，義取送女者昏時往，男家因得見之故也。苟慕其富貴。《小學注》苟，但也。○虞翻《與弟書》長子容，當爲求婦，遠求小姓，足使生子。天福其人，不在貴族。芝草無根，醴泉無源。著爲家法。○王氏達曰：「貴家大族爲富不仁，福已泯而禍已至。吾苟與之締姻，鮮有不爲其所及者也。」不肖。《史》丹朱不肖。《注》肖，似也，言其不似父賢也。挾富。《孟子注》挾者，兼有而恃之之意。鮮。《韵會》蘇典切，少也。襁褓。《韵會》襁，舉兩切，負兒衣。「褓」作「緥」，補抱切。李奇曰：「小兒大籍，齊人名小兒被爲褓，即褐也。」指腹爲昏。按韋放與張率側室皆有孕，指腹爲昏。後貴族請昏，卒與率子，其原蓋出於此。無賴。《韵會》賴，利也，謂小兒無利入於家者曰無賴，又謂多詐狡獪爲無賴。速獄。《詩注》速，召也。先祖太尉。按温公《行狀》，曾祖政，贈太子太保。祖炫，贈太子太傅。此云先祖太尉，未詳。

納采

納采。《士昏禮》下達納采。《注》達，通達也。將欲與彼合昏姻，必先使媒氏下通其言，女氏許之，使人納其采擇之禮。《疏》言納者，恐女氏不受，若《春秋》内納之義。納采言納者，以其始相采擇，恐女家不許，故言納。問名不言納者，女氏已許，故不言納也。納吉言納者，男家卜吉，往與女氏，恐女家翻悔不受，故更言納也。納徵言納者，納幣帛則昏禮成，復恐女家不受，故更云納也。請期親迎不言納者，納幣則昏禮已成，女家不得移改，故皆不言納也。其昏禮有六，尊卑皆同。○程子曰：「納采謂婿氏爲女氏所采，故致禮以成其意。」具書。《丘儀·書式》某郡姓某啓。不稱親者，方議而未成也。某郡某官執事：稱呼隨宜。伏承尊慈，不鄙寒微，曲從媒議，許以令愛，貺室僕之男某。若某親之子某。兹有先人之禮，謹專人納采，因以問名，敢請令愛爲誰氏出，及其所生月日，將以加諸卜筮。伏惟尊慈，俯賜鑒念。不宣。年月日，某郡姓某啓。

告祠堂。《注》伉儷。《韵會》伉，口浪切，匹也。儷，郎計切，偶也。《左注》配偶。愴。《韵會》初亮切，悽愴。使子弟爲使者。《韵會》使，令也，爽士切。又將命者，初吏切。○《丘儀》按：《儀禮》用賓，而《家禮》本温公《書儀》，用子弟爲使者，恐與女氏主人非敵，難於行禮。今擬兩家通往來者一人，如世俗所謂保親者，用以代賓。○《集説注》世俗今用媒人及刀鑷人奉書及羊酒果實之屬。《注》主人出，書進。《士昏禮》

使者玄端至。儐者出請事，入告。主人如賓服迎于門外，再拜。賓不答拜。揖入。至于廟門，揖入。三揖至于階，三讓，主人以賓升，西面。賓升西階，當阿，東面致命。主人阼階上北面再拜。授于楹間，南面。賓降，出。主人降，授老雁。擯者出請。賓執雁，請問名。主人許。賓入，授，如初禮。《注》使者，夫家之屬。儐者，有司佐禮者。請猶問也，雖知猶問，重慎也。阿，棟也。入堂深示親，親南面並授也。老，群吏之尊者。○《丘儀》賓至女家門外，媒氏先入告主人，執事者陳禮物于大門内，用盤子盛書函，置卓子上。主人出門外迎賓，舉手作揖遜狀，請賓行，凡三次。主人先登東階，賓登西階，升堂東西，相向立，揖，陳書幣。執事者舉書案于廳上，禮物陳庭中。有幣帛則以置階前，或卓子上。賓主各就坐，執事者以茶進。啜訖，賓興，主人亦起。執事以書授賓，賓以奉主人，主人受以授執事者。北向再拜，賓避席屏立，不敢答拜。吾子有惠，貺室某。《士昏禮注》吾子，謂女父母也。稱有惠明下達。貺，賜也。室猶妻七計反。也。某，婿名。惷《哀公問注》尸雍反，蔽於氣質也。《說文》愚也，又作「戇」。陟降切。吾子命之。《士昏禮注》吾子，謂使者。使者避，不答拜。《士昏禮注》不答拜者，奉使不敢當其盛禮。○《丘儀》此拜乃謝書，非拜。

遂奉書。《注》某郡，親某。某郡姓名者，宗子也。非其宗子之子，則當曰「某郡姓名某親某之子也」。

復書。《丘儀·復書式》某郡姓某啓。某郡某官執事：稱呼隨宜。伏承尊慈，不棄寒陋，過聽媒氏之言，擇僕之第幾女某若某親之幾女某。作配令似。或作「某親弟姪」，隨稱。弱息惷愚，又不能教，既辱采擇，敢不拜從。重蒙問名，謹具所出，及其生年月日如別幅。伏惟尊慈，特賜鑒念。不宣。年月日，某郡姓某啓。○《名帖式》父某，母某氏，女某，行幾，某甲子年幾月幾日某時生。出以復書，禮之。《士昏禮》儐者出請，賓告事畢。入告，出請醴當爲禮。賓。賓禮辭許。主人徹几改筵，東上，側尊甒亡甫反。醴于房中。主人迎賓于廟門外，揖讓如初，升。主人北面再拜。賓西階上北面答拜。贊者酌醴，加角柶面葉，出于房。主人受醴，面枋，彼命反筵前西北面。賓拜受醴，復位。主人阼階上拜送。贊者薦進。脯醢。賓即筵坐，左執觶，祭脯醢，以柶祭醴三，西階上北面坐，啐醴，建柶，興，坐，奠觶，遂拜。主人答拜。賓即筵，奠于薦左，降筵，北面坐，取脯。主人辭。賓降，授人脯，出。主人送于門外。《注》禮賓者，欲厚之。徹几改筵者，鄉爲神，今爲人。側尊，亦言無玄酒，側尊於房中，亦有篚有籩豆，如冠禮之設。○《丘儀》主人告祠堂畢，出見賓，各就位。執事者以書進主人，主人以奉賓，賓受之以授從者。主人曰：「敢備薄禮，請醴從者。」賓曰：「敢辭！」主人固請，賓曰：「敢不從命。」再拜，主人答拜。主人就東階，客就西階，俱北面。主人降階酌酒，至賓席前，奉酒于賓，趨席末。主人以揖送酒，賓趨席末，受之而揖，且遍揖坐客而後飲，如常儀。飲畢，復揖主人。主人報之。賓降階酌酒，以奉主人，如前儀。飲畢，主人以盞置卓子上。主人自席末先升，賓次升，媒氏及陪席者以次皆升坐。執事者行酒，或三行五行，隨意。進饌，或三或五，如俗。奉幣，賓謝主人。賓出席再拜，主人答拜。送賓至大門外，揖，主人拱，俟賓上馬。

使者復命壻氏。《丘儀》賓至門外，壻氏主人出迎，揖，問勞隨俗。升堂，各就位。坐訖，奉茶畢，各起。從者以書進，賓以奉主人，主人受書以授從者。主人再拜，賓退避，請賓就次。主人復以告于祠堂。《丘儀》以盤子盛所復書及名帖子，置香案上。《注》不用祝。《儀節》並同前，改讀祝爲告辭「某之子某聘某官某郡姓某之第幾女某，某年某月某日某時生。今日納采，且問名禮畢，敢告！」

納幣

納幣。《士昏禮疏》按：《春秋傳》「莊二十二年冬，公如齊納幣」，不言納徵者，孔子制《春秋》，變周之文，從殷之質也，故指幣禮而言。周文，故以義言。○《昏義》納徵。《注》納徵者，納幣以聘之也。古之聘士聘女皆以幣交，恭敬不可以虛拘也。正潔之女非禮則不行，猶正潔之士非其招則不往也。故以聘士之禮聘之，是以有儷皮束帛，以摯見之禮見之。《注》**問名納吉，今不能盡用。**《丘儀》按：古有六禮，《家禮》略去問名、納吉、請期，止用納采、納幣、親迎以從簡省。今擬以問名併入納采，而以納吉、請期併入納幣，以備六禮之目。然惟於書辭之間，略及其名而已，其實無所增益也。**幣用色繒，踰十。**《士昏禮》納徵，玄纁束帛，儷皮。《注》用玄纁者，象陰陽備也。束帛，十端也。《周禮》曰：「凡嫁子娶妻，入幣純側其反。帛，無過五兩。」儷，兩也。執束帛以致命。兩皮爲庭實。《疏》《周禮》鄭《注》云：「納幣用緇。婦人陰也，凡娶，禮必用其類。五兩，十端也。必言兩者，欲得其配合之名。十者，象五行十日相成。士大夫乃以玄纁束帛，天子加以穀圭，諸侯加以大璋。」若彼據庶人空用緇色，無纁，故鄭云「用緇」、「婦人陰」。此玄纁俱有，故云「象陰陽備也。」○《記》皮帛必可制。《疏》可制爲衣物。此亦是教婦以誠信之義也。○《補注》按：《雜記》：「一束，束五兩，兩五尋。」《注》：「此謂昏禮納徵也。一束十卷也，八尺爲尋，每五尋爲匹。兩端卷至中，則五匹爲五個卷，故曰束五兩。」鄭氏曰：「四十尺謂之匹，猶匹偶之匹，言古人每匹作兩個卷子。」○《五禮儀》幣用紬或布。二品以上玄三纁二，三品以下至庶人玄纁各一。釵。《實録》女媧之女以荆枝及竹爲笄以貫髮，至堯以銅爲之，且横貫焉，舜以象牙玳瑁爲之。釧。《韵會》樞絹切，鐶也。《通俗文》臂環謂之釧。後漢孫程等十九人立順帝有功，各賜金釧指環。

具書《丘儀·書式》忝親某郡姓某啓。某郡某官尊親家執事：稱號隨宜。伏承嘉命，許以令女，貺室僕之子某。若某親之子某。加之卜占，已叶吉兆。兹有先人之禮，敬遣使者，行納徵禮。謹涓吉日以請曰：某日甲子，實惟昏期，可否惟命，端拜以俟。伏惟尊慈，特賜鑒念。不宣。若昏期尚遠，去「謹涓」以下至「以俟」二十三字。年月日，忝親某再拜。

○《丘儀》《家禮》納采、納幣皆具書，近世彌文，往往過於駢儷。今考《大全集》有《回黄勉齋家啓》，雖用四六，而辭意典雅，因采以爲式。然無聘啓，謹以程伊川所作者補之。○程伊川《聘定啓》伏以古重大昏，蓋將傳萬世之嗣；禮稱至敬，所以合二姓之歡。顧族望之非華，愧聲猷之不競。不量非偶，妄意高門。以某第幾男，雖已勝冠，未諧受室。恭承賢閤第幾少娘子，性質甚茂，德容有光，輒緣事契之家，敢有昏姻之願。豈期謙厚，遽賜允從，穆卜良辰，恭伸言定，有少儀物，具如別牋。○文公先生《回啓》摳衣問政，夙仰吏師之賢；受幣結昏，兹喜德門之舊。遠承嘉命，良慰鄙懷。令兄察院位第四令姪直卿宣教，厲志爲儒，久知爲己。熹第二女子服勤女事，殊不逮人。雖貪同氣之求，實重量材之愧。惟冀日執笲以見，倘免非儀，則他年覆瓿之傳，庶無墜失。此爲欣幸，曷可云喻！○《五禮儀》具銜姓名，時維孟春。隨時改稱。台候二品以上稱台候，三品稱重候，四品至六品通稱雅候，七品以下稱裁候。多福。某之子某，若某親某之子某。年既長成，未有伉儷。謹行納采之禮，伏惟照鑒。不宣。年月日。《注》先典。《士昏禮注》典，常也，法也。《丘儀》《家禮》納幣不告廟。

按：《儀禮》納徵辭曰：「有先人之禮。」夫禮之行，必稱先人，恐亦當告。今補入：夙興，主人以書告于祠堂，儀節並同納采，祝文前同。但云：某之子某若某親之子某。已聘某官某郡某氏之第幾女爲婦，卜之叶吉。今行納幣禮，且以日期爲請曰：「某月某日甲子吉，宜成昏。」不勝感愴，「謹」以後同。若昏期尚遠，去「且以」至「成昏」十七字。女氏出見使者，儀節並同納采。遂奉書告于祠堂，儀節並同納采，祝文前同。但云：某之第幾女某已許某官某郡某氏之子爲昏，今日報吉，且行納幣，因以期日爲請曰：「某月某日甲子吉，宜成昏。」不勝感愴，「謹」以後同。昏期尚遠，去「因以」至「成昏」十七字。《復書式》忝親某郡姓某啓。某官某郡尊親家執事：伏承嘉命，委禽寒宗。顧惟弱息，教訓無素，切恐不堪。卜既叶吉，僕何敢辭！兹又蒙順先典，貺以重禮，辭既不獲，敢不重拜！若夫昏期，惟命是聽，敬備以須。伏惟尊慈，特賜鑒念。不宣。若昏期尚遠，去「若夫」至「以須」十二字。某年某月某日，忝親某再拜。婿氏主人復以告于祠堂，儀節並同納采，但改讀祝爲告辭曰：「某之子某若某親之子某。聘定某郡某官之女爲婦，今日行納幣禮畢，將以某月某日成昏，敢告！」若昏期尚遠，去「將以」至「成昏」八字。

《附注》請期。按《丘儀》合請期一節於納幣，又以爲未即親迎，則依《附注》別行請期一節。六禮。《補注》問名，問女氏之名，將歸而卜其吉凶也。納吉，歸卜於廟，得吉兆，復使使者往告。納徵者，徵成也，使使者納幣以成昏禮也。請期者，請成昏之期也。餘見本《注》。○《士昏禮疏》名有二種：一者是名字之名，三月之名是也；一者是名號之名。故孔安國以舜爲名，鄭君《目録》以曾子爲姓名，亦據子爲名。○楊氏復曰：「今按：《昏義》『問名』，《疏》曰：『問名者，問其女之所生母之姓名，故《昏禮》云「爲誰氏」，言女之母何姓氏也。』」此説與《儀禮・疏》義不同。○《語類》問：「古人納采後又納吉，若卜不吉，則如何？」曰：「便休。」○方氏曰：「采擇自我，而名氏在彼，故首之以納采，而次之以問名。此資人謀以達之也。謀既達矣，則宜貴鬼謀以决之，故又次之以納吉焉。人謀鬼謀皆協從矣，然後納幣以徵之，請日以期之，親迎以成之，故其序如此。」賓曰某，某日。《昏義注》昏期主於男氏，而必請女氏，女氏固辭，然後告期者，賓主之義不敢先也。○

《士昏禮疏》某日者，使者傳主人吉日之辭。云某吉日之甲乙者，以十日配十二辰，若云甲子乙丑丙寅丁卯之類。謹須。《士昏禮》注須，待也。

親迎

親迎。《喪大記注》迎，逢也。凡言迎者，先之也。若逆，彼來而後往焉。○楊氏復曰：「今按：婦至，主人揖入，升自西階，道婦入也。夫先即席，婦尚立於尊西，南面。媵御沃盥，交道其志。而後贊者徹尊冪，舉者出，鼎入，陳其阼階南。載牲于俎，設豆訖而後俎入。又設對饌後，布婦對席。及贊者告饌具，夫揖婦，即對筵皆坐。夫正席於先婦，布席於後者，先後唱隨之義也。又其序先祭而後食，既三飯卒食，而後三酳。一酳再酳用爵，三酳用巹。一酳以肝從，再酳三酳無從。其一酳也，主人拜受爵，贊户内北面答拜。酳婦亦如之。三酳禮成，而後贊酌户外尊，以自酢奠爵，拜，皆答拜。卒爵，拜，皆答拜，興。於是主人出，婦復位。主人出者，將向房脱服也。婦復位者，婦人不宜出復入，故因舊位而立也。於是徹室中之饌，設于房，使御布婦席，媵布夫席。《疏》云：『前布同牢席，夫在西，婦在東，示陰陽交會有漸也。』今乃夫在東，婦在西，易處者，取陽往就陰，男女各於其方。」

《附注》商量。《韵會》皆度也。量，平聲。

前期一日。《注》帳幔帷幕。帳，總名。幔，門帳也。○《春官注》在旁曰帳，在上曰幕，或在地展陳于上，帷幕皆以布爲之。文中子。文中子，姓王，名通，字仲淹，隋之大儒也，門人私謚曰文中。夷虜。南方曰夷，北方曰虜。契約。《韵會》契，詰計切，契卷也。若干。《曲禮注》若，如也。數始於一而成於十，干字從一從十，故謂或如一，或如十，凡數之未定者皆可言也，猶幾何也。駔儈。《韵會》駔，子朗切，市會。儈，古外切，會合市人牙儈也。《貨殖傳》駔儈，會二家交易者。攄《韵會》抽居切，舒也。

婿家設位。《注》蔬果，賓客之禮。《士昏禮》期初昏，陳三鼎于寢門外東方，北面，北上。其實：特豚，合升，去蹄，舉肺、脊二，祭肺二；魚十有四；腊一肫，髀不升。皆飪。設扃鼏。《注》期，取妻之日。鼎三者，升豚魚腊也。寢，婿之室也。特，猶一也。合升，合左右胖升於鼎。舉肺脊者，食時所先舉。肺者氣之主，周人尚焉。脊者，體之正，食時祭之二者，夫婦各一。凡魚之正，十五而減一爲十四，欲其敵偶。腊兔，腊。肫或作純，全也。飪，熟也。扃所以扛鼎，鼏覆之。髀爲脾。鼏，亡狄反。○饌于房中，醯醬二豆，菹醢四豆，兼巾之；黍稷四敦，皆蓋。大羹湆在爨。《注》醯醬，以醯和醬。巾爲禦塵，蓋爲尚温。大羹湆，煮肉汁也。太古之羹無鹽菜。爨，火上。敦音對。《疏》敦皆有蓋者，飯宜温。酒壺在東位之後。《士昏禮》尊于室中北墉下，有禁，玄酒在西，綌冪，加勺，皆南枋。《注》禁，所以庪甒者。玄酒，不忘古也。綌，粗葛。今文「枋」作「柄」。又設酒注於室外。《士昏禮》尊于房户之東，無玄酒。篚在南，實四爵，合巹。《注》無玄酒，略之也。夫婦酌於內尊，其餘酌於外尊。四爵兩巹，凡六，爲夫婦各三。酳一升曰爵。匏。《韵會》蒲交切，瓠也。陸佃曰：「長而瘦上曰瓠，短頸大腹曰匏。」

初昏。鄭康成曰：「日入三商爲昏。」《疏》商謂商量，是漏刻之名。故三光靈曜，亦日入三刻爲昏，不盡爲明。按：馬氏云：日未出、日没後皆云二刻半，前後共五刻。今云三商者，據整數而言，其實二刻半也。○《士昏禮記》禮凡行事，必用昏昕。《注》用昕使者，用昏婿也。《疏》用昕使者，謂男氏使向女家納采、問名、納吉、納徵、請期五者皆用昕，即明之始。君子舉事尚早，故用朝旦也。用昏婿也者，謂親迎時也。○程子曰：「禮雖曰初昏，然當量居之遠近。」婿盛服。《士昏禮》主人爵弁，纁裳緇袘。從者畢玄端。乘墨車。從車二乘。《注》主人，婿也。婿爲婦主爵弁，而纁裳玄冕之次。大夫以上親迎，冕服。冕服迎者，鬼神之。鬼神之者，所以重之親之。纁裳者，衣緇衣。不言衣與帶而言袘者，空其文，明其與袘俱用緇。袘謂緣，袘之言施，以緇緣裳，象陽氣下施。從者，有司也，乘貳車從行者也。畢，猶皆也。《疏》冕服迎者，鬼神之。鬼神之者，所以重之親之者。《郊特牲》象陽氣下施者，男陽女陰，男女相交接，示行者有漸，故云云。以士雖無臣，其僕隸皆曰有司，乘二車從婿。大夫以下有貳車，士無二車，亦是攝盛也。○《五禮儀》有職者不拘時散，公服。文武兩班子孫與及第生員紗帽角帶，庶人笠子絛兒。其不能備紗帽角帶者，笠子絛兒亦可。衣服皆用綿紬、木綿。《注》帶花勝。《荆楚歲時記》人日剪彩爲花勝而以相遺，後人因以帖首以爲飾。○《相如傳》勝者，婦人首飾，漢代曰華勝。○勝，去聲。

《附注》用命服，乘墨車。《春官》再命受服。《注》謂受玄冕之服。列國之大夫再命於子男爲卿。卿大夫自玄冕以下，如孤之服。王之中士亦再命，則爵弁服也。○《補注》按：《儀禮·士昏》：「親迎，主人爵弁，乘墨車。」《注》：「士而乘墨車，攝盛也。」《疏》：「大夫以上，自祭用朝服，助祭用玄冕。士家自祭用玄端，助祭用爵弁。今士親迎用爵弁，是用助祭之服以爲攝盛，則卿大夫親迎當用玄冕攝盛也。天子、諸侯尊不攝盛，宜用家祭之服以迎，則天子當服衮冕，而五等諸侯皆玄冕。《周禮》巾車，王之車有玉輅、金輅、象輅、革輅、木輅，諸侯自金輅以下，孤乘夏篆，卿乘夏縵，大夫墨車，士棧車，庶人役車。今士乘墨車，則庶人當乘棧車，大夫乘夏縵，卿乘夏篆，天子、諸侯亦不假攝盛矣。」《士昏禮》《儀禮》篇名。攝盛。《韵會》攝，失涉切，假也。

主人告于祠堂。《丘儀》讀祝畢，主人俯伏，興，得位。婿立兩階間，四拜，復位。辭神，衆拜，焚祝文，禮畢。

《附注》圍布几筵，先配後祖。《丘儀》《左傳》：「鄭公子忽如陳逆婦嬀，陳鍼子送女，先配而后祖。鍼子曰：『是不爲父母。誣其祖矣，非禮也，何以能育？』」《注》：「逆，迎也。嬀，陳姓。禮，逆婦必先告祖廟而行，故楚公子圍稱告莊、共之廟。今鄭忽先逆婦而後告廟，故曰『先配而後祖』。」今世俗新婦入門，即先拜祖而後成昏，往往舉此以籍口。按：左氏謂鍼子譏鄭忽當逆婦不先告廟，注家引公子圍告莊、共之廟而後行爲證，即非婦入門時事。

醮其子。《注》爾相，不堪。《小學注》相，去聲。助也。妻所以助夫，故謂之相。宗事，宗廟之事。若，爾也。有常，終始不替也。諾，應辭。堪，能也。

婿出。《注》以燭前導。《士昏禮》執燭前馬。《注》使從役持炬火居前炤照。道。○《大記注》古者未有蠟燭，呼火炬爲燭。○《程子》曰：「今用燭四或二。」○《五禮儀》二品以上炬十柄，三品以下炬六柄。

女家告祠堂。《丘儀》如婿家儀。

醮其女。《注》女盛飾。《士昏禮》女次純衣纁袡，如占反。立于房中，南面。《注》次，首飾也，今時髲也。《周禮》「追師掌爲副編次」。純衣，絲衣。女從者畢袗玄，則此衣亦玄矣。袡亦緣也。袡之言任也。以纁緣其衣，象陰氣上任也。凡婦人不常施袡之衣，盛昏禮，爲此服。《疏》婦人陰，象陰氣上交於陽，亦取交接之義。姆相之。《士昏禮》姆亡候反。纚、山買反。笄、宵衣，在其右。《注》姆，婦人年五十，無子，出而不復嫁，能以婦道教人者，若今時乳母。纚，縚髮。笄，今時簪。宵讀爲綃。姆亦玄衣，以綃爲領，因以爲名，且相別耳。姆在女右，當詔以婦禮。《疏》《少儀》「詔辭自右」，地道尊右之義。○《會成》擇乳母或老女僕一人爲姆，是日女盛飾，姆相之立於室外，又擇侍女一人爲贊者。立於室外。《士昏禮》席于戶牖間。《注》室戶西牖東南面位。《疏》知義然者，以其賓客位於此，是以禮子、禮婦、禮賓客皆於此，尊之故也。父坐東，母坐西。《丘儀》此下補入「辭親屬」一節，曰：諸親屬以次東西序列，姆導女出，至兩階間，北向立。辭父母，四拜。辭親屬，或逐位，或東西向各四拜。其有父之尊屬，先一日，父母導之就其室辭。按《白虎通義》：「去不辭，誠不諾者，蓋耻之，重去也。」《丘儀》雖與此不同，姑并録之。醮以酒。《士昏記》父醴女而俟迎者，母南面于房外。《注》女既次純衣，父醴之于房中，南面，蓋母薦焉，重昏禮也。女奠爵于薦東，立于位而俟壻。壻至，父出，使擯者請事。母出南面房外，示親授壻，且當戒女也。○《丘儀》：「以盞略沾唇。」父命之。《丘儀》或易以俗語曰：「戒謹小心，早晚聽你公婆言語。」母送，無違。《補注》《穀梁傳》曰：「禮，送女，父不下堂，母不出祭門，諸父兄弟不出闕門。」○帔。披義切。《事物記原》三代無帔説，秦有披帛，以縑帛爲之，漢即以羅。晉永嘉中，制絳暈帔子。開元中，令三妃以下通服之。是披帛始于秦，帔始于晉矣。今代帔有二等，霞帔非恩賜不得服，爲婦人之命服，而直帔通用于民間也。唐制，士庶子女在室搭披帛，出適披帔子，以別出處之義。今士族亦有循用者。《詩傳注》首飾也。韓愈曰：「着冠帨也。」○《小學注》違，乖也。○《丘儀》易以俗語曰：「勉力敬謹，早晚守你閨門禮數。」諸母，無愆。申，重也。愆，過也。○《丘儀》易以俗語曰：「謹聽你爺娘的言語。」

主人出迎，婿入奠雁。《士昏禮》主人玄端迎于門外，西面再拜。賓東面答拜。主人揖入，賓執雁從。至于廟門，揖入。三揖，至于階。三讓，主人升，西面。賓升，北面奠雁，再拜稽首，降，出。婦從降。《注》賓，婿也。○楊氏曰：「今不立廟制，不須親迎于廟。」○《丘儀》婿至門外，主人大門外迎之，主東婿西。主人舉手揖遜，請婿行，婿辭，主人先入，婿從之，至廳事。按：《儀禮》主人出迎，西面再拜，賓東面答拜，以見古人重大昏之義。或欲行之，可於賓至出迎下補入「賓主再拜」一節：主人先拜，婿答拜。又按：《士昏禮》六禮皆用雁，《家禮》惟用之親迎，從簡省也。○《集説》從者盤盛隨入，以雁盤授婿，奠置于地。**婿再拜，主人不答拜。**《昏義注》婿再拜而奠雁，則屈體以尚其恭也。○《士昏禮注》賓升，奠雁，拜，主人不答拜，明主爲授女耳。《疏》按：納采等禮皆拜，獨於此主人不答拜，明主爲授女耳。**凡贄用生。**《曲禮》飾羔雁者以繢。《注》飾，覆之也。畫布爲雲氣，以覆羔與雁，爲相見之贄也。○《士相見禮》下大夫相見以雁，飾之以布，維之以索。《注》飾之以布，謂裁縫衣其身也。維，謂繫聯其足。《疏》按：《曲禮》云：「飾羔雁者以繢。」彼天子卿大夫非直以布，上又畫之。此諸侯卿大夫執摯雖與天子之臣同，飾羔雁者直用布，爲贄無繢。彼不言士，則天子之士與諸侯之士同，亦無飾。士賤，故無別也。○《士昏禮記》摯不用死。《注》摯，雁也。《疏》凡摯亦有用死者，是以《尚書》云：「玉帛二生一死摯。」即士執雉。今此亦是士禮，恐用死雁，故云不用死也。**左首。**《曲禮》執禽者左首。《注》禽，鳥也。首，尊主人在左，故横捧而以首授主人。**生色繒。**《補注》「生」恐「五」字之誤。

《唐音・秦宮詩》生色畫。《注》生色畫皆以五色丹青畫之。生，動色。無則刻木爲之。《丘儀》按：《白虎通》昏禮贄不用死雉，故用雁。刻木爲雁，近於死，無則代以皂鵝。蓋鵝形色類雁，足皆蹼屬，故借以代之。或謂交絡爲兩雁，非是。又按：古者執贄相見，大夫用雁，士用匹。本作「鳴鴨」。故《儀禮》謂昏禮用雁爲下達。蓋言士亦得通執大夫所贄之雁也，是則所謂攝盛也。《家禮》因《書儀》，謂取其順陰陽往來之義。又引程子「不再偶」之言，質之《儀禮》，似非古意。今若主二説所取之義，則必用雁，决不可以他物代之，無則刻木爲之可也。若主攝盛之義，則苟類似之物，亦可用以代之矣。矧雁之爲物，不常有於四時，而閩、廣之地，亦所不到。鵝形類於雁，借以代之，亦無害。或者謂不當用鵝，當替以巾帕，無所據。順陰陽往來。《士昏禮疏》雁木落南翔，冰泮北徂。夫爲陽，婦爲陰。今用雁者，亦取婦人從夫之義。○按朱子於此既曰「順陰陽往來之義」，又云「雁亦攝盛之意」。蓋既許攝盛，則雖庶人不得用匹。又昏禮摯不用死，故不得不越雉而用雁也。據此，則攝盛之義似長。

女出登車。《士昏禮》婦車亦如之，有裧。昌占反。《注》亦如之者，車同等。士妻之車，夫家共之。大夫以上嫁女，則自以車送之。裧，車裳帷，《周禮》謂之容。車有容，則固有蓋。○婦乘以几。《注》乘以几者，尚安徐也。《疏》謂登車時也，若尸乘以几之類，以重其初昏，與尸同也。《記》婦乘以几，從者二人，坐持几相對。《注》持几者，重慎之。《疏》上經雖云「婦乘以几」，不見從者二人持之，故記之也。若王后則履石。今人猶用臺，是石几之類也。《注》婿揖。《補注》婿揖之，請女行之也。○《集説》問：「本注及《禮經》女出中門至家俱有婿揖之禮，何也？」曰：「揖者，手著胸也，恐非所謂唱喏。況女家有帕蒙頭，此時婿豈宜遽然先揖？況剛柔之義，正始之道，不可苟也。國朝駙馬親迎公主，皆無揖禮，況常人乎？」○《昏義注》揖婦以入，則卑抑以迎而不敢慢也。主人不降。《士昏禮注》主人不降送，禮不參。《疏》禮，賓主宜各一人。今婦既送，主人不送者，以其禮不參也。舉轎簾以俟。《士昏禮》婿御婦車，授綏，姆辭不受。《注》婿御者，親而下之。綏，所以引乘車者。《疏》今婿御車，即僕人禮。姆辭不受，謙也。○《丘儀》按：《書儀》謂今無綏，故舉簾代之。

導婦以入。《士昏禮》婦至，主人揖婦以入。及寢門，揖入，升自西階。

婿婦交拜。《語類》問：「温公《儀》，婦先拜夫；程《儀》，夫先拜婦。或以爲妻者齊也，當齊拜。何者爲是？」曰：「古者婦人與男子爲禮，皆俠拜，每拜以二爲禮。昏禮，婦先二拜，夫答一拜，婦又二拜，夫又答一拜。冠禮，雖見母，母亦俠拜。」《注》婦從者。《士昏禮》女從者畢袗玄，纚笄，被顈苦迥反。黼，在其後。《注》女從者，謂姪娣也。袗，同也。玄者，上下皆玄也。顈，襌也。卿大夫之妻，刺黼以爲領。士妻始嫁，施襌黼於領上，假盛餙耳。言被，明非常服。

就坐。《注》從者斟酒設饌。《士昏禮》贊者設醬于席前，菹醢在其北。俎入，設于豆東，魚次，腊特于俎北。贊設黍于醬東，稷在其東，設湆于醬南。《注》豆東，菹醢之東。饌，要方也。《疏》醬與菹醢俱在豆，醬東有黍稷，故知在菹醢東也。豆東兩俎，醬東黍稷，是要方。○設對醬于東，菹在其南，北上。設黍于腊北，其西稷，設湆于醬北。御布對席。贊啓會古外反。卻于敦南，對敦于北。《注》對醬，婦醬也。設之當特俎。啓，發也。古文「卻」爲「綌」。《疏》婿東面，設醬在南，爲婦西面，則醬在北爲右，皆以右手取之爲便，故知設之當特俎東也。菹在醬南，其南有醢。若婿醢在菹北，從南向北陳爲南上。此從北向南陳，亦醢在菹南，爲北上。湆即上文「大羹湇在爨」者。卻，仰也，謂仰於地也。○《丘儀》從者舉饌案于婿婦前，以盞盛酒，分進于婿婦前。**祭酒舉殽。**《士昏禮》贊告具。揖婦，即對筵。皆祭，祭薦黍、稷、肺。《注》贊者西面告饌具，薦菹醢。○贊爾黍，授肺脊，皆食以湇、醬，皆祭舉、食舉也。三飯卒食。《注》爾，移也，移置席上，便其食也。皆食，食黍也。以用也，謂用口啜湇，用指咂子闔反。醬。古文「黍」作「稷」。卒，已也。同牢示親，不主爲食起，三飯而成禮也。《疏》舉謂舉肺，以其舉以祭以食，故名肺爲舉，則上文云「祭者，祭肺」也。《少牢》十一飯，《特牲》九飯而禮成，此獨三飯，故云。○贊洗爵，酌，酳主人，主人拜受。贊户内北面答拜。酳婦亦如之。皆祭。贊以肝從。皆振祭，嚌肝，皆實于菹豆。卒爵皆拜。贊答拜，受爵。《注》肝，肝炙也。飲酒宜有肴以安之。○《丘儀》婿婦各傾酒少許于地，各以殽少許置卓子上空處。**婿揖婦，舉飲。**《丘儀》婿揖婦，婦起答拜，各舉飲。無殽。《士昏禮》再酳如初，無從。三酳用卺，亦如之。《疏》以其初酳有從，再酳如初，無從，三酳用卺，亦無從。**分置婿婦前。**《丘儀》從者以兩卺不斟酒，和合以進，婿婦各執其一。**婿出就他室。**《士昏禮》主人出，婦復位，乃徹于房中。《注》復尊西南面之位。《疏》婦人不宜出復入，故因舊位而立。○御衽于奧，媵衽良席在東，皆有枕，北止。《注》衽，卧席也。婦人稱夫曰良。止，足也，古文作「趾」。《疏》使御布婦席，使媵布夫席，此亦示交接有漸之義。**徹饌，置室外。**《士昏禮》乃徹于房中，如設于室，尊否。《注》徹室中饌，設于房中，爲媵御餕之。尊不設，有外尊也。**從者餕餘。**《韵會》從，才用切，隨行也。餕，祖峻切，食人之餘曰餕。○《曲禮》餕餘不祭。《注》尸餕鬼神之餘，臣餕君之餘，賤餕貴之餘，下餕上之餘，皆餕也。○《士昏禮》媵餕主人之餘，御餕婦餘。《疏》亦陰陽交接之義。○

按此條《儀禮》在「燭出」之後。

《附注》同牢。《王制注》牢者，圈也，以能有所畜，故所畜之牲皆曰牢。酳。《韵會》士刃切。《士昏禮·注》酳，漱也。酳之言演也。漱所以潔口，且演安其所食。疏按：《特牲》注：「酳猶衍也，是獻尸也。謂之酳者，尸既卒食，又頤衍養樂之。」又《少牢》注：「酳猶羡也，既食之而又飲之，所以樂之。」三《注》不同者，文有詳略，相兼乃具。此三酳俱不言獻，皆云酳，直取其潔，故《注》云「漱所以潔口，演安其所食」，亦頤衍養樂之義。《昏義》《禮記》篇名。共牢。本《疏》共牢而食者，同食一牲，不異特也。合體同尊卑。本注合卺有合體之義，共牢有同尊卑之義。體合則尊卑同，同尊卑則相親而不相離矣。○《特牲注》夫尊則婦亦尊，夫卑則婦亦卑，故曰同尊卑。

復入。《士昏禮》主人入，親説吐活反。婦之纓。《注》入者，從房還入室也。婦人年十五許嫁，笄而因著纓，明有繫也。蓋以五采爲之，其制未聞。燭出。《士昏禮注》昏禮畢，將卧息。《注》婿脱服，從者受。《士昏禮》主人脱服于房，媵受。婦脱服于室，御受。姆授巾。《疏》與沃盥同，亦是交接有漸之義。結髮爲夫婦。蘇子卿詩云云，恩義兩不疑。李廣言結髮與凶奴戰。《史》李廣，成紀人，武帝時爲右北平太守。結髮，師古曰：「始勝冠也。」結髮之禮。《集覽》按《韵續篇》，今世昏禮取夫與婦髮合而結之，古無有也。伊川曰：「昏禮結髮甚無義，意欲去久矣。」伊川既言非義，而至今未能革，豈非習俗之久，未易遽革歟？

禮賓。《補注》賓即從者。○《士昏禮》婿饗婦送者丈夫、婦人，如舅姑饗禮。《疏》舅姑存，自饗送者。今舅姑没，故婿兼饗如舅姑，并有贈錦之等。○舅饗送者以一獻之禮，酬以束錦。《注》送者，女家有司也。爵至酬賓，又從之以束錦，所以相厚。《疏》知送者是女家有司，故左氏云：「齊侯送姜氏，非禮也。凡公女嫁于敵國，姊妹則上卿送之，以禮於先君；公子則下卿送之；於大國，雖公子亦大卿送之；於天子，則諸卿皆行，公不自送；於小國，則上大夫送之。」以此而言，尊無送卑之法，則大夫亦遣臣送之，士無臣，故知有司送之。○姑饗婦人送者，酬以束錦。《注》婦人送者，隸子弟之妻妾。凡饗速之。《疏》尊無送卑，故知婦人送者是隸子弟之妻妾也。凡饗速之者，按《聘禮》「饗速賓」，則知此舅姑饗送者亦速之也。凡速者，皆就館召之。若然，婦人送者亦當有館。男子則主人親速，其婦送者不親速。以其婦人迎客不出門，當别遣人速之。

《附注》《曾子問》。《禮記》篇名。三日不舉樂。《曾子問注》思嗣親則不無感傷，故不舉樂。

婦見舅姑

見舅姑。《注》盛服俟見。《士昏禮》夙興，婦沐浴，纚、笄、宵衣以俟見。《注》俟，待也。待見於舅姑寢門之外。《疏》不著純衣纁袡者，彼嫁時盛服，今已成昏，故退從此服。舅姑東西相向。《丘儀》按《集禮》，舅姑並南面坐當中，今人家多如此，或從俗亦可。進立阼階下。《丘儀》舅姑坐定，婿婦並立兩階間，并四拜，拜畢，婿先退。《家禮》無婿拜之文，今從俗補之。○愚謂《丘儀》雖如此，當以《家禮》爲正。奠贄幣。《曲禮》婦人之摯，椇、榛、脯、脩、棗、栗。《注》摯贄同，執物以爲相見之禮也。椇形似珊瑚，味甜美，一名石李。榛似栗而小。脯即今之脯也。脩用肉煆治，加薑桂乾之。脯形方正，脩形稍長，並棗栗六物，婦初見舅姑，以此爲摯也。《左傳》：「女摯不過榛、栗、棗、脩，以告虔也。」陳氏曰：「《禮》云：『無辭不相接也，無禮不相見也，欲民之無相瀆也。』又云：『君子於其所尊，不敢質也。』故貴至於邦君，賤至於庶人，以至婦人童子相見，不依贄不足以爲禮，贄而不稱德，不足以爲義，此玉帛禽鳥榛栗棗脩之用所以不一也。」○《士昏禮》婦執笲、音煩。棗、栗，自門入，升自西階，進拜，奠于席。舅坐撫之，興，答拜。婦還，又拜。降階，受笲腶丁亂反。脩，升，進，北面拜奠，于席。姑坐，舉以興，拜，授人。《注》笲，竹器而衣者，其形蓋如今之筥笿蘆矣。進拜者，進東面乃拜。奠之者，舅尊，不敢授也。還又拜者，還於先拜處拜。婦人與丈夫爲禮則俠拜。人，有司。姑執笲以起，答婦拜，授有司徹之，舅則宰徹之。《疏》按：《春秋注》：「腶脩者，脯也。」禮，婦人見舅以棗栗爲贄，見姑以腶脩爲贄，見夫人至尊，兼而用之。棗栗取其早自謹敬，腶脩取其斷斷自脩也。知笲有衣者，《記》云「笲緇被纁裏加于橋」，《注》：「被，表也。」婦見舅姑，以飾爲敬。」是有衣也。姑奠于席不授，而云舅尊不敢授者，但舅直撫之而已，至姑則親舉之，若親授之然，故於舅云尊不敢授也。○《五禮儀》棗脩無則用時果，腶脩無則用乾肉。○《丘儀》姆引婦至舅前，四拜，從者以贄幣授婦，婦以贄幣置卓子上，舅受之，婦復位，獨拜。詣姑前，亦如之。

舅姑禮之。《士昏禮》贊醴婦。《注》「醴」當爲「禮」，以其婦道新成，親厚之。○老醴婦于房中，南面，如舅姑醴婦之禮。《注》因於廟見禮之。《疏》舅姑生時見訖，舅姑使贊醴婦於寢之户牖間。今舅姑没者，使老醴婦於廟之房中，其禮則同，使老及處所則別也。

婦見諸尊長。《補注》按：今世俗人家娶婦，親屬畢聚，宜留至次日，行見舅姑禮畢，先見本族尊長及卑幼，次見諸親屬。又按：《雜記》：「婦見舅姑，兄弟、姑姊妹皆立于堂下，西向北上，是見已。見諸父，各就其寢。」

《注》:「立于堂下,則婦之入也已過其前,此即是見之矣,不復各特見也。諸父旁尊,故明日各詣其寢而見之。無還拜諸尊長于兩序,小郎小姑皆相拜之禮,而《家禮》本《注》亦從俗用之。○《丘儀》長屬應受拜者少進,立,婦四拜,長屬皆受之,退。幼屬應相拜者少進,婦居左,卑幼居右,如小姑、小郎之類,俱答拜。按《書儀》,長屬雖多,共爲一列受拜,以從簡便。然新婦入門,未必知孰爲長幼,須姑一一命之,或無姑,則親屬之長者代之。《注》小郎、小姑。《廣記》謂小叔曰郎叔,又曰小郎。謂小姑曰女伀,《手鑒》:「伀音鍾,夫之兄也。」又曰女叔。

冢婦則饋。《韻會》冢,展勇切,大也。○《小學注》冢婦,長婦也。○《士昏禮注》饋者,婦道既成,成以孝養。○《記》庶婦則使人醮之,不饋。《注》庶婦,庶子之婦也。使人醮之,不饗也。酒不酬酢曰醮,亦有脯醢。適婦酌之以醴,尊之,庶婦酌之以酒,卑之,其儀則同。不饋者,共養統於適。魏氏曰:「據此則衆婦不饋矣。今王昏禮第三日,妃詣帝君前,捧膳不云冢婦、介婦也。且子婦新昏,正要使之知事親敬長之禮,何冢婦介婦之别乎?若介婦不饋,適足以長其驕慢之氣。此不可泥古,但於饋時使弟奉酒於兄,介婦奉酒於冢婦,以此爲别可也。」○《大全》李繼善問:「按:禮,婦盥饋舅姑。若舅已没,不知可以叔父受盥饋禮否?」曰:「叔父無盥饋之文,蓋與姑受禮相妨也。」《注》執饌姑前。《丘儀》從者以盤盛飯或饅頭,婦自奉詣舅姑前,置卓子上。婦餕舅餘。《士昏禮》婦徹于房中,媵御餕,姑酳之。於是與始飯之錯。《注》始飯,謂舅姑。錯者,媵餕舅餘,御餕姑餘也。《疏》始飯謂舅姑始飯,而今媵餕舅餘,御餕姑餘,是交錯之義,若媵御沃盥交也。○《特牲禮》舅姑卒食,婦餕餘,私之也。《注》私之,猶言恩也。

《附注》特豚合升側載。本注特猶一也。合升,合左右胖升於鼎也。右胖載之舅俎。《疏》周人尚右,故知右胖載之舅俎，左胖載之姑俎，是以鄭云「異尊卑也」。

舅姑饗之。《士昏禮注》以酒食勞人曰饗。○《經》歸俎于婦氏人。《注》言俎則饗禮有牲矣。婦氏人，丈夫送婦者，使有司歸以婦俎，當以反命於女之父母，明其得禮。《疏》按：《雜記》：「大饗，卷三牲之俎，歸于賓館。」是賓所當得也。饗時，設几而不倚，爵盈而不飲，肴乾而不食，故歸俎。此饗婦，婦亦不食，故歸之也。《注》婦降自阼階。《昏義》舅姑先降自西階，婦降自阼階，以著代也。《注》阼者，主人之階。子之代父，將以爲主於外，婦之代姑，將以爲主於內，故此與《冠禮》并言著代也。

廟見

以婦見于祠堂。《丘儀》婿婦並立兩階間，並四拜，復位。辭神，衆拜。若宗子自昏，則告辭云：「某今昏畢，敢以新婦某氏見。」行四拜禮畢，新婦點茶，復位，又四拜。《補注》婿婦同往，亦從俗也。《注》三月而廟見。《士昏禮》若舅姑既没，則婦入三月乃奠菜。《注》：奠菜者，以篚祭菜也，蓋用堇。音謹。《疏》必三月者，三月一時天氣變，婦道可以成之故也。此言舅姑俱没者。若舅没姑存，則當時見姑，三月亦廟見舅。若舅存姑没，婦人無廟可見，或更有繼姑，自然如常禮也。此《注》云「奠菜者以篚」，按下云「婦執笲菜」，篚即笲，一也。鄭知菜「蓋用堇」者，舅姑存時用棗、栗、腶、脩，義取早起肅栗，治腶自脩，則此亦取謹敬。○席于廟奧，東面，右几。席于北方，南面。《注》廟，考妣之廟。《疏》《祭統》「設同几」，即同席，此即別席者。此既廟見，若生時見舅姑，舅姑別席異面，是以今亦異席別面，象生不與常祭同也。鄭知「廟，考妣廟」者，象生時見舅姑，故知考妣廟也。○《語類》問：「既爲婦，便當廟見，必三月之久，何也？」曰：「三月而後事定。三月以前，恐更有可去等事。至三月不可去，則爲婦定矣，故必待三月而后廟見。」○又曰：「昏禮廟見舅姑之亡者而不及祖，蓋古者宗子法行，非宗子之家不可別立廟，故但有禰廟。今只共廟，如何只見禰而不見祖？此當以義起，亦見祖可也。」

壻見婦之父母

壻見婦父母。《注》如客禮。《士昏記》主人出門左，西面。壻入門，東面，奠贄，再拜，出。《注》出門，出内門。入門，入大門。出内門不出大門者，異於賓客也。壻見於寢，奠贄者，壻有子道，不敢授也。贄，雉也。《疏》壻見外舅姑，非賓，非親迎，故知在適寢也。凡執摯相見，皆親授受，此獨奠之，象父子之道質，故不親授，奠之而已。士執雉，是其常也。○《丘儀》其日壻盛服往婦家，至大門外立。侍者先入請出迎，婦父出大門外迎之。婦父舉手揖壻入，先行，壻從之，從者執贄幣隨壻。婦父升東階，壻自西階。婦父立于東，少北。壻立于西，少南。四拜，婦父跪而扶之。從者授壻幣，壻以奉婦父，受之以授從者。見婦母。《士昏記》見主婦。主婦闔扉，立于其内。壻立于門外，東面。主婦一拜。壻答再拜。主婦又拜。壻出。《注》主婦，主人之婦也。見主婦者，兄弟之道，宜相親也。闔扉者，婦人無外事。扉，左扉。《疏》《爾雅》「母與妻之黨爲兄弟」，故知主婦於壻者，兄弟之道也，故云「宜相親也」。婦人送迎不出門，見兄弟不踰閾，是無外事也。○《丘儀》奉贄幣，婿以奉婦母，從者受以入。皆有幣。《士相見禮》贄，冬用雉，夏用腒。左頭奉之。《注》贄所執以至者，君子見於所尊，敬必執贄以將其厚意也。士贄用雉者，取其耿介，交有時，别有倫也。雉必用死者，爲其不可生服也。夏用腒，其居反。備腐臭也。左頭，頭陽也。《疏》倫，類也。雉交接有時，至於别後則雄雌不雜，謂春交秋别也。士之義亦然，義取耿介不犯於上也。按：《周禮·庖人》云：「春行羔豚，夏行腒鱐。」鄭云：「腒，乾雉。鱐，乾魚。」腒鱐暵熱而乾，乾則不腐臭，故此取不腐臭。冬時雖死，形體不異，故存本名，稱曰雉。夏爲乾腒，形體異，故變雉名，稱曰腒也。○《丘儀》補：婦父引婿至祠堂前，婦父再拜，跪上香，告曰：「某之女某，若某親之女某，婿某來見。」俯伏，興。婿立兩階間，四拜畢，婦父再拜，禮畢。按：《禮》止有婿見婦黨諸親，而無廟見之儀。今據《集禮》等書補之。蓋生女適人，生者既有謁見之禮，而於死者漠然不相干，況又有已孤而嫁者乎！

禮婿如常儀。《士昏記》主人請醴。及揖讓入。醴以一獻之禮。主婦薦。奠酬。無幣。《注》及，與也。無幣，異於賓客。《疏》以主人與婿揖讓而入寢門，升堂醴婿，故訓及爲與也。○婿出，主人送，再拜。○《丘儀》其日預設酒席，如時俗儀。婦父曰：「今備薄酒，敢醴從者。」婿辭之不獲，答曰：「敢不從命。」婿再拜，主人答拜。婦父立東階上，婿西階，俱北向。婦父持酒以奉婿，婿趨席末受之而揖，又遍揖在席諸親，婿跪而飲。婦父以一手扶之，啐酒，興，揖。婿降階洗盞，斟酒以奉婦父，婦父亦受，以遍揖在席者。婿跪，婦父以一手扶之。飲訖，婿起，婦父以盞置酒案上。請升席，婦父及諸陪者皆席于東序，婿獨席於西序，少南近階。執事者行酒，或三行或五行，隨宜進饌，如時俗儀。酒闌，婿起謝，再拜。婦父跪而扶之，答婿幣或巾服幣帛之類隨宜。婿受之以授從者，再拜，亦跪而扶之。送婿至大門外，揖。今詳于禮婿儀者，以鄉俗有尊婿太過者，又有卑婿太甚者。按《集禮》等書，謹酌中道，以爲此儀。○《補注》愚謂婿往婦家後，若富家當有會親一節：婿家主人先一日致書于婦父，至家以禮款之，男屬親皆至。主婦先一日致書于婦母，至家以禮款之，女屬親皆全，如俗稱爲坐筵。斯時昏禮已畢，用樂可也。婦家不必行。

《附注》不賀。《曲禮》賀取妻者曰：「某子使某聞子有客，使某羞。」《注》賀者以物遺人而有所慶也。著代以爲先祖後，人子之所不得已，故不用樂，且不賀也。然爲酒食以召鄉黨僚友，則遺問不可廢也。故其辭曰：「聞子有客，使某羞。」舍曰昏禮而謂之有客，則所以羞者，佐其供具之費而已，非賀也。作《記》者因俗之名稱賀。人之序。《小學注》謂相承代之次序也。不以夜禮也。退溪曰：「夜宴似涉褻慢，故云禮也。」些。少也。大男小女。互文而言。

家禮輯覽卷之四

喪禮

喪禮。《喪服注》不忍言死而言喪，喪者棄亡之辭。○《檀弓》子路曰：「傷哉貧也，生無以爲養，死無以爲禮也。」孔子曰：「啜菽飲水盡其歡，斯之謂孝。斂手足形，還葬而無椁，稱其財，斯之謂禮。」○《孟子》曰：「不得，不可以爲悅；無財，不可以爲悅。得之爲有財，古之人皆用之，吾何爲獨不然？吾聞之也，君子不以天下儉其親。」《注》不得，謂法制所不當得。得之爲有財，言得之而又爲有財也。或曰：「『爲』當作『而』。」送終之禮所當得爲，而不自盡，是爲天下愛惜此物而薄於吾親也。○《王制》六十歲制，七十時制，八十月制，九十日脩，唯絞、紟、其鳩反。衾、冒，死而后制。《注》歲制，謂棺也不易可成，故云歲制。衣物之難得者，須三月可辦，故云時制。衣物之易得者一月可就，故云月制。至九十則棺衣皆具，無事於制作，但每日修理之，恐或有不完整也。絞與紟皆用十五升布爲之。凡衾皆五幅，士小斂緇衾赬裏，大斂則二衾冒，所以韜尸，象生時玄衣纁裳也。此四物須死乃制，以其易成故也。○《檀弓》喪具，君子耻具一日二日而可爲也者，君子不爲也。《丘儀》謂耻成其制，非謂不畜其質也。○子游曰：「飯於牖下，小斂於户内，大斂於阼，殯於客位，祖於庭，葬於墓，所以即遠也。故喪事有進而無退。」《注》飯者，尸沐浴後，以米及貝實尸口中也。時尸在室西牖下南首也。斂者，包裹斂藏之也。小斂在户內，大斂出在東階，未忍離其爲主之位也。主人奉尸斂于棺，則在西階矣。掘肂以二反。於西階之上。肂，陳也，謂陳尸於坎也。置棺于肂中而塗之，謂之殯。及啓而將葬，則設祖奠於祖廟之中庭而後行。自牖下而户內而阼而客位而庭而墓，皆一節遠於一節，此謂有進而往，無退而還也。○《雜記》凡婦人，從其夫之爵位。《注》治婦人喪事，皆以夫爵位尊卑爲等降，無異禮也。○《開元禮》凡內喪，皆內贊者行。○《曾子問》「女未廟見而死，則如之何？」孔子曰：「不遷於祖，不祔於皇姑，壻不杖、不菲、不次，歸葬于女氏黨，示未成婦也。」○「下殤，土周葬于園，遂輿機而往，塗邇故也。今墓遠，則其葬也如之何？」曰：「吾聞諸老聃曰：『昔者史佚有子而死，下殤也。墓遠，召公謂曰：「何以不棺斂於宮中？」史佚曰：「吾何敢乎哉？」召公言於周公，周公曰：「豈不可？」史佚行之。』」《注》不遷祖，不遷柩而朝於壻之祖廟也。不祔皇姑，以未廟見。壻不別處喪次，女之父母自降服大功。土周，堲周。輿猶抗也。機者，輿尸之具，木爲之，狀如牀而無脚，以繩横直維繫之，抗舉而往堲周之所。史佚，周初良史也。墓遠，不葬於園也。言猶問也。吴氏曰：「周人葬下殤之禮，不用棺，但以衣斂尸而置之尸牀，不用車載，衆手舁之以往。曾子問去墓近者可如此，若去墓遠，則輿尸以往而不用棺，不用車，似若不可。孔子遂引老聃所言史佚之事以答。蓋史佚曾葬下殤之子，而其墓遠，方疑於輿尸之不可。而召公勸以棺斂於宮中，則如成人而載以喪車，不舁機也。史佚以前未有此禮，故有所不敢。於是召公爲佚問之周公。周公曰：『豈不可？』蓋禮有從權而義起者，墓近則舁機，墓遠則棺斂而車載以往，雖前時禮所未有，然亦無害於義也。史佚依周公所言行之。」○《開元禮》三殤之喪，始死，浴襲及大小斂與成人同。其長殤有棺及大棺，中殤、下殤有棺、靈筵，祭奠、進食、葬送、哭泣之位與成人同。其苞牲及明器，長殤三分減一，中殤三分減二。唯不復魂，無含，事辦而葬，不立神主，既虞而除靈座。其虞祝辭云：「維年月朔日，子父告于某。若兄，云「告弟某」。若弟，云「弟某敢昭告某兄」。日月易往，奄及反虞，悲念相續，心焉如燬。兄云「悲痛猥至，情何可處」。弟云「悲痛無已，至情如何」。今以弟祭兄則云「謹以」。潔牲、嘉薦、普淖、明齊、溲酒，薦虞事于子某，某兄，弟某。魂其饗之。弟祭兄云「尚饗」。凡無服，四歲以上略與下殤同，又無靈筵，唯大斂小斂奠而已；三歲以下，斂以瓦棺，葬于園，又不奠。○《檀弓》戰于郎，禺遇。人與其鄰重童。汪踦記。往，皆死焉。魯人欲勿殤重汪踦，問於仲尼。仲尼曰：「能執干戈以衛社稷，雖欲勿殤，不亦可乎？」《注》戰于郎，魯哀公十一年，齊伐魯。禺人，昭公子公爲也。魯人以踦有成人之行，欲以成人之喪禮葬之，而孔子善其權禮之當也。○《開元禮》凡死於外者，小斂而返，則於素服、衰巾、帕頭，徒跣而從。大斂而返，亦如之。凡死於外者，斂而返，毁門西墻而入。○《曲禮》鄰有喪，舂不相。去聲。里有殯，不巷歌。《注》五家爲鄰。相者，以音聲相勸，蓋舂人歌以助舂。二十五家爲里。巷歌，歌於巷也。

初終

初終。《檀弓》君子曰終，小人曰死。《注》終者對始而言，死則澌盡無餘之謂也。君子行成德立，有始有卒，故曰終。小人與群物同朽腐，故曰死。黃氏曰：「終以道言，死以形言。」○《丘儀》若病勢度不可起，則先設牀于正寢中，子弟共扶病者出居牀上，東首。既遷，則戒內外安靜，毋得諠譁驚擾。仍令人坐其旁，視手足。男子不絕婦人之手，婦人不絕男子之手。補 問病者有何言，有則書于紙，無則否。出大明《集禮》。徹去舊衣，加新衣，置新綿于口鼻之間，以俟氣絶。病者氣將絶，則鋪薦席褥于地，俟其氣絶，扶居其上，以衾覆之，以一筯横口中，楔齒使不合，可以含。至是，婦女入，男女哭擗無數。以上初喪禮，自補入以下，若倉卒不能盡從，唯用遷居正寢、屬纊、廢牀寢地、楔齒、舉哀五節亦可。

疾病。《集説》問：「宜禱鬼神否？」曰：「《論語注》：『疾病行禱五祀，蓋孝子迫切之至情，有不能自已者。』昔周公欲代武王死，但告于宗廟，庾黔婁欲代父死，每夜稽顙北辰，非若後世宰牛殺牲，諂祭非鬼，而無益也。若欲行禱，當師二公。」遷居正寢。《士喪禮》死于適室。《注》適室，正寢之室也。疾者齊，故于正寢焉。《記》有疾，疾者齊。《注》正情性也。適寢者，不齊不居其室。○《大記注》卒當於正處也。○《補注》古之堂屋三間五架，中架以南三間通長爲堂，以北三間用板隔斷，以東西二間爲房，中間爲室，即正寢也。室之南北有牖，病居北牖下，君視之則遷於南牖下。然所謂遷居正寢者，唯家主爲然，餘人則各遷於其所居之室中。《會成》問：「疾篤遷出外寢，能不傷其心乎？子之於親，心忍遷乎？舉扶遷動，或致奄絶，能無憾乎？」馮氏曰：「《喪大記》：『君夫人、大夫世婦卒於正寢。内子未命，則死下室，遷尸於寢。士之妻皆死於私寢。』蓋貴者宜遷，而無嫌者不必遷也。且當温公時，遷者亦少，不然公何獨稱孫宣公一人哉？」《注》不絶於婦人。《士喪禮·注》備褻。《疏》按：《喪大記注》云：「君子重終，爲其相褻。」若然，疾時使御者持體，并死于其手，故《喪大記》云「其母之喪，則内御者抗衾而浴。」「僖公薨于小寢。」《注》云：「小寢，夫人寢也。禮，男子不絶于婦人之手。今僖公薨于小寢，譏其近女室，是男子不絶于婦人之手也。」○《會成》君子于其生也，欲内外之有别，于其死也，欲終始之不褻，則男女之分明，夫婦之化興，此所以男子不死于婦人之手，婦人不死于男子之手也。

《附注》孫宣公《宋鑑》孫奭，博平人。守道自處，未嘗阿附。真宗以天書召問，對曰：「臣聞『天何言哉』，豈有書也？」上疏極諫。尋出知密州。仁宗時以少傅致仕，卒謚曰宣。

薨。《曲禮注》薨之爲言瞢也，幽晦之意。

廢牀寢地。《大記》疾病，外内皆掃。寢東首於北牖下。廢牀。徹褻衣，加新衣，體一人。屬纊以俟氣絶。《注》古人病將死則廢床，而置病者於地。及死，則復舉尸而置之牀上。手足爲四體，各一人持之，爲其不能自屈伸也。男女皆改服，亦疑賓客之來也，貴者朝服，庶人深衣。○《丘儀》按：此廢牀寢地在屬纊之前，而高氏《厚終禮》則屬纊在廢牀之前。今從高氏者，恐有妨於將死者也。

復。《士喪禮》注 復者，招魂復魄也。《疏》出入之氣謂之魂，耳目聰明謂之魄。死者魂神去離於魄，今欲招取來復歸于魄。○《檀弓》復，盡哀之道也，有禱祠之心焉。望返諸幽，求諸鬼神之道也，北面求諸幽之義也。《注》行禱五祀而不能回其生，又爲之復，是盡其愛親之道，而禱祀之心猶未忘於復之時也。望返諸幽，望其自幽而返也。鬼神處幽暗，北乃幽陰之方，故求諸鬼神之幽者必向北也。○《大記·注》死者不可以復生，萬物自然之理也。於死而必爲復，既死而卒不能復。聖人制此，豈虛禮歟？人情而已矣。孝子之情苟可以生死而肉骨者，無不爲已。況於萬一有復生之道，何憚而不設此禮哉？○《檀弓》邾婁復之以矢。《注》疾而死，行之可也。兵刃之下，肝腦塗地，豈有再生之理？復之用矢，不亦誣乎？○《周禮》天子之復曰「皋天子復」，諸侯則曰「皋某甫復」。此言天子達於士，其辭一者，殷以上質不諱名，故臣可以名君歟！○《通典》婦人稱姓。《注》上服經衣者。《士喪禮》復者，一人以爵弁服，簪裳于衣。《注》爵弁服，純衣纁裳也。禮以冠名服。《疏》按：《雜記》云：「士弁而祭於公，冠而祭於己。」是士服爵弁助祭於君，玄冠自祭於家廟。士復用助祭之服，則諸侯以下皆用助祭之服可知。簪，連也。若常時衣服衣裳令各别，此招魂取其便，故連裳於衣。朝服平生所服，冀精神識之而來反衣。○《大記注》復，各以死者之祭服，以其求於神故也。左執領。《士喪禮疏》必用左者，招魂所以求生，左陽，陽主生，故用左也。升屋。《禮運注》所以升屋者，以魂氣之在上。中霤。《月令注》古者陶復陶穴皆開其上以漏光明，故雨霤之後，因名室中爲中霤。卷衣降。《大記注》三號畢，乃卷斂此衣，自前投而下，司服者以篋受之，復之小臣即自西北榮而下也。○《士喪禮注》不由前降，不以虛反也。《疏》凡復者，緣孝子之心，望得魂氣復反，復而不蘓，則是虛反。今降自後，是不欲虛反也。覆尸上。《士喪禮》升自阼階以衣尸。《注》衣尸者，覆之若得魂反之。哭擗無數。《問喪》動尸舉柩，哭踊無數。《注》哭踊本有數，此言無數者，又在常節之外也。吴氏曰：「動尸謂初死至斂時，舉柩謂啓殯至葬時。」○婦人不宜袒，故發胸，擊心，爵踊，故曰辟婢尺反。踊哭泣，哀以遂之。《注》發，明也。爵踊似爵之跳，足不離地也。辟，拊心也。吴氏曰：「婦人以發胸擊心代男子之袒。男踊如人之跳，足起而高。女踊如爵之跳，足不離地。」

《附注》中屋。《注》當屋之中，蓋屋之脊也。蘇。《韵會》作「穌」。死而更生曰穌。禮成於三。義見上《圖説》「行冠禮」條。《今獻匯言》古人觀會通以行典禮，多以三數爲制。蓋三者，數之節也，情文之中也，達之天下，可以經也。故冠禮三加，射禮三耦，賓主相見之禮三讓三辭，郊廟百神之祀致齊三日，喪禮孝子三日水漿不入口，喪服止於三年，娶婦三月而廟見。其明罰也，止於三就三居；其矜恤也，止於三宥；其黜陟幽明也，止於三考；其建官之極，止於三公；三孤，教之以賓興也，止於三物。數以三爲制，何莫不然？不及者則失之儉而固也，過之者則失之奢而濫也。惟其稱也，故君子慎焉。

立喪主。《小記》大功者主人之喪，有三年者，則必爲之再祭。朋友，虞祔而已。《注》大功者主人之喪，謂從父兄弟來主此死者之喪也。三年者，謂死者之妻與子也。妻既不可爲主，而子又幼小，别無近親，故從父兄弟主之，必爲之主行練祥二祭。朋友但可爲之虞祔而已。應氏曰：「死生相恤，人道之當然。今其身死而妻子懦弱，適無父母兄弟之至親者，則大功當任其責，而至於終喪。或適無小功之親，則朋友當任其責，而至逾葬。使其不幸而無大功，則小功以下其可以坐視乎？又不幸而無朋友，則爲鄰者其可以恝然乎？是以體朋友死無所歸於我殯之義，則練祥不必大功，而親黨皆不可得以辭。推行有死人尚或墐之之心，則虞練不必朋友，而凡相識者皆不得而拒。特其情有厚薄，處之各不同。凡遇人之急難，而處事之變者，不可不知。」○《雜記》凡主兄弟之喪，雖疏亦虞之。《注》小功緦麻，疏服之兄弟也，彼無親者主之，而已主其喪，則當爲之畢虞祔也。○《小記》大夫不主士之喪。《注》謂士死無主後，其親屬有爲大夫者，不得主其喪，尊故也。○《丘儀》用同居之尊且親者一人爲之。如無同居者，擇族屬之親賢者。又無族屬，則用親戚。又無親戚，則用執友亦可，專主與賓客爲禮。蓋親者主饋奠，尊者主賓客，凡喪皆然。○《會成》父在而子有母之喪，父主饋奠而行揖禮，其子隨之哭拜。死者之子幼不能主喪，妻又不可爲主，則兄弟主之。至於終喪，其子則以衰抱之人爲之拜。《注》承重。《檀弓注》承祖宗，重事也。

《附注》《奔喪》、《雜記》。皆《禮記》篇名。妻黨雖親不主。《注》婦人於本親降服，以其成於外族也，故本族不可主其喪。里尹主之。《大全》葉味道問：「按《雜記》，姑姊妹其夫死而夫黨無兄弟，使夫之族人主喪，妻之黨雖親，不主。夫若無族，則前後家東西家。無有，則里尹主之。或曰：主之而祔於夫之黨。今賀孫有姑，其夫家出，反歸父母家。既耆耄，他日捨兄弟姪之外，無爲主者。但不知既無所祔，豈忍其神之無歸乎？」曰：「古法既廢，鄰家里尹決不肯祭他人之親，則從宜而祀之別室，其亦可也。」喪有無後，無無主。《注》無後不過已自絶嗣而已，無主則闕於賓禮，故可無後，不可無主也。

護喪。《檀弓》杜橋之母喪，宮中無相，以爲沽古。也。《疏》沽，麤略也。孝子喪親，悲迷不復自知，禮節事儀皆須人相導。而杜橋家母死，宮中不立相導，故時人謂其於禮爲麤略也。○《家語》孔子在衛，司徒敬子卒，夫子吊焉。主人不哀，夫子哭不盡聲而退。蘧伯玉曰：「衛鄙俗，不習喪禮。煩吾子相焉。」孔子許之。○《丘儀》按：喪必有相久矣，況禮廢之後，人家子弟未必皆知禮，宜議親友或鄉鄰中素習禮者一人爲相禮，凡喪事皆聽處分，而以護喪助焉。○《語類》某嘗説，古者之禮，令只是存他一個大槩，令勿散失，使人知其意義，要之必不可盡行。如始喪一段，若欲盡行，則必無哀戚哭泣之情。何者？方哀苦荒迷之際，有何心情，一一如古禮之繁細委曲？古者有相禮者，所以導孝子爲之。若欲孝子一一盡依古禮，必躬必親，則必無哀戚之情矣。況只依今俗之禮，亦未爲失，但使哀戚之情盡耳。

易服。《小記注》親始死，子服布深衣，去吉冠，猶有笄縰。○《檀弓》夫子曰：「始死，羔裘玄冠者，易而已。」《疏》養疾者朝服。羔裘玄冠即朝服也。始死則去朝服，着深衣。○楊氏復曰：「自始死至成服，白布深衣不改。」○《集説》今俗有外穿孝服，内穿色服者，不宜。○按《丘儀》「易服」一條移於未立主喪護喪之前者，蓋以爲親死一刻，未可以華餙故也。然禮廢不講久矣，豈人家皆有知禮者而必知去華餙服素之義乎？況親始死，一家號痛擗踊急遽奔遑之際，何暇及此節目乎？此《家禮》所以必先立其護喪之知禮者，而後次及易服之節也。

《注》被髮。《問喪》親始死，鷄笄。斯。巴買反。《注》鷄斯，讀爲笄纚。縰同。笄，骨笄也。纚，韜髮之繒也。

親始死，孝子去其冠，惟留笄纚也。○《丘儀》歷考古《禮》，並無有所謂被髮者。惟唐《開元禮》有男子易以白布衣被髮，女子易以青縑衣被髮之説。温公謂笄纚今人平日所不服，被髮尤哀毀無容，故從《開元禮》。愚按：今人雖無韜髮之纚，然實用笄以貫髮。今其包網巾與纚頗相似，今擬初喪即去冠帽，露出網巾骨笄，至括髮時始去之，似亦同古意。然不敢自是，始記于此。○《會成》長子衆子去帽露網巾骨簪，妻妾婦女去假髻及金銀飾，露髮爲髻，皆去上服，服淡色常服，餘人皆去華飾。又曰：舊《禮》徒跣上有「被髮」一節，今據丘公論去之。其曰去帽露網巾，去假髻露髮，亦據文莊論補之也。又按：「袒括髮免髽于別室」條云：舊《注》删去，今更定云：孝子于別室去網巾，帶白布巾，加環絰，至成服日去之，服仍舊加腰絰絞帶，齊衰以下巾同，但不加環絰。婦人皆退如別室，帶白假髻，加削竹簪，腰絰。又曰：按：禮，成服始着喪冠。《正義》云：親始死去冠，既斂不可無飾，故士素委貌，大夫素燕弁而加以環絰。文莊以環絰之下固宜有巾帽承之，三代委貌燕弁之制，今世不存，乃更以孝巾，然皆詳于男子，略于女子。夫男子斂髮既以孝巾爲飾，女子只以麻繩束髮，豈得爲飾？故愚又更之如上。

扱上衽。《韵會》扱插通，測給切。○《問喪注》上衽，深衣前襟也。以號痛踐履爲妨，故插於帶也。

徒跣。《問喪注》徒，空也。徒跣，無屨而空跣也。○《大記注》徒跣者，未着喪屨，吉屨又不可着也。○《手鑑》跣，蘇典切，以足親地也。

華餙。《丘儀》華餙，謂凡衣服之有色者，男子腰帶、婦人首餙簪珥之類。

鄰里爲糜粥以食。《問喪》親始死，惻怛之心，痛疾之意，傷腎乾肝焦肺，水漿不入口三日，不舉火，故鄰里爲之糜粥以飲食嗣。之，痛疾在心，故口不甘味。《注》糜厚而粥薄，薄者以飲之，厚者以食之。

前襟之帶。按《大記注》「之」作「於」。

治棺。《韵會》棺，古安切，所以掩屍。又古玩切，以棺殮也。○《檀弓》有虞氏瓦棺，夏后氏堲稷。周，殷人棺椁，周人牆置翣。《注》瓦棺，始不衣薪也。堲周，或謂之土周。堲者，火之餘燼，蓋治土爲甎，而四周於棺之坎也。殷世始爲棺椁，周人爲餙棺之具，蓋彌文矣。馬氏曰：「自虞氏瓦棺，而至夏后氏堲周，周之有椁之象。商人以瓦棺、堲周皆陶冶之器，而陶冶出於土，及其久也，必復於土，不能無使土侵膚，遂以木易之。木足以勝土，而仁人孝子所以深慮長思者，未有易此。聖人之法，相待而後備，故周人則緣商人之棺椁，餙之以墻，置翣，棺椁以比化墻，置翣以爲觀美，皆所以盡孝子之心，無使之惡於死而已。」○周人以殷人之棺椁葬長殤，以夏后氏之堲周葬中殤、下殤，以有虞氏之瓦棺葬無服之殤。○孟子曰：「古者棺椁無度，中古棺七寸，椁稱之。」《注》度，厚薄尺寸也。中古，周公制禮時也。椁稱之，與棺相稱也。饒氏曰：「周七寸只如今四寸許。」○《五禮儀》大夫、士、庶人棺厚二寸，椁三寸。○《大記》大夫裏棺用玄緑，士不緑。《疏》裏棺，謂以繒貼棺裏也，玄繒貼四方，緑繒貼四角。士不緑者，悉用玄也。○按俗禮先以白紙立鋪於棺内四墻數重，次以乾燥正灰三四斗隨宜，補底二三寸許，加七星板于灰上，前立鋪紙，次疊藏之，無使灰出外，布褥席于其上。《注》油杉。《譯語指南》松也。○按《會成》，世之木工謂柏之有油者曰油柏，無油者曰柴柏。油柏則除標木末之外皆耐久，柴柏雖木心亦不耐久也。以此觀之，所謂油杉是亦杉之有油者也。虛檐。按《左》：二年，宋文公卒，始厚葬，椁有四阿。《注》：四阿，四注椁也。以此觀之，棺之有虛檐，亦由此四注而成歟！灰漆。灰，骨灰也。瀝青。《丘儀》出《厚終禮》。○按或云：嘗因遷葬者見其棺中，則瀝青已化爲糞土，無復有其性。蓋松脂之所以千年化爲茯苓者，以其有生氣也。至瀝青則雜以蚌粉、黄蠟、清油，又煎火爲用，則又失其生氣也，安有爲茯苓之理乎？此言頗有理，用者詳之。又按朱子曰：「木棺瀝青似亦無益，然則莫若只用於縫合處而已。」秫。《本草》秫米止寒熱，療漆瘡。《注》此米功用是稻秫也。今大都呼粟糯爲秫稻，秫爲糯矣。孟誥云：「秫米其性平，能殺瘡疥毒熱。」○按所謂秫米者，即糯米也，故《丘儀》亦作「糯」。七星板。《集説》先作木匡如棺底大足，高三四寸，用板一片，欲木匡内，穿七星穴。○問穿七星之義。李退溪曰：「南斗司生，北斗司死。」○《五禮儀》厚五分。占地。《韵會》占，音艷切，擅據也。松脂。按俗方：松脂作末，以麤布篩下，八斤黄蠟，以刀割碎，法油少蚌粉各五兩五錢，合煎乃用，則棺内上下四方可足塗也。或松脂一斤，黄蠟、法油、少蚌粉各七錢弱，合煎八次，於事爲便。法油先枰鐘子，知其兩數，次盛法油於其中枰之，可知錢數。

《附注》少蚌粉。《左》成二年，宋文公卒，始厚葬，用蜃炭。《注》燒蛤爲炭以瘞壙。蔡氏兄弟。蔡淵，字伯静，號節齋，弟沈，字仲默，號九峰，西山之子，皆隱德不仕。節齋有《易訓解》，九峰著《書傳》。彭止堂。《史》名龜年，字子壽，臨江軍清江人。從朱、張學，登進士，以待制寶謨閣致仕，卒。號止堂，謚忠肅。尸。《曲禮》在床曰尸。《注》尸，陳也。既未殯歛，陳列在床，故曰尸也。椑。《韵會》毗亦切。《檀弓》君即位而爲僻，椑。歲一漆之。《注》即位即造爲親尸之棺，蓋杝棺也。漆之堅强甓甓然，故名椑。每年一漆，示如未成也。壽器。《漢書注》謂冢墳也。稱壽者，取其久遠之意。椁周於棺。朱子曰：「二棺共椁。蓋古有椁，合衆材爲之，故大小隨人所爲。今用全木，則無許大木可以爲椁，故合葬者只同穴而各用椁也。」掩壙。按「壙」疑作「盖」，退溪意亦然。

訃告。《既夕禮注》赴，走告也，今文作「訃」。《疏》言赴，取急疾之意。《雜記》作「訃」者，義取以言語相通，亦一塗也。○《士喪禮》乃命赴于君。主人西階東，南面，命赴者，拜送。有賓，則拜之。入，坐于牀東。《注》臣，君之股肱耳目，死當有恩。《疏》此謂因命赴者，有賓拜之。若不因命赴者，則不出。○《檀弓疏》生時與人有恩識者，今死，則其家宜使人赴告。《士喪禮》：「孝子自命赴者。」《注》云：「大夫以上，則父兄代命之，士則自命赴可也。」○《雜記》凡訃於其君，曰：「君之臣某死。」大夫訃於同國適敵。者，曰：「某不禄。」訃於士，亦曰：「某不禄。」士訃於同國大夫士，曰：「某死。」《注》適者，謂同國大夫，士卑，故其辭降於大夫。僚友。《士喪禮疏》同官爲僚，同志爲友。《注》司書發書。《丘儀》按《家禮》，有司書，蓋孝子初喪，悲迷不得自書，有司代爲書，而稱哀子名可也。書式、某親某人以某月某日得疾，不幸於某月某日棄世，專人訃告。月日，哀子某泣血某親某人。

執事。《丘儀》《檀弓》：「孔子之故人曰原壤，其母死，夫子助之沐椁。孔子之喪，公西赤爲志焉。」《注》：「志，記識也。」按：此則喪禮不可無執事之人明矣。設幃及牀。《補注》幃，聯白布爲之，今幃幕是也。○《丘儀》尸牀以木爲之，去其足。○按《士喪禮》：「帷堂。」《注》：「事小訖也。」《疏》：「事小訖者，以其未襲斂，必帷之者，鬼神尚幽闇故也。」又，「君使人吊，徹帷。」《注》：「徹帷㡇羌據反，開户。之事畢，則下之。」《疏》：「徹帷㡇之者，謂褰帷而上，非謂全徹去。知事畢則下之者，按：下「君使人襚，徹帷」，明此事畢下之可知。又，「卒斂，徹帷」。《注》：「尸已餙。」又按：《雜記》：「朝夕哭，不帷。」《注》：「朝夕之間，孝子欲見殯，故哭則褰舉其帷，哭畢乃垂下之。」又按：《檀弓》：「尸未設餙，故帷堂，小斂而徹。」《注》：「人死斯惡之矣，未設餙，故幃堂，蓋以妨人之所惡也。小斂則既設餙，故徹焉。床謂襲牀。禮，始死，廢牀而置尸於地。及復而不生，則尸復登牀。」此《傳》說與《士喪禮・疏》說不同，未詳何據。又按：黄勉齋《續儀禮經傳通解》只存鬼神尚幽闇之説，而不引《檀弓》此說，其去取可知也。但後來考禮之家皆不從《疏》說，而只取《檀弓》文，如丘氏《儀節》及《補注》是已。愚亦以爲，若從

《士喪疏》説，則是即死其親而爲鬼也，恐非孝子之意也。且小斂後徹之者，尸已餙而將奉尸夷于堂，恐礙於事故也。又按：《開元禮注》：「初氣絶，室内隨事設帷。」掘坎。《士喪禮》甸人掘坎于階間，少西。《疏》按：《既夕記》：「掘坎南順，廣尺，輪二尺，深三尺，南其壤。」○《集説》問：「《檀弓》掘室中之地作坎，以牀架坎上，尸於其上浴，令浴汁入坎。《家禮》掘坎屏處，不同，何也？」曰：「屏處坎乃埋餘水巾櫛。今人不設尸牀，不掘室中，尸浴盆内，從欲便也。」《注》薦。《韵會》作田切，籍也。藁曰薦。南首。《檀弓》南首，以南方昭明也。人之生也，則自幽而出乎明，故自沐浴至殯猶南首者，不忍以鬼神待其親也。○《大全》必謂尸當南首，亦無正《經》可考，只《喪大記》「大斂，陳衣，君北領，大夫西領」，《儀禮》「士南領」。以此推之，恐國君以上當北首耳。然不敢必以爲然，若無證，論闕之可也。○按南首出《禮記》，而朱子謂無正《經》可考者，慮氏以《禮記》爲《儀禮》之傳，朱子所謂正《經》，蓋指《儀禮》也。覆以衾。按《五禮儀》，衾用複即大斂之衾也。

陳襲衣。《五禮儀》布褥席及枕，先布大帶，表裏白紬，紅緑緣。女則表裏青紬。黑圓領一，若女喪則長衫及衣裳汗衫之類。褡褸一，即半臂衣。帖裏一，裏肚汗衫袴襪之類。又以箱盛網巾，代用皂紵。幅巾一、用皂紬。幎目一、用緇帛。握手、用玄帛。履一雙，用黑紬。若女喪則青履。乃襲施屏。○《士喪禮》陳襲事于房中，西領，南上。《注》襲事，謂衣服也。《疏》所陳之法：房户之内，於户東，西領，南上。知户東陳之者，取之便故也。按：下小斂大斂，先陳先用，後陳後用，依次第而陳。此襲事以其初死，先成先陳，後成後陳，喪事遽備之而已，故不依次也。○《集説》問：「襲斂之禮無婦人，何也？」曰：「想亦只以類推，亦當襲以常服而加大袖可也。今俗用大袖長襖子，皆可。」○《會成》襲，複衣也。向去其衣，今復着之，故謂之襲。《注》充耳。《士喪禮》瑱用白纊。《注》瑱，充耳。

《疏》充，塞也。生時人君用玉，臣用象，示不聽讒。今死者直用纊塞耳而已，異於生也。白纊。《士喪禮疏》按：《禹貢》豫州貢絲纊，故知纊新綿，對緼是舊絮也。核。《韻會》轄格切，果中核。幎目。《韻會》幎，莫秋切。《士喪禮》幎目用緇，方尺二寸，䞓裏，著，組繫。《注》幎讀若《詩》曰「葛藟縈之」之「縈」。《疏》以其葛藟縈于樹木，此面衣亦縈於面目，故從之。握手。《士喪禮》握手用玄纁，裏長尺二寸，廣五寸。牢中旁寸，著，組繫。《注》牢讀爲樓，樓爲削約握之中央以安手也。今文「樓」爲「纋」，憂。旁爲方。《疏》名此衣爲握，以其在手，故言握手，不謂以手握之。云讀爲樓云云者，《經》云廣五寸，牢中方寸，則中央廣三寸，容四指，指一寸，則四寸四寸之外，仍有八寸，皆廣五寸也。讀從樓者，義取樓斂挾少之意。削約者，謂削之使約少也。○奇高峰名大升。曰：「按：著，充之以絮也。組繫，爲可結也。纋，《經》云：『鬠笄用桑，長四寸，纋中。』」又曰：「握手二，用玄帛纁裏，長尺二寸，廣五寸三分，其長取中央四寸，從兩邊各裁入一寸，削約之，充以絮，下端兩角各有繫。按：《儀禮》本條，握手二，右手則只一繫，左手兩端皆有繫。今從左手者，《家禮》既不用決，故從無決者耳。」○又曰：「近世握手用一，長尺二寸，兩端各留四寸，就中央四寸，削其兩邊各一寸，或削一邊寸許，兩端上下角皆有繫，其設之兩手，分置兩端。四寸中，先以下角之繫繞掔一匝，還從上自貫。又以上角之繫從季指繞出手表，鈎中指反，與繞掔者結之，則兩母指在中央削處之表，相結不散。」○退溪曰：「今人或云握手用一幅裹手，非也。」大帶。《士喪禮》緇帶。《注》黑繒之帶。《疏》按：《玉藻》「士練帶，緇辟」，是黑繒之帶，據卑者而言也。但生時著服不重各設帶，此襲時三服俱著共一帶，爲異也。袍襖。《手鑑》袍，薄毛切。襖，烏老切。《大記注》袍，衣之有著者，乃褻衣也。○《玉藻注》用舊絮則謂之袍。○襖，有綿者。汗衫。《韻府群玉》汗衫，燕朝衮冕有白紗中單。漢王與項籍戰，汗透中單，改名汗衫。袴襪。《韵會》袴，苦古切，脛衣。襪，勿發切，足衣。勒帛。見上冠禮。裹肚。《手鑑》裹，古火切，包也。肚，徒古切，腹肚也。○頤庵曰："即俗之小帖裹也。"愚嘗問于景任曰："《家禮》裹肚之用最在内，乃屍身親近之物，必是如今包裹腹腰之物。"景任答曰："來示無疑。"

《附注》單複具曰稱。《大記》袍必有表，不禪，丹。衣必有裳，謂之稱。《注》袍衣之有著者，乃褻衣也。必須有禮服以表其外，不可禪露，衣與裳亦不可偏有，如此乃成稱也。○《士喪禮》明衣不在算。《注》算，數也。不在數，明衣禪衣不成稱也。爵弁服。《士喪禮》爵弁服，純衣。《注》謂生時爵弁所衣之服也。古者以冠名服，死者不冠。《疏》凡襲斂之服，無問尊卑，皆先盡上服。生時服，即士之常服，以助祭者也。皮弁服。《士喪禮注》皮弁，所衣之服也，其服白布衣素裳也。《疏》知其服白布衣素裳者，《士冠禮注》："衣與冠同色，裳與屨同色。"以皮弁白而白屨，故《士冠禮》"素積白屨"是也。褖衣。《士喪禮注》黑衣裳赤緣之謂褖。他亂切。褖之言緣也，所以表袍者也。《疏》知此褖衣是黑衣裳者，以其《士冠禮》陳三服，玄端、皮弁、爵弁，有玄端無褖衣，此《士喪》襲亦陳三服，與彼同。此無玄端，有褖衣，故知此褖衣則玄端也。但此玄端連衣裳，與婦人褖衣同，故變名褖衣也。冒。《注》冒者，所以掩尸形也。自襲以至小斂，雖以著衣，若不設冒，尸象形見，爲人所惡，故設冒質殺。其制縫合一頭，又縫連一邊，餘一邊不縫，兩囊皆然。不縫之邊，上下安七帶，綴以結之。○《丘儀》今小斂有衾不用亦可，然用之亦無害。今世用於既斂之上，非是。橐。古刀切。本《疏》橐是韜盛之名。綴旁七。按《禮器》"天子之堂九尺"。《注》："陽數窮於九，天子則體陽道之極，故堂階之高，其尺以九爲節。自是而下，降殺以兩，故或以七，或以五，或以三焉。"以此觀之，此綴旁七或五或三者，恐亦是此義。而天子之冒，其亦綴九歟？緇冒經殺。《手鑑》經赬同。○《士喪禮注》上玄下纁，象天地也。掩。《士喪禮疏》掩若今人幞頭，但死者以後二脚於頤下結之，與生人爲異也。終幅。《士冠禮注》終，充也。○按《玉藻》：「天子素帶，朱裏，終辟。」《注》：「辟讀如紕。終，竟也。終辟，終竟此帶盡緣之也。」此云充也，恐「竟」字之誤也。安帖。《安唐本》作妥帖。《韵會》當作怗，託協切，安也。鞋。《事物記原》鞵，夏、商皆以草爲之，周以麻，晉永嘉中以絲。或云：馬周始以麻爲之，名鞋也。握手用玄纁。奇高峰曰：「按：劉氏引《疏》不完，使人難曉。《記疏》云：『以握繫一端繞掔還，從上自貫反，與其一端結之者。』按上文『握手用玄，纁裏，長尺二寸。』今『裏親膚』，據從手内置之，長尺二寸，中掩之手，纔相對也』云云。此乃《疏》家引《經》釋《記》，故其言如此。云者，指《注》也。上文，指《經》也。今，指記也。據謂據以爲言。蓋既曰『長尺二寸』，而《記》又曰『裏親膚』，乃據其從手内置之中掩之而言也。『今』字『據』字皆爲虛字斡旋。而劉氏所引以『今』作『令』，而去《注》文一節，及上文二字，故『據』字不見來歷，而『手纔相對』四字無所着落，宜乎後學之疑惑也。今宜正之。『纁』下有『裏』字，而削去『今』、『據』兩字及『手纔相對也』五字，則文簡而意明矣。」○愚嘗考《注》、《疏》之説，則兩手各用一握之義，分明可見。而或云：只用一握，兩端上下角皆有繫，分置兩手於其兩端，四寸中各以其繫結之，使之不散云：其説無據。《疏》所謂「廣三寸，中央又容四指而已」云者，握手通長一尺二寸三分，其長則各四寸，乃就其中央四寸處樓斂挾少，使其間適足以容四指四寸。而《爾雅》、《釋名》所謂握以物置尸手中使握之也。又留其餘兩端各四寸不動，以待裏手之際可掩其手表也。又。所謂「長尺二寸，裏手端，繞於手表，必重疊於上掩者，屬一繫於下角」云者，以其握手中央四寸置之手内，又以其兩端各四寸掩其手表，則必重疊相掩耳。又所謂「據從手内置之，長尺二寸，中掩之手，纔相對也」云者，以中央四寸置於手内，而所餘兩端各四寸重掩其手表，則其兩端之廣衺纔與之相對而適足無餘欠耳。或云：纔相對者，謂其分置兩手於一握之内端而繫之，則其兩手纔相對而不散云：若如是説，則其重在於繫手，而不在於裏手。《家禮》所謂「握手者，裏手之義」安在？《經》曰：「握手長尺二寸，廣五寸。」子夏《記》「裏親膚」。賈氏所謂「今」，指子夏所作《記》文而言也。《鄉本》誤作「令」、「裏」，故致得握手用一之誤。

蓋作「裏」字，而兩手各用一握，然後可以裏手，而於「裏」字爲不當矣。只用一握，則但主於繫綴兩手，而於裏義無當矣。今只辨裏裏之是非，則用二用一之得失自可見矣。○景任嘗答鄙書曰：「示『握手』説，鄙生自十年以前作此見解，每見人説當用一，輒據鄭《注》辨之，而但未知『樓中旁寸，必令當掌處狹少』是何義意。且《疏》云『廣三寸，中央又容四指』，而尸是乃令拇指在外，又安在其裏手耶？以此未免致疑，思之未透。前夏，忽有人來説用一爲是之義甚勤，而正説破平日處，以故不欲膠守初見。意彼説或是，故前日以爲禀質耳，非決以用一爲是也。大槩《疏》所謂『繞於手表必重』云者，用一則説不行。來喻得之，句絶皆精當，只是《記》所謂『裏親膚』一句，所以備《經》文之未備，文順理明，自無可疑，不知高明何病於此，必欲改『裏』，又改《疏》中『令』字爲『今』耶？若如來説，則賈當於『今』字下着『言』字，不當作如此短澁文句，有如始學語孩兒話也。且今『裏親膚』一句，在《儀禮》則猶可如此讀，在《家禮注》中上面本無本《經》，《記》『裏親膚』一句又何可如此讀耶？全不成文理，全不成意味。幸暫舍是己之心，參校彼此，反復尋繹，則不難見矣。」愚答曰：「吾家有唐板諸本，『令』、『裏』皆作『令』、『裏』。蓋《經》言『握手長尺二寸』，《記》言『裏親膚』。賈《疏》所謂『令』，指《記》文而言也。若如『令』説，則《記》所謂『裏親膚』之『裏』并改作『裏』字，然後乃可通也。高明謂《經》可以如此讀，賈《疏》則不可如此讀，夫賈《疏》出於何文耶？何可異視之乎？蓋所謂裏者，即朱子所謂裏手之褁也。反復讀之，文理通暢，無有疑礙。但《家禮注》中，丘氏所引賈《疏》，文勢短澁，非本文如此也。周復纂《集注》説時，删節賈《疏》，故令人難曉也。今將《經》、《記》、《注》、《疏》追一句讀，仰質焉。」景任答曰：「握手説句讀明白，儘無可疑。惟是《記》文『裏親膚』、賈《疏》『令裏親膚』兩句，本自文從字順，而高明必欲改『裏』爲『褁』，終始堅執，不肯聽人説話，此甚所未曉。」擘。《韵會》腕，《注》：烏貫切，掌後節也。纁。淺絳色。○《丘儀》襲具補説明衣。《士喪記》：「明衣裳用幕布，袂屬幅，長下膝。有前後裳，不辟，長及轂，必亦反。縓七絹反。綼毗支反。緆。他計反。緇純。」諸允反。《注》：「幕布，帷幕之布，升數未聞。袂屬幅，不削幅也。長下膝，又有裳蔽下體深也。

不辟，積也。轂，足跗也。佗服短不見膚，長不被土也。一染謂之縓，今之紅也。餙裳在幅曰綼，在下曰緆。七入爲緇。緇，黑也。餙衣曰純。謂領與袂，衣以緇，裳以縓，象天地也。」《記》：「婦人則設中帶。」《注》：「中帶，若今之褌襂。」○《五禮儀》若内喪，則具衣裳。

沐浴　襲　爲位而哭　飯含

沐浴。《大記》御者沐于堂上。君沐粱，大夫沐稷，士沐粱。甸人爲垼役。于西墻下。管人受沐，乃煮之。《注》差，摩也。謂淅粱或稷之潘汁以沐髮也，君與士同用粱者，士卑不嫌於僭上也。垼，塊竈也。將沐時，甸人取西墻之下土爲塊竈，管人受沐汁於堂上之御者，而下往西墻，於垼竈鬲中煮之令温。○按《五禮儀》，國喪，内侍以粱米潘及湯各盛于盆入。《注》云潘淅米汁湯煮檀香水。據此，只於君喪用之，而世俗士庶人或有用之者，非也。

飯含。《禮運》飯腥。《注》飯腥者，用上古未有火化之法，以生稻米爲含也。○《檀弓注》飯即含也，以用米，故謂之飯含。○《雜記》含玉之形制如璧。舊《注》分寸大小未聞。○河西曰：「含去聲。琀同。」○《集説》問飯之義。曰：「《檀弓》云：不忍其口之虚，故用此美潔之物以實之。今俗以珠銀之屑置其口，其餘意歟？」○汪氏克寬。曰：「含者何？口實也。實者何？實以玉食之美也。玉食者何？天子飯以玉，諸侯以珠，大夫以碧，士以貝，庶人以錢是也。然則何以實之？孝子事死如生，不忍虚其親口之意。他日塗車芻靈之制，亦猶是不忍之心，夫安得不敬？《雜記》：『天子飯九貝，諸侯七，大夫五，士三。』《周禮》天子飯含用玉。此蓋異代之制不同如此。

本《注》謂飯，含也，是即以飯爲含。參之《禮運》曰『飯腥』，穀梁氏謂貝玉曰含，二者雖皆爲口實，而用則不同，謂之飯含則可，謂之飯含也則不可，學者察焉。」《注》米二升，淅，令精。《士喪禮》稻米一豆實於筐，祝淅，西歷反。米于堂南面，用盂。《注》淅，沃也。盌。《四聲通解》椀同，烏管切，小盂。沐巾浴巾。《士喪禮》沐巾一，浴巾二，皆用綌於笄。《注》綌，麤葛。《疏》此士禮上下同用綌。按：《玉藻》「浴用二巾，上絺下綌」，彼據大夫以上。乃沐浴。《五禮儀》大夫、士、庶人喪，侍者以潘及湯各盛于盆入，主人以下皆出，帷北向哭。侍者以潘沐髮櫛之，晞以巾，束髮。以紫紬纓束之。女喪則以皂綃帖而斂髮，鄉名首把。又以湯抗衾而浴，悉去病時衣及複衣，拭以巾，剪爪，盛于小囊。俟大斂納于棺內。遂著明衣，以方巾覆面，以衾覆之。《注》主人以下皆出帷。《士喪禮注》象平生沐浴裸裎，子孫不在旁，主人出而襢笫。○設明衣裳，主人入即位。《注》已設明衣，可以入也。晞。《手鑑》許宜切，乾也。撮爲髺。《手鑑》撮，七括切，手取物也。《士喪禮》鬠會。笄用桑，長四寸，纋中。《注》桑之爲言喪也。用爲笄，取其名也。長四寸，不冠故也。纋，笄之中央以安髮。《疏》以髺爲鬠，義取以髮會取之意，爲喪所用，故用桑以聲名之。凡笄有二種：一是安髮之笄，男子婦人俱有，即此笄是也；一是爲冠笄，皮弁、爵弁笄，唯男子有而婦人無也。知死者不冠者，下《記》「其母之喪，鬠無笄」，《注》「無笄，猶丈夫之不冠也」。以此言之，生時男子冠，婦人笄。今死，婦人不笄，則知男子亦不冠也。○鬠用組，乃笄。《注》組，束髮也。古文「鬠」皆爲「括」。抗衾而浴。《大記》母之喪，則內御者，抗衾而浴。《注》抗衾，舉衾以蔽尸也。○《士喪禮疏》以浴尸時袒露無衣，故抗衾以蔽之也。拭。《手鑑》音識，揩也。剪爪。詳見下。棄于坎。

《士喪禮疏》恐人褻之，若棄杖于隱者。

襲。《注》褥。《五禮儀》褥用白綿布。悉去，以新衣。按《士喪禮記》：「疾病，内外皆掃。徹褻衣，加新衣。」《注》：「故衣垢污，爲來人穢惡之。」《士喪禮》：「死于適室，幠用斂衾。」《注》引《喪大記》曰：「始死，遷尸于牀，幠用夷衾，去死衣。」《疏》：鄭《注》云：「去死衣，病時所加新衣及複衣也，去之以俟沐浴是也。」又按《喪大記》：「複衣不以衣尸。」《注》：「《士喪禮》，複衣初用以覆尸，浴則去之。此言不以衣尸，謂不用以襲也。」又按《開元禮》，設牀於室户内之西，去脚，舒簟，設枕，施幄，去裙，遷尸於床，南首，覆用斂衾，去死衣。覩此數説，則悉去病時衣，易以新衣，當在於疾甚之日。而去複衣一節，宜入於設床遷尸覆以衾之時。又既置深衣袍襖之類，而遷尸其上，而又曰易以新衣，文似倒疊，可疑。且沐浴之時，豈未去病時衣之理乎？此等節文，未知何也？

奠。《檀弓》始死之奠，其餘閣也與？《注》閣，所以庋置飲食。蓋以生時庋閣上所餘脯醢爲奠也。《疏》始死奠者，鬼神所以依於飲食，故必有祭酹。但始死未容改異，故以生時庋閣上所餘脯醢以爲奠也。閣，架橙之屬。人老及病，飲食不離寢，故近置室裏閣上。若死，仍用閣之餘奠者，不容改新也。方氏曰：「人之始死，以禮則未暇從其新，以情則未忍易其舊，故以閣上所餘脯醢以爲奠也。」○又《注》始死即爲脯醢之奠，將葬則有包裹牲體之遣，既葬則有虞祭之食，何嘗見死者享之乎？然自上世以來，未聞有舍而不爲者。爲此，則報本反始之思自不能已矣，豈復有倍之之意乎？○《雜記注》喪奠只用脯醢而已者，蓋以死者不食糧，故遣奠亦只用牲體，而不用黍稷。牲體與脯醢之義同，皆是用肉。按飯含用米，殯後有饋食，不食糧之説，恐未安。○《開元禮》襲，奠以脯、醢、酒，用吉器。内喪，内贊者皆受於户外而設之。○按《士喪禮》，楔齒綴足後，奠脯、醢、醴、酒。《疏》：「小斂一豆一籩，大斂兩豆兩籩。此始死俱言，亦無過一豆一籩而已。下《記》云『若醴若酒』，鄭《注》云『或卒無醴，用新酒』。此醴酒俱言，亦料用其一，不兼用。以其小斂，酒醴俱有，此則未具，是其差。」以此觀之，大小斂奠當俱用酒醴，而《家禮》只言奠酒，而不言醴者何？恐亦是温公所謂今私家無醴以廢歟？然則當奠酒一盞，而至虞始具三獻之禮。本朝《五禮儀》則凡襲斂奠皆連奠三盞，未知何據？《注》奠于尸東。《檀弓注》萬物生於東而死於北，小斂之奠於東方，孝子未忍死其親之意也。

《附注》楔齒。《士喪禮》楔息結反。齒用角柶。《注》爲將含，恐其口開急也。《疏》此角柶，其形與扱醴角柶制別，故屈之如軛，中央入口，兩末向上，取事便也。○《大記注》楔，柱也。以角爲柶，長六寸，兩頭屈曲。爲將含，恐口閉，故以柶柱齒，令開而受含也。○《丘儀》以筯代之。綴足。《士喪禮》綴足用燕几。《注》綴，猶拘也。爲將屨，恐其辟戾。《疏》按：《記》：「綴足用燕几，校在南，御者坐持之。」鄭《注》云：「校，脛也。尸南首，几脛在南以拘足，則不得辟戾矣。」几之兩頭皆有兩足，今竪用之一頭以夾兩足，恐几傾倒，故使御者坐持之。燕几者，燕安也。當在燕寢之內，常憑之以安處也。《開元禮》《集覽》初命張説與諸學士刊定五禮，張説薨，蕭嵩繼成，上之，號《開元禮》。

爲位而哭。《丘儀》自是以後，凡言爲位哭，皆如此儀。○《檀弓注》凡哭必爲位者，所以叙親疏恩紀之差。方氏曰：「位者，哭泣之位也。親有遠近，服有輕重，不可以無辨，故哭泣之際，各爲之位焉。」○《大記注》男東女西，陰陽之大分也。喪遽哀迫，人雜事叢，先謹男女之辨而各以類從，則紛糾雜亂者有倫矣。主東賓西，内外之大統也。男主居東之上，而内之家長雖若母亦在其西，則示一國一家之有主，而内外族姓之尊卑咸有所統攝矣。○《士喪禮》親者在室。《注》謂大功以上。○衆婦人户外，北面。衆兄弟堂下，北面。《注》小功以下。《疏》

同是小功以下，而男子在堂下者，以其婦人有事自堂及房，不合在下。○《小記》哭朋友者於門外之右，南面。《注》南向者，爲主以待吊賓也。○《奔喪》無服而爲位者，唯嫂叔；及婦人降而無服者麻。《注》婦人降而無服，謂姑姊妹在室者緦麻，嫁則降在無服也。麻者，吊服而加緦之環絰也。《注》正言嫂叔，尊叔也。兄公於弟之妻，則不能也。《疏》兄公，謂夫之兄也，於弟之妻則不能爲位哭之。○楊氏復曰：「雖無服，吊服加麻，袒免爲位哭也。」○《檀弓》妻之昆弟爲父後者死，哭之適室，子爲主。○又子思哭嫂。《注》妻之昆弟，外喪也，而既無服，則不得爲哭泣之主矣。○《既夕注》自死至於殯，自啓至於葬，主人及兄弟恒在內位。《疏》自死至殯在內位，據在殯宮中。自啓至葬在內位，據在祖廟中。處雖不同，在內不異，故總言之云在內位者。始死未小斂已前，位在尸東，小斂後，位在阼階下；自啓之後在廟，位亦在阼階下也。○《開元禮》三日成服，皆除去死日數，六品以下則并死日爲三日。內外皆哭，盡哀。內外俱降，就次，著縗服。相者引主人以下俱杖升，立哭於殯東，西向，南上。婦人升詣殯西位。若殯逼西壁，婦人皆位於殯北，南面，東上。尊行者坐。○諸尊者於卑幼之喪，及嫂叔、兄娣、弟姪，婦哭朝哺之間，非有事則休於別室。○若舍窄則宗親丈夫在户外之東，北面，西上；外姻丈夫在户外之西，北面，東上。○按以其喪服之精麤爲序。方氏曰：「服輕則於喪者爲疏，服重則於喪者爲親，以精粗爲序也。」《注》稾。《手鑑》古老切，禾稈也。

別設幃以障內外。《開元禮》內外之際，隔以行帷。《注》帷堂内門，南北隔之。丈夫。《韵會》《説文》：「夰，丈夫。從人，一，象簪也。周制八寸爲尺，十尺爲丈。人長八尺，故曰丈夫。」《詩·甫田疏》夫有傅相之德，而可倚仗，謂之丈夫。

異姓婦人坐于帷外。《丘儀》按：《書儀》「外」作「內」。羸。《韵會》倫爲切，瘦也。

飯含。《注》主人左袒。《檀弓》袒，括髮去飾之甚也。有所袒，有所襲，哀之節也。《疏》去飾雖多端，惟袒而括髮，又去飾之中最甚者也。理應常袒，何以有袒時，有襲時？蓋哀甚則袒，哀輕則襲，哀之限節也。扱於腰右。《士喪禮》主人出，南面，左袒，扱諸面之右。《疏》面，前也。謂袒左袖，扱於右腋之下帶之内，取便也。徹枕。《士喪禮·疏》徹枕設也，要在尸首，便也。幎巾覆面。按《開元禮》、《五禮儀》「幎巾」併改作「方巾」。○《士喪禮》布巾環幅，不鑿。《注》環幅，廣袤等也。不鑿者，士之子親含，反其巾而已。大夫以上，賓爲之含。當口鑿之，嫌有惡。《疏》此爲飯含而設，所以覆尸面者。廣袤等也者，布幅二尺二寸。鄭計布廣狹，例除邊幅二寸，以二尺爲率，則此廣袤等亦二尺也。○商祝執巾從入，當牖北面，徹枕設巾。《注》設巾覆面，爲飯之遺落米也。《疏》士之子親含，發其巾，不嫌惡。今設巾覆面者，爲飯時恐有遺落米在面上，故覆之也。由足而西。《士喪禮疏》主人空手由足過，以其口實不可由足，恐褻之。抄米實于尸口。抄，平聲，抓取也。○《士喪禮》主人左扱米實于右，三實一貝。左、中亦如之。又實米，唯盈。《注》唯盈，取滿而已。《疏》右謂口東邊也。以《經》左右及中各三扱米，更云「實米唯盈」，則九扱恐不滿，是以重云「唯盈」也。

覆以衾。按《開元禮》：「既襲，乃覆以大斂之衾。」《注》云：「始死時所覆衾。」《注》加幅巾。按《五禮儀》。此上有「侍者設枕，如初去巾」之文。納屨。《士喪禮》乃屨，綦結于跗，方于反。連絇。《注》跗，足上也。絇，屨飾，如刀衣鼻，在屨頭上，以餘組連之，止足坼也。《疏》跗，足上，謂足背也。屨繫既結，有餘組穿連兩屨之絇，使兩足不相離。設握手。《士喪禮》設決，麗于掔，自飯持之。設握，乃連掔。《注》設握者，以綦繫鉤中指，由手表與決帶之餘連結之。此謂右手也。古文「麗」亦爲「連」，「掔」作「捥」。《疏》按：上文握手長尺二寸，裏手一端，繞於手表，必重疊於上掩者，屬一繫於下角，乃以繫繞手一匝，當手表中指向上鉤，中指又反以上繞取繫向下，與決之帶餘連結。以其右手有決，今言與決同結，明是右手也。下《記》所云「設握」者，此謂左手，鄭云「手無決者也」。○《記》設握，裏親膚，繫鉤中指，結于掔。《注》掔，掌後節中也。手無決者，以握繫一端繞掔，還從上自貫反，與其一端結之。《疏》「手無決者」，以其《經》已云「設握麗于掔」，與決連結，據右手有決者，不言左手無決者，故記之。

《附注》紟。《大記》紟五幅，無紞。《注》紟五幅，用以舉尸者。一説紞都敢反。在絞上。無紞，謂被頭不用組紐之類，爲識别也。尊卑通用十九稱。《士喪禮》凡十有九稱之服，唯有爵弁、皮弁、褖衣而已。云十九稱者，當重之使充十九。○《大記》小斂衣十有九稱，君陳衣于序東，大夫士陳衣于房中。《注》衣十有九稱，法天地之終數也，天子以下皆同十九稱。天地之初數，天一地二，數終則天九地十，人在天地間而終，故取終爲斂衣稱數，尊卑共爲一節也。子羔《雜記注》孔子弟子高柴。公西赤。《檀弓注》公西，氏，赤，名，字子華，孔子弟子。袷。《韵會》訖洽切，裌衣也。古人遺衣裳。按自「古人」至「廟中」十六字，是《注》文也。無謂。《史注》猶言不足道也。芘。《韵會》「庇」或作「芘」，卑義切，蔭也。九泉。九重之泉。親者襚。《士喪禮》親者襚，不將命以即陳。《注》大功以上，有同財之義也。不將命，不使人將之致於主人也。即陳，陳在房中。庶兄弟襚。《士喪禮》庶兄弟襚，使人以將命于室，主人拜于位，委衣于尸東牀上。《注》庶兄弟即衆兄弟，變衆言庶，容同姓耳。將命曰：「某使某襚。」拜于位，室中位也。《疏》知庶兄弟即衆兄弟者，上文云「親者在室」，又云「衆兄弟堂下，北面」，《注》云「是小功以下」，又云「親者襚」，此言「庶兄弟襚」，以文次而言，故知也。

變衆言庶，容同姓者，以同姓絶服者有襚法。庶者，疏遠之稱。朋友襚。《喪服疏》同門曰朋，同志曰友。○《士喪禮》朋友襚，親以進，主人拜，委衣如初，退哭不踊。徹衣者，執衣如襚，以適房。《注》親以進，親之恩也。退堂下，反賓位也。凡於襚者出，有司徹衣。《疏》如襚者，君襚時，襚者左執領，右執要。此徹衣者亦然。君使人襚。《士喪禮》君使人襚，徹帷。主人如初。襚者左執領，右執要，入，升致命。主人拜如初。襚者入，衣尸，出。主人拜送如初。遂拜賓，有大夫則特拜之。即位于西階下，東面，不踊。大夫雖不辭，入也。《疏》主人拜如初者，亦如上吊時迎於寢門外以下之事。

靈座　魂帛　銘旌

靈座。《大全》陳明仲問婦人靈座居中堂，曰：「家無二主，似合少退近西爲宜。」魂帛。《集説》絹長短隨宜。《丘儀》魂帛以白絹爲之，如世俗所謂同心結者，垂其兩足。按：魂帛之制，本《注》引温公説，謂用束帛依神，而朱子本文則又謂結白絹爲之。考古束帛之制，用絹一匹，卷兩端相向而束之。結之制無可考，近世行禮之家有摺帛爲長條而交互穿結，如世俗所謂同心結者，上繫其首，旁出兩耳，下垂其餘，爲兩足，有肖人形，以此依神，似亦可取。然用帛代重，本非古禮，用束用結，二者俱可。○《五禮儀》國喪，施幄於大行牀南，設牀褥席及屏於幄内，以朱漆交倚設於牀上，南向。内侍疊遺衣盛於小函，束白絹一匹爲魂帛，加遺衣上，捧函安於交倚。《注》若非奠獻時，則以白絹巾巾之以禦塵。○俗制 以白紙裹初終時複衣，納諸小箱中。又裁白布三四尺作神主形於上下，以剪白紙一片束之，書上字於其上，又納箱中。《注》類。《手鑑》荒内切，洗面。奉養之具皆如平生。按

《五禮儀》，此下有「始設朝夕奠及上食」之文，而《禮經》及《家禮》則成服之日始設，當從《禮經》。重。《檀弓》重，主道也。殷主綴重焉，周主重徹焉。《注》士重木長二尺。始死，作重以依神。雖非主而有主之道，故曰主道也。殷禮始殯時，置重于殯廟之庭，暨成虞，主則綴此重而懸於死者所葬之廟。周人虞而作主，則徹重而埋之也。方氏曰：「夫重與主皆所以依神而已。或曰重，或曰主，何也？未葬有柩矣，有柩而又設重，所以爲重也。既有廟矣，有廟而必立主，主是爲主。」○《雜記注》虞祭畢，埋於祖廟門外之東。輜輧。重曰輜，輕曰輧，婦人車。訾相。《韻會》訾，翹移切，量也。相，思將切，省視也。

《附注》《三禮圖》。《唐藝文志》有夏后氏《三禮圖》十二卷，又有張溢《三禮圖》九卷。泥。《韻會》乃計切，滯也。大夫無主，束帛依神。《通典》《五經異義》：「或曰：『卿大夫士有主不？』答曰：『按《公羊》說，卿大夫非有土之君，不得祫享昭穆，故無主。「大夫束帛依神，士結茅爲菆。」《注》：自天子及士，並有其禮，但制度降殺爲殊，何至於主唯侯王而已。《禮》言「重，主道也」，埋重則立主。今大夫士亦宜有主以記別，座位有尸無主，何以爲別？今按：《經傳》未見大夫士無主之義，有者爲長。』」○《曾子問》「古者師行無遷主，則何主？」子曰：「主命。」曰：「何謂也？」曰：「天子諸侯將出，必以幣、帛、皮、圭告于祖禰，遂奉以出，載于齊車以行。每舍奠焉，而後就舍。反必告，設奠，卒，斂幣玉，藏諸兩階之間，乃出。蓋貴命也。」《注》既以幣玉告于祖廟，則奉此幣玉猶奉祖宗之命也，故曰「主命」。每舍必奠，神之也。反則埋之，不敢褻也。吴氏曰：「無遷主，謂諸侯受封傳繼未六世者，未有當毁之廟，故無已遷之主也。廟無虛主，有廟者不可以其主行。主命，謂雖無木主，但以所受於神之命即是主也。」

銘旌。《檀弓》銘，明旌也。以死者爲不可別也，故以其旗識之。愛之斯録之矣，敬之斯盡其道焉耳。

《注》《士喪禮》：銘曰：「某氏某之柩。」《疏》士長三尺，大夫五尺，諸侯七尺，天子九尺。若不命之士，則以緇長半幅，赬末長終幅，廣三寸。半幅一尺也，終幅二尺也，是總長三尺。夫愛之而録其名，敬之而盡其道，曰愛曰敬，非虛文也。○《小記》復與書銘，自天子達於士，其辭一也。男子稱名，婦人書姓與伯仲，如不知姓則書氏。《注》書銘，書死者名字於明旌也。男子稱名，謂復與銘皆名之也。婦人銘則書姓及伯仲。此或亦是殷以上之制，如周則必稱夫人也。姓，如魯是姬姓，後三家各有稱氏，所謂氏也。○《開元禮》婦人其夫有官封，云「某官封夫人姓之柩」。子有官封者，云「大夫人之柩」。郡縣隨其稱。若無封者，云「某姓官之柩」。六品以下亦如之。○《大全》古者旌既有等，故銘亦有等。今既無旌，則如温公之制亦適時宜。○按據《檀弓》，則銘旌自是一物，而今乃二之，未詳其義。且所謂温公之制，當考。○《丘儀》以粉筆大書。○《五禮儀》用造禮器尺。○《會成》喪具皆用素，惟此用紅者，容書贈故也。《注》某公之柩。《曲禮》在牀曰尸，在棺曰柩。《注》柩，久也。比化者無使土親膚，故在棺欲其久。○《士喪禮疏》以其銘旌表柩不表屍，故據柩而言。

倚於靈座之右。

按《士喪禮》，置于宇西階上。《疏》此始造銘訖，且置於宇下西階上，待爲重訖，以此銘置於重。又下文「卒塗，始置於肂」。以二反，埋棺之坎者也。若然，此時未用權置於此，及於重也。以此觀之，今倚於靈座之右者，疑亦權置。

杠。

《韻會》古雙切，竿也。

《附注》傘。音散。

不作佛事。

《語類》問：「親死遺囑教用僧道，則如何？」曰：「便是難處。」曰：「可以不用否？」曰：「人子之心有所不忍，這事須子細商量。」○魏公好佛，敬夫無如之何。○問：「設如母卒父在，父要循俗制喪服，用僧道火化，則如何？」曰：「只得不從。」曰：「其他都是皮毛外事。若如此做，從之也無妨。若火化則不可。」泳曰：「火化則是殘父母之遺骸。此話若將喪服浮屠一道說，便是不識輕重在。」○《大全》郭子從問：「今有人焉，其父尊信浮屠，若子若孫皆不忍改，將何時而已？恐人子之遭此，勿用浮屠可也。至於家舍所敬形象，必須三年後改，不知如何？」曰：「如此亦善。」胡伯量問：「治喪不用浮屠，或親意欲用之，不知當如何處？」曰：「且以委曲開釋爲先。如不可回，則又不可咈親意也。」○《集說》問：「不作佛事，或有非之者曰『吝其財以儉其親』。自中人以下，見理不明，執善不固者，無不墮其計，奈何？」曰：「君子用財，視義可否。縱傾產以資佛老，何益亡者？至於葬具反爲苟且多矣。蓋親喪固所自盡也，衣衾棺槨，極誠營之，宅兆祭祀，盡禮爲之而已，固不可避小嫌而乖大義，亦不可恤人言而墮其計也。」《注》世俗信浮屠。雪匡詹陵曰：「此篇辨浮屠害俗之說，委曲明快，實足以破愚民之惑。但天堂地獄之事，雖是浮屠說以誘民爲善去惡之意，而實非中國有此陰府之事，尤見浮屠之僞也。蓋嘗考之，佛國在極西之境，其所居謂之天堂，猶後世天朝天闕之稱。其犯法者皆掘地爲居室而處之，謂之地獄。如南宋主子業囚其諸王爲地牢，亦此類耳。其法有剉燒舂磨之刑，如《書》所載九黎三苗之爲也。閻羅則後世之刑官也，金剛則後世之衛士也，皆其蕃國處生人之制。而學佛者不察，謂施於已死者，則世相傳流，本非佛氏真教也。所謂夜叉、羅刹、鬼國者，皆其西方之土名，其地去中國既遠，風化不及，故其所生亦多異狀，無復人類。如史所謂狗國、羅施、鬼國者，可考也。此雖其初學佛者不察，本非中國之所有者，而流傳之久，後之異教者亦以爲真，愚民亦不覺其爲僞，而水陸道場、寫經造像、修建塔廟者，皆懼此苦楚之禍，以求快樂之福，何異教中之僞，以陷愚民之不知如此耶？嗚呼！哀哉！**誑誘**。【《小學注》】誑，古況反。欺也。誘，引也。**飯僧設道場**。【程子】曰：「天竺之人重僧，必飯之，作樂於前。」○【應劭《風俗通》】中書御史所止皆曰寺，故后代道場祠宇皆取其稱焉。○餘見《翰墨大全》「哀悼」門。○【《會成》】喪禮之廢久矣，今流俗之弊有二，而廢禮尤甚。其一鋪張祭儀，務爲觀美，甚者破家蕩産以侈聲樂器玩之盛，視其親之棺槨衣衾反爲餘事也。其二，廣集浮屠，大作佛事，甚者經旬踰月以極齋羞布施之盛，顧身之衰麻哭踊反若虚文也。斯二者非害禮之甚者乎？然而祭儀之設，惟有力者能之。若浮屠之事，習以成俗，無有貧富貴賤之間，否則人争非之。殊不知彼浮屠之識者猶以其事爲耻，可不悟哉？子游曰：「喪致乎哀而止。」今也苟未能純用古禮，必先去此二者之弊，以盡夫哀痛慘怛之實，則禮雖不足，亦可弗畔於道。滅彌天。【《小學注》】滅，消也。種種。【《韵會》】猶物物。銼燒舂磨。【《小學注》】剉、祖卧反。磨，去聲。甚言其苦楚。波吒。【《韵會》】吒，陟嫁切，《佛經》云：「波波吒吒。」忍，寒聲。癢。【《韵會》】痒與癢通，膚欲搔。剃。【手鑑】他計切，除髮。可得而治。【退溪】曰：「『治』疑當作『紿』，欺也。」○【愚謂】退溪之説未然，「治」當如字，謂雖無知之鬼，不可治也。○【龜峰】曰：「苟不至公，鬼雖靈，可得治天堂地獄之事乎？」廬州。【《集覽》】按《一統志》，廬州，唐初所置，今陞爲廬州府，直隸京師。李舟。【按】李舟，子厚父友。詳見柳文《先友録》。賂。音路，以財與人。滔滔。【朱子】曰：「流而不反之意。」十王。【《集覽》】釋氏所謂十王者，一曰秦廣，二曰所江，三曰宋帝，四曰五官，五曰閻羅，六曰變成，七曰泰山，八曰平等，九曰都市，十曰轉輪是也。

執友。【《注》】主人未成服，來哭。【《檀弓》】曾子襲裘而弔，子游裼裘而弔。曾子曰：「夫夫也，爲習於禮者，如之何其裼裘而弔也？」主人既小斂，袒、括髮，子游趍而出，襲裘帶絰而入。曾子曰：「我過矣，夫夫是也。」【《疏》】凡吊喪之禮，主人未變服前，吊者吉服。吉服者，羔裘、玄冠、緇衣、素裳。又袒去上服，以露裼衣，此「裼裘而吊」是也。主人既變服後，吊者雖著朝服，而加武以絰。武，吉冠之卷也。又掩其上服。若是朋友，又加帶，此「襲裘帶絰而入」是也。方氏曰：「曾子徒知喪事爲凶，而不知始死之時尚從吉，此所以始非子游而終善之也。」○【《會成》】主人未成服來哭者，宜淺淡素衣。今人必以白色主往吊者，非也。○【《丘儀》】主人未成服，來哭者素淡色衣可也。按：高氏曰：「古人謂吊喪不及尸，非禮也。今多待成服而吊，則非矣。」又曰：「親始死，雖不敢出見賓，然有所尊者，不可不出。今本《注》有『吊主人，相向哭，盡哀。主人以哭對，無辭』之文，則是主人出賓矣。然考《書儀》及《厚終禮》，又有未成服，主人不出護喪代拜之説。今兩存之，各爲其儀于後，俾有喪者於所尊親用前儀，於所疏遠者用後儀。吊者臨尸哭，詣靈座前，上香再拜，哀止。吊者向主人致辭曰：『某人如何不淑。』主人徒跣，扱上衽，拊心，立西階下，向賓且拜且哭，無辭。賓答拜。吊者與主人相向哭，盡哀。吊者哭出，主人哭入，護喪送吊者。以上主人未成服，有來吊者用此。蓋本《家禮》及《喪大記》也。吊者入門，望尸哭，哀止。護喪者見，吊者致辭曰：『竊聞某如何不淑。』吊者拜，護喪拜，答辭曰：『孤某遭此凶禍，蒙慰問。以未成服，不敢出見，不勝哀感。使某拜，再拜。』吊者答拜，退，護喪出門外。以上主人未成服，有來吊者用此儀。蓋本《書儀》及《厚終禮》也。」○【《士喪禮》】君使人吊。徹帷。主人迎于寢門外，見賓不哭，先入，門右，北面。吊者升自西階，東面。主人進中庭，吊者致命。主人哭，拜稽顙，成踴。賓出，主人拜送于外門外。○【魏氏堂】曰：「按：《禮》云『親始死，主人不敢出見賓』。高氏則謂有所尊者，不可不出。故文莊本《家禮》本《注》及《喪大記》爲一儀節以答尊親者，本温公《書儀》及高氏《厚終禮》爲一儀節以答疏遠者，又爲一儀節以答成服後來吊者，前後二儀節，於吊者始至之拜不答，蓋本之《禮記》。以其爲助喪執事而來，非行賓主之禮也。但今人吊必答拜，不答恐來人傲慢之譏。若謂之代亡者答拜，則無謂矣。此楊氏所以非之也。侯先生易以哭伏以竢，甚有理。但據楊氏除去賓主交拜一節，謂吊賓之來有哭拜，或奠禮，主人拜賓以謝之，此賓所以不答拜，而《書儀》、《家禮》俱云『賓答拜』，以主人拜，賓不敢當，故答拜。《大明會典》于品官、庶人喪禮吊奠處，俱有『主人再拜，賓答拜』之文，則交拜爲是。」出拜靈座。【《補注》】是出帷拜靈座也。

小斂 袒 括髮 免 髽 奠 代哭

陳小斂衣衾。【《補注》】以衣衾之數有多少，故有大小之名。○【《大記》】凡陳衣者實之篋，取衣者亦以篋升，降者自西階。凡陳衣不詘，非列采不入，絺綌紵不入。【《注》】陳衣者實之篋，自篋中取而陳之。取衣，收取襚者所委之衣。不詘，舒而不卷。非列采，爲間色雜色也。斂尸者當暑亦用袍，故絺綌紵布皆不入。○【《士喪禮》】緇衾，赬裏，無紞。【《疏》】被本無首尾，生時有紞，爲記識前後，恐於後互换。死者一定，不須别有前後。○【《大記》】小斂，君錦衾，大夫縞衾，士緇衾，皆一衾。【《注》】皆一衾者，君、大夫、士皆一衾。○【《丘儀》】古人之死，必爲之大小斂者，所以束其尸而使之堅實。后世不知此禮，往往有謂不忍將死者束縛而不肯斂者，此愚下之見也。不必盡用。【《士喪禮疏》】衣服雖多，不得過十九耳。複。【《補注》】袷也。析末。【《大記注》】以便結束。

【《附注》】半在尸下。【《大記注》】小斂十九稱，不悉著於身，但取其方，故有領在下者。散衣。散，【《韵會》】冗散。○【《士喪禮》】散衣。【《注》】褖衣以下，袍繭之屬。【《疏》】袍繭，有著之異名。祭服不倒。【士喪禮注】祭服尊，不倒也。【疏】士之助祭服，則爵弁服、皮弁服，并家祭服玄端亦不倒也。

設奠具。【河西】曰：「下文『具』字當在『奠』字下，觀『大斂』章可見。」○【《開元禮》】饌於東堂下，瓦甒二，實醴及酒，少牢故及腊六品以下特牲。一二俎，籩豆各八。籩實，鹽脯棗栗之屬也。豆實，醢醬葅菹之類也。四品五品則籩豆各六，六品以下籩豆各二，實亦如之。

括髮麻，免布。【《喪服小記》】斬衰，括髮以麻。爲母，括髮以麻，免而以布。【《注》】斬衰，主人爲父之服也。親始死，子服布深衣，去吉冠，而猶有笄纚。徒跣，扱深衣前衽於帶。將小斂，乃去笄纚，著素冠。斂訖，去素冠，而以麻自項而前交於額上，郤而繞於紒，如著幓頭然。幓頭，今人名掠髮，此謂括髮以麻也。母死亦然，故云「爲母，括髮以麻」，言此禮與喪父同也。免而以布，專言爲母也。蓋父喪小斂後拜賓竟，子即堂下之位，猶括髮而踊。母喪則此時不復括髮，而著布免以踊，故云「免而以布」也。○【朱子】曰：「括髮，束髮爲髻也。」【愚按】此説與《小記》不同。《家禮》所謂括髮，亦當如此否？更詳之。○【藍田吕氏】曰：「免以布，爲卷幘以約四垂短處，而露其髻於冠，《禮》謂之缺項。冠者必先著此缺項，而后加冠，故古者有罪免冠，而缺項獨存。因謂之免者，免與冕弁之冕，其音相亂，故改音問。」○【《丘儀》】免以麤布，爲巾亦可。【《注》】頭𦈡、掠頭。俱見冠禮。○【河西】曰：「掠頭如今之網巾。」○【《丘儀》】此條《儀禮圖》列於陳小斂服前。或者不考《疏》家未成麻之説，遂謂腰絰之制，成服後亦當如此，非是。○【《雜記》】大功以上散帶。【注】大功以上服重，初死，麻帶散垂，至成服乃絞。小功以下，初死即絞也。○【《士喪禮記》】既馮尸，主人袒，髻髮，絞帶，衆主人布帶。【《注》】衆主人，齊衰以下。【《疏》】小斂于户内訖，主人袒，髻髮，散帶垂。《經》不云絞帶及齊衰以下布帶事，故記者言之。○【《丘儀》】按：此則小斂之後，俟堂之前，凡有服者，不徒具腰絰，又當具絞帶也。但服斬者則用環絰，齊衰以下首不用絰，皆免耳。○【又按】具環絰用一股麻爲之，散垂腰絰，其末長三尺。絞帶或麻或布。○【愚】問于愚伏曰：「《儀禮》初喪成服前用環絰，齊衰三年亦有之。《丘儀》但服斬者用之，其餘皆免。丘説與《儀禮》不同，可疑。」答曰：「環絰，《儀禮》及《禮記》并無齊衰不用之語，每疑丘説以何書爲據，以高明之該博，亦未得考據，可歎。」

設小斂牀。【《丘儀》】舉牀置于尸南。布絞衾衣。【大記】小斂於户内，大斂於阼。小斂，布絞，縮者一，横者三。大斂，布絞，縮者三，横者五，布紟二衾。君、大夫、士一也。絞一幅爲三，不辟。【《注》】絞一幅爲三不辟者，辟讀如「擘」，開也。蓋小斂之絞縮一横三者，皆以布之全幅爲數也。大斂之絞縮三横五者，皆以布之小片爲數也。横絞之五，既是以兩幅之布通身裁開爲六片，而用其五片矣。縮絞之三，亦是以一幅之布裁開其兩端爲三，但中間當腰處約計三分其長之一不剪破爾。其横縮之絞八片皆狹小，故結束處不用更辟裂之也。若小斂横縮之絞，是全幅之布，則其末須是剪開爲三，方可結束也，但其剪開處不甚長，非如大斂之縮絞三分其長之二皆剪開也。衿用布五幅聯合爲一，如今單布被，斂衾直鋪，布衾横鋪，斂時先緊卷布衾以包裹斂衾，然後結束縮絞之三，縮絞結束畢，然後結束横絞之五也。○【按】吾東布幅甚狹，大斂横絞若依中朝布裂爲三片，則狹不可用矣。須取三幅，每幅裂爲二片，而用五可也。○【《五禮儀》】鋪衾於絞上，次鋪散衣，次鋪圓領。○【《丘儀》】引《雜記》、《大記》曰：「《雜記》：『小斂環絰，公、大夫、士一也。』《疏》：『環絰，一股而纏也。』親始死，孝子去冠，至小斂，不可無飾。士素委貌，大夫以上素弁，而貴賤悉得加於環絰，故云「公、大夫、士一也。」』《大記》：『君將大斂，子弁絰。』《注》：『弁絰，素弁上加環絰，未成服故也。』《疏》：『成服則著喪冠也。』此雖以大斂爲文，小斂時亦弁絰。』」按此二條及諸家說，則首絰下必有巾帽以承，可知矣。三代委貌爵弁之制，今不存，宜用白布，如俗制孝巾小帽之類，似亦得禮之意。○【《士喪禮》】苴絰，大鬲，下本在左，腰絰小焉。散帶垂，長三尺。牡麻絰，右本在上，亦散帶垂。【《注》】苴絰，斬衰絰也。牡麻絰者，齊衰以下絰也。散帶之垂者，男子之道，文多變也。【《疏》】此陳絰帶者，以其小斂訖，當服未成服之麻故也。多變者，此小斂絰有散麻帶垂之，至三日成服，絞之。婦人陰質，初而絞之，與小功以下男子同。

遷襲奠。【《注》】俟設新奠乃去。【《士喪禮》】徹饌，先取醴酒，北面。其餘取先設者，出于足，降自西階。婦人踊。設于序西南，當西榮，如設于堂。【《注》】爲求神於庭，孝子不忍使其親須臾無所憑依。堂謂尸東也。凡奠設于序西南者，畢事而去之。【《疏》】不巾，以不久設故也。○【《士喪記》】小斂，辟婢亦反。奠不出室。【《注》】未忍神遠之也。辟襲奠以辟斂，既斂則不出室，設于序西南，畢事而去之。【《疏》】始死猶生事之，不忍即爲鬼神事之，故奠不出室。辟襲奠以辟按避同。斂者，以《經》云「小斂辟奠」，故知辟襲奠只爲辟斂也。既斂則不出於室，設於序西南者，又解襲奠不出室。若將大斂，則辟小斂奠於序西南。此將小斂，辟奠於室。至此，既小斂，則亦不出於室，設于序西南，故言不出室。若然，奠不出室，爲既斂而言也。事畢而去之者，斂事畢，奉尸夷于堂，乃去之，而設小斂奠于尸東。○《既夕》徹遷祖奠。《注》不設於序西南者，非宿奠也。宿奠必設者，爲神憑依之久也。《疏》以其大斂、小斂奠及夕奠乃皆經宿，故皆設之。今日側徹之，未經宿即徹，故不設于序西南也。

遂小斂。頤庵曰：「小斂大斂者，只要掩蓋尸體，仍爲回護之道耳。今俗不知此意，惟以縛束牢緊爲能事，擇壯者極力結絞，誤矣。中國之布比我國布其廣可加一半，而乃以三幅裂作六片，去其一不用，用五片爲大斂。彼布廣而裂作三片，摠爲十五片，横絞蓋三倍於禮制，則片小而絞密，其束緊當如何？禮於小斂猶未結絞者，豈獨孝子欲時見其面乎？蓋人死一二日，或有復生者矣，而緊絞若此，是重絶生道也，豈禮以明日小斂又明日大斂之本意哉？況於入棺之後，多填衣服，高若堆阜。及加蓋板，乃用長木大索，左右挽引。若猶不合，又使健僕並登而蹴踏，其爲不敬未暇論矣，胸陷腹折，必至之勢也，而可忍爲乎？護喪者須更思之，結絞當一如禮，棺中只令平滿，其長木大索等物切勿備之可也。」〔《注》〕**舒絹疊衣。**〔按〕《五禮儀》，大夫、士、庶人喪引此節文，削去「絹」字，只有「舒疊衣」三字，未知如何？恐是别用絹一條舒之，而次疊一衣箱其首，仍卷兩端，補其首之兩旁，與肩相齊，然後以絹結之，使不解散。

左衽不紐。〔《大記》〕小斂、大斂皆左衽，結絞不紐。〔《注》〕衽，衣襟也。生向右，左手解抽帶便也；死則襟向左，示不復解。結絞不紐者，生時帶並爲屈紐，使易抽解，死時無復解義，故畢結之，不爲紐也。○〔按〕《士喪禮注》：「遷尸於襲上而衣之。凡衣死者，左衽不紐。」《開元禮》亦如此。而《家禮》至於小斂始有之，是亦未忍遽死其親，移之於小斂耶？○〔更按〕「左衽不紐」之説，《大記》、《家禮》、《士喪注》三者各是一意。《大記》則言之於大小斂，左衽指衣服而言，不紐指結絞而言。《家禮》言之於小斂，其左衽不紐指餘衣之掩而言，此在未結以絞之前矣。《士喪注》則言之於襲時，是襲衣皆左衽不紐矣。蓋《士喪》本《經》，元無左衽不紐之文，而鄭《注》因《大記》大小斂之文而用之於襲時，其誤無疑矣。《大記》則左衽與不紐自是兩事，而《家禮》則合爲一事，亦將何所適從耶？奇高峰及退溪門人力主鄭氏自襲左衽之説，恐不可也。

未結以絞。〔《丘儀》〕按：《儀禮》有卒斂徹帷之文，無有未結絞未掩面猶俟其生之説。《家禮》此説，蓋本《書儀》也。今擬若當天氣暄熱之時，死者氣已絶，肉已冷，決無可生之理，宜依《儀禮》卒斂爲是。

憑尸。《大記注》憑之者，身俯而憑之。執之者，持其衣。奉之者，捧持其衣。撫之者，當尸之心胸處撫按之也。捴言之，皆謂憑尸。○《傳》妻於夫拘之。《注》微牽引其衣，皆於心胸之處。○《雜記》君不撫僕妾。《注》略於賤也。嫂不撫叔，叔不撫嫂。《注》宜遠嫌。

袒括髮免髽于別室。《士喪禮》主人髻括。髮，袒，衆主人免問。于房。《注》始死，將斬衰者鷄斯，將齊衰者素冠。今至小斂變，又將初喪服也。髻髮者，去笄纚而紒。衆主人免者，齊衰將袒，以免代冠。冠服之尤尊，不以袒也。免之制未聞，舊説以爲如冠狀，廣一寸。《喪服小記》：「斬衰，髻髮以麻。爲母，免而以布。」此用麻布爲之，狀如今之着幓頭矣。自項而前，交於額上，郤繞紒也。于房于室，釋髻髮宜於隱者。○婦人髽側爪反。于室。《注》始死，婦人將斬衰者，去笄而纚；將齊衰者，骨笄而纚。今言髽者，亦去笄纚而紒也。齊衰以上，至笄猶髽，髽之異於髻髮者，既去纚而以髮爲大紒，如今婦人露紒其象也。其用麻布亦如著幓頭然。《疏》：「齊衰以[上]至笄猶髽者，謂從小斂着未成服之髽，至成服之笄，猶髽不改，至大斂殯後，乃着成服之髽代之也。古者男子、婦人吉時皆有笄纚，有喪至小斂，則男子去笄纚，著髻髮，婦人去纚而著髽。髽形先以髮爲大紒，紒上斬衰婦人以麻，齊衰婦人以布，其著之如男子髻髮與免。既髻髮與髽，皆如著幓頭，而異爲名者，以男子陽外物爲名而謂之髻髮，婦人陰内物爲稱而謂之髽也。《經》云婦人髽于別室者，男子髻髮與免在東房，若相對，婦人宜髽于西房，大夫、士無西房，故於室内户西，皆於隱處爲之也。」○《喪服注》男子陽多變，斬衰名括髮，齊衰以下名免耳。婦人陰少變，故齊斬同名髽。○朱子曰：「《儀禮注疏》男子括髮與免及婦人髽，皆云『如著幓頭然』。所謂幓頭，即如今之掠頭編子。「免」，或讀如字，謂去冠。」陸氏曰：「《士喪禮注》『主人括髮，袒，衆主人免于房，婦人髽于室』，則袒括髮一人而已，諸子皆免。」○男子冠平聲。而婦人笄，男子免而婦人髽，其義爲男子則免，爲婦人則髽。《注》吉時男子首有吉冠，婦人首有吉笄。若親始死，男去冠，女則去笄。父喪，成服也，男以六升布爲冠，女則箭篠爲笄。若喪母，男則七升布爲冠，女則榛木爲笄。○《開元禮》男子斂髮，衰布帕頭，女子斂髮而髽。○《大記》凡斂者袒，遷尸者襲。《注》執小斂大斂之事者，其事煩，故必袒以取便。遷尸入柩則其事易，故不袒。○《檀弓注》括髮當在小斂之後，尸出堂之前。主人爲將奉尸，故袒以括髮耳。○《補注》《問喪注》：已冠者爲喪變而去冠，則必著免。蓋雖去冠，猶嫌於不冠，故加免也。童子初未冠，則雖爲喪，亦不免。以其未冠，故不嫌於不冠也。若爲孤子而當室，則雖童子亦免，以其爲喪主而當成人之禮也。蓋《問喪》亦指齊衰以下者言也。○《小記》緦小功，虞卒哭則免。《注》緦與小功，服之輕者也。殯之後，啓之前，雖有事不免。及虞與卒哭，則必免，不以恩輕而略於後也。○《丘儀》男子斬衰者袒，始用麻繩括其散髮。齊衰以下至同五世祖者皆袒，用布纏頭，或用布巾。婦人用麻繩撮髻，戴竹木簪。○楊氏復曰：「括髮、免、髽，乃小斂至大斂未成服之制。又有變禮括髮免髽者，奔喪是也。有啓殯見尸柩，變同小斂之時者，《既夕禮》『丈夫髽，散帶垂』是也。大要不出此三節。而免之用爲尤廣，蓋喪禮未成服以前，莫重於袒、括髮。《檀弓》曰：『袒、括髮，去飾之甚也。』免之制稍殺於袒、括髮也，是故小斂爲父括髮，而至於成服。爲母則即位之後不括髮，而爲免。小斂有括髮，有免。及啓殯，則雖斬衰亦免而無括髮，以至卒哭，不惟此也。自斬至緦皆有免，五世無服者亦袒、免，童子當室免，朋友在他邦亦袒、免。君吊雖不當免時，必免，是免之用爲尤廣也。」《注》同五世祖者。《大傳》四世而緦，服之窮也。五世袒、免，殺同姓也。六世親屬竭矣。

《注》四世，高祖也。同高祖者服緦麻，服盡於此，故云「服之窮」。五世祖、免，謂共承高祖之父者相爲祖免而已，是減殺同姓也。六世則共承高祖之祖者并祖免亦無矣，故曰「親屬竭」也。

《附注》肉袒。《問喪》問：「冠者不肉袒，何也？」曰：「冠至尊也，不居肉袒之體也，故爲之免以代之也。」《注》露肉體而袒衣，故謂之肉袒。

還，遷尸牀于堂中。《補注》連牀遷尸于堂中，安于向所置襲牀處。按 還謂主人自別室還。《補注》說可疑。○《丘儀》殮畢，謝賓，具絰帶，具列于下。○《士喪禮》士舉，男女奉尸，侇于堂。主人出于足，降自西階。衆主人東即位。婦人阼階上西面。主人拜賓，大夫特拜，士旅之，即位踊，襲絰于序東，復位。《注》拜賓，鄉賓位拜之也。即位踊，東方位。襲絰于序東，東夾前。《疏》衆主人雖無降階之交，當從主人降自西階。主人就拜賓之時，衆主人遂東即位於阼階，以主人位南西面也。主人降自西階，即云主人拜賓，明不即位而先拜賓，是主人鄉賓位拜賓可知。復位者，復阼階下西面位。○《丘儀》襲謂掩向所袒之衣，絰謂首絰及腰絰也。○《雜記》小斂、大斂、啓，皆辯徧。拜。《注》禮當小斂大斂及啓欑之時，賓客至，則不徹事，待事畢，乃即堂下之位而遍拜之。應氏曰：「小斂、大斂、啓殯，皆喪事之變節，而切於死者之身也，生者之痛莫此爲甚，亦於是拜死者，吊生者，故主人皆遍拜以謝之而致其哀也。」○《丘儀》主人降下階，凡與斂之人皆拜之，拜訖即於階下且哭且踊，訖，掩向所袒之上衣，首戴白布巾，上加以單股之絰，《禮》所謂環絰也。成服日去之，具腰絰，散垂其末三尺，及具絞帶復位。按：《禮》於奉尸侇于堂之後，有「拜賓襲絰」之文，《家禮》無之。今補入者，蓋以禮廢之後，能知禮者少，賓友來助斂者，不可不謝之也。又《家禮》卷首《腰絰圖》有散垂至成服乃絞之說，而《家禮》無有所謂未成服而先具腰絰者，故據《禮》補入。

奠。無席。○《補注》上襲奠，奠于尸側。此斂奠，奠于靈座前也。○《開元禮》贊者盥手，奉饌至階，豆去蓋，籩俎去巾冪，升，奠于尸東，醴酒奠於饌南，西上，訖，其俎，祝受巾巾之。

代哭。《士喪禮注》代，更也。孝子始有親喪，悲哀憔悴，禮防其以死傷生，使之更哭不絶聲而已。人君以官尊卑，士賤以親疏爲之。○《集説》問：「代哭似非人情之實乎？」曰：「此亦教民無以死傷生而爲節哀，今不必深究其義，但各自盡其情而已。」○《既夕疏》初死直主人哭不絶聲，士二日小斂，主人懈怠，容更代而哭也。設奠具。《開元禮》饌如小斂奠。按《丘儀》補設大斂牀，牀上施薦褥衾絞，如小斂畢，舉置尸牀之右，並列。

舉棺入。《士喪禮》棺入，主人不哭。《注》凳。《手鑑》音鐙，牀凳。

大斂

乃大斂。《大記》若將大斂，小臣布席，商祝鋪絞紟衾衣，士盥于盤上，士舉遷尸于斂上。《疏》小臣鋪席者，謂下莞上簟敷於阼階上，供大斂也。商祝，亦《周禮》喪祝也。鋪絞紟衾衣等，致于小臣所布席上以待尸。士，喪祝之屬也。將舉尸，故先盥于盤上也。斂上，即斂處也。○《丘儀》按：此則大斂不在棺中可知矣。世俗不知卷首圖非朱子本意，往往據其説，就棺中大斂，殊非古禮。況棺中逼窄，結絞甚難。讀《禮》者細考之。又按：《家禮》大斂止書陳大斂衣衾，而無布絞之數，惟云「衣無常數，衾用有綿者」。所謂衣者，即「大斂」條下「卷以塞空缺」者也。所謂衾者，即「舉棺」條下「垂其裔于外」者也。皆非用以斂者也。所云「掩首結絞」者，蓋以小斂時未掩其面，未結以絞，至是始掩而結之，正謂結小斂之絞耳。《注》中所謂收衾，亦爲收向置棺内其裔之外垂者也。由是觀之，《家禮》無大斂之絞明矣。惟卷首有《大斂圖》，其布絞之數，亦與《附注》、高氏説不同，蓋非《家禮》本文也。竊意《家禮》本《書儀》，蓋合兩斂以爲一，小斂雖布絞而未結，至將入棺乃結之，以是入棺即爲大斂也。温公非不知古人大小斂之制，蓋欲從簡以便無力者耳。然君子不以天下儉其親，有力者自當如禮，大斂絞數用縱一横五，而斂之於床，斂訖，舉以入棺，别用衣塞其空處，而以衾之有綿者裹之，斯得禮矣。若無力者不得已，如《家禮》只小斂亦可。又見楊氏説。《注》**實髮爪于棺角。**《大記》君、大夫鬊舜爪實于緑角。中，士埋之。《注》鬊，亂髮也。爪，手足之爪甲也。生時積而不棄，今死，爲小囊盛之而實于棺内之四隅，故讀緑爲角，四角之處也。士則以物盛而埋之耳。**加蓋下釘。**《大記》大夫蓋用漆，二衽二束。士蓋不用漆，二衽二束。《注》蓋，棺之蓋板也。用漆，謂以漆塗其合縫用衽處也。衽、束，並説見《檀弓》。○國俗棺外四面隙處以漆布塗之，或以菽末油紙塗之，裹以油芚，書上字于上頭，以索結之，以麤布或麻條從棺底近上五六處緊結之，以爲舉棺之資。未結裹前，棺之長短、廣狹、高下，書諸壁上，以憑外槨之造。**柩衣。**按《開元禮》大夫、士、庶人喪「大斂」條，「奉尸斂於棺，乃加蓋，覆以侇衾。」以此觀之，柩衣乃侇衾，而其制詳見葬禮「侇衾」條。**取銘旌設柩東。**《士喪禮》卒塗，祝取銘旌置于肂。《注》爲銘設柎，樹之肂東。《疏》始死，則作銘訖，置于重。今殯訖，取置于肂上，銘所以表柩故也。

設靈座於故處。《會成》「復靈座」，下注：「設于柩前。」又曰：「按禮，尸未入棺，祀尸。尸入棺，魂依於帛，則祀魂帛。既葬，神依於主，則祀主。棺非所重者也，故古禮殯棺於西階下，《家禮》設棺于堂之少西，唯靈座則皆設于堂中。今人以棺爲主，設棺于堂中，設魂帛於棺之傍，非也。若拘古禮，設棺于西，似不合時，可並設于堂中，棺近北，靈座設于棺前，庶爲兩盡。」○古之幃堂者，以尸未襲斂，不欲人褻之，故幃之也。既小斂，則徹幃。今人設于入棺之後，以別内外，既葬乃徹。算。《手鑑》桑官切，數也。殯。《大記》君殯用輴，春。欑寸冠反。至于上，畢塗屋。大夫殯以幬，壽。欑至于西序，塗不暨于棺。士殯見衽，塗上，帷之。《注》輴，盛柩之車，殯時以柩置輴上。欑猶叢也，叢木于輴之四面，至于棺上。畢，盡也，以泥盡塗之。此欑木似屋形，故曰畢塗屋也。大夫之殯不用輴，其棺一面貼西序之壁，而欑其三面，上不爲屋形，但以棺衣覆之。幬，覆也。故大夫殯以幬，攢至西序也。塗不暨于棺者，天子、諸侯之欑木廣而去棺遠，大夫欑狹而去棺近，所塗者僅不及于棺而已。士殯掘肂以容棺，肂即坎也，棺在肂中，不没其蓋，縫用衽處猶在外而可見。其衽以上亦用木覆而塗之，貴賤皆有帷，故惟朝夕之哭乃褰舉其帷耳。所以帷者，鬼神尚幽暗故也。○《語類》先生殯其長子，諸生具香燭之奠。先生就寒泉庵西向殯，掘地深二尺，闊三四尺，内以火磚鋪砌，用石灰重重遍塗之，棺木及外用土磚夾砌。將下棺，以食五味奠亡者，次子以下皆哭拜。諸客拜奠，次子代亡人答拜。蓋兄死子幼，禮然也。○《檀弓》君於士有賜帟。《注》帟，幕之小者，置之殯上，以承塵也。大夫以上，則有司供之。士卑，又不得自爲，故君於士之殯，以帟賜之。○《五禮儀》覆柩以衣，以木覆棺上，乃塗之，設帟柩上承塵。累墼。累，《記》作「壘」，墼音。墼，未燒磚也。

奠。有席。○《開元禮》饌如小斂奠。○《士喪禮注》大斂奠而有席，彌神之。○《疏》以其小斂奠無巾，大斂奠有巾，已是神之，今於大斂奠又有席，是彌神之也。○《通典》大斂奠：天子、諸侯之喪，斬衰者奠；大夫，齊衰者奠；士，朋友奠。主人不奠，以孝子悲哀思慕，不暇執事者。○按《丘儀》補蓋棺下有謝賓一節。

喪次。《小記》父不爲衆子次於外。《注》長子死，父爲之居喪，次於中門外，庶子否。○《大記》兄不次於弟。《疏》喪卑，故尊者不居其殯宮之次也。○《通典》宋庾蔚之謂父喪内祖又亡，則應兼主二喪。今代以廬爲受吊之處，則立二主廬是也。人爲父喪來吊，則往父廬之所。若爲祖喪來吊，則往祖廬之所。○餘見上《倚廬圖注》。《注》朴陋。《韵會》朴、樸同，質也。陋，《手鑑》盧豆切，小也，鄙也。寢苫枕塊。詳見上《倚廬圖·注》。不脱絰帶。《喪服》寢不脱絰帶。既虞，剪屏柱楣。《疏》按：《既夕》文與此同。鄭《注》云：「哀戚不在於安。」絰帶在衰裳之上，而云不脱，則衰裳在内，不脱可知。此據未葬前，故文在虞上，既虞後，寢有席，衰絰脱可知。○《間傳》父母之喪，居倚廬，寢苫枕塊，不脱脱。絰帶。大功，殯而歸。《既夕禮》兄弟出，主人拜送。《注》兄弟，小功以下也。異門大功，亦可以歸。《疏》兄弟等，始死之時，皆來臨喪，殯訖，各歸其家，朝夕哭則就殯所，至喪開殯而來喪所，至反哭，各歸其家，至虞卒哭祭，還來預焉，故《喪服小記》「緦小功，虞卒哭，則皆免」是也。異門大功，亦可以歸者，大功以上，有同財之義，爲異門則恩輕，故可歸也。居宿於外。《語類》問：「喪之五服皆有制，不知飲食起居亦當從其制否？」曰：「合當盡其制。但今人不能行，然在人斟酌行之。」復寢。《大記注》乃復其平時婦人當御之寢。

家禮輯覽卷之五

喪禮

成服上

成服。《雜記》未服麻而奔喪，及主人之未成絰也，疏者與主人皆成之，親者終其麻帶絰之日數。《注》若聞訃未及服麻而即奔喪者，以道路既近，聞死即來，此時主人未行小斂，故未成絰。小功以下謂之疏。疏者值主人成服之節，則與主人皆成之。大功以上謂之親。親者奔喪，而至之時雖值主人成服已，必自終竟其散麻帶絰之日數，而後成服也。○《語類》親喪，兄弟先滿者先除，後滿者後除，以在外聞喪有先後。各服其服，入就位。《開元禮》三日成服，除去死日數。六品以下并死日爲三日。內外皆哭，盡哀。俱降就次，著縗服。相者引主人以下俱杖，升，立哭於殯東，西向南上。婦人升詣殯西位，若殯逼西壁，婦人皆位於殯北，南面東上。尊行者坐。○《丘儀》是日夙興，五服之人各服其服，執杖，有腰絰者絞其麻本之散垂。朝哭。河西曰：「即下所謂朝夕哭之朝哭也。」相吊如儀。《丘儀》諸子孫就祖父前及諸父前跪哭，皆盡哀。又就祖母及諸母前哭，亦如之。女子就祖母及諸母前哭，遂就祖父諸父前，如男子之儀。主婦以下就伯叔母哭，亦如之。訖，復位。按：吊哭儀出《大明集禮》，今採補入。○愚按《開元禮》始有此禮。○魏氏堂曰：「禮惟舉哀相吊，今有設牲醴以祭者。朱子曰：『禮，未葬，奠而不祭，但酌酒陳饌再拜。』以祭爲吉禮故也。」

《附注》《禮》：生與來日。《禮》，《曲禮》。《注》與，猶數也。成服杖生者之事也，數死之明日爲三日，斂殯死者之事也，從死日數之爲三日，是三日成服者乃死之第四日也。○戴氏曰：「死者日遠，生者日忘，聖人念之，故三日而殯，死者事也，以往日數三日而食，生者事也，以來日數，其情哀矣。」

服制。《喪服疏》黄帝之時，朴略尚質，行心喪之禮，終身不變。唐虞之日，淳朴漸虧，雖行心喪，更以三年爲限。三王以降，澆僞漸起，故制喪服以表哀情。○《三年問》凡生天地之間者，有血氣之屬必有知，有知之屬莫不知愛其類。今是大鳥獸則失喪其群匹，越月踰時焉，則必反巡，過其故鄉，回翔焉，鳴號焉，蹢躅焉，踟躕焉，然後乃能去之。小者至於燕雀，猶有啁噍之頃焉，然後乃能去之。故有血氣之屬者，莫知於人，故人於其親也，至死不窮。將由夫患邪淫之人與？則彼朝死而夕忘之，然而從之，則是曾鳥獸之不若也，夫焉能相與群居而不亂乎？將由夫脩飾之君子與？則三年之喪，二十五月而畢，若駟之過隙，然而遂之，則是無窮也。故先王焉爲之立中制節，壹使足以成文理，則釋之矣。《注》不肖者之情薄，故其親朝死而夕已忘之。若從其情而不以禮勉其不及，則親死不哀，不如鳥獸於死者，如此則其於生者安能保其不如鳥獸之亂乎？賢者之情厚，視二十五月之久，如駒過隙之速。若遂其情而不以禮抑其過，則哀親之情無窮已之時也。故先王爲之立中，使不可不及，亦不可過，制爲喪服年月之限。若過此節，則不肖有所不勝；更不及此節，則賢者有所不滿也。然則何以至期也？曰：至親以期斷。是何也？曰：天地則已易矣，四時則已變矣，其在天地之中者，莫不更始焉，以是象之也。《疏》父母本三年，何以至期？是問其一期應除之義。故答云「至親以期斷」，是明一期可除之節，故期而練男子除絰，婦人除帶。然則何以三年也？曰：加隆焉爾也，焉使倍之，故再期也。《注》又問：既是以期斷矣，何以三年也？答：謂孝子加隆厚於親，故如此也。焉，語辭，猶云所以也。由九月以下，何也？曰：焉使不及也。故三年以爲隆，緦、小功以爲殺，期、九月以爲間。平聲。上取象於天，下取法於地，中取則於人。孔子曰：「子生三年，然後免於父母之懷。夫三年之喪，天下之達喪也。」《注》弗及，恩之殺也。三月不及五月，五月不及九月，九月不及期也。期與大功在降殺之間，故云「期、九月以爲間」。取象於天地者，三年象閏，期象一歲，九月象物之三時而成，五月象五行，三月象一時。取則於人者，始生三月而剪髮，三年而免父母之懷也。方氏曰：「或以三月，或以五月，或以九月，或以期年，或以三年。喪，凶禮也，乃以陽數之奇，何哉？蓋陰所以致死，陽所以致生，死而致生之者，孝子不忍死其親之意也。」○《漢書》文帝《遺詔》：服大紅十五日，小紅十四日，纖七日，釋服。《注》應劭曰：「凡三十六日而釋服矣，此以日易月也。」晉灼曰：「《漢書》例以紅爲功。」師古曰：「此喪制者，文帝自率己意創而爲之，非有取於《周禮》也。何爲以日易月乎？三年之喪，其實二十七月，豈有三十六日之文，禫又無七月也。應氏既失之於前，近代學者因循謬說，未之思也。」○《大傳》服術有六：一曰親親，二曰尊尊，三曰名，四曰出入，五曰長幼，六曰從服。《疏》親親者，父母爲首，次妻子伯叔。尊尊者，君爲首，次公卿大夫。名者，若伯叔母及子婦、弟婦、兄嫂之屬。出入者，女在室爲入，適人爲出。及爲人後者長幼者，長謂成人，幼謂諸殤。從服者，下文六等是也。從服有六：有屬從，有徒從，有從有服而無服，有從無服而有服，有從重而輕，有從輕而重。《注》屬，親屬也。子從母而服母黨，妻從夫而服夫黨，夫從妻而服妻黨，是屬從也。徒，空也，非親屬而空從之服其黨，如臣從君而服君之黨，妻從夫而服夫之君，妾服女君之黨，庶子服君母之父母，子服母之君母，是徒從也。如公子之妻爲父母期，而公子爲君所厭，不得服外舅外姑，是妻有服而公子無服。如兄有服而嫂無服，是從有服而無服也。公子爲君所厭，不得爲外兄弟服，而公子之妻則服之，妻爲夫之昆弟無服而服娣姒，是從無服而有服也。妻爲其父母期，重也，夫從妻而服之三月，則爲輕，母爲其兄弟之子大功，重也，子從母而服之三月則爲輕，此從重而輕也。公子爲君所厭，自爲其母練冠，輕矣，而公子之妻爲之服期，此從輕而重也。自仁率親等而上之，至于祖，名曰輕。自義率祖順而下之，至于禰，名曰重。一輕一重，其義然也。《疏》自，用也。仁，恩也。率，循也。親，父母也。等，差也。子孫若用恩愛，依循於親，節級而上至於祖，遠者恩愛漸輕，故名曰輕也。義主斷割，用義循祖，順而下之至於禰，其義漸輕，祖則義重，故名曰重也。義則祖重而父母輕，仁則父母重而祖輕，一輕一重，宜合如是，故云「其義然也」。按《喪服條例》，衰服表恩，若高曾之服本應緦麻、小功，而進以齊衰，豈非爲尊重而然耶？至親以期斷而父母三年，寧不爲恩深乎？○《小記》親親以三爲五，以五爲九，上殺、下殺、旁殺，而親畢矣。《注》由己身言之，上有父，下有子，宜言以一爲三，而不言者，父子一體，無可分之義，故唯言以三爲五，謂因此三者，而由父以親祖，由子以親孫，是以三爲五也。又不言以五爲七者，蓋由祖以親曾高二祖，由孫以親曾孫玄孫，其恩皆已疏略，故惟言以五爲九也。由父而上殺之至高祖，由子而下殺之至玄孫，是上殺下殺也。同父則期，同祖則大功，同曾祖則小功，同高祖則緦麻，是旁殺也。高祖外無服，故曰畢矣。○《間傳》斬衰何以服苴？苴，惡貌也，所以首其内而見諸外也。斬衰貌若苴，齊衰貌若枲，大功貌若止，小功、緦麻容貌可也。《注》斬衰服苴，苴絰與苴杖也。麻之有子者以爲苴絰，竹杖亦曰苴杖，惡貌者。〖疏〗苴是黎黑色。又《小記疏》云：「至痛内結，必形色外章，所以衰裳絰杖俱備。苴，色也。首者，標表之義。蓋顯示其内心之哀痛於外也。枲，牡麻也，枯黯之色，似之大功之喪，雖不如齊斬之痛，然其容貌亦若有所拘止而不得肆者，蓋亦變其常度也。」吴氏曰：「容貌，謂貌如平常之容。喪，不若禮不足而哀有餘。可也云者，微不滿之意。」○〖檀弓〗喪服，兄弟之子猶子也，蓋引而進之也。嫂叔之無服也，蓋推而遠之也。姑姊妹之薄也，蓋有受我而厚之者。〖注〗兄弟之子雖異出也，然在恩爲可親，故引而進之，與子同服。嫂叔之分，雖同居也，然在義爲可嫌，故推而遠之，不相爲服。姑姊妹在室，與兄弟姪皆不杖期，出適則皆降服大功而從輕者，蓋其夫受之而服爲之杖期以厚之，故本宗皆降一等也。○〖朱子〗曰：「世父母、叔父母本是大功加成期，其從祖伯父母、叔父母小功者，乃正服之不加者耳。」○〖小記〗從服者，所從亡則已。屬從者，所從雖没也服。○〖喪服記〗兄弟皆在他邦，加一等。不及知父母，與兄弟居，加一等。〖注〗皆在他邦，謂行仕出遊，若避仇。不及知父母，父母早卒。〖疏〗在他邦加一等者，二人共在他國，一死一不死，相慼不得辭於親眷，故加一等也。不及知父母，與兄弟居，加一等者，謂各有父母，或父母早卒者，與兄弟共居，而死亦當慼其孤幼相育，特加一等。《傳》：「何如則可謂之兄弟？曰：小功以下爲兄弟。」《注》：「於此發兄弟傳者，嫌大功已上又加也。大功已上，若皆在他國，則親自親矣。若不及知父母，則固同財矣。」○〖小記〗生不及祖父母、諸父昆弟，而父税吐外反。喪，已則否。降而在緦、小功者，則税之。〖注〗税者，日月已過，始聞其死，追而爲之服也。此言生於他國而祖父母、諸父昆弟皆在本國，已皆不及識之，今聞其死而日月已過，父則追而服之，已則不服也。降者，殺其正服也。如叔父及適孫正服皆不杖期，死在下殤則皆降服小功，如庶孫之中。〖按〗「中」疑作「下」。殤以大功降而爲緦也。從祖昆弟之長殤，以小功降而爲緦也。如此者，皆追服之。《檀弓》曾子所言「小功不税」，是正服小功，非謂降也。凡降服，重於正服。《通典》淳于睿云：「降在小功不税，自正也，非不相識者也。」《檀弓》曾子曰：「小功不税，則是遠兄弟終無服也，而可乎？」《注》小功輕，故不税。《疏》此據正服小功也。馬氏曰：「曾子於喪有過乎哀，是以疑於此。然小功之服雖不必税，而税之者蓋亦禮之所不禁也。昔齊王子請欲爲其母之喪，孟子曰『雖加一日愈於已』，推此則不税而欲税之者固可矣。」《通典》北齊張亮云：「小功兄弟居遠不税，曾子猶歎之，而況祖父母、諸父、兄弟恩親至近，而生乖隔。而鄭君云『不責人所不能』，此何義也？生不及者，則是已未生之前已没矣。乖隔斷絶，父始奉諱居服而已不者。尋此文意，蓋以生存異代，後代之孫不復追服先代之親耳。豈有竝代乖隔，便不服者哉？」晉元帝《制》曰：「小功、緦麻，或垂竟聞問，宜全服，不得服其殘月。」賀循曰：「小功不税者，謂喪月都竟，乃聞喪者耳。若在服内，則自全五月。」徐邈答王詢云：「鄭玄云：『五月之内則追服。』王肅云：『服其殘月。』小功不追，以恩輕故也。』若方全服，與追何異？宜服餘月。」宋庾蔚之謂：「鄭、王所説雖各有理，而王議容朝聞夕除，或不容成服，求之人心，未爲允愜。」魏劉德問田瓊曰：「失君父終身不得者，其臣子當得昏否？」答曰：「昔鄭玄云：『若終身不除，是絶嗣也。除而成婚，違禮適權也。』」晉徐宣瑜云：「鄭玄云：『君父亡，令臣子心喪終身，深所甚惑。心喪是也，終身非也。』」荀組云：「至父年及壽限，中壽百歲。行喪制服，立宗廟，於事爲長。禮無終身之制。」晉劉智《釋〔疑〕》：「問曰：『亡其親者，不知其死生，則不敢服，然則終身不祭乎？』智曰：『唯疑其生，故不敢服也。必疑死焉，可不祭乎？古之死者，必告於廟。今亡其親，必告其先廟，使咸知之。求之三年，若不得也，則又告之。告之者，欲令其生也，則隨而祏之。其後疑，祭必告。今知其疑，不受也。鬼死者，終歸饗也。祝辭以告疑，則還廟不遷矣。憑靈之心，加崇於尊，此孝子之情也。』」宋庾蔚之謂：「一人身而内外兩親，論尊卑之殺，當以己族爲正，昭穆不可亂也；論服當以親者爲先，親親之情不可没也。或族叔而是姨弟，若此之類皆是也。《禮》云：『夫屬父道，妻皆母道；夫屬子道，妻皆婦道。』此言本無親也。若本有外屬之親，則當推其尊親之宜。外親不關母婦之例，嫌其昭穆之亂，故可得隨其所親而服之。若外甥女爲己子婦，則不用外甥之服，是從親者服也。外姊妹而爲兄弟之妻，亦宜用無服之制，兄弟妻之無服，乃親於外親之有服也。至若從母而爲從父昆弟之子婦，則不可以婦禮待之，由外親之屬近而尊也。其餘皆可推而知矣。」○問 喪服用古制恐駭俗，不知當如何？張子 曰：「駭俗猶小事。」○《丘儀》愚按：服有五，斬衰、齊衰、大小功、緦麻是也。准斬、齊二者謂之衰，既同謂之衰，則其制度必皆同矣，但緝不緝異耳。古人喪父以斬，喪母以齊，喪母而父在則齊杖期，父没則齊三年，則是服之重者莫大乎斬與齊也。齊衰服有三年，杖期、不杖期、五月、三月之異，用布則有粗細不同，若其制度則未必有異也，使其有異，古人必異其稱矣。凡喪服，上曰衰，下曰裳，五服皆同，惟於斬、齊二服只用布一片當心，亦謂之衰。意者古人因此而特用以爲名稱歟？不然，何功緦之稱則專取於用功治絲之義，而於此乃獨以其上衣爲名哉？必不然也。《儀禮注》所謂「孝子哀戚之心無所不在」，特就其重者言爾，豈其服者於其旁親皆無哀戚之心，特假是以爲文具哉？所見如此，姑書之以俟知禮之君子。○温公 曰：「古者既葬，練、祥、禫皆有受服，變而從輕。今世俗無受服，自成服至大祥，其衰無變，故於既葬，别爲家居之服，是亦受服之意也。」出《儀禮喪服圖式》。○《語録》聖人之心如四時，然其變也有漸。且如古者喪服，始死至終喪，中間節次漸漸變去，不似今人直到服滿，一頓除脱，便衣華采也。○《喪服四制》苴衰不補。《注》不補，雖破不補完也。○《大全》李繼善問：「昨者遭喪之初，服制只從俗，苟簡不經，深切病之。今欲依古禮而改，爲之如何？」曰：「服已成而中改，似亦未安，不若且仍舊。」○《檀弓》既葬，各以其服除。《注》三月而葬，葬而虞，虞而卒哭。親重而當變麻衰者變之，其當除者即自除之，不俟卒哭之變也。○《小記》爲兄弟既除喪已，及其葬也，反服其服。報虞卒哭則免，如不報虞，則除之。《注》此言爲兄弟除服及當免之節。斬衰。《喪服疏》斬衰裳者，謂斬三升布以爲衰裳。不言裁割而言斬者，取痛甚之意。《雜記》縣子云：「三年之喪如斬，期之喪如剡。」謂哀有深淺。《注》縫向外。詳見下。裳前，三輒。《喪服記疏》凡裳，前三幅後四幅者，前爲陽，後爲陰，故前三後四，各象陰陽也。○《丘儀》其作輒子也，每幅布上頭將入腰處，用指提起布小許摺向右，又提起小許摺向左，兩相揍著，用線綴住，而空其中間以爲輒子，其大小隨人肥瘦。大約輒子如今人裙輒相似，但裙輒向一邊順去，此輒則兩邊相向耳。其縫也，邊幅皆向內，前三後四，共七幅，同作一腰，腰兩頭各有帶。○《補注》衰裳輒與幅巾輒少異，幅巾輒是屈其兩邊，相揍在裏，衰裳輒是屈其兩邊，相揍在上也。負版。《喪服疏》以在背上，故得負名。○《喪服記》負廣出於適寸。《注》負出於辟領外旁寸。○按適謂左右辟領并闊中尺六寸，而負版則尺八寸，故《家禮注》「各攙負版一寸」。衰。《丘儀》此當心者既名以衰，而喪服又通以衰爲名，取其哀摧在於遍體，不止心也。按：《禮疏》有「綴衰於外衿之上」之文，既謂有外衿，則必有內衿矣。今世俗作衰綴繫帶於衣身兩衿之旁際，如世俗所謂對衿衣者，衣著之際，遂使衰不當心，殊失古制。今擬綴繫帶四條，一如朝祭等服，以外衿掩於內衿之上，則具服之際，衰正當心矣。攙。《手鑑》初咸切，刺也。衽。《喪服疏》斬衰，衽前掩其後。齊衰，衽後掩其前。沓。《韵會》達合切，重也，合也。冠。《喪服》斬衰，冠繩纓，條屬，右縫。

冠六升，外畢，鍛丁亂反。而勿灰。《注》屬，猶著也。通屈一條繩爲武，垂下爲纓，著之冠也。《雜記》曰：「喪冠條屬，以別吉凶。三年之練冠亦條屬，右縫。小功以下左縫。」外畢者，冠前後屈而出縫於武也。《疏》鍛而勿灰者，以冠爲首飾，布倍衰裳而用六升，又加以水濯，勿用灰而已。著之冠也者，武纓皆上屬著冠。冠六升，外畢是也。引《雜記》者，證條屬是喪冠。若吉冠，則纓武異材。外畢者，冠廣二寸，落頂前後，兩頭皆在武下，鄉外出，反屈之，縫於武而爲之，兩頭縫畢鄉外，故云外畢。○長殤九月，纓絰。中殤七月，不纓絰。《注》絰有纓者，爲其重也。自大功以上，絰有纓，以一條繩爲之。小功以下，絰無纓也。《疏》絰之有纓，所以固絰，猶如冠之有纓以固冠，亦結於頤下也。○《補注》彎厚紙爲梁，廣三寸，長足以跨頂前後，用稍細布裹之，就摺其布爲三細輒子，三條直過梁上。○《喪服圖式》按：五服之喪冠，其制之異者有四：升數之不同一也，斬衰六升，齊衰七升，大功十升，小功十一升，緦十五升；繩纓之與布纓、澡纓，二也；右縫之與左縫，三也，大功以上縫向右，小功以下縫向左；勿灰之與灰，四也，惟斬衰鍛而勿灰，自齊三年以下，皆用灰治之，緦則有事其纓，復以灰治之也。其制之同者亦四：條屬一也，外畢二也，辟積之數三也，廣狹之數四也。○《檀弓》喪冠不緌。《注》冠必有笄以貫之，以紘繫笄，順頤而下，結之曰纓，垂其餘於前者謂之緌。喪冠不緌，蓋去飾也。用布稍細。《喪服疏》總六升者，首飾象冠數也。上云男子冠六升，此女子總用布當男子冠，故同六升，以同首飾故也。輒向右。《雜記》喪冠條屬。《注》吉冠則襵縫向左，左爲陽，吉也。凶冠則向右，右爲陰，凶也。功緦輕，故向左，同於吉。縱縫。《檀弓》古者冠縮縫，今也衡橫。縫，故喪冠之反吉非古也。《疏》縮，直也。殷尚質，吉凶冠皆直縫。直縫者辟積襵少，故一一前後直縫之。周尚文，冠多辟積，不一一直縫，但多作襵而并横縫之。若喪冠，質猶疏，辟而直縫，是與吉冠相反。首絰。

《檀弓》經者，實也。《注》麻在首在腰皆曰絰，分言之，則首曰絰，腰曰帶。絰之言實也，明孝子有忠實之心也。首絰象緇布冠之缺項。○《喪服疏》服以象貌，貌以象心，是孝子有忠實之心。若服苴而貌美，心不苴惡者，是中外不相稱，無忠實之心者也。○【《喪服傳》】首絰大搹，左本在下，去五分一以爲帶。齊衰之絰，斬衰之帶也，去五分一以爲帶。大功之絰，齊衰之帶也，去五分一以爲帶。小功之絰，大功之帶也，去五分一以爲帶。緦麻之絰，小功之帶也，去五分一以爲帶。【《注》】盈手曰搹。搹，扼也。中人之扼圍九寸，以五分一以爲殺者，象五服之數也。○【《丘儀》】用有子麻爲單股繩，約長一尺七八寸，先將麻頭安在左邊當耳上，却將其餘從額前向右邊圍，回項後邊至左邊原起頭處，即以麻尾加在麻頭上綴殺之。又以細繩二條，一繫在左邊原起麻頭上，一繫在右邊當耳上，以固結之，各垂其末爲纓，如冠之制。按：知此爲單股者，以《家禮》本《注》腰絰有兩股相交之説，故知此爲單股也。○【愚按】《檀弓》：「叔仲皮學效。子柳。叔仲皮死，其妻魯人也，衣咨。衰而繆椤。絰。叔仲衍以告，請緦歲。衰而環絰。」《注》：「繆，絞也，謂兩股相交。五服之絰皆然，惟吊服之環絰一股。」《疏》：「言叔仲皮教訓其子子柳，而子柳猶不知禮。叔仲皮死，子柳妻雖是魯鈍婦人，猶知爲舅著齊衰而首服絞絰。衍是皮之弟，子柳之叔，見當時婦人好尚輕細，告子柳云：汝妻何以著非禮之服？子柳見時皆如此，亦以爲然，乃請於衍，令其妻身著緦衰，首服環絰。」《大全》：胡伯量問：「按《三禮圖》所畫苴絰之制，疑與先儒所言環絰相似，不諭其制。近得廖丈西仲名庚。所畫圖，乃似不亂。麻之本末，紐而爲繩，屈爲一圈，相交處以細繩繫定，本垂於左，末屈於內，似覺與左本在下之制相合。然竟未知適從，不知當如何？」曰：「未盡曉所説，然恐廖説近之。」觀此兩説，丘瓊山單股之説可知其非也。○【《語類》】問：「温公《儀》首絰綴於冠，而《儀禮疏》説別材而不相綴。」朱子曰：「綴也得，不綴也得，無緊要。」其圍九寸。【《喪服疏》】斬衰之經圍九寸者，首是陽，故欲取陽數極於九。自齊衰以下，自取降殺之義，無所法象也。散垂三尺。【按】《士喪記》：「三日絞垂。」《注》：「成服日，絞要經之散垂者。」《疏》：「以《經》小斂日要經，大功以上散垂，不言成服之時絞之，故記人言之。小功緦麻皆初而絞之，不待三日也。」《既夕禮》：「丈夫散帶垂。」《注》：「爲將啓變也。」《疏》：「散帶垂者，小斂節，大功以上男子皆然。若小功以下及婦人，無問輕重，皆初而絞之。」《玉藻》：「五十不散送。」《疏》：始死，三日之前要經散垂，三日之後乃絞之，至啓殯亦散垂，既葬乃絞。五十既衰，不能備禮，故不散垂。」以此觀之，小斂日散垂，而成服日乃絞，明矣。而《家禮》散垂之文見於「成服」條，而不言其絞之之時，與《禮經》不同，恐是闕文。又按：《大全》答胡伯量書曰：「絞帶一頭作環，以一頭穿之，而反插於要間，以象革帶。經帶則兩頭皆散垂之以象大帶。」觀此文勢，似謂成服後仍亦散垂，然豈初年議論未定時之説歟？恐當以《禮經》爲正。絞帶。【《丘儀》】用有子麻一條圓圍二三寸許，初起長二尺，就當中屈轉分爲兩股，各長一尺，結合爲一彄子，然後合兩股爲一條。按：《文公語録》：「首經大一搤，腰經較小，絞帶又小於要經。」今《家禮》本《注》「絞帶」下，謂其大如腰經。今疑較小爲是。【按】《喪服疏》以絞麻爲繩作帶，故云絞帶。據此，則通全帶以繩爲之，不但彄子而已，即所謂三重四股者也。《丘儀》與《疏》説不同，鄭道可亦從丘説，當以《疏》説爲正。○【朱子】曰：「絞帶正象革帶，但無佩耳。革帶是正帶以束衣者，不專爲佩而設。大帶乃申束之耳。申，重也，故謂之紳。」苴杖。【《韵會》】苴，子與切。【《小記注》】心如斬斫，貌若蒼苴，所以纕裳、經杖俱備苴色。詳見上「服制」條。○【《喪服傳》】杖各齊其心，皆下本。杖者何？爵也。無爵而杖者何？擔市艷反。主也。非主而杖者何？輔病也。【《注》】爵，謂天子、諸侯、卿、大夫、士也。無爵，謂庶人也。擔，猶假也。無爵者假之以杖，尊其爲主也。非主，謂衆子也。【《疏》】按：《小記》云：「經殺五分而去一，杖大如經。」鄭《注》：「如要經也。」如要經者，以杖從心已下，與要經同處，故知要經也。杖所以扶病，病從心起，故杖之高下，以心爲斷也。以其吉時，五十以後乃杖，所以扶老。今爲父母之喪，有杖有不杖，不知，故執而問之。以其有爵之人必有德，有德則能爲父母致病深，故許以其杖扶病。庶人無爵亦得杖，以其雖無爵無德，然適子，故假取有爵之杖爲喪主。衆子雖非爲主，子爲父母致病是同，亦爲輔病也。童子何以不杖？不能病也。○【《問喪》】孝子喪親，哭泣無數，服勤三年，身病體羸，以杖扶病也。則父在不敢杖矣，尊者在故也。【《注》】父在，謂服母喪之時，當父在之處也。○【《小記》】虞，杖不入於室；祔，杖不升於堂。【《注》】虞祭在寢祭後，不以杖入室，祔祭在祖廟祭後，不以杖升堂，皆殺哀之節也。○【《士虞注》】《小記》：「虞，杖不入於室；祔，杖不升於堂。」然則練，杖不入於門，明矣。《大記》：「君之喪，子大夫寢門之外杖，寢門之内輯之。子有王命則去杖，聽卜有事於尸則去杖。」《注》：「子，兼適庶及世子也。寢門，殯宮門也。子大夫廬在寢門外，得拄杖而行至寢門。子與大夫并言者，據《禮》，大夫隨世子以入，子杖則大夫輯，子輯則大夫去杖。故下文云『大夫於君所則輯杖』也。此言大夫特來，不與子相隨，故云門外杖門内輯。若庶子之杖，則不得持入寢門也。聽卜，卜葬卜日也。有事於尸，虞與卒哭及祔之祭也。」○子皆杖，不以即位。大夫、士哭殯則杖，哭柩則輯杖。【《注》】子，凡庶子，不獨言大夫、士之庶子也。不以杖即位，避適子也。哭殯則杖，衰勝敬也。哭柩，啓後也。輯杖，敬勝哀也。○【《小記注》】適子得執杖進阼階哭位，庶子至中門外則去之。○【《開元禮》】唯適子及有爵之庶子皆得杖在位，其庶子無爵者杖於他所，不杖在位。凡正寢户内曰室，户外曰堂。「虞，杖不入室；祔，杖不升堂。」以今言之，即廬靈堂户之内外也。周人祔在卒哭，今之百日也。哀衰敬生，故其杖不升靈寢之堂前，其纚服及杖皆致之於廬内。應杖者朝夕哭則杖之，若孝子出無異適，唯向殯又向墳墓而已。遠則乘車，近則使人代執杖。○【《會成》】持杖用右手，拜則兩手分據地而跪，首至於地。既畢，右手拄杖而起。今有兩手并舉杖而拜如頓首者，非也。又曰：按：苴杖，自死之竹也。○【按】《五禮儀》，宜六節；如無，不必六節。豈因《家禮》卷首所圖者適六節而誤認爲必六歟？禮，杖之高下，各取齊心而已。本在下。【《既夕疏》】本謂根本，順木之性也。屨。【《喪服》】斬衰，菅屨，疏衰，疏屨。【《傳》】菅屨者，菅菲也。疏屨者，藨蒯之菲也。【《注》】疏，猶麤也。【《疏》】疏屨者，取用草之義，即《爾雅》「疏不熟」之疏，猶麤者，直釋《經》疏「衰而已，不釋疏」屨之疏。「斬衰」章言菅屨，見草體者，以其重，故見草體，舉其惡貌。此言疏，以其稍輕，故舉草之總稱。自此以下，各舉差降之宜，故「不杖期」章言「麻屨」，齊衰三月與大功同繩屨，小功緦麻輕，又没其屨號。○【又《注》】舊説小功以下吉屨無絇也。【《疏》】絇者，屨鼻頭有飾，爲行戒。喪中無行戒，故無絇。以其小功輕，從吉屨，爲其大飾，故無絇。○【《大全》】《答周叔謹書》曰：「菅屨、疏屨，今不可考，略以輕重推之。斬衰用今草鞋，齊衰用麻鞋可也。麻鞋，今卒伍所著者。」大袖。【《丘儀》】如今婦人短衫而寬大，其長至膝，袖長一尺二寸，其邊皆縫向外，不緶緝也。邊，準男子衰衣之制。按：古者婦人皆有衰，《家禮》本《書儀》而代以時俗之服，所謂大袖者，今世不知何等服也。今人家有喪，婦女咸爲短衫，或爲長衫，其制不一。按：《事物記原》：「唐命婦服裙襦大袖爲禮衣。」又云：「大袖在背子下，身與衫子齊而袖大。」及考衫子之制，乃云：「女子衣與裳連。至秦始皇方令短作衫。衣裙之分，自秦始也。」據此説，則大袖長短與衫子齊，但袖大耳。然謂之大袖，則裁制必須寬大。今準以衰袂之袪，爲長尺二寸。蓋準袂恐太長，故酌中而準以袪耳。○【《五禮儀》】本國長衫。長裙。【《丘儀》】用極麤麻布六幅爲之，共裁爲十二破，聯以爲裙，其長拖地，其邊幅俱縫向内，不緶邊，準男子衰裳之制。按：《事物記原》「隋作長裙十二破。」今大衣中有之，然不謂之幅而謂之破，意其分一幅而爲兩也，故疑其制如此。然古禮婦女亦有衰，不若準衰裳之制，前三幅，後四幅，每幅爲三帆子，爲不失古意。蓋頭。【《丘儀》】用稍細麻布爲之。凡三幅，長與身齊，不緝邊。按：《事物記原》：「唐初宫人著羃䍦，全身障蔽。永徽之後，用幃帽。又戴皂羅五尺，今曰蓋頭。凶服者亦以一幅布爲之。」蓋頭之來遠矣，是亦古禮，婦人出而擁蔽其面之意。○【《五禮儀》】蓋頭代以本國女笠帽。頭𦈡。【《事物記原》】燧人時爲髻，但以髮相纏，無物繫縛。女媧之女以羊毛爲繩，向後繫之。後世易之以絲及采絹，名頭𦈡。○【《丘儀》】用略細布一條爲之，長八寸，用以束髮根，而垂其餘於後，此即所謂總。《儀禮》：「女子在室，爲父布總。」《傳》曰：「總長六寸。」《注》：「謂六寸出髻外，所垂之餙也。」《曾子問》：「縞總。」注：「縞，白絹也，長八寸。」今世俗婦女有服者用白布束髻上，謂之孝圈，亦是此意。但彼加於髻上而不束髮本，不垂其餘。○【《五禮儀》】頭𦈡，代以本國首帊。竹釵。【《丘儀》】削竹爲之，長尺五六寸。按：此即《儀禮》所謂箭笄也。《傳》曰：「箭笄長尺。」又恐太長，僅以約髮可也。背子。【《丘儀》】本《注》云：「衆妾則以背子代大袖，用極粗生布爲之，長與身齊，小袖，縫向外，不緝邊。」《事物記原》：「秦詔衫子加背子，其制袖短於衫，身與衫齊。」由是觀之，則今背子乃長衫也。○【《五禮儀》】背子，本國蒙頭衣。○【《丘儀》】此下補入「婦人腰絰」一節，用有子麻爲之，制如男子，繫於大袖之上，未成服，不散垂。《家禮》婦人服制皆本《書儀》，自大袖以下，皆非古制。今亦不敢擅有增損，特補入腰絰一事者。蓋以禮，男子重首，婦人重帶，存其一之最重者，使後人或因此而復古也。又詳考禮書，以爲《婦人服制考證》于後，有志於復古者，誠能參考以有取焉，是亦朱子待後世之意也。○【按】朱子曰：「《喪服》『斬衰』章《疏》：『婦人亦有絞帶、布帶以備喪禮。』呂氏云：『無絞帶、布帶。』當考。」若曾、高。【《小學注》】若，及也。父爲適子。【《喪服》】父爲長子。【《注》】不言嫡子，通上下也，亦言立嫡以長。【《疏》】亦言立嫡以長者，欲見適妻所生皆名適子。第一子死也，則取適妻所生第二長者立之，亦名長子。【《傳》】何以三年也？正體於上，又乃將所傳重也。庶子不得爲長子三年，不繼祖也。【《注》】爲長子三年，重其當先祖之正體，又以其將代己爲宗廟主也。庶子者，爲父後者之弟也。言庶者，遠別之也。【《疏》】以其父祖適適相承於上，爲己又是適承於後，故云「正體於上」。云「又乃將所傳重」者，爲宗廟主，是有此三事，乃得三年。云「庶子不得爲長子三年，不繼祖也」者，此明適適相承，故須繼祖乃得爲長子三年也。云「庶者遠別之也」者，庶子妾子之號，嫡妻所生第二長者是衆子，今同名庶子，遠別於長子，故與妾子同號也。雖承重，不得三年，有四種：一則正體不得傳重，謂適子有廢疾，不堪主宗廟也；二則傳重非正體，庶孫爲後是也；三則體而不正，立庶子爲後是也；四則正而不體，立適孫爲後是也。婦爲舅。【《儀禮通解續》】本朝乾德三年，左僕射魏仁浦等奏議曰：「謹按：《内則》『婦事舅姑如事父母』，即舅姑與父母一也。古禮有期年之説，雖於義可稽，唐劉岳《書儀》著三年之文，實在禮爲當。蓋五服制度，前代損益已多。況三年之内，几筵尚存，豈可夫衣麤衰，婦襲紈綺，夫婦齊體，哀樂不同？求之人情，實傷至治。況婦人爲夫有三年之服，於舅姑而止服周，是尊夫而卑舅姑也。丁酉，始令婦爲舅姑三年，齊斬一從其夫。○【張子】曰：「古者爲舅姑齊衰期，正服也。今斬衰三年，從夫也。爲夫之高、曾，宜無服而緦者何？此亦古無明文，至唐《開元禮》始爲夫之曾、高緦，宋朝猶然。」承重。【《檀弓注》】承祖宗重事。夫承重則從服。【退溪】曰：「夫承重則從服，謂隨承重而皆從服，若父若祖、曾祖也。」爲人後。【《喪服傳》】何以三年也？受重者必以尊服服之。何如而可爲之後？同宗則可爲之後。何如而可以爲人後？支子可也。爲所後者之祖父母、妻、妻之父母、昆弟、昆弟之子，若子。《注》若子者，爲所後者之親如親子。《疏》以其他家適子自爲小宗，當收斂五服之内，亦不可闕，則適子不得後他，故取支子。支子則第二已下，庶子也。不言庶子，云支子者，若言庶子，妾子之稱，言謂妾子得後人，則適妻第二已下子不得後人，是以變庶言支。支者，取支條之義，不限妾子而已。妻即後人之母也。妻之父母、昆弟、昆弟之子，於後人爲外祖父母及舅與内兄弟也。直言爲所後者之外親之等，不言緦麻、小功、大功及期之骨肉親者，舉疏以見親，言外以包内。《傳》爲人後者孰後？後大宗也。曷爲後大宗？大宗者尊之統也，大宗者收族者也，不可以絶，故族人以支子後大宗也。適子不得後大宗。《注》收族者，謂别親疏，序昭穆。《大傳》：「繫之以姓而弗别，綴之以食而弗殊，雖百歲婚姻不通者，周道然也。」《疏》此問小宗、大宗二者與何者爲後，後大宗也。按：何休云「小宗無後當絶」，與此義同。《通典》漢《石渠議》：「大宗無後，族無庶子，已有一嫡子，當絶父祀以後大宗否？戴聖云：『大宗不可絶，言嫡子不爲後者，不得先庶耳。族無庶子，則當絶父以後大宗。』田瓊曰：『以長子後大宗，則成宗子。禮，諸父無後，發於宗家，後以其庶子還承其父。』」《語類》今人爲所生父母齊衰不杖期，爲所養父母斬衰三年。以理觀之，自是不安。然聖人有個存亡繼絶底道，又不容不安。○《小記》丈夫冠而不爲殤。爲殤後者，以其服服之。《注》言爲後者，據承之也。殤無爲人父之道，以本親之服服之。《疏》爲殤後者，謂大宗子在殤中而死，族人爲後大宗而不得後此殤者爲子也，以其父無殤義故也。既不後殤，而宗不可絶，今來爲後殤者之人，不以殤者爲父，而依兄弟之服服此殤也。《注》言據承之者，既不爲殤爲子，則不應云爲後。今言爲後，是據己承其處爲言也。云以本親之服服之者，依其班秩如本例也。爲人後者若子於無後之宗，既爲殤者父作子，則應服以兄弟之服，而云以本親之服服者，當在未後之前，不復追服，不責人以非時之恩，故推此時本親兄弟亡在未後之前者，亦宜終其本服之日月。唯爲後之後，如有母亡而猶在三年之内，則宜接其餘服，不可以吉居凶。若出三年，則不追服矣。【愚按】陳氏《注》：「此乃是已冠之子爲之後者，即爲之子。以其服服之者，子爲父之服。舊説非也。」未知當從何説。○《曾子問》孔子曰：「宗子爲殤而死，庶子不爲後也。」《注》族人以其倫代之明，不敘於昭穆之廟也。其祭之就其祖而已，代者主其禮。見《通典·繼宗子議》。○《大全》李繼善問：「嫡子已娶，無子而没。或者以爲母在，宜用尊厭之例，不須備禮。」曰：「宗子成人而無子，當立後。尊厭之説非是。」又問：「嫡子死而無後，當誰主其喪？」曰：「若已立後，則無此疑矣。」○《通典》《異姓爲後議》：後漢吴商曰：「或問：『以異姓爲後，然當還服本親，及其子，當又從其父而服耶？將以異姓而不服也？』答曰：『神不歆非族，明非異姓所應祭也。頃世人無後，竝取異姓以自繼，然本親之服，骨肉之恩，無絶道也，異姓之義，可同於女子出適，還服本親，皆降一等。至於其子應從服者，亦當同於女子之子從於母而服其外親。今出爲異姓作後，其子亦當從於父母服之也。父爲所生父母周，子宜如外祖父母之加也。其昆弟之子，父雖服之大功，於子尤無尊可加。及其姊妹爲父小功，則子皆宜從於異姓之服，不得過緦麻也。』」○魏時或爲《四孤論》曰：「遇兵飢饉，有賣子者；有棄溝壑者；有生而父母亡，無緦親，其死必也；有俗人以五月生子，妨忌之不舉者。有家無兒，收養教訓成人，或語『汝非此家兒』。禮，異姓不爲後，於是使欲還本姓，爲可然否？」博士田瓊議曰：「雖異姓不相爲後，禮也。《家語》曰：『絶嗣而後他人，於理爲非。』今此四孤，非故廢其家祀，既是必死之人，他人收而養活。且褒姒長養於褒，便稱曰褒，姓無常也。其家若絶嗣，可四時祀之門户外，有子可以爲後，所謂神不歆非類也。」徐幹曰：「祭所生父母於門外，不如左右邊特爲立宫室别祭也。」軍謀史于達叔議曰：「此四孤者，非其父母不生，非遇公嫗不濟，既生既育，由於二家，棄本背恩，實未之可。今宜謂子竭其筋力，報於公嫗育養之澤，若終，爲報父在爲母之服，别立宫宇而祭之，畢己之年也。」司徒陳矯本劉氏，養於陳氏，及其薨，劉氏弟子疑所服，以問王肅。答曰：「昔陳司徒喪母，諸儒陳其子無服，其失理矣。爲外祖父母小功，此以異姓而有服者。豈不以母之所生，反重於父之所生？不亦左乎？爲人後者，其婦爲舅姑大功。婦，他人也，猶爲夫故，父母降一等。祖，至親也，而可以無服乎？推婦降一等，則子孫宜依本親而降一等。」○晉賈充、李郭二夫人有男，皆夭。充無嗣，及薨，郭表充遺意，以外孫韓謐爲充子，詔曰：「太宰尊勳，不同常人，自餘不得爲比。」○《宋庾蔚之》曰：「既爲人後，何不戴其姓？『神不歆非類』，蓋捨己族而取他族爲後。若己族無所取後而養他子者，生得養己之老，死得奉其先祀，神有靈化，豈不知其功乎？唯所養之父自有後而本絶嗣者，便當應還本其宗祀，服所養父母，依繼父齊縗周。若二家俱無後，則宜停所養家，依爲人後服其本親例，降一等。有子以後，其父未有後之間，别立室以祭祀是也。」妻爲夫。《喪服傳》夫至尊也。《疏》言夫至尊者，雖是體敵齊等，夫者猶是妻之尊敬。以其在家，天父出則天夫。又婦人有三從之義，在家從父，出嫁從夫，夫死從子。是其男尊女卑之義，故云夫至尊，同之於君父也。妾爲君。《喪服記》妾謂夫爲君者，不得體之，加尊之也，雖士亦然。《疏》妾之言接，聞彼有禮，走而往焉，以得接見於君子，是名妾之義。既名爲妾，故不得名婿爲夫，故加其尊名，名之爲君也。亦得接於夫，又有尊事之稱，故亦服斬衰也。士身不合名君，至於妾之尊夫，與臣無異，是以雖士妾，得稱夫爲君。

《附注》長子少子不異。按其意以爲子既各爲父後，則雖少子，亦爲其子三年云。庶子不得爲長子三年。

《喪服傳》庶子不得爲長子三年，不繼祖也。《注》庶子者，爲父後者之弟也。言庶者，遠別之也。《疏》庶子者，爲父後者之弟也者，此鄭據初而言，其實繼父祖身，三世長子，四世乃得三年。詳見上「父爲適子」條。○朱子曰：「雖爲禰適，而於祖猶爲庶，故禰適爲之庶也。五宗悉然。」見《大傳・小注》。○《通典》按：《禮・注》「用恩則父重，用義則祖重」，父之與祖，各有一重之義，故聖人制禮，服祖以至親之服，而《傳》同謂之至尊也。已承二重之後，長子正體於上，將傳宗廟之重，然後可報之以斬，故《傳》、《記》皆據祖而言也。若繼禰便得爲長子斬，則不應云「不繼祖」。《喪服傳》及《大傳》皆云「不繼祖」，明庶子雖繼禰而不繼祖，則不服長子斬也。庶子不得嫡庶論。按其意以爲己雖庶子，當爲其長子三年也。庶子既得承重，則其父亦當爲之三年也。賜父後者爵一級。《史》文帝元年，有司曰：「豫建太子，所以重宗廟社稷，不忘天下也。子啓最長，純厚慈仁，請建以爲太子。」上乃許之，因賜天下民當代父後者爵各一級。《喪服記》《喪服》，《儀禮》篇名。《疏》《記》，記《經》不備，兼記遠古之言。鄭《注・燕禮》云：「後世衰微，幽、厲尤甚，禮樂之書，稍稍廢棄。蓋自爾之後，有《記》乎？」按：《喪服記》，子夏爲之作《傳》，不應自造，還自解之。《記》當在子夏之前孔子時，未知定誰所録。摺。《韵會》質涉切，疊也。又通作「拉」，落合切，折也。尋常。《楚辭注》尋，伸臂。倍尋曰常。《喪服記》文難曉。《通典》《五服衰裳制度下》：「杜氏曰：『按：《喪服》本文甚難曉，今先言其制，次引《經》文，所冀後學易爲詳覽云。』」袂二尺二寸。《喪服注》其袖足以容中人之肱也。袪尺二寸。《喪服疏》足以容中人之併兩手也。帶下尺。《喪服疏》此謂帶衣之帶，非大帶革帶者也。衣帶下尺者，據上下闊一尺若横而言之。不著尺寸者，人有麤細，取足爲限也。袷。《韵會》音劫，交領也。又作「裌」。《説文》衣無絮。度用指尺。《丘儀》裁制之際，又當量其人長短肥瘠以爲度。菅。《韵會》居閑切。《詩注》葉似茅而滑澤，莖有白粉，柔韌宜爲索也。菲。《韵會》妃尾切。《説文》：「芴也。」《爾雅》：「葸菜。」郭云：「土瓜。」陸璣曰：「莖麤葉厚而長有毛，菲、芴、葸菜、土瓜、葍，五者一物也。又薄也。」女子子。《曲禮注》重言子者，別於男子也。○《喪服注》凡言子者，可以兼男女。又云：女子子者，殊之以子，關適庶也。《疏》關，通也。又昆弟之子，是子中兼男女也。總。《喪服注》束髮謂之總者，既束其本，又總其末。箭笄。《喪服注》箭，篠也。《說文》篠，箭屬，小竹也。袂必屬幅。《喪服注》屬猶連也。連幅謂不削。《疏》屬幅者，謂整幅二尺二寸，凡用布爲衣物及射侯，皆去邊幅一寸爲縫殺。今此屬連其幅，則不削去其邊幅，取整幅爲袂，必不削幅者，欲取與下文衣二尺二寸同，縱橫皆二尺二寸，正方者也。《丘儀》：「不削謂隨其布幅，不用剪裁脩餙。」○按屬幅，屬連其幅，不殺削之，全用二尺二寸也。削幅則各除左右一寸而針縫之，非謂削割之也。此屬幅、削幅之別也。男子除絰。詳見下。當以《禮經》爲正。《丘儀》按：此言則婦人亦有衰服，但衰與裳相連而無帶下與衽耳。今無可據，雖不敢爲負版辟領之制，然亦宜用極麤生布，如深衣制度爲之。上身外其縫，裳用二十幅，內其縫。斬衰則不緝，齊衰以下則緝之。然既謂之衰，則亦宜於衣左衿上綴布一片以爲衰。雖未必盡合古制，然猶彷彿遺意。童子。《雜記》童子哭不偯，不踊，不杖，不菲，不廬。《注》偯，委曲之聲。○《喪服疏》按《雜記》「童子不杖，不菲」，直有衰裳絰帶而已。○《通典》爲父後，持宗廟之重者，其服深衣，不裳，其餘與成人同。禮，不爲未成人制服者，爲用心不能一也。其能服者，亦不禁。纓絰不以制度，唯其所能勝。○《喪服記》童子惟當室緦。《注》童子，未冠之稱也。當室者，爲父後承家事者爲家主，與族人爲禮於有親者，雖恩不至，不可以無服。《疏》童子，未冠之稱者，謂十九已下。按《內則》，年二十，敦行孝弟，十九已下，未能敦行孝弟，非當室則無緦麻。以當室，故服緦也。雖恩不至，不可以無服者，以其童子未能敦行孝弟，故云「恩不至」。此當室童子與族人爲禮有此服，不及外親，故不在「緦」章而在此《記》也。○《玉藻》童子無緦服，聽事不麻。《注》雖不服緦，猶免深衣，無麻。《疏》按：《問喪》及鄭《注》之意，皆以童子不當室則無免，而此《注》云「猶免」者，崔氏、熊氏並云「不當室而免」者，謂未成服而來也。《問喪》不當室不免者，謂據成服之後也。知「猶免、深衣」者，以《經》但云「無緦服」，是但不著緦服耳，猶同初著深衣也。知免者，以《問喪》云「免者，不冠者之服」，故知未成服童子，雖不當室，猶著免也。陳《注》：「無緦服，謂父在時已雖有緦親之喪，不爲之著緦服，但往聽主人使令之事。不麻，謂免而深衣，不加絰也。童子未能習禮，且緦服輕，故父在不緦，父没則本服可不違矣。」○宋庾蔚之曰：「昔射慈以爲未八歲者，服其近屬布深衣，或合禮意。」《問喪》。《禮記》篇名。童子當室，免而杖。《注》童子初未冠，則雖爲喪，亦不免。以其未冠，故不嫌於不冠也。若爲孤子而當室，則雖童子，亦免。以其爲喪主，而當成人之禮。○《開元禮》若嫡子，雖童子亦杖，幼不能自杖，人代執之。世婦。詳見下「内子」《注》。八十縷爲一升。《喪服注》「升」字當爲「登」。登，成也。今皆以登爲升，俗誤行已久矣。○問布升數。朱子曰：「八十縷爲一升。古尺一幅只闊二尺二寸，算來斬衰三升，如今網一般，又如漆布一般，所以未爲成布也。如深衣十五升布，如今極細絹一般，這處升數又曉未得。古尺又短於今尺，若盡一千二百縷，一幅闊不止二尺二寸。所謂『布帛精麤不中數』，不粥於市，又如何自要闊得？這處亦不可曉。」○《集説》問：「《程子遺書》：『古者八十縷爲一升，斬衰三升布，則是二百四十絲，於今之布已爲細。緦麻十五升，則是千有二百絲，今蓋無有矣。』按程氏之説，則今緦麻當用何等布？」曰：「《間傳》『緦麻十五升去其半』，則用六百絲布，正是今之稍麤麻布，宜用之。但云斬衰三升布爲細，則比今俗稱冷布者已爲麤矣。若三升布更嫌細，則恐非三升織不成布。」《衰裳記》按《記》乃《喪服記》，記有衰裳制度，故云。外削幅。本《注》削猶殺也。太古冠布衣布，先知爲上，外殺其幅，以便體也；後知爲下，内殺其幅，稍有餙也。後世聖人易之以此爲喪服。幅三袧。《喪服注》袧，謂辟兩側空中央。《疏》腰中廣狹任人麤細，故袧之辟攝亦不言寸數多少，但幅别以三爲限耳。按：《曲禮》：「以脯修置者，左朐右末。」鄭云：「屈中云朐。」則此言袧者，亦是屈中之稱。一幅凡三處屈之，辟兩邊相著，自然中央空矣，别幅皆然。漚。《詩注》漬也，治麻者必先以水治之。周公時、子夏時。按《儀禮經》云「菅屨」，《傳》云「菅菲」，《經》是周公所作，

《傳》是子夏所作，故云。長子塾。字受之，早卒，贈中散大夫。

齊衰。《喪服傳》齊者何？緝也。《注》冠以布爲武及纓。《丘儀》用布一條重疊之，折其中，從額上約之，至項後交過前，各至耳，用線綴之爲武，各垂其末稍爲纓，結之頤下。**本在右。**《喪服》「齊衰」章《疏》上章爲父，左本在下者，陽統於內，則此爲母，陰統於外，故右本左上也。**絞帶。**《丘儀》用布夾縫之，約寬四寸許，屈其右端尺許，用線綴之，連下稍通長七八尺。**杖以桐。**《集説》無桐以柳代。○《通典》桐杖大如腰絰。**子爲母。**《喪服》父卒則爲母。《疏》直云父卒爲母足矣，而云「則」者，欲見父卒三年之內而母卒，仍服期。要父服除而母死，乃得伸三年，故云「則」以差其義也。《傳》：「何以期也？屈也。至尊在，不敢伸其私尊也。」○《通解續》唐前上元元年，武后上表請父在爲母終三年之服，詔依行焉。開元五年，右補闕盧履冰上言：「准禮，父在爲母一周除靈，三年心喪，請仍舊章。」刑部郎中田再思建議：「上古喪服無數。自周公制禮之後，孔子刊《經》以來，方殊厭降之儀，以標服紀之節，重輕從俗，斟酌隨時，循古未必是，依今未必非也。」履冰又上疏：「天無二日，土無二君，家無二尊，以一理之也。所以父在爲母服周者，避二尊也。」左散騎常侍元行冲奏議：「今若捨尊厭之重，虧嚴父之義，事不師古，有傷名教。」後中書令蕭嵩與學士改修五禮，又議請依上元父在爲母齊衰三年爲令，遂爲成典。○《大全》郭子從問《儀禮》父在爲母。曰：「盧履冰議是，但今條制如此，不敢違耳。」按宋朝循用唐制，故《家禮》因之。○《補注》程子曰：「古之父在爲母服期，今則皆爲三年之喪，家有二尊矣，可無嫌乎？處今之宜，服齊衰一年外，以墨衰終月算，可以合古之禮，全今之制。」○《雜記》期之喪，十一月而練，十三月而祥，十五月而禫。**母爲嫡子。**《喪服疏》父爲長子在「斬」章，母爲長子在齊衰。以子爲母服齊衰，母爲之不得過於子。若然，子爲母父在期，而母爲長子，不問夫之在否，皆三年。子爲母有降屈之義，父母爲長子本爲先祖之正體，無厭降之義。爲繼母。《喪服傳》繼母何以如母？繼母之配父，與因母同，故孝子不敢殊也。《注》因猶親也。《疏》己母早卒，或被出之後，繼續己母。○《大全》《答黄商伯書》：「本生繼母蓋以名服，如伯叔父之妻，於己有何撫育之恩？但其夫屬乎父道，則妻皆母道，况本生之父所再娶之妻乎？」婦爲姑。按 妻爲夫之繼母，妾子妻爲嫡母，於禮并無。蓋繼母與生母不異，妾子妻與衆子婦不異，故不别言繼母、嫡母也。近年沈相守慶著書云「妻爲夫之繼母無服」，而且於洪相暹夫人之喪，以妾子妻爲嫡母無服，使之不服。其誣《經》背禮，使人得罪人倫，爲害甚矣。爲慈母。《喪服傳》慈母者何也？妾之無子者。妾子之無母者，父命妾曰：「女以爲子。」命子曰：「女以爲母。」若是，則生養之，終其身。死則喪之三年，貴父之命也。《注》不命，則亦服庶母慈己之服可也。《疏》妾之無子者，謂舊有子，今無者。失子之妾有恩慈深，則能養他子以爲己子者也。若未經有子，恩慈淺，則不得立後而養他子。○《小記》爲慈母後者，爲庶母可也，爲祖庶母可也。《注》若父之妾有子而子死，己命己之妾子後之亦可，故云「爲祖庶母可也」。

《附注》儀禮「補服」條。按 勉齋黄氏所修。祖父卒而後爲祖母後。《小記》祖父卒而後爲祖母後者三年。《喪服圖式注》祖父卒時，父在，己雖爲祖期，今父没，祖母亡，亦爲祖母三年。若子。《丘儀》若子之「若」，解與「如」字同，謂如其人之親子也。

家禮輯覽卷之六

喪禮

成服下

杖期。《注》降服。《喪服傳注》降有四品，君大夫以尊降，公子、大夫之子以厭降，公之昆弟以旁尊降，爲人後者、女子子嫁者以出降。《疏》降有四品者，鄭因《傳》降不降之文，遂總解喪服上下降服之義。○《中庸注》喪服自期以下，諸侯絶，大夫降。《圖式》朱子曰：「夏、商以上，只是親親長長之意。到周，又添得許多貴貴底禮數。如始封之君不臣諸父、昆弟，封君之子不臣諸父而臣昆弟。期之喪，天子、諸侯絶，大夫降。然諸侯、大夫尊同，則亦不絶不降。姊妹嫁諸侯者，則亦不絶不降。此皆貴貴之義。上世想皆簡略，未有許多貴貴底禮數。凡此皆天下之大經，前世所未備。到得周公搜剔出來，更不可易。」○《通典》虞喜《釋滯》曰：「按《喪服經傳》，始封之君不臣諸父、兄弟，封君之子不臣諸父，封君之孫盡臣之矣。夫始封之君尚服諸父、昆弟，而始爲大夫便降旁親，尊者就重，而卑者即輕，輕重顛倒，豈禮意哉？然當有此意，爲據諸侯成例，包於大夫以相兼通也。如此，則一代爲大夫不降諸父，二代爲大夫不降兄弟，三代爲大夫皆降之。古者貴大夫有采邑，繼位不止一身。魯之三桓，鄭之七穆，皆自此也。

爲嫁母。

按《大全》，范灌妻前已更嫁，至是卒，人以其服爲疑。王氏曰：「《禮》無嫁母服而律有心喪三年之文。是嘗爲洪雅配，不得爲仲芸母乎？」即命服喪如律。朱子既述其事，而曰：「處變事而不失其權。嗚呼！賢哉！」

繼母嫁而已從。

《喪服》父卒，繼母嫁，從，爲之服，報。《傳》何以期也？貴終也。《疏》父卒，繼母嫁者，欲見此母爲父已服斬衰三年，恩義之極，故子爲之一期，得伸禫杖，但以不生己，父卒改嫁，故降於己母。雖父卒後，不伸三年。○《語類》「父卒，繼母嫁，從，爲之服，報。」嘗爲母子，貴終其恩，此爲繼母服之義。○《通解續》按：《通典》：「宋崔凱云：『父卒，繼母嫁，從爲之服，報。』鄭玄云：『嘗爲母子，貴終其恩也。』王肅云：『從乎繼母而寄育則爲服，不從則不服。』凱以爲出妻之子爲母殁父卒，繼母嫁，從爲之服，報，皆爲庶子耳，爲父後者皆不服也。《傳》云：『與尊者爲一體，不敢服其私親也。』庾蔚之謂：『王順《經》文，鄭附《傳》說。王則情易安，於《傳》亦無礙。繼嫁則與宗廟絶，爲父後者安可以廢祖祀而服之乎？』」

夫爲妻。

《喪服傳》爲妻何以期也？妻至親也。《注》適子，父在則爲妻不杖，以父爲之主也。父在，子爲妻以杖，即位，謂庶子。《疏》言妻至親者，妻既移天齊體，與己同奉宗廟，爲萬世之主，故云至親也。以杖即位者，天子以下至士庶人，父皆不爲庶子之妻爲喪主，故夫皆爲妻杖，得伸也。《小記》同。○《雜記》爲妻，父母在，不杖，不稽顙。《注》尊者在，不敢盡禮於私喪也。《疏》此謂適子爲妻，父母見存，不敢爲妻杖、稽顙，故云。按：《喪服》云：「大夫爲適婦爲喪主。」父爲己婦之主，故父在不敢爲婦杖。若父没母存，爲妻雖得杖，而不得稽顙。「不杖」屬於父在，「不稽顙」文屬母在，故云「父母在，不杖，不稽顙。」○《喪服記》公子爲其妻，縓冠，葛絰帶，麻衣縓緣。既葬，除之。○《喪服》大夫之適子爲妻。《疏》大夫之適子爲妻在此「不杖」章，則上「杖」章爲妻者，是庶子爲妻。父没後，適子亦爲妻，亦在彼章也。《傳》：「何以期也？父之所不降，子亦不敢降也。何以不杖也？父在，則爲妻不杖。」《注》：「大夫不以尊降適婦者，重適也。凡不降者，謂如其親服服之。」《服問》云「君所主夫人妻、太子、適婦」，是大夫爲適婦喪主也。若然，此適子通貴賤。天子、諸侯雖尊，不降可知。○《小記》世子爲妻，與大夫之適子同。子爲父後，爲出母無服。《喪服注》出猶去也。○《小記》爲父後者，爲出母無服喪者，不祭故也。《注》出母父所棄絶，爲他姓之母，以死則有他姓之子服之。蓋居喪者不祭，若喪他姓之母，而廢己宗廟之祭，豈禮也哉？故爲父後者，不喪出母，重宗祀也。然雖不服，猶心喪，爲恩也。非爲後者，期而不禫。○朱子曰：「此尊祖敬宗，家無二主之意。先王制作精微，不苟蓋如此。」

《附注》恐當添爲祖母。按本《注》已有此文，而於此又言之者，竊意此主爲人後者而言也。蓋此蒙上《附注》所謂所後者之妻若子而言也。然「齊衰三年」條言當增爲所後者之妻若子也，「三月」條言當增爲所後者之祖父母若子也。此二條《儀禮》「補服」條有之，故直曰當增也。所後者之祖父在而爲祖母則無文，故於此乃曰「恐當添」云爾，亦未知然否。

據。《韵會》居御切，按也，通作「據」。首一條。退溪曰：「謂爲所後者之妻若子也。」

不杖期。《注》爲祖父母。《喪服疏》若爲父期，祖合大功。爲父母加隆至三年，祖亦加隆至期。祖爲孫止大功，孫爲祖既疏，何以亦期？祖爲孫降至大功，似父母於子降至期。祖雖非至親，是至尊，故期。女雖適人，不降。《喪服疏》已嫁之女可降旁親，祖父母正期，故不降。爲伯叔父。《喪服》世父母、叔父母。《疏》伯言世者，欲見繼世。《傳》何以期也？與尊者一體也。然則昆弟之子何以亦期也？旁尊也，不足以加尊焉，故報之也。父子一體也，夫妻一體也，昆弟一體也，故父子首足也，夫妻牉合也，昆弟四體也，故昆弟之義無分。然而有分者，則辟子之私也。子不私其父，則不成爲子，故有東宮，有西宮，有南宮，有北宮，異居而同財，有餘則歸之宗，不足資之宗。世母叔母何以亦期也？以名服也。《注》宗者，世父爲小宗，典宗事者也。資，取也。《疏》與尊者一體也者，雖非至尊，既與尊者爲一體，故服期。然昆弟之子無此義，何以亦期？云旁尊也，不足以加尊焉，故報之也者，凡得降者，皆由己尊也，故降之。世叔非正尊，故生報也。云父子一體已下云云，《傳》云此者，上既云一體，故《傳》又廣明一體之義。父子一體者，謂子與父骨血是同爲體，因其父與祖亦爲一體，又見世叔父與祖亦爲一體也。夫妻一體者，亦見世叔母與世叔亦爲一體也。昆弟一體者，又見世叔與父亦爲一體也。昆弟之義無分者，以手足四體本在一身，不可分別，是昆弟之義不合分也。然而分者，則辟子之私也。使昆弟之子各自私朝其父，故私分也。若兄弟同在一宮，則尊崇諸父之長者，第二已下，其子不得私其父，不成爲人子之法也。按：《内則》云：「命士以上，父子異宮。」不命之士，父子同宮。縱同宮，亦有隔別，爲四方之宮也。世母、叔母是路人以來配世叔父，則生母各既有母名，則當隨世叔而服之，故云以名服也。〇楊氏復曰：「世叔父者，父之兄弟。若據祖期，則世叔父母宜九月，而世叔父是父一體，故加至期。適人而無夫與子。《喪服注》凡女行於大夫以上曰行，嫁於士庶人曰適人。《疏》庶人，謂庶人在官者，府史胥徒名曰庶人。至於民庶亦同行士禮，以窮則同之。《喪服》姑姊妹、女子子適人無主者，姑姊妹報。《傳》無主者，謂其無祭主者也。何以期也？爲其無祭主故也。《注》無主後者，人之所哀憐，不忍降之。《疏》無主有二，謂喪主、祭主。《傳》不言喪主者，喪有無後，無無主者。人之所哀憐者，謂行路之人見此無夫復無子而不嫁，猶生哀愍，况姪與兄弟及父母，故不忍降之也。除此之外，餘人爲之服者，仍依出嫁之服而不服，以其恩疏故也。**爲嫡孫。**《喪服傳》何以期也？不敢降其適也。有適子者，無適孫，孫婦亦如之。《注》周之道，適子死，則立嫡孫，是適孫將上爲祖後者也；長子在，則皆爲庶孫耳。孫婦亦如之，適婦在，亦爲庶孫之婦。《疏》長子爲父斬，父亦爲斬。適孫承重，爲祖斬，祖不報之斬者，父子一體，本有三年之情，故特爲子斬。祖爲孫本非一體，但以報期，故不得斬也。**女適人，爲父後。**《喪服傳》何以亦期也？婦人雖在外，必有歸宗，曰小宗，故服期也。《注》歸宗者，父雖卒，猶自歸宗。其爲父後服重者，不自絶於其族類也。丈夫婦人之爲小宗，各如其親之服，辟大宗。《疏》父雖卒，猶自歸宗，知義然者，若父母在，嫁女自當歸寧父母，何須歸宗？《傳》言「婦人雖在外，必歸宗」，明是據父母卒者。丈夫婦人爲小宗，各如其親之服者，謂各如五服尊卑，服之無所加減。避大宗者，大宗則齊衰三月，云丈夫婦人五服外皆齊衰三月，五服内月算如邦人，亦皆齊衰，無大功、小功、緦麻，故云「避大宗」也。《喪服》「大功」章：「女子子適人者爲衆昆弟。」《注》：「父在則同，父没乃爲父後者服期也。」**繼母嫁母從己者。**按嫁母之「母」字當作「而」，鄭道可《禮抄》及申知事湜《家禮諺解》仍作「母」。

繼父同居。《喪服疏》夫死不嫁，終身不改，《詩》共姜自誓，不許再歸。此得有婦人將子嫁而有繼父者，彼不嫁者自是貞女守志；亦有嫁者，雖不如不嫁，聖人許之。《傳》何以期也？曰夫死妻穉子幼，無大功之親。與之適人，而所適者亦無大功之親。以其貨財爲之築宮廟，歲時使之祀焉，妻不敢與焉。若是則繼父之道也。同居則服齊衰期，異居則服齊衰三月。必嘗同居，然後爲異居。《注》妻穉，謂年未滿五十。子幼，謂年十五已下。子無大功之親，謂同財者也。爲之築宮廟於家大門之外，神不歆非族，妻不敢與焉。恩雖至親，族已絶矣，天不可二，此以恩服爾，未嘗同居則不服之。《疏》子家無大功之内親，繼父家亦無大功之内親，繼父以財貨爲此子築宮廟，使此子四時祭祀不絶，三者皆具，即爲同居，子爲之期，恩深故也。三者若闕一事，則爲異居。假令三者皆具，後或繼父有子，即是繼父有大功内親，亦爲異居矣。如此，則爲之齊衰三月。初與母往繼父家時，或繼父有大功内親，或已有大功内親，或繼父不爲己築宫廟，三者一事闕，雖同在繼父家，亦名不同居，繼父全不服之矣。爲之築宫廟於家門之外者，以其中門外有己宗廟，則知此在大門外築之也。隨母嫁得有廟者，非必正廟，但是鬼神所居曰廟，若《祭法》云「庶人祭於寢」。

妾爲女君。《喪服傳》何以期也？妾之事女君，與婦之事舅姑等。《注》女君，君適妻也。女君於妾無服，報之則重，降之則嫌。《疏》若降之大功、小功，則似舅姑爲適婦、庶婦之嫌，故使女君爲妾無服。○《雜記》女君死，則妾爲女君之黨服，攝女君則不爲先女君之黨服。《注》女君死而妾猶服其黨，是徒從之禮也。妾攝女君，則以攝位稍尊也。

妾爲君衆子。《丘儀》此下補入「妾爲君之父母。」《大明會典》亦同。

按《儀禮》：婦爲舅姑期，而妾爲君之黨服，與女君同。至宋朝，陞舅姑服三年。《家禮》因之，而不言妾之服。然《儀禮》既有「與女君同」之文，則妾爲君之父母亦當爲三年。

《附注》姊妹既嫁，相爲服。愚問 此禮亦見於他書乎？《儀禮》及《禮記》無明文，楊氏之説恐誤。鄭愚伏答曰：「期年，楊氏添條常以爲疑，高明亦疑之矣。但聞姊妹皆嫁不再降，亦未見其出處，只是理當如此。」愚謂《儀禮》「大功」章：「出降者，兩女各出，不再降。若兩男爲人後，亦如之。」以「不再降」之文觀之，其一降可知，楊儀恐不可從。

父母在，則爲妻不杖。已見上「爲妻」條。

爲其父母報。《喪服疏》言報者，既深抑之，使同本《疏》往來相報之法故也。

五月、三月。《喪服疏》以其日月小，故在「不杖」章下。《注》爲曾祖、高祖。《喪服傳》何以齊衰三月也？小功者，兄弟之服也，不敢以兄弟之服服至尊也。《注》正言小功者，服之數盡於五，則高祖宜緦麻，曾祖宜小功也。據祖期，則曾祖大功，高祖小功也。高祖、曾祖皆有小功之差，則曾孫、玄孫爲之服同也。重其齊麻，尊尊也；減其日月，恩殺也。《疏》不敢以兄弟之服服至尊者，《傳》釋服齊衰之意也。重其衰麻，謂以義服六升衰、七升冠，此尊尊者也。減其日月，謂減五月爲三月者，因曾、高於己非一體，恩殺故也。○《通典》貞觀十四年，魏徵奏："謹按曾祖、高祖舊服齊衰三月，請加爲齊衰五月。"○《開元禮》爲曾祖父母齊衰五月，高祖父母齊衰三月。○《語類》問魏玄成加服。曰："觀當時所以曾祖之服，仍爲齊衰，而加至五月，非降爲小功也。今五服格仍遵用之，雖於古爲有加，然恐亦未爲不可也。"

大功。《喪服注》大功布者，其鍛治之功麤沽《韵會》略也。之。《疏》斬衰皆不言布與功，以其哀痛極，未可言布體與人功。至此輕，可以見之。言大功者，用功麤大，故沽疏。其言小者，對大功是用功細小。《注》從父。《韵會》從，才用切。○《喪服疏》謂之從父昆弟，世叔父與祖爲一體，又與己父爲一體，緣親以致服，故云從也。爲衆子婦。《通典》魏徵奏："衆子婦舊服小功，今請與兄弟子婦同，爲服大功九月。"○《大全》《禮經》嚴適，故《儀禮》適婦大功，庶婦小功。此固無可疑者，但兄弟子之婦則正《經》無文，而舊制爲之大功，乃更重於衆子婦，雖以報服使然，然於親疏輕重之間，亦可謂不倫。故魏公因太宗之問而正之。然不敢易其報服大功之重，而但升適婦爲期，乃正得嚴適之義，升庶婦爲大功，亦未害於降殺之差也。○楊氏復曰："按：《儀禮》婦服舅姑期，故舅姑服適婦大功。今升適婦爲期，雖得嚴適之義，又非輕重降殺之義。當考。"爲夫伯叔父母。《喪服疏》《記》云爲夫之兄弟降一等，此皆夫之期，故爲之大功也。義見"爲娣姒"條。

《附注》負版、衰辟領，旁親則不用。按《儀禮》雖輕服，並無去負版、辟領之文，而《家禮》至大功始去之，乃朱子損益之義也。鄭雖有衰、負版、辟領、孝子哀戚之文，然此特舉其最重者而言之，丘氏説亦然。子游答公叔木。《一統志》言偃，字子游，吴人，北學於中國，受業孔子，在文學科，爲武城宰。○《檀弓》公叔木式樹反。有同母異父之昆弟死，問於子游，曰：「其大功乎？」狄儀問子夏，子夏曰：「我未之前聞也。」《注》公叔木，衛公叔文子之子。鄭氏曰：「大功是。」《家語》郰人以同母異父之昆弟死，問於孔子，子曰：「不同居繼父，猶且不服，况其子乎？」魯莊公爲齊王姬。《檀弓》齊穀告。王姬之喪，魯莊公爲之大功。或曰：「由魯嫁，故爲之服姊妹之服。」或曰：「外祖母也，故爲之服。」《注》齊襄公夫人王姬卒，赴告於魯。其初由魯而嫁，故魯君爲之服出嫁姊妹大功之服，禮也。或人既不知此王姬乃莊公舅之妻，而以爲外祖母，又不知外祖母服小功，其亦妄矣。《檀弓》。《禮記》篇名。檀弓，魯人之知禮者。苧。《韵會》丈呂切。《説文》草也，可以爲繩。虔布之屬。虔布，或曰：「虔州之布也。」屬，《韵會》殊玉切，類也。不鬻於市。《王制》布帛精麤不中數，幅廣狹不中量，不粥鬻。於市。《注》數，升縷多寡之數也。布幅廣二尺二寸，帛廣二尺四寸。

小功。義見「大功」條。《注》從祖父母。楊氏復曰：「從世叔父母《經》謂之從祖父母。既疏，加所不及，據期而殺，是以五月。」爲外祖。《喪服傳》何以小功也。《疏》外親之服不過緦麻，今乃小功，故發問。以尊加也者，以祖是尊名，故加至小功。《傳》出妻之子爲母期，則爲外祖父母無服。絶族無施以豉反。服，親者屬。《注》在旁而及曰施。親者屬，母子至親，無絶道。爲舅。《通典》貞觀十四年，太宗謂侍臣曰：「舅之與姨親疏相似，而服紀有殊，理未爲得。」魏徵議曰：「謹按：舅服緦麻，請與從母同小功。」制可。○《大全》《答余正甫書》曰：「外祖父母止服小功，則姨與舅自合同爲緦麻。徵反加舅之服以同於姨，則爲失耳。舅亦有父之名，胡爲而獨輕也？來諭以爲從母乃母之姑姊妹，而爲媵者，恐亦未然。蓋媵而有子，自得庶母之服，况媵之數亦有等差，不應一女適人，而一家之姑姊妹皆從之。且《禮》又有『從母之夫』之文，是則從母固有嫁於他人而不從母來媵者矣。若但從者當服小功，則不知不從者又當何服也？」爲甥。《喪服傳》甥者何也？謂吾舅者，豈謂之甥。何以緦也？報之也。《疏》謂吾舅者，吾謂之甥，以其父之昆弟有世叔之名，母之昆弟不可復謂之世叔，故名謂舅。舅既得别名，故謂之姊妹之子爲甥，亦爲别稱也。報之者，甥既服舅以緦，舅亦爲甥以緦也。○《通典》貞觀年中，八座奏議：「今甥爲舅使同從母之喪，則舅宜進甥以同從母之報，亦小功。」制可。爲從母。《喪服》從母，丈夫婦人報。《注》從母，母之姊妹。《疏》母之姊妹與母一體，從於己母，而有此名，故曰從母。言丈夫婦人者，母之姊妹之男女與從母兩相爲報，故曰報丈夫婦人者。馬氏云：從母報姊妹之子，男女也。丈夫婦人者，異姓無出入降。若然，是皆成人長大爲號。《傳》何以小功也？以名加也。外親之服皆緦也。《疏》以有母名，故加至小功。以其異姓，故云外親。情疏，故聖人制禮無過緦也。爲夫姑姊妹適人者不降。《喪服注》夫之姑姊妹不殊在室及嫁者，因恩輕略，從降。《疏》夫之姑姊妹，夫爲之期，妻降一等，出嫁小功。因恩疏略，從降，故在室及嫁同小功。女爲姪。《語類》姊妹呼兄弟之子爲姪，兄弟相呼其子爲從子。《禮》云：喪服，兄弟之子猶子也。以爲己之子與爲兄之子，其喪服一也，爲己之次子期，兄弟之子亦期也。今人呼兄弟之子爲猶子，非是。姪對姑而言。今人於伯叔父前皆以爲猶子，漢人謂之從子，却得其正，蓋叔伯皆從父也。爲娣姒。《韵會》姒，序姊切。○《喪服傳》娣姒婦者，弟長也。《注》娣姒婦者，兄弟之妻相名也。《疏》據二婦年大小爲娣姒，不據夫年爲大小也。○朱子曰：「今按：此篇所指，皆姒娣相對之定名，同事一夫，則以生之先後爲長少，各事一夫，則以夫之長幼爲先後，所謂『從夫之爵，坐以夫齒』者是也。單舉則可通謂之姒，蓋相推讓之意耳。」○按《疏》説可疑，當以朱子説爲正。○《圖式》按：蜀譙周曰：「若不本夫爲倫，惟取同室而已，則親娣姒與堂娣姒不應有殊。婦人於夫之昆弟，本有大功之倫，從服其婦，有小功之倫；於夫從父昆弟，有小功之倫，從服其婦，有緦麻之倫也。夫以遠之而不服，故婦從無服而服之。然則初而異室，猶自以其倫服。」庶子爲嫡母父母。《喪服》君母之父母，從母。《注》君母，父之適妻也。從母，君母之娣姒。《傳》何以小功也？君母在，則不敢不從服。君母不在，則不服。《注》不敢不服者，恩實輕也。凡庶子爲君母，如適子。《疏》言無情實，但畏敬，故云「不敢不從服」也。君母不在者，或出或死。如適子者，則如適妻之子非正適長，而據君母在而云「如」。若君母不在，則不如。若然，君母在，既爲君母父母，其己母之父母，或亦兼服之。若馬氏義，君母不在，乃可申矣。母出，則爲繼母之父母。《服問傳》母出，則爲繼母之黨服；母死，則爲其母之黨服。爲其母之黨服，則不爲繼母之黨服。《注》母死，謂繼母死也。其母，謂出母也。鄭氏曰：「雖外親，亦無二統。」吴氏曰：「母出，謂己母被出，而父再娶。己母義絶，子雖不絶母服，而母黨之恩則絶矣，故加服繼母之黨，與己母之黨同也。母死，謂己母死而父再娶。己母祔廟，是父之初配，雖有繼母，而子仍服死母之黨。」按《注》與吴氏論母死不同，吴説恐是。○《通典》虞喜《通疑》曰：「縱有卜繼母，則當服次其母者之黨也。」○或問「杖期」章爲嫁母出母同，而「小功」章爲其黨不服，只言出母。若然，爲嫁母之黨可以服之耶？按《通典》成洽難「《喪服傳》曰：『出妻之子爲父後者，爲出母無服。』與尊者爲體，不敢服其私親也。』《經》爲繼父服者，亦父後者也。爲父後服繼父，則自服其母可知也。出母之與嫁母俱絶族，今爲嫁母服，不爲出母服，其不然乎？《經》證若斯其謬耳。」吴商答曰：「出母無服，此由尊父之命。嫁母，父不命出，何得同出母乎？爲繼父服者，爲其父没，年幼隨母，恩由繼父，所以爲報耳。今欲以出母同於嫁母，違廢父命，豈人子所行？又出母之黨無服，嫁母之黨自應服之。觀此，則不服出母黨之義可知。」爲兄弟妻。《喪服傳》夫之昆弟何以無服也？其夫屬乎父道者，妻皆母道也；其夫屬乎子道者，妻皆婦道也。謂弟之妻婦者，是嫂亦可謂之母乎？故名者，人治之大者也，可無慎乎？《注》道，猶行也。謂弟之妻爲婦者，卑遠之，故謂之婦。嫂者，尊嚴之稱。嫂，猶叟也。叟，老人稱也。是謂序男女之別爾。若己以母婦之服服兄弟之妻，兄弟之妻以舅子之服服己，則是亂昭穆之序也。治，猶理也。父母、兄弟、夫婦之理，人倫之大者。《大傳》曰：「名著而男女有別。」《疏》此二者欲論不著服之事。若著服，則相親，近于淫亂，故推而遠之。程子曰：「『推而遠之』，此說不是。古之所以無服，只爲無屬。兄弟，己之屬也，難以妻道屬其妻。」〇《通典》貞觀十四年，太宗謂侍臣曰：「同爨尚緦麻，而嫂叔無服，宜詳議。」侍中魏徵等議曰：「制服緣恩之厚薄。或有長年之嫂，遇孩童之叔，劬勞鞠育，情若所生。及其死也，則推而遠之，深所未喻。今請小功五月服。」制可。至開元一十年，中書令蕭嵩奏依貞觀禮爲定。〇《大全》嫂叔之服，先儒固謂雖制服亦可，然則徵議未爲大失。〇《語類》問：「嫂叔無服，而程先生云『後聖有作，須爲制服』」曰：「守《禮經》舊法，此固是好。纔說起，定是那個不穩，然有禮之權處。父道母道，亦是無一節安排。看『推而遠之』，便是合有服，但安排不得，故推而遠之。若果是鞠養於嫂，恩義不可已，是他心自住不得，又如何無服？」

《附注》姑爲適婦，不爲舅後。《小記》適婦不爲舅後者，則姑爲之小功。《注》謂夫有廢疾他故，若死而無子，不受重者。小功，庶婦之服也。凡父母於子，舅姑於婦，將不傳重於適。及將所傳重者非適，服之皆如庶子，庶婦也。〇

愚按　禮，衆子婦小功，故適婦不爲舅後者，同爲小功矣。魏徵既加衆子婦服與從子婦同爲大功，則此婦亦當爲大功也。諸

侯爲嫡孫婦。問「《家禮》未嘗言諸侯之禮，而楊氏《附注》獨於此言之，何也？」退溪曰：「取《儀禮》全文故也。」

緦麻。《喪服傳》緦者，十五升抽其半。有事其縷，無事其布。《注》謂之緦者，治其縷細如絲也。抽，猶去也。但古之「緦」、「絲」字通，故作「緦」字。十五升抽其半者，以八十縷爲升，十五升千二百縷，抽其半六百縷，縷麤細如朝服數，則半之可謂緦，而疏服最輕故也。有事其縷，無事其布者，按下《記·傳》：「錫者十五升抽其半，無事其縷，有事其布。」《注》：「謂之錫者，治其布使之滑易也。不治其縷，哀在內也。緦者，不治其布，哀在外。若然，則二衰皆同升數，但錫衰重，故治布不治縷，哀在內故也。此緦麻衰治縷不治布，哀在外故也。」《注》

族曾祖。《喪服疏》族，屬也，骨肉相連屬。以其親盡，恐相疏，故以族言之耳。族父母。楊氏復曰：「族世叔父《經》謂族父。疏，故緦。」爲曾孫、玄孫。楊氏復曰：「孫既大功，則曾孫宜小功。但曾孫服曾祖齊衰三月，故曾祖報亦三月也。玄孫亦緦。」按曾祖齊衰三月，據《儀禮》而言也。爲外孫。《喪服疏》外孫者，以女出外適而生，故云。外兄弟。《喪服疏》外兄弟者，姑是內人，以出外而生故也。內兄弟。《喪服疏》內兄弟者，對姑之子云。舅子本在內不出，故得內名也。○《圖式》伊川曰：「異姓之服，只是推得一重。若爲母而推，則及舅而止，故舅之子無服。却爲既與姑之子爲服，姑之子須當報之也，故姑之子、舅之子其服同。」庶子爲父後者爲其母。《喪服傳》何以緦也？與尊者爲一體，不敢服其私親也。然則何以服緦也？有死於宮中者，則爲之三月，不舉祭，因是以服緦也。《疏》與尊者爲一體者，父子一體，如有手足者也。妾母不得體君，不得爲正親，故言私親也。○宋制若無嫡母及嫡母卒，則爲所生母服其外祖父母，舅從母并不服。士爲庶母。《喪服》士爲庶母。《傳》何以緦也？以名服也。大夫以上，爲庶母無服。《疏》大夫以上，不服庶母。庶人又無庶母。爲庶母服者，唯士而已。○《通典》徐邈云：「兩妾之子，兩相爲庶母緦。」爲乳母。《喪服》乳母。《注》謂養子者有它故，賤者代之慈己。《疏》按：《内則》云「大夫之子有食母」，《注》亦引此云「《喪服》所謂乳母」。以天子、諸侯其子有三母具，皆不爲之服，士又自養其子。若然，自外皆無此法，唯有大夫之子有此食母爲乳母，其子爲之緦也。謂養子者有它故者，謂三母之内，慈母有疾病或死，則使此賤者代之養子，故云乳母也。《傳》何以緦也？以名服也。《疏》以名服，有母名。爲婿。《喪服傳》何以緦也。報之也。爲妻父母。《喪服傳》何以緦也？從服也。妻亡而别娶，亦同。《通典》晉荀訥曰：「妻黨不二服，《禮》所不載。母黨有出有繼，情事不同。謂前妻雖卒，終當同穴。今妻配己，理無異前，不以存亡爲異也。且《禮》無其文，當具有服也。或以爲同於徒從，妻没則不從服。若夫所不服，妾何得於徒從君母之黨耶？」爲甥婦。《語類》舅於甥之妻有服，妻於夫之舅無服也，可疑。恐是舅則從父推將來，故廣；甥之妻從夫推將來，故狹。」爲從兄弟之妻。按《大明律》、《丘儀》、本朝《經濟六典》及《經國大典》並有。爲舅之妻。按始見於本朝《經國大典》。

《附注》同爨。《詩注》爨，亡亂反，竈也。爲朋友。《喪服記》朋友皆在他邦，祖免，歸則已。《注》謂服無親者，當爲之主。每至祖時則祖，祖則去冠，代之以免。已猶止也。歸有主，則止也。主若幼少，則未止。《小記》大功者主人之喪，有三年者，則必爲之再祭。朋友，虞祔而已。《疏》或共遊學皆在他國而死者，每至可祖之節，則爲之祖而免，與宗族五世祖免同。歸則已者，謂在他國祖免，爲死者無主，歸至家，自有主，則止，不爲祖免也。服無親者，當爲之主者，以其有親入五服，今言朋友，故知是義合之輕，無親者也。既孤在外，明爲之作主可知。每至祖時祖者，凡喪至小斂節，主人素冠環絰以視斂訖，投冠，將括髮，先袒，乃括髮，括髮據正。主人齊衰已下，皆以免代冠，以冠不居肉袒之（體）〔禮〕故也。歸有主，則止也。主若幼少，則未止者，本以在外爲無主，與之爲主，今至家，主若幼少，不能爲主，則朋友猶爲主，未止。《傳》朋友麻。《注》朋友雖無親，有同道之恩，相爲服緦之絰帶。《檀弓》曰：「群居則絰，出則否，其服吊服也。」《疏》：「在他國加袒免，今此在國，相爲吊服，麻絰帶而已。按：《禮運》云：『人，其父生而師教之，朋友成之。』又《學記》云：『獨學而無友，則孤陋而寡聞。』《論語》云：『以文會友，以友輔仁。』以此言，人須朋友而成也，故云朋友雖無親，有同道之恩，故爲之服。《檀弓》『群居則絰，出則否』者，彼注群，謂七十二弟子相爲朋友，彼亦是朋友相爲之法。居則絰，謂在家居止則爲之絰，出家行道則否。引之者證此亦然也。彼又云『孔子之喪，二三子皆絰而出』，是爲師出行亦絰也。凡吊服，直云素弁環絰，不言帶。或有解云有絰有帶，（祖）〔但〕吊服既著衰，首有絰，不可著吉時之大帶。既有采矣，麻既不加于采，采可得加於凶服乎？明不可也。首言環絰，則其帶未必如環，但亦五分去一爲帶，糾之矣。其吊服除之。按《雜記》云「君於卿大夫，比葬不食肉，比卒哭不舉樂」，是知未吉，則凡吊服，亦當依氣節而除，并與緦麻同三月除之矣。爲士雖比殯而舉樂，其服亦當既葬除矣。○《檀弓》朋友之墓有宿草而不哭焉。《注》草根陳宿是期年之外，可無哭矣。方氏曰：「師猶父，朋友相親猶兄弟，既以喪父之義處喪師，則以喪兄弟之義處喪朋友，不亦可乎？墓有宿草則期年矣，是以兄弟之義喪之也。然必以墓草爲節者，蓋生物既變，而慕心可已故也。」○《大全》《答孫敬甫》曰：「朋友之喪，古《經》但云『朋友麻』，則如吊服加麻絰耳，然不言日數。至於祭奠，則温公説聞親戚之喪者，但當爲位哭之，不當設祭，以其神靈不在此也。此其大槩如此，亦當以其厚薄少長而爲之節，難以一定論也。」爲改葬。《喪服記》改葬緦。《注》謂墳墓以他故崩壞，將亡失尸柩者也。改葬者，明棺物毁敗，改設之，如葬時也。其奠如大斂，從廟之廟，從墓之墓，禮宜同也。服緦者，臣爲君，子爲父，妻爲夫也。必服緦者，親見尸柩，不可以無服，緦三月而除之。《疏》直言棺物毁敗而改設，不言衣服，則所設者唯此棺，如葬時也。按：《既夕記》朝廟至廟中更設遷祖奠，云「如大斂奠」，即此移柩向新葬之處所設之奠，亦如大斂奠。禮宜同也者，即設奠之禮，朝廟載柩之時，士用輁軸，大夫已上用輴，不用蜃車，餙以帷荒，則此從墓之墓亦與朝廟同可知。臣爲君，子爲父，妻爲夫也，知者，若更言餘服，無妨更及齊衰已下，今直言緦之輕服，明知唯據極重而言，故以三等也。不言妾爲君，差輕故也。不言女子子，婦人外成，在家又非常，故亦不言。諸侯爲天子，在畿外差遠，改葬不來，故亦不言也。親見尸柩，不可以無服者，君親死已多時，哀殺已久，可以無服，但親見君父尸柩，暫時之痛，不可不制服以表哀。三月而除者，謂葬時服之，及其除也，亦法天道一時，故亦三月除也。若然，鄭言三等，舉痛極者而言。父爲長子，子爲母，亦與此同也。○《通典》按：《經》文以謂諸有三年者皆當緦，如《注》意舉此云者，明唯斬者爾。今父卒，孫爲祖後而葬祖，雖不受重於祖，據爲主，雖不爲祖斬，亦制緦以葬也。○晉王翼云：「按：禮改葬緦，鄭氏以爲臣、子、妻也。以例推之，女子雖降父母，即亦子也。今男女皆緦，於義自通。」○晉胡濟云：「改葬前母，今《禮》無其章，故取繼母服準事目下，得伸孝養之情。推此所奉，前繼一也。以爲前母改葬，宜從衆子之制。」○劉鎮之問：「父尚在，母出嫁，亡，今改葬，應有服否？」徐廣答云：「改葬緦服，唯施極重。此既出嫁，未聞兒有服之文。然緣情立禮，今制服奉臨，就從重之義，合即心之理，亦當無疑於不允也。」○晉袁準云：「喪無再服，然哀甚，不可無服。若終月數，是再服也。道遠則過之可也，道近旬月可也。」○《語類》問：「『改葬緦』，鄭玄以爲終緦之月數而除服，王肅以爲葬畢便除，如何？」曰：「如今不可考。禮宜從厚，當如鄭氏。」問：「王肅以爲既虞而除之。若是改葬，神已在廟久矣，何得虞乎？」曰：「便是如此，而今都不可考。看來也須當反哭於廟。」問：「鄭氏以爲只是有三年服者，服緦；非三年服者，吊服加麻，葬畢除之否？」曰：「然。子思曰：『禮，父母改葬，緦而除。』則非父母不服緦也。」愚按子思之言，既葬後即除服。《丘儀》亦然。然韓文公《改葬議》：三月後脱服。朱子亦曰：「當如鄭氏。」三月而除。當以終三月爲正。大夫爲貴妾，士爲妾有子。《喪服》貴臣、貴妾。《注》此謂公，士大夫之君也。殊其臣妾貴賤而爲之服。貴臣，室老士也。貴妾，姪娣也。天子、諸侯降其臣妾，無服。士卑無臣，則士妾又賤，不足殊，有子則爲之緦，無子則已。《傳》何以緦也？以其貴也。《疏》以非南面，故簡貴者服之也。戴德。《漢書·儒林傳》字延君，與姪聖同受《禮》於后蒼，德删《禮》爲八十五篇，號《大戴禮》。宣帝時，爲信都太守。徐邈。《晉書》姑幕人。下帷讀書，不遊城邑。謝安舉爲中書舍人。撰《正五經音訓》，學者宗之。仕終驍騎將軍。王肅。《魏書·本傳》字子雍，東海郡人。魏太和中，拜散騎常侍。作攔不得。退溪曰：「欄横附幅之意。」

殤服。《韻會》殤，痛也。或作「傷」。○《喪服》大功，子、女子子之長殤、中殤。《注》殤者，男女未冠笄而死。可殤者，女子子，許嫁不爲殤。《疏》子、女子子在章首者，以其父母於子，哀痛情深，故在前。兄弟之子亦同此而不别言者，以其兄弟之子猶子，故不言。且中殤或從上，或從下，是則殤有三等，制服唯有二等者，欲使大功下殤有服故也。若服亦三等，則大功下殤無服矣。聖人之意然也。《傳》何以大功也？未成人也。何以無受也？喪成人者，其文縟；喪未成人者，其文不縟。故殤之經不樛垂。無服之殤，以日易月，殤而無服。故子生三月，則父名之，死則哭之；未名則不哭也。《注》縟，猶數也。其文數者，謂變除之節也。不樛垂者，不絞帶之垂者。以日易月，謂生一月者，哭之一日也。殤而無服者，哭之而已。《疏》成人至葬後，皆以輕服受之。今未成人，即無受。又三等殤皆以四年爲差，取法四時穀物變易故也。又以八歲已上爲有服，七歲已下爲無服者，按《家語·本命》云：「男子八月生齒，八歲齔齒，女子七月生齒，七歲齔齒。」今《傳》據男子而言，故八歲已上爲有服之殤也。《傳》必以三月造名，始哭之者，以其三月一時，天氣變，有所識眄，人所加憐，故據名爲限也。未名則不哭者，不止依以日易月而哭，初死亦當有哭而已。不樛垂者，成服後亦散不絞，以示未成人，故與成人異，亦無受之類。以日易月，謂生一月者，哭之一日也，若至七歲，歲有十二月，則八十四日哭之。此既於子、女子子下發，《傳》則唯據父母於子，不關餘親。殤而無服，哭之而已者，此鄭總解無服之殤，以日易月哭之事也。王肅、馬融以爲日易者，以哭之日易服之月，殤之期親，則以旬有三日哭，緦麻之親者，則以三日爲制。若然，哭緦麻三月，喪與七歲同。又此《傳》承父母子之下，而哭緦麻孩子，疏失之甚也。○《通典》吴徐整問射慈曰：「八歲已上爲殤者服，未滿八歲爲無服。假令子以元年正月生，七歲十二月死，此爲七歲，則無服也。或以元年十二月生，以八歲正月死，以但踐八年計其日月，適六歲耳。然號爲八歲，日月甚少；全七歲者，日月爲多。若人有三子，各死如此，其七歲者獨無服，則父母之恩有偏頗。」答曰：「凡制數，自以生月計之，不以歲也。」問曰：「無服之殤，以日易月，哭之於何處？有位無？」答曰：「哭之無位。禮，葬下殤於園中，則無服之殤亦於園也，其哭之就園也。」○《小記》除殤之喪者，其祭也必玄。《注》玄，謂玄冠、玄端也。殤無虞、卒哭及練之變服，其除服之祭，用玄冠、玄端、黄裳。此於成人爲釋禫之服，所以異於成人。《注》中殤七月。《喪服疏》五服之正，無七月之服，唯此大功中殤有之，故《禮記》云：「九月、七月之喪，三時是也。」娶嫁不爲殤。本朝《經國大典》已受職者並不爲殤。

爲人後。程子曰：「既是爲人後者，便須將所後者呼之以爲父以爲母。不如是，則不正也，却當甚爲人後？後之立疑義者，只見禮不杖期内，有爲人後者爲其父母報，便道須是稱親。《禮》文蓋言出爲人後，則本父母反呼之以爲叔爲伯也，故須著道爲其父母以别之，非謂却將本父母亦稱父母也。」○丘氏曰：「黄潤玉謂大宗絶，立後，小宗絶，不立後，爲今制。然觀宋儒陳淳謂古人繼嗣大宗無子，則以族人之子續之，而不及小宗。則我朝親藩初封未有繼别之子而國絶，則不爲立繼，蓋古禮也。親藩且然，况庶民乎？然則今庶民無子者，往往援律令，以争承繼，非歟？謹按：聖祖得國之初，著《大明令》，與天下約法有云：『凡無子，許令同宗昭穆相當之姪承繼，先儘同父周親，其及大功、小功、緦麻。如無，方許擇立遠房及同姓爲嗣。若立嗣之後却生親子，其家産并許與元立均分，並不許乞養異姓爲嗣，以亂宗族。立同姓者，亦不得尊卑失序，以亂宗族。』其後天下既定，又命官定律，有『立嫡子違法』條云：『若養同宗之人爲子，所養父母無子而捨去者，杖一百，發付所養父母收管。若有親生子及本生父母無子欲還者，聽。若立嗣雖係同宗，而尊卑失序，其子歸宗，改正應立之人。其遺棄小兒年三歲以下，雖異姓仍聽收養，即從其姓。』竊詳律令之文，所謂立嗣之後，却生親子，并所養父母無子而捨去，及若有親子等辭，皆謂其人生前自立繼嗣，及將昭穆相應之人自幼鞠養，從其自便。然恐其前既立繼，而後又有子，或所養之人中道背棄，又有尊卑失序者，故立爲律令以戒之也。令如漢高祖入關之約法律，及令蕭何取次者也。斷此獄者，當以律文爲正。若夫其人既死之後，有來告争承繼者，其意非是欲承其宗，無非利其財産而已。若其人係軍匠籍，官府雖脇之使繼，彼肯從哉？《春秋》推見至隱而誅人之意。請自今以後，其人若係前代名人之後，或在今朝曾有顯官者，以宗法爲主，先求繼禰小宗，次繼祖之宗，次繼曾祖之宗，又次繼高祖之宗。此四宗者俱無人，然後及疏房遠族及同姓之人。若其人生前或養同宗之子，雖其世系比諸近派稍遠，然昭穆若不失序，亦不必更求之他。所以然者，以其於所養之人有鞠養之恩，氣雖不純，而心已相孚故也。凡有爲人後者，除大宗外，其餘必有父在，承父之命方許出繼，已孤之子不許。所以不許者，爲人後者爲之子，則稱其所生或爲伯或爲叔，不承父命而輒稱己父母爲伯叔，可乎？是貪利而忘親也。如此，則傳序既明，而争訟亦息矣。」〇《北溪陳氏》曰：「養異姓爲嗣者，陽若有繼，而陰實絶之，固爲不可。然同姓又有賜姓、變姓，實爲混雜。其立同宗者，不可恃同姓爲憑，須擇近親來歷分明者立之，則一氣所感，父祖不至失祀。」○又曰：「今世多以女之子爲後，以姓雖異而氣類相近。然賈充以外孫韓謐爲後，秦秀已議其昏亂紀度。是則氣類雖近，而姓氏實異。此説斷不可行。」爲其私親，皆降一等。《喪服》爲人後者，爲其父母報。《傳》何以期也？不貳斬也。何以不貳斬也？持重於大宗者，降其小宗也。○女子子適人者，爲其父母。《傳》爲父何以期也？婦人不貳斬也。不貳斬者何也？婦人有三從之義，無專用之道，故未嫁從父，既嫁從夫，夫死從子。故父者，子之天也；夫者，妻之天也。婦人不貳斬者，猶曰不貳天也，婦人不能二尊也。《疏》婦人不貳斬者，則丈夫容有二斬，故有爲長子皆斬。至於君父別時而喪，仍得爲父申斬，則丈夫有二斬。至於女子子在家爲父，出嫁爲夫，唯一無二，故特言婦人異於男子故也。若然，按《雜記》云：「與諸侯爲兄弟者服斬。」是婦人爲夫并爲君得二斬者。然則此婦人不貳斬者，在家爲父斬，出嫁爲夫斬，爲父期，此其常事。彼爲君不可以輕服，服君非常之事，不得决此也。言婦人有三從之義者，欲言不貳斬之意，婦人從人所從，即爲之斬。若然，夫死從子，不爲子斬者，子爲母齊衰，母爲子不得過齊衰，故亦不斬。○或問爲人後者爲其私親，與女適人者，相爲之服也，其降二等耶？愚按《喪服》「小功」章：「爲人後者，爲其姊妹適人者。」《注》云：「不言姑者，舉其親者，而恩輕者降可知。以此觀之，其降二等明矣。」《注》妾爲其私親則如衆人。《圖式》按：公妾以及士妾爲其父母期。又《記》云：「妾爲私兄弟如邦人。」然則其服與女子子適人者同矣。

《附注》未練而出。本《注》若當父母之喪，未期而爲夫所出，則終父母三年之制。爲己與夫族絶，故其情復隆於父母也。若在父母小祥後被出，則是己之期服已除，不可更同兄弟爲三年服，故已也。若被出後遇父母之喪，未及期，夫命之反，則但終期服反，在期後則遂終三年。蓋緣已隨兄弟小祥，服三年之喪，不可中廢。

成服之日，始食粥。《注》疏食水飲。詳見下。不食菜果。《士喪記注》不在於滋味。實在木曰果，在地曰蓏。《疏》在木曰果，棗栗之屬。在地曰蓏，瓜瓠之屬。不與宴樂。《韵會》與，洋茹切，參與也。樂，歷各切。樸馬。《小學注》樸，音朴，樸素之馬。素轎。《士喪記》主人乘惡車，主婦之車亦如之，疏布裧。《注》裧者，車裳幃，於蓋弓垂之。《疏》裧與幃裳及容一也，故注者互相曉也。容蓋相將，其蓋有弓。

並有喪。《曾子問》「並有喪，如之何？何先何後？」孔子曰：「葬，先輕而後重；其奠也，先重而後輕。自啓及葬，不奠，行葬不哀次。反葬，奠而後辭於殯，賓。遂脩葬事。其虞也，先重而後輕。」《注》問同時有父母或祖父母之喪，先後之次如何？孔子言葬則先母而後父，奠則先父而後母。自，從也。從啓母殯之後，及至葬柩欲出之前，惟設母啓殯之奠、朝廟之奠及祖奠、遣奠而已。不於殯宮爲父設奠次者，大門外之右，平生待賓客之處，柩至此則孝子悲哀，柩車暫停。今爲父喪在殯，故不得爲母伸哀於所次之處。及葬母而反，即於父殯設奠告賓，以明日啓父殯之期，遂脩葬父之事也。葬是奪情之事，故先輕；奠是奉養之事，故先重也。虞祭亦奠之類，故亦先重。張子曰：「古者掘壙而葬，既並有喪，則先葬者不復土，以待後葬者之入，相去日近故也。」○《大全》郭子從問：「並有父母之喪，同葬同奠，亦何害焉？其所先後者何也？」曰：「此雖未詳其義，然其法具在，不可以己意輒增損也。」○《小記》父母之喪偕，先葬者不虞祔，待後事，其葬服斬衰。《注》不虞祔，不爲母設虞祔祭也。蓋葬母之明日即治父葬，葬畢虞祔，然後爲母虞祔，故云待後事。其葬母亦服斬衰者，從重也，以父未葬，不敢變服。○《雜記》有父喪，如未沒喪而母死，其除父喪也，服其除服。卒事，反喪服。《注》沒，猶終也，除也。父喪在小祥後、大祥前，是未沒父喪也，又遭母喪，則當除父喪，時自服除喪之服，以行大祥之禮。此禮事畢，即服喪母之服。若母喪未葬而值父二祥，則不得服祥服者，以祥祭爲吉，未葬爲凶，不忍於凶時行吉禮也。○雖諸父、昆弟之喪，如當父母之喪，其除諸父、昆弟之喪也，皆服其除喪之服。卒事，反喪服。《注》諸父、昆弟之喪，自始死至除服，皆在父母服内，輕重雖殊，而除喪之服不廢者，篤親愛之義也。若遭君喪，則不得自除私服。○有殯，聞外喪，哭之他室。入奠，卒奠出，改服即位，如始即位之禮。《注》有殯，謂父母喪未葬也。外喪，兄弟之喪在遠者也。哭不於殯宮而於他室，明非哭殯也。入奠者，哭之明日之朝，着己本喪之服，入奠殯宮。奠畢而出，乃脱己本喪服，着新死者未成服之服，而即昨日他室所哭之位。如始即位之禮者，謂今日之即哭位，如昨日始聞喪而即位之禮也。○《大全》曾擇之問：「或者以爲方服重，不當改衣輕服，如何？」曰：「非是。」○《曾子問》「君未殯而臣有父母之喪，則如之何？」孔子曰：「歸殯，反于君所，有殷事則歸，朝夕否。大夫室老行事，士則子孫行事。大夫内子，有殷事，亦之君所，朝夕否。」○問：「君薨既殯，而臣有父母之喪，則如之何？」曰：「歸居于家，有殷事則之君所，朝夕否。」○問：「君既啓，而臣有父母之喪，則如之何？」曰：「歸哭而反送君。」○問：「君之喪既引，聞父母之喪，如之何？」曰：「遂既封窆。而歸，不俟子。」○問：「父母之喪既引，及塗，聞君薨，如之何？」曰：「遂既封，改服而往。」○問：「大夫、士有私喪，可以除矣，而有君服，其除也如之何？」曰：「有君喪服於身，不敢私服，又何除焉？於是乎有過時而弗除也。君之喪服除而后殷祭，禮也。」《注》室老，家相之長也。以大夫、士在君所，殷事之時，或朝夕恒在君所，則親喪朝夕之奠有缺。然奠不可廢也，大夫使室老攝行其事，士則子孫攝也。内子，卿大夫之適妻也。爲夫之君，如爲舅姑服齊衰，故殷事亦之君所。盧氏曰：「人君五日而殯，故可歸殯父母而往殯君也。若臨君殯，則歸哭父母而來殯君，殯君訖，乃歸殯父母也。」○殷盛之事，謂朔望及薦新君。有此事則往適君所。○啓，啓殯也。歸哭，哭親喪也。返送君，復往送君之葬也。○遂，遂送君柩也。既窆而歸，下棺即歸也。不俟子，不待孝子返，而已先返。○《雜記》云：「非從柩與返哭，無免於埴。」此時孝子首着免，乃去免而括髮，徒跣，布深衣而往，不敢以私喪之服喪君。○君重親輕，以義斷恩也。殷祭，盛祭也。君服除乃得爲親行二祥之祭，以伸孝心。以其禮大，故曰殷也。假如此月除君服，即次月行小祥之祭，又次月行大祥之祭。若親喪小祥後方遭君喪，則他時君服除後，惟行大祥祭也。然此皆謂適子主祭而居官者。若庶子居官而行君服，適子在家，自依時行親喪之禮，他日庶子雖除君服，無追祭矣。○近者洪校理靈并有父母喪。愚謂父卒三年之内而母卒，仍服期，十一月小祥，十三月大祥，十五月禫祭，脱衰心喪。古禮然矣，人誰有非之者？洪答曰：「母喪既練之後，肆然脱衰，遽然心喪，揆諸情禮，終有所不忍焉者。朱夫子所謂古禮固難行，恐指此等處而發也。」洪之所言亦近情義，未知如何。○《通典》賀循曰：「《喪服記》：父死未殯前祖父死，則爲祖父服周；父死既殯後，爲祖父三年。此謂嫡子爲父後者也。父未殯服祖以周者，父屍尚在，人子之義，未可以代重也。」○庾蔚之謂「《禮》云『三日而不生，亦不生矣。』故君薨未斂，入門，升自阼階，明以生奉之也。父亡未殯，同之平存，是父爲傳重正主，己攝行事。」按此説可疑。父亡未殯，只服期年，不忍變在也。然喪不可無主，以嫡孫而不服三年，既無承統之義，且無大祥，又不行禫祭，若無後者之喪，可乎？○《圖式》石祖仁祖中立死未葬，祖仁請追服。博士宋敏求議曰：「服可再制明矣。祖仁宜因其葬而制斬衰。後有如其類而已葬者，用再制服。折衷《禮》文，以沿人情。」○又曰：「今服制令嫡子未終喪而亡，嫡孫承重亡在小祥前者，則於小祥受服，在小祥後者，則申心喪，並通三年而除。」○按嫡子凡追服祖父者，父亡在期内，而已服未除，則因變服節，未葬之虞，既葬之卒哭，期之練，宜成斬衰，以盡餘月。若亡在期後而已服已除，則宜用女適人被出，已除本宗服，不得追服云者，似然矣。然以嫡孫而不復制服，則祥禫無主，可乎？古人之議雖不可輕改，畢竟未安。○《通典》晉雷孝清問：「爲祖母持重，既葬而母亡，服制云何？别開門，更立廬？不言稱孤孫，爲稱孤子？」范宣曰：「按禮應服後喪之服。承嫡居諸父之上，一身爲兩喪之主，無緣更别開門立廬，以失居正之意。至祖母練日，則變除居堊室，事畢反後喪之服。稱孤孫，存傳重之目。祖母訖服，然後稱孤子。」○杜元凱云：「若父已葬而母卒，則服母之服。至虞訖，反服父之服。既練，則服母之服。喪可除則服父之服以除之，訖而服母之服。」賀循云：「父之喪服未竟，又遭母喪，當父服應竟之月，服祥祭之服，卒事，反母之喪服也。」庾氏問：「母喪已小祥而父亡，未葬，至母十三月，當伸服三年，猶壓屈而祥也？」徐廣答曰：「按賀循云：『父殯而祖亡，承重猶周，此不忍變父在也。』故自用父在服母之禮，靈筵不得終三年也。《禮》云：『三年之喪，既葬，乃爲前喪練祥。』則猶須後喪葬訖，乃得爲前喪變服練祥也。」○《間傳》斬衰之喪，既虞卒哭，遭齊衰之喪，輕者包，重者特。《疏》斬衰受服之時，遭齊衰初喪，男子輕，要得著齊衰要帶，而兼包斬衰之帶。婦人輕，首得著齊衰首絰，而包斬衰之絰。男子重，首特留斬衰之絰。婦人重，要特留斬衰要帶。○既練，遭大功之喪，麻葛重。《疏》斬衰既練，男子唯有要帶，婦人唯有首絰。今遭大功之喪，男子首空著大功麻絰，又以大功麻帶易練之葛帶。婦人要空著大功麻帶，又以大功麻絰易練之葛絰，是重麻也。至大功既虞、卒哭，男子帶以練之故葛帶，首著期之葛絰，婦人絰其練之故葛絰，著期之葛帶，是重葛也。期之葛絰、葛帶，謂麤細與期同，其實是大功葛絰、葛帶也。○齊衰之喪，既虞、卒哭，遭大功之喪，麻葛無服之。《注》此據男子言之。以大功麻帶易齊衰之葛帶，而首猶服齊衰葛絰，是麻葛兼服也。○昔年人有並遭祖與父喪者，問以何服爲重而常持乎？韓鳴吉伯謙以父服爲重。愚以爲俱是斬衰，而祖父尊，當以所尊爲重，論辨不決矣。今見

《通典》諸說，愚見果不虛。然《通典》與《問傳》、《家禮》互有異同，姑並存于右，以備參考。○《通典》庾蔚之云：「立服之有，皆定於始制之日，女子大功之末可嫁，既嫁必不可五月而除其服。男子在周服之内出爲族人後，亦不可九月而除矣。是知凡服皆以始制爲斷，唯有婦於夫之親，被義絶出則除之。」○又曰：「父喪内祖父亡，則應兼主二喪，立二廬。人爲父喪來吊，則往父廬。若爲祖喪來吊，則往祖廬。」其除之也。《語類》親喪，兄弟先滿者先除，後滿者後除，以在外聞喪有先後。

《附注》從母夫舅妻無服。《集説》問：「姑之子、舅之子、姨兄弟及同爨朋友皆緦，何舅之妻、從母及姑之夫反薄於此乎？」曰：「禮必有義，不可苟也。國朝之制，本族五服之外爲袒免，親遇喪葬則素服，尺布纏頭，此可爲法。用麻布頭巾。然近世功緦之服亦多尺布纏頭而已，曾未及月，或甫及葬，又悉除之，甚可歎也。然則親近而無服者，同於此亦何害乎！」○《檀弓》從母之夫、舅之妻，二夫人相爲服，君子未之言也。或曰：同爨緦。《注》從母夫於舅妻無服，所以《禮經》不載，故曰「君子未之言」。時偶有甥至外家，見此二人相依同居者有喪，而無文可據，於是或人爲同爨緦之説以處之，此亦原其情之不可已，而極禮之變焉。吕與叔。名大臨，藍田人。墨縗。《韵會》縗，倉回切，摧也，言摧痛。或作「衰」。《左傳》僖三十二年，子墨衰絰。《注》晉文公未葬，故襄公稱子，以凶服從戎，墨染其縗而加絰。喪服之變於是始。○《集説》問：「墨衰今宜服之否？」曰：「未葬服斬衰，葬後换葛衫。今人服生麻布衫，小祥换練服，墨衰不必服。」父在爲母期。《喪服四制》天無二日，土無二王，家無二尊，故父在爲母期者，見無二尊也。○臨川吴氏曰：「爲母齊衰三年，而父在爲杖期，豈薄於其母哉？蓋以夫爲妻之服既除，則子爲母之服亦除，家無二尊也。子服雖除，而不飲酒，不食肉，不處内，三者居喪之實如故，則所殺者三年之文而已，實故未嘗殺也。後世有所增改者，皆溺乎其文，昧乎其實者也。古人所勉者喪之實，而後世所加者喪之文，誠僞之相去何如哉？唐孔氏謂子於母屈而從期，心喪三年，蓋亦於義不安，而創爲是説，古未之聞。」師心喪。《檀弓注》心喪，身無衰麻之服，而心有哀戚之情，所謂若喪父而無服。○《檀弓》孔子之喪，門人疑所服。子貢曰：「昔者夫子之喪顔淵，若喪子而無服，喪子路亦然。請喪夫子若喪父而無服。」○〔程子〕曰：「師不立服，當以情之厚薄、事之大小處之，如顔、閔於孔子，雖斬衰三年可也。其成己之功與君父並其次，各有淺深，稱其情而已。下至曲藝，莫不有師，豈可一槩制服？」○《檀弓》孔子之喪，二三子皆絰而出。《注》吊服加麻者，出則變之。今出外而不免絰，所以隆師。○《丘儀》宋儒黄榦喪其師朱子，吊服加麻，制如深衣，用冠絰。王柏喪其師何基，服深衣，加帶絰，冠加絲武。柏卒，其弟子金履祥喪之則加絰于白布巾，絰如絲麻，而小帶用細苧。黄、王、金三子皆宋門之嫡傳，其所制師服非無稽也，後世欲服師之恩義者，宜準之以爲法云。○〔張子〕曰：「聖人不制師服，師無定體，見彼之善而已效之便是師也，故有得其一言一義如朋友者，有相親炙而如兄弟者，有感就己身而恩如天地父母者，豈可一槩制之？故聖人不制其服，心喪之可也。孔子死，吊服加麻，亦是服也，却不得謂無服。」解官申心喪。〔宋郭積〕幼孤，母更嫁，既而母喪，積解官服喪。知禮院宋祁言積服喪爲過禮，詔下有司博議，用馮元等奏，聽解官申心喪，蓋始於積。槩。《韵會》平斗斛木。大槩，大卒也。假寧格。〔按〕假，給假之假也。寧，寧神之寧也。給假寧神之格式。降而絶服。〔退溪〕曰：「降而絶服，謂凡降服緦一等，則絶而不服，猶假三日。」無服之殤五日。〔退溪〕曰：「有服之殤自有其日數，故只舉無服之殤。」逮事。逮，及也。

《五服年月歷代沿革》婦爲舅。《儀禮》齊衰期。〔宋太祖〕朝齊衰三年。〔今制〕斬衰三年。夫承重。〔今制〕爲曾、高祖母斬衰三年。子爲母。《儀禮》齊衰三年，〔今制〕斬衰三年，父在爲母《儀禮》期，唐三年，已見上。嫡孫父卒，爲祖母若曾、高祖母承重者。〔今制〕斬衰三年。母爲嫡子當爲後者。〔今制〕、〔國制〕並降不杖期。婦爲姑。《儀禮》齊衰期，宋太祖朝齊衰三年，今制斬衰三年，庶子之妻爲夫所生母今制斬衰三年。繼母、慈母。今制並斬衰三年。妾爲君之長子。《小記》與女君同。今制、國制並降不杖期。爲所後者之妻。《儀禮》「補服」條，三年。妾爲女君。國制期年。爲嫡婦。《儀禮》大功，唐太宗朝爲期年。爲曾祖、高祖。《儀禮》齊三月，《開元禮》曾祖五月，高祖三月。爲所後之曾祖。「補服」條齊衰五月。爲衆子婦。《儀禮》小功，唐太宗朝大功。爲舅。《儀禮》緦麻，唐太宗朝小功。爲兄弟之妻。《儀禮》無，唐太宗朝小功。庶子爲嫡母之父母、兄弟、姊妹。今制、國制無。爲夫之兄弟。《儀禮》無，唐太宗朝小功。庶母。今制、國制並杖期。庶子爲父後者爲其母。國制無，《儀禮》緦麻三月。爲夫之曾祖、高祖。古禮無，《開元禮》緦麻，《家禮》因之。爲夫之外祖父母。國制無。爲夫之從母及舅。國制無。爲同爨、爲朋友、大夫爲貴妾、士爲妾有子。今制、國制無。子爲父母、妻妾爲夫、臣爲君、孫爲祖後改葬緦。今制、國制並無。爲從兄弟妻。今制、國制並緦麻。爲夫之從父兄弟。今制、國制並緦麻。族人爲宗子母及妻。《儀禮》齊衰三月。爲舅妻。國制緦麻。爲人後者爲本生外祖父母。今制緦麻。

家禮輯覽卷之七

喪禮

朝夕哭奠　上食

朝夕哭奠。《檀弓》朝奠日出，夕奠逮日。《注》逮日，及日之未落。○《既夕疏》必朝奠待日出，夕奠須日未没者，欲得父母之神隨陽而來故也。《雜記》朝夕哭不帷，無柩者不帷。《注》朝夕之間，孝子欲見殯，故哭則褰舉其帷，哭畢仍垂下之。無柩，謂葬後神主祔廟後還在室，無事於室，故不復施帷。○河西曰：「此禮之昏定晨省。」○《開元禮》每日先具朝奠於東階下，内外夙興，各縗服。男子就東階下位，若升哭於殯東，其位如始成服之式。婦人升詣殯西位，内外皆哭。○愚按《儀禮》朝夕哭與奠節次各異，而或者以哭奠誤認爲一項事，非是。

朝奠。《注》奉魂帛出就靈座。《補注》出就靈座，入靈牀奉出也。○《丘儀》魂帛出，侍者入靈牀中斂枕被。《附注》罩。《韵會》陟教切。《四聲通解》冒也，覆也。○《集説》罩用竹爲格，白生絹爲之。

上食。《士喪記》燕養饋羞湯沐之饌，按 饌，士轉反。《既夕記》：「夷牀、輁軸，饌于西階東。其二廟，則饌于禰廟。」據此，則陳字設字之義。如他日。《注》燕養，平常所用供養也。饋，朝夕食也。羞，四時之珍異。湯沐，所以洗去污垢。《内則》曰：「三日具沐，五日具浴。孝子不忍一日廢其事親之禮。於下室日設之，如生存也。進徹之時，如其頃。」《疏》鄭注《鄉黨》云：「不時，非朝夕日中時。」一日之中三時食。今《注》云朝夕，不言日中者，或鄭略言，亦有日中也。或以死後略去日中，直有朝夕食也。進徹之時如其頃，一如平生子進食於父母，故雖死象生時，若一時之頃。○朔月若薦新，則不饋于下室。《注》以其殷奠有黍稷也。下室，如今之内堂。正寢聽朝事。《疏》大小斂奠、朝夕奠等，皆無黍稷，故上篇朔月有黍稷，鄭《注》云：「於是始有黍稷。」唯有下室若生，有黍稷，今此殷奠，大奠也，自有黍稷，故不復饋食於下室也。若然，大夫以上又有月半奠，有黍稷，亦不饋食於下室可知。○《大全》李繼善問：「《檀弓》既祔之後，唯朝夕哭拜朔奠。而張先生以爲三年之中，不徹几筵，故有日祭。温公亦謂朝夕當饋食，則是朝夕之饋，當終喪行之不變，與《禮經》不合，如何？」曰：「此等處，今世見行之禮不害其爲厚，而又無嫌於僭，且當從之。」

夕奠。《注》奉魂帛入就靈座。《補注》「靈座」當作「靈牀」。○《丘儀》侍者先入靈牀内鋪被安枕，然後出奉魂帛安牀上，置穀鞋于牀下，收晨所陳頮櫛之具。○按 朝陳頮櫛，至夕始收，似未安。

哭無時。《喪服疏》哭有三無時：始死未殯以前，哭不絶聲，一無時；既殯以後，卒哭，祭已前，阼階之下爲朝夕哭，在廬中思憶則哭，二無時；既練之後，無朝夕哭，唯有廬中，或十日，或五日，思憶則哭，三無時也。卒哭之後，未練之前，唯有朝夕哭，是一有時也。○《檀弓》穆伯之喪，敬姜晝哭。文伯之喪，晝夜哭。孔子曰：「知禮矣。」《注》哭夫以禮，哭子以情，中節矣，故孔子美之。方氏曰：「《經》曰『寡婦不夜哭』，蓋其遠嫌思人道。之道，不得不然爾。穆伯之於敬姜，夫也，故居其喪，止於晝哭而不嫌於薄。文伯之於敬姜，子也，故居其喪，晝夜哭而不嫌於厚。此孔子所以謂之知禮。」

朔日，設饌。《士喪禮》朔月，奠用特豚、魚腊，陳三鼎如初。東方之饌亦如之。無籩，有黍稷。用瓦敦，有蓋，當籩位。《注》朔月，月朔日也。大夫以上，月半又奠。如初者，謂大斂時始有黍稷。死者之於朔月月半，猶平常之朝夕。大祥之後，則四時祭焉。《疏》始死以來，奠不言黍稷，至此乃言之，故云「始有黍稷」。○按《家禮》無論士與大夫，皆無月半之奠，蓋朱子斟酌時宜，從簡之道也。東俗雖寒士家，亦設於月半，非《家禮》之意，然其來已久，似難猝變。○《士喪禮》徹朔奠，先取醴酒，其餘取先設者。敦啓會，面足。序出如入。其設于外，如于室。《注》啓會，徹時不復蓋也。面足執之，令足間鄉前也。敦有足，則敦之形如今酒敦。外，序西南。《疏》以前設時即不蓋，至徹亦不蓋。今《經》云「敦啓會」，嫌先蓋，至徹重啓之，故云「不復蓋」也。○《大全》李繼善問：「《政和儀》六品以下至庶人無朔奠，温公《書儀》有之，今當以何者爲據？」曰：「既有朝奠，則朔奠且遵當代之制，不設亦無害。」《注》麪。《韵會》眠見切，麥末，或作麵。

《附注》母喪夫爲主。《語類》夫祭妻亦當拜。○《丘儀》按：禮，母喪朔祭則用父爲主，是以夫而祭妻也，其禮視子於父母爲輕，其行禮之祭稍加節文，似亦不爲過。今擬子之喪母有父在主祭者之儀于左，主人以下就位，舉哀，奉魂帛出，就靈座。主人盥洗，詣香案前，焚香斟酒。執事者點茶，再拜，禮畢。殷奠。《士喪禮·注》殷，盛也。

有新物則薦。《士喪禮》有薦新，如朔奠。《注》薦五穀，若時果物新出者。《疏》按《月令》，仲春開冰，先薦寢廟。季春薦鮪于寢廟。孟夏以彘嘗麥，先嘗寢廟。仲夏羞以含桃，櫻桃。先薦寢廟。皆是薦新。如朔奠者，牲牢籩豆一如上朔奠也。○《檀弓注》薦新，重新物也。薦新於廟，死者已遠，則感傷或淺；薦新於殯，其痛尚新，則感傷必重。朔祭謂之大奠，其禮視大斂，故薦新亦如之。○《文獻通考》宋神宗詔：「舊制薦新，米麥之屬皆取於市。今後宜令諸園及後苑供具。」○《詳定郊廟禮》古者薦新于廟之寢，無尸，不卜日，不出神主，奠而不祭。近時擇日而薦，非也。物熟則薦，不以孟仲季爲限。《月令》孟夏薦麥，孟秋薦黍，季秋薦稻。《呂氏·月令》，一歲之間八薦新物。《開元禮》加以五十餘品。景祐中，禮官建議以爲《呂記》簡而近薄，唐令雜而不經。請自今孟春薦韭以卵，羞以葑；仲春薦冰；季春薦笋，羞以含桃；孟夏以彘嘗麥；仲夏嘗雛以黍，羞以瓜；季夏羞以芡以菱；孟秋嘗粟與稷，羞以棗以梨；仲秋嘗麻嘗稻，羞以蒲；季秋嘗菽，羞以兔以栗；孟冬羞以雁；仲冬羞以麕；季冬羞以魚。今春不薦鮪，實爲闕典。請季春薦鮪，以應《經》義。如鮪魚闕，即以魴鯉代之。○《丘儀》凡初出而未嘗者，用大盤盛，陳于靈座前卓子上。

《附注》五穀。稻、黍、稷、麥、菽。百果。《月令》仲夏含桃。《疏》諸月無薦果之文，此獨羞含桃者，以此果先成，異於餘物，故特記之。其實諸果於時薦。○《家語》果屬有六，而桃爲下，祭祀不用，不登郊廟。按 此桃即今所謂桃李之桃也。用素器。《檀弓》奠以素器，以生者有哀素之心也。惟祭祀之禮，主人自盡焉。豈知神之所饗，亦以主人有齊敬之心也。《注》虞以前，親喪未久，奠而不謂之祭，其奠也，非不敬其親也，哀心特甚，禮尚質朴，無心於飾，故用素器。虞以後，親喪漸久，卒祔練祥，雖猶在喪制之中，然已是祭祀之禮，其祭祀也，非不哀其親也，敬心加隆，非如初喪之素器也。然其盡禮而漸文，豈是爲死者真能來享而然？亦自盡其禮，以致敬親之心焉。大槩喪主於哀，祭主於敬，故喪奠以素器之質而見其哀，祭祀則盡禮之文以寓其敬。

吊奠賻

吊。《檀弓》五十無車者，不越疆而吊人。《注》始衰之年，不可以筋力爲禮。○大夫吊，當事而至，則辭焉。吊於人，是日不樂。婦人不越疆而吊人。行吊之日，不飲酒食肉。《注》大夫吊，吊於士也。大夫雖尊，然當主人有小大斂，或殯之事，而至則殯者以其事告之。辭，猶告也。若非當事之時，則孝子下堂迎之。婦人無外事，故不越疆而吊。是日不樂，不飲酒食肉，皆爲餘哀未忘也。○大夫之喪，庶子不受吊。《注》大夫之喪，適子爲主拜賓。或以他故不在，則庶子不敢受吊，不敢以卑賤爲有爵者之喪主也。○死而不吊者三：畏、厭、溺。《注》戰陳無勇，非孝也，其有畏而死者乎？君子不立巖墻之下，其有厭而死者乎？孝子舟而不游，其有溺而死者乎？三者皆非正命，故先王制禮，在所不吊。應氏曰：「情之厚者，豈容不吊？但其辭未易致耳。若爲國而死於兵，亦無不吊之理。」○《少儀》尊長於己踰等，喪俟事不犆特。吊。《注》俟事，謂待朝夕哭時，因而吊之，不特吊也。○《通解續》《孔叢子》：「魯人有同姓死而不吊者，人曰：『在禮當免不免，當吊不吊，有司罰之，如之何子之無吊也？』答曰：『吾以其疏遠也。』子思聞之，曰：『無恩之甚也。昔者季孫問於夫子曰：「百世之宗，有絕道乎？」子曰：「繼之以姓，義無絕也。故同姓爲宗，合族爲屬，雖國子之尊，不廢其親，所以崇愛也。是以綴之以食，序列昭穆，萬世婚姻不通，忠篤之道然也。」』」○《曲禮》吊喪不能賻，不問其所費。《注》以財助喪曰賻。不問者，以徒問爲愧也。○《廣記》凡吊辭，當云「如何不淑」，或「如之何」之類，再以言慰其居喪之意。凡有喪者二人以上，止吊其服重者一人，服均則吊其主喪者，或長不相識，則止吊其識者，喪無二主故也。凡吊在同里，則相約同往。除襚奠外，不可設道祭。凡聞所知之喪，可以往哭則往哭之，未能往哭則遣使致奠襚之物。就外次，衣吊服，再拜，哭送之，惟情重者如此。過期年則不哭，情重者亦哭殯或墓而已。凡死者是敵以上則拜，是少者則不拜，皆舉哭盡哀。當祭奠，則助奠其酒食。若主人不哭，則亦不哭。其情重者，主人不哭，亦哭之。○《曾子問》孔子曰：「三年之喪而吊哭，不亦虛乎？」《注》己有父母之喪而哀吊他人，則是哀在吾親，而吊爲虛僞矣，言不可吊。○《檀弓》有殯，聞遠兄弟之喪，雖緦必往；非兄弟，雖鄰不往。《注》三年之喪，在殯不得出吊。然於兄弟，則恩義存焉，故雖緦服兄弟之異居而遠者，亦當往哭其喪。若非兄弟，則雖近不往。《雜記》三年之喪，雖功衰不吊，自諸侯達諸士。如有服而將往哭，則服其服而往。《注》小祥後衰與大功同，故曰功衰。如有五服之親喪而往哭，不着己之功衰，而依彼親之節以服之也。不吊與往哭，二者貴賤皆同。○期之喪未葬，吊於鄉人，哭而退，不聽事焉。功衰吊，待事，不執事。《注》《喪服傳》：姑姊妹適人無主者，姪與兄弟爲之齊衰不杖期。此言期之喪，正謂此也。雖未葬，亦可出吊，但哭而退，不聽事也。此喪既葬，受以大功之衰，謂之功衰。此後吊於人，可以待主人襲斂等事，但不親自執其事耳。○小功緦，執事不與於禮。《注》執事，謂擯相也。禮，饋奠也。○既葬，大功，吊哭而退，不聽事焉。《注》吊哭而退，謂往吊他人之喪，則吊畢即退去，不待與主人襲斂等事也。○凡喪服未畢，有吊者，則爲位而哭，拜，踊。《疏》言凡者，五服悉然。○《丘儀》吊者至，護喪先入白，主人以下各服其服，就位哭以待吊者。至，向靈座前立，舉哀，哀止，詣靈座前，上香，再拜。吊者拜畢，主人持杖哭出，西向立。賓吊主人曰：

「不意凶變，某親某官如何不淑。」再拜，主人答拜。尊丈來吊，不拜主人。主人致辭曰：「某罪逆深重，禍延某親。蒙賜慰問，不勝哀感。」稽顙再拜，吊者答之。吊者退，主人哭入喪次，護喪代送出。按：《家禮》未小斂前，已有「親厚者入哭」條，愚既從爲《儀節》矣，而又爲此者，蓋未成服前來吊者用前儀，成服後來吊者用此儀，有祭奠用下儀。○《吊有奠儀》既通名，主人炷香、燃燭、布席，就位哭以俟。護喪出迎，賓祝至，進揖訖，引至靈座前，序立，獨祭則曰「就位」。舉哀，哀止，再拜，詣靈座前，若是衆賓，則尊者一人獨詣。焚香，跪。執事跪奉盞與賓，賓接之，傾酒于地，執事接盞，置靈座前。讀祭文祝跪于賓之右讀。訖，舉哀，俯伏，興，復位再拜，焚祭文，哀止，禮畢。主人哭出，西向，稽顙再拜，賓亦哭答拜。賓慰主人曰云云，主人謝賓曰云云，再拜，賓答拜，賓主相向哭，盡哀。賓哀止，寬主人曰云云，賓揖而出，主人哭而入，護喪送出。○《祭文式》維年歲次某干支某月干支朔越若干日干支，忝親某官姓某等，謹以清酌庶羞之奠，致祭于某親某官某公之柩云云，尚饗。○《士喪禮》君使人吊，徹帷，主人迎于寢門外，見賓不哭，先入門右，北面。吊者入，升自西階，東面。主人進中庭，吊者致命，主人哭，拜稽顙，成踊。賓出，主人拜送于外門外。《注》使者至，使人入將命，乃出迎之。寢門內門也。徹帷，宸之，事畢則下之。主人不升，賤也。致命曰：「君聞子之喪，使某如何不淑。」○《開元禮》若刺史哭其所部，主人設席於柩東，西向。刺史素服將到，相者引主人去杖立於門內之左，北面。刺史入，升自東階，即座，西向坐哭。主人升，就位哭。刺史哭盡哀，將起，主人降復階下位。刺史降，出，主人拜送於大門外，杖哭而入。○若刺史遣使吊，使者至，掌次者引就次。內外俱繐服。主人以下就階下位，婦人入就堂上位，內外俱哭。使者素服執書，相者引入門而左，立於階間，東面。使者致辭，主人拜稽顙，相者引主人進詣使者前，西面受書，退復位，左右進，受書。主人拜送於位，相者引使者出。使者若自入吊，如上吊儀。客出少頃，内外止哭。○《檀弓》將軍文子之喪，既除喪而後越人來吊，主人深衣練冠，待于廟，垂涕洟。子游觀之，曰：「將軍文氏之子其庶幾乎！亡於禮者之禮也，其動也中。」《注》禮無吊人於除喪之後者。深衣，吉凶可以通用。小祥練服之冠，不純吉，亦不純凶。廟者，神主之所在。待而不迎，受吊之禮也。不哭而垂涕，哭之時已過，而哀之情未忘也。庶幾，近也。子游善其處禮之變，故曰舉動皆中節矣。○呂氏曰：「《詩》云：『凡民有喪，匍匐救之。』不謂死者可救而復生，謂生者或不救而死也。夫孝子之喪親，不能食者三日，其哭不絶聲，既病矣，杖而後起，問而後言，其惻怛之心，痛疾之意，幾不欲生，則思慮所及，雖大事有不能周者，而況於他哉！故親友鄉黨聞之而往者，不徒吊哭而已，莫不致力焉。後世不然，賓止吊哭而莫肯與其事，主人舍其哀而爲飲食以奉之，甚者至損奉終之禮以謝賓之勤，廢吊哀之儀以寬主人之痛，由是先王之禮意亡矣。今欲行之者，不必盡如禮意，于始喪則哭之，有事則奠之，量力之所及爲營葬具之未具者，以應其求，輟子弟僕隸之能幹者以助其役，易紙幣壺酒之奠以爲襚，除供帳饋食之祭以爲賵撫鳳切，又方鳳切。與賻，凡喪家之待己者，悉以他辭，無受焉，則幾矣。」素服。《丘儀》各隨其人所當服之衰而用縞素。按本《注》，幞頭衫帶皆以白生絹爲之。今制惟國恤用布裹紗帽，其餘則不許。有官者衣可變，而冠不可變。若無官者，用素布可也。

《附注》横烏。幞頭也。羔裘玄冠不以吊。《論語注》羔裘用黑羊皮。喪主素，吉主玄。吊必變服，所以哀死。○《檀弓注》吊者在小斂之前，猶當服羔裘玄冠，以主人未成服，吊者麻絰，不敢先也。故子游裼裘而吊，既小斂，乃襲裘帶絰而入。若夫子羔裘玄冠不以吊者，是言小斂之後。

奠用酒果。頤庵曰：「今俗致奠争相侈靡，粔籹重行，飣餖滿案，其次焉者，亦須五星餅榼，併備豐美，以爲不若是不足以行禮。或有謀諸婦而未易辦，則遂不行之，惑矣。何不烹一隻鷄，釃一壺酒，一哭而酹之，靈魂必爲歆享矣。」燭。《周禮》《秋官》：「司烜氏掌以夫遂取明火於日，共祭祀之明燭。」《注》夫遂，陽遂也。取日之火，欲得陽之潔氣也。明燭以照饌陳。《疏》祭日之旦，饌陳於堂東，未明須燭照之。○《禮器》季氏祭，逮闇而祭，日不足，繼之以燭。○《士喪禮》士舉，男女奉尸，侇于堂。宵，爲燎于中庭。厥明，滅燎。《注》宵，夜也。燎，大燋。哉約反，又祖堯反，一本作「燭」。《疏》按：《少儀》：「主人執燭抱燋。」《注》未爇曰燋。古者以荆燋爲燭，故云「燎，大燋」也。或解庭燎與手執爲燭别。大燭或云以布纏葦，以蠟灌之，謂之庭燎。則此云庭燎，亦如之。云「大」者，對手執者爲大也。○燭俟于饌東。《注》：燭，燋也。饌，東方之饌也。有燭者，堂雖明，室猶闇。火在地曰燎，執之曰燭。《疏》前小斂陳衣于房，無燭者，近户得明，故無燭。此大斂於室之奥，故有燭以待之。○乃奠，燭升自阼階。《注》執燭者先升堂照室。《疏》以其設席于奥，當先照之爲明也。○《既夕》二燭俟于殯門外。《注》早闇，以爲明也。燭用蒸薪也。《疏》二燭者，以其發殯宫。○燭入。《注》照徹與啓殔者。《疏》上云「二燭」，此鄭云「照徹與啓殔」，則一燭入室中照徹奠，一燭於堂照開殯殔也。○遷于祖用軸。重先，奠從，燭從，柩從，燭從，主人從。《疏》柩之前後皆有燭者，以其柩車爲隔，恐闇，故各有燭以照道。若至廟，燭在前者升照正柩，在後者在階下照升柩，故下《記》云「燭先入者，升堂東楹之南，西面。後入者，西階東，北面，在下」是也。○質明，滅燭。《注》質，正也。《疏》自啓殯至此時，在殯宫、在道及祖廟，皆有二燭爲明，以尚早故也。今至正明，故滅燭也。○宵，爲燎于門内之右。《注》爲哭者爲明。《疏》必於門内之右門東者，奠於柩車西，鬼神尚幽闇，不須明。柩車東有主人，階間有婦人，故於門右照之，爲明而哭也。○厥明，滅燎。執燭俠輅，北面。《注》照徹與葬奠也。《疏》昨日朝祖，日至夕，云「宵爲燎于門内之右」，至此滅燎。既滅，二人執燭俠輅，北面，一人在輅東，一人在輅西，輅西者照徹祖奠，輅東者照葬奠之饌。○讀遣。卒，命哭。滅燭，出。《注》遣者，入壙之物。燭俠輅。《疏》知燭俠輅者，上陳設葬奠云「執燭俠輅，北面」，故知也。○《記》巾奠，執燭者滅燭出，降自阼階。《注》巾奠而室事已。《疏》上篇大斂奠時直云「乃奠，燭升自阼階」，無執燭降，故記人言之。○按 喪祭禮用燭之節如右，仍記于此，以備參考。○又按 本朝《五禮儀》，大夫、士、庶人喪，成墳既畢，別設掩壙奠，而又於白晝丘壠之上設燭以奠，此吾東俗墓祭用燭之始也。然未知其義，今姑從《禮經》之說，早闇則燃燭，既明則滅之可也。

賻。《既夕注》賻，補也，助也。○《公羊》車馬曰賵，貨財曰賻，衣被曰襚。《穀梁》貝玉曰含。○《少儀》賻者既致命，坐委之，擯者舉之，主人無親受也。《注》主人不親受，異於吉事也。○《檀弓》孟獻子之喪，司徒旅歸四布。夫子曰：「可也。」《疏》送終既畢，賻布有餘，歸還四方之布。夫子曰「可也」，善其能廉。陳氏曰：「『知死者贈，知生者賻。』贈賻之餘，君子不可利於己，亦不可歸於人。利於己則啓天下家喪之心，歸於人則絶天下恤喪之禮。與其利於己，寧歸於人；與其歸於人，寧班諸兄弟之貧者。旅歸四布，孔子可之，以其賢乎利於己者而已，不若班諸貧者爲盡善。」

《附注》徐穉。《本傳》字孺子，豫章人。陳蕃爲守時，特設一榻以待穉，去則縣之。負笈。《韵會》笈，極曄反，篋也。古人多言負笈，謂自負也。漬。《韵會》疾智切，浸潤也。暴乾。《韵會》暴，步木切，日乾也。乾，居寒切，燥也。隧。《韵會》墓道也。醊。《韵會》朱劣切，酹謂之醊。留謁。《袁盎傳》上謁。《注》若今通名也。膊。《韵會》他典切，厚也。

刺。《韻會》七賜切，書姓名於奏白曰刺。○《事始》古未有紙，削竹木以書姓名，故謂之刺。後以紙書，故曰名紙。《注》門狀。《碎瑣録》手謁。《注》國朝有官君子請謁於人，親書云「某手謁上某官」。即今之門狀也。唐李德裕爲相，人務加禮，改具銜候起居之狀，謂之門狀。

哭奠乃吊。《曲禮》知生者吊，知死者傷。知生而不知死，吊而不傷；知死而不知生，傷而不吊。《注》不知生而吊，則其吊也近於諂；不知死而傷，則近於僞。○《廣記》凡吊，謂吊生者。哭，謂哭死者。與生者、死者皆識，則既吊且哭。但識死者，不識生者，則哭而不吊。但識生者，則吊而不哭。《注》炷。《韻會》燈也，燼所著者。《説文》鐙中火炷。燃燭。按《會成》「親友行奠」條云：用香燭、酒果、金銀、楮錢，可具一狀，與此禮先投進。主人燃燭，以待奠者。至靈柩前，跪焚香，三奠酒，俯伏，興，少退，又再拜，或四拜。主人哭而答之。焚楮錢，餘同吊儀。若具香燭楮錢來吊者，亦同，但不具狀并酒。以此觀之，所謂燃燭之燭，吊者所持來之燭明矣。傾背。《四聲通解》棄也，違也。入酹。河西曰：「『酹』當作『奠』。」主人西向，答拜。《檀弓》孔子曰：「拜而後稽顙，頽乎其順也；稽顙而後拜，頎懇乎其至也。三年之喪，吾從其至者。」《注》拜，拜賓也。稽顙者，以頭觸地，哀痛之至也。拜以禮賓，稽顙以自致，謂之至者，以其哀常在於親而敬暫施於人，爲極自盡之道也。夫子從其至者，亦「與其易也，寧戚」之意。《語類》問「稽顙而後拜，拜而後稽顙」。曰：「兩手下地曰拜。拜而稽顙，先以兩手伏地如常，然後引首向前扣地。稽顙而後拜，開兩手，先以首扣地，却交手如常。稽首，稽留之意。『拜』字從兩手下。」○《小記》爲父母，長子稽顙。婦人爲夫與長子稽顙。《注》服重者先稽顙而後拜賓，服輕者先拜賓而後稽顙。○《檀弓》穆公曰：「仁夫，公子重耳！夫稽顙而不拜，則未爲後也，故不成拜。」《注》喪禮先稽顙後拜，謂之成拜。爲後者成拜，所以謝吊禮之重。今公子以未爲後，故不成拜也。○《大記》婦人迎客送客不下堂，下堂不哭。男子出寢門外，見人不哭。《注》堂以内至房，婦人之事；堂以外至門，男子之事。非其所而哭，非禮也。此言小斂後男主、女主迎送吊賓之禮。婦人於敵者固不下堂，若君夫人來吊，則主婦下堂，至庭稽顙而不哭也。男子於敵者之吊亦不出門，若有君命而出迎，亦不哭。○《小記注》朝夕之哭與受吊之哭皆即門内之位。○《曲禮》主人見賓不以尊卑貴賤，莫不拜之，明所以謝之，且自别於常主也。賓見主人無有答其拜者，明所以助之，且自别於常賓。○《丘儀》按《曲禮》，凡非吊喪，非見國君，無不答拜者，則吊喪不答拜明矣。而《家禮》本《書儀》，乃從俗，有賓主答拜之文，蓋禮從宜，二先生蓋以義起也。吊不答拜，禮有明説，二先生尚以義起之。若夫祭奠，而主人代亡者拜，恐無甚害。今擬吊奠者尊長於亡者，則主人代拜，平等與卑者則否。○問《曲禮》曰「居喪之禮，升降不由阼階」，則拜賓之時，亦由西階而升降乎？今《家禮》主人哭出，西向，再拜，賓亦東向答拜。所謂西向之位，其不在阼階下乎？愚曰：按：《士喪禮》：「君使人襚。主人拜如初。有大夫則特拜之。即位于西階下，東面，不踊。」《注》：「即位西階下，未忍在主人位也。」《疏》：「小斂後始就東階下，西南面，主人位也。」又「男女奉尸，侇于堂。主人出于足，降自西階。衆主人東即位。主人拜賓，即位踊。」《注》：「即位踊，東方位。」《疏》：「即位踊，東方位者，謂主人拜賓訖，即向東方阼階下即西面位。」又按：《雜記》曰：「吊者即位于門西，東面。主孤西面。相者入告，出曰：『孤某須矣。』吊者入。主人升堂，西面。吊者升自西階。」《注》：「門西，大門之西也。主孤西面，立於阼階之下也。須，待也。凶禮不出迎，故云『須矣』。主人升堂，由阼階而升也。《曲禮》『升降不由阼階』，謂平常無吊賓時耳。」以此觀之，始死拜賓在西階下，東面，而小斂後始就阼階下，西面。茶湯而退。《集説》薄俗有設酒食待客者，非禮，宜痛革之。○《丘儀》按：《書儀》賓答拜後有「主人置杖，坐几子，或不設坐褥，或設白褥。茶湯至，則不執托子。賓退，持杖而送之」之文。今世士大夫聞喪賓吊之，有設草座對客者，客出不送。此雖俗禮，若來吊者果平日親厚之人，有事相資者，少留恐亦無害。捐館。《史》捐賓客。《注》蓋人君死，臣子不欲斥言，故托云「捐賓客」，猶言「捐館」之意。

《附注》貧者爲之執紼。《曲禮》貧者不以貨財爲禮，老者不以筋力爲禮。○《檀弓》吊於葬者必執引，若從柩及壙，皆執紼。《注》引，引柩車之索也。紼，引棺索也。鄭氏曰：「示助之以力。」《疏》吊葬本爲助執事，故必相助引柩車。凡執引用人，貴賤有數，數足則餘人皆散行從柩。至窆時則不限人數，皆實執紼也。引者長遠之名，故在車，車行遠也。紼是撥舉之義，故在棺，惟撥舉不長遠也。○《曲禮注》諸侯之禮曰「寡君有宗廟之事，故使一介老某相執」。紼則助葬者，雖諸侯亦執紼也。○吊喪而不答主人之拜者，以爲助執喪者之几役而來，非行賓主之禮也。故《士喪禮》有賓則拜之，賓不答拜是也。策之。退溪曰：「如撾策之策。」跪還。《韵會》「還」通作「旋」，隨戀切，繞也。高氏之説亦然。河西曰：「『亦然』，謂高氏亦以今人以奠爲酹而盡傾之於地爲非也。」牴牾。《韵會》牴，典禮切。牾，五故切。牴牾，斜相抵觸。几筵。《檀弓》虞而立尸，有几筵。《注》未葬之前，事以生者之禮。葬則親形已藏，故虞祭則立尸以象神也。筵，席也。大斂之奠雖有席而無几，此時則設几與筵相配也。

聞喪　奔喪

奔喪。《奔喪注》男子有事於四方，安能免離親哉？然則奔喪之事，不幸而時亦有焉，此先王所以作爲之禮。○《雜記》大夫、士將與祭於公，既視濯而父母死，則猶是與祭也，次於異宮。既祭，釋服出公門外，哭而歸。其他如奔喪之禮。如未視濯，則使人告。告者反，而後哭。《注》視濯，監視器用之滌濯也。次於異宮，以吉凶不可同處也。如未視濯而父母死，則使人告於君矣，告者反而後哭父母也。○如諸父、昆弟、姑姊妹之喪，則既宿，則與祭。卒事，出公門，釋服而後歸。其他如奔喪之禮。如同宮，則次于異宮。《注》既宿，謂祭前三日，將致祭之時，既受宿戒，必與公家之祭，以期以下之喪服輕故也。如同宮，則次於異宮者，謂此死者是己同宮之人。○《通典》晉束皙問：「有父母之喪，遭外緦麻喪，往奔不？」步熊答曰：「不得也。若外祖父母喪，非適子可往。若姑姊妹喪，嫡庶皆宜往奔。」○傅純曰：「禮先重後輕，則輕服臨之。輕服臨者，新亡新哀，以表新情，亦明親親不可無服。及其還家，復着重者，是輕情輕服已行故也。」

易服。《注》四脚。《大全》《君臣服議》：四脚之制：「用布一方幅，前兩角綴兩大帶，後兩角綴兩小帶，覆頂四垂，因以前邊抹額，而繫大帶於腦後，復收後角，而繫小帶於髻前，以代古冠，亦名幞頭，亦名折上巾。其後乃以漆絲爲之，專謂之幞頭。」○《丘儀》按：裂布爲脚，《家禮》本《書儀》，恐是當時有此製。今忽然以行路，恐駭俗觀。擬用有子粗麻布爲衫，戴白帽，束以麻繩，著麻鞋。

遂行。《注》日行百里。《奔喪注》古者吉行五十里。今以凶變之遽，故倍之。〇《丘儀》按：日行百里，言其大約也，道路舍止，不能皆然。《書儀》云：「今人雖或與親屬偕行，不能百里，道中亦不可留滯。」

道中。《注》哭避市。《奔喪注》避市朝，爲驚衆也。

入門詣柩哭。《奔喪》至家，入門左，升自西階，殯東西面坐，哭盡哀，括髮，袒。降堂東即位，西鄉哭，成踊。襲絰于序東，絞帶。反位，拜賓，成踊，送賓，反位。衆主人、兄弟皆出門，哭止，闔門。相者告，就次。於又哭，括髮，袒，成踊。於三哭，猶括髮，袒，成踊。《注》此言奔父喪之禮。爲人子者，升降不由阼階。今父新死，未忍異於生，故入自門左，升自西階也。在家而親死，則笄纚，小斂畢乃括髮。此自外而至，故即括髮而袒也。鄭云：「已殯者位在下。」此奔喪在殯後，故自西階降而即其堂下東之位也。襲絰者，掩其袒而加要絰也。不敢麻者，亦異於在家之節也。此絞帶即襲絰之絰，非象革帶之絞帶也。反位，復先所即之位也。凡拜賓皆就賓之位而拜之，拜竟則反己之位而哭踊也。次，倚廬也。又哭，明日之朝也。三哭，又其明日之朝也。皆升堂而括髮且袒，如始至時。〇奔喪者非主人，則主人爲之拜賓送賓。《注》非主人，其餘或親或疏之屬也。〇婦人奔喪，升自東階，殯東，西面坐，哭盡哀，東髽，即位，與主人拾其劫反。踊。《注》婦人，姑姊妹、女子子。東階，東面階，非阼階也。婦人入者由闈門，是東邊之門。東階，謂側階也。東髽，髽於東序，不髽於房，變於在室者也。拾，更也。主人與之更踊，賓客之也。方氏曰：「婦人質弱不勝事，故其禮略於男子。」〇《丘儀》奔喪者將至，在家男婦各具服就次，哭以待奔喪者。至，哭入門，升自西階，詣柩前，且拜且哭，躃踊無數。哭少間，拜吊尊長，受卑幼拜吊，且哭且拜，並問所以病死之後，乃就東方，去冠及上衣，被髮徒跣，不食如初喪，各就其位次而哭。第二日晨興，男子袒，括髮，婦女髽。至上食時，卷所袒衣，首戴白布，布上加環絰，要具絰，散垂其末，並具絞帶。《注》亦如之。河西曰：「『亦如之』者，柩東，西向坐，哭盡哀也。」

未得行。《奔喪》若未得行，則成服而后行。《注》未得行，若奉命而使事未竟也。爲位不奠。《奔喪注》不奠，以其精神不存乎是也。

變服。《注》聞後四日。按「變」字疑「成」字之誤。又按《丘儀》次日變服，第四日成服，當以是爲據。

先之墓。《奔喪》不及殯，先之墓，北面坐，哭盡哀。主人之待也，即位於墓左，婦人墓右，成踊，盡哀，括髮，東即主人位。絰絞帶，哭，成踊，拜賓，反位，成踊。相者告事畢。遂冠，婦入門左，北面，哭盡哀，括髮，袒，成踊，東即位。拜賓，成踊。賓出，主人拜送。有賓後至者，則拜之，成踊，送賓如初。衆主人、兄弟皆出門，哭止。相者告就次。於又哭，括髮，成踊。於三哭，猶括髮，成踊。三日成服，於五哭，相者告事畢。《注》不及殯，葬後乃至也。尸柩既不在家，則當先哭墓。此奔喪者是適子，故其衆主人之待者，與婦人皆往墓所。遂冠而歸者，不可以括髮行於道路也。冠，謂素委貌。入門、出門，皆謂殯宮門也。○若除喪而後歸，則之墓，哭，成踊，東括髮，袒，絰，拜賓，成踊，送賓，反位，又哭盡哀，遂除於家不哭。主人之待也，無變於服，與之哭，不踊。《注》袒絰者，袒而襲，襲而加絰也。遂除，即於墓除之也。無變於服，謂在家者但著平常吉服。《注》已成服者亦然。河西曰：「亦然者，歸家詣靈座前哭拜也。」○《丘儀》按：今制，仕宦者於杖期以下喪，不得奔喪，及其官滿而歸，往往在服滿之後。今擬戴白布巾，具要絰，詣墓，再拜，哭，踊，隨俗具酒饌以奠獻，亦可。○《小記》奔兄弟之喪，先之墓而後至家，爲位而哭。所知之喪，則哭於宮而後至墓。《注》兄弟，天倫也；所知，人情也。係於天者，情急於禮；由於人者，禮勝於情。宮，故殯宮。○《雜記》適兄弟之送葬者弗及，遇主人於道，則遂之墓。《注》適，往也。往送兄弟之葬而不及當送之時，乃遇主人葬畢而反，則此送者不可隨主人反哭，必自至墓所而後反也。

齊衰以下，聞喪爲位哭。《奔喪》凡爲位，非親喪，齊衰以下，皆即位，哭盡哀，而東免絰，即位，袒，成踊，襲，拜賓，反位，哭，成踊，送賓，反位。相者告就次。三日五哭卒，主人出送賓，衆主人、兄弟皆出門，哭止，相者告事畢。成服，拜賓。若所爲位家遠，則成服而往。《注》人臣奉君命出而聞父母喪，則固爲位而哭，其餘不得爲位也。此言非親喪而自齊衰以下，亦得爲位者，必非奉君命以出，而爲私事未奔者也。若所爲位者之家道遠，則成服而後往亦可。蓋外喪緩，可容辦集而行也。○《檀弓》伯高死於衛，赴於孔子。孔子曰：「吾惡乎哭？兄弟，吾哭諸廟；父之友，吾哭諸廟門之外；師，吾哭諸寢；朋友，吾哭諸寢門之外；所知，吾哭諸野。於野，則已疏；於寢，則已重。夫由賜也見我，吾哭諸賜氏。」遂命子貢爲之主。《注》兄弟出於祖而內所親者，故哭之廟。父友聯於父而外所親者，故哭之廟門外。師以成己之德，而其親視父，故哭諸寢。友以輔己之仁，而其親視兄弟，故哭諸寢門之外。至於所知，又非朋友之比，有相趨者，有相揖者，有相問者，有相見者，皆泛交者也。孔子哭伯高，以野爲太疏，而以子貢爲主。方氏曰：「伯高之於孔子，非特所知而已，由子貢而見，故哭於子貢之家，且使之爲主，以明恩之有所由。」《注》擇日舉哀。唐博士呂才曰：「或云辰日不可哭泣，遂莞爾而對吊客。」廨。《韵會》居隘切，公舍。**在官者當哭於僧舍。**《補注》今在官者聞齊衰大小功喪，不得奔喪，三日中可委政於同僚，朝夕爲位會哭於僧舍。四日成服，亦如之。以日易月，齊衰二十五日，大功九日，小功五日，畢仍吉服聽政。每月朔變服，爲位會哭。月數既滿，即除之。至於緦麻小功，則會哭成服，俱不必行，但哭之盡哀可也。

至家成服。《奔喪》奔喪者自齊衰以下，入門左，中庭北面，哭盡哀，免麻于序東，即位，袒。《注》齊衰以下，亦入自門之左而不升階，但於中庭北面而哭也。免麻，謂加免于首，加絰于要也。上文言「襲絰于序東」，此言「免麻于序東」，輕重雖殊，皆是堂下序墻之東。凡袒與襲不同位。○《雜記》未服麻而奔喪，及主人之未成絰也：疏者，與主人皆成之；親者，終其麻帶絰之日數。《疏》未服麻而奔喪者，謂道路既近，聞喪即來，至在主人小斂之前，故云「及主人之未成絰也」。疏，謂小功以下。值主人成服之節，則與主人皆成就之。親，謂大功以上。初來奔，至雖值主人成服，未即成之，必終竟其麻帶絰滿，依禮日數而後成服。○齊衰以下不及殯，先之墓，西面，哭盡哀，免麻于東方，即位，與主人哭，成踊，襲。相者告事畢，遂冠歸。《注》奔父母喪，之墓而哭，則北面，齊衰以下則西面者，蓋北方重陰，以示哀之隆，西方小陰，以示哀之殺。○若除喪後歸，則齊衰以下免麻。《注》齊衰、大功、小功、緦之服，其奔喪在除服後，惟首免要絰，於墓所哭罷即除，無括髮等禮。《注》齊衰望鄉哭。《奔喪注》以服有輕重之别，故哭有遠近之差。

家禮輯覽卷之八

喪禮

治葬

擇地之可葬。〔《丘儀》〕朱子曰：「葬之爲言，藏也，所以藏其祖考之遺體也。以子孫而藏其祖考之遺體，則必致其謹重誠敬之心，以爲安固久遠之計，使其形體全，而神靈得安，則子孫盛而祭祀不絶。」此自然之理也。是以古人之葬，必擇其地而卜筮以決之，不吉則更擇而卜焉。近世以來，卜筮之法雖廢，而擇地之説猶存。其或擇之不精，地之不吉，則必有水泉螻蟻地風之屬，以賊其内，使其形神不安，而子孫亦有死亡絶滅之憂，甚可畏也。其或雖得吉地，而葬之不厚，藏之不深，則兵戈亂離之際，無不遭罹發掘暴露之變，此又所當慮之大者。〔《葬經》〕葬者乘生氣也。〔臨川吴氏〕曰：「葬師之説，盛於東南。郭氏《葬經》者，其術之祖也。蓋必原其脉絡之所從來，審其形勢之所止聚。有水以界之，無風以散之，然後乘地中之生氣以養死者之留骨，俾常温煖而不速朽腐。死者之體魄安，則子孫之受其氣，以生者不致凋瘁，乃理之自然，而非有心覬，其效之必然也。若曰：某地可公、可侯、可將、可相，則術者倡是術以愚世人，而要重賄也，其言豈足信哉？世之人惑於術士之説，有貪求吉地未能愜意，至數十年不能葬。其親者有既葬以爲不吉，一掘未已，至再至三者；有因買地致訟，棺未入土而家已蕭條者；有兄弟數房，惑於各房風水之説，至於骨肉化爲仇讎者：凡此皆璞之書所爲也。且人之生，貧富貴賤天稟已定，謂之天命不可改也，豈冢中枯骨所能轉移乎？若如其説，則上天之命反制於一抔之土矣。愚按 風水之説其希覬富貴之説雖不可信，若夫乘生氣以安祖考之遺體，蓋有合於伊川本根枝葉之論，先儒往往取之。文公先生與蔡季通預卜葬穴，及殁，門人裹糗行紼，六日始至，蓋亦慎擇也。昔朱子論擇地，謂必先論其土勢之强弱，風氣之聚散，水土之淺深，穴道之偏正，力量之全否，然後可以較其地之美惡，後之擇葬地者，誠本朱子是説，而參以伊川光潤茂盛之驗，及五患之防，庶幾得之矣。○《補注》按禮，大夫、士三日而殯，故三月而葬。既殯之後，即謀葬事。其有祖塋則祔葬其次，若窄狹及有所防碍，則别擇地可也。愚謂人之死也，其魂氣雖散而體魄猶存，故及其未甚腐敗而葬于地，則可以復其魂氣而有靈。擇地之法，惟在識乎丘隴之骨、岡阜之支。高地曰丘，高山曰隴。大丘曰阜，大隴曰岡。丘即阜之所分，隴即岡之所出，支即來自大阜，降自大岡者也。金華胡氏曰：「察乎陰陽之理，審乎流峙之形，辨順逆，究分合，别明暗，定淺深，崇不傷乎急，卑不失乎緩，折而歸之中，若璞之所謂乘上氣者宜於是得之。」○《檀弓》太公封於營丘，比及五世，皆反葬於周。《注》太公雖封於齊，而留周爲太師，故死而遂葬於周。子孫不敢忘其本，故亦自齊而反葬於周，以從先人之兆，五世親盡而後止也。○《王制》自天子達於庶人，喪從死者，祭從生者。《注》《中庸》曰：「父爲大夫，子爲士，葬以大夫，祭以士。父爲士，子爲大夫，葬以士，祭以大夫。」蓋「葬用死者之爵，祭用生者之禄」，與此意同。○庶人縣玄封窆，葬不爲雨止。《注》縣棺而下之，封土而窆之，不爲雨止，以其有進無退也。魯葬定公與敬嬴，以雨不克葬，而《春秋》譏之，則不爲雨止者，不特庶人而已。○《大全》郭子從問招魂葬，曰：「招魂葬非禮，先儒已論之矣。」○司馬公《葬説》，將葬太尉公，族人皆曰：「葬者，家之大事，奈何不詢陰陽？此必不可。」吾兄伯康無如之何，乃曰：「詢於陰陽則可矣，安得良葬師而詢？」諸族人曰：「近村有張生者，良師也，數縣皆用之。」吾兄乃召張生，許以錢二萬。張生，野夫也，世爲葬師，爲野人葬，所得不過千錢，聞之大喜。兄曰：「汝能用吾言，吾俾爾葬。不用吾言，將求他師。」張生曰：「惟命是聽。」於是兄自以己意，處歲月日時，及壙之淺深廣狹，道路所從出，皆取便於事者，使張生以葬書簡之，曰：「大吉。」以示族人。族人皆悦，無違異者。今吾兄年七十九，以列卿致仕。吾年六十六，忝備侍從。宗族之從仕者二十有三人。視他人之謹用葬書，未必勝吾家也。前年吾妻死，棺成而斂，裝辦而行，壙成而葬，未嘗以一言詢陰陽家，迄今亦無他故。吾嘗疾陰陽家立邪説以惑衆，爲世患，於喪家尤甚。頃爲諫官，嘗奏乞禁天下葬書，當時執政莫以爲意。今著茲論，庶俾後之子孫葬必以時。欲知葬具之不必厚，視吾祖；欲知葬書之不足信，視吾家。○《丘儀》按《儀禮》，既夕，請啓期，告于賓；而《書儀》於塋得吉之後，主人至殯前，哭，遂使人告于親戚僚友應會葬者。《注》天子七月，士踰月。《王制》大夫、士、庶人三日而殯，三月而葬。《注》諸侯降於天子，而五月；大夫降於諸侯，而三月；士、庶人又降於大夫，故踰月也。今總云「大夫、士、庶人三日而殯」，此固所同，然皆三月而葬則非也。其以上文降殺俱兩月在下可知，故略言之歟。孔氏引《左傳》「大夫三月，士踰月」者，謂大夫除死月爲三月，士數死月爲三月，是踰越一月，故言踰月耳。劉氏曰：「天子功德施於四海，諸侯功德洽於一國，大夫、士恩德孚於一家，庶人恩德著於其族，固有大小之差矣。及其終也，臣子之心未忍死之，猶冀其復生，故其殯也，不得已而殯之，是以有七日、五日之差。雖庶人之殯，猶俟三日，是既得已哉。若夫葬者當其朝歲，諸侯雖在六朝罔有不至，或奔喪也，或會葬也，或會於練祥也，亦如四時之朝焉。其不當朝歲之諸侯，則爲位服於其國而遣卿以會葬，同軌畢至者謂此也。七月而葬，所以極四海之哀，誠也。諸侯之葬必五月者，相爲賓也，同盟之諸侯也，雖非同盟而爲其舅甥、姑姊妹之邦也。大夫、士、庶人三月而葬，其事具其誠盡矣。○《士虞禮疏》《曲禮》云「生與來日，死與往日」，謂殯斂以死日數也，大夫以上皆以來日數。若然士云三日殯，三月葬，皆通死日死月數，大夫以上殯葬皆殊。死日死月數，是以士之卒哭得葬之三月内。大夫三月葬，除死月，通死月則四月。大夫有五虞，卒哭在五月，諸侯以上以義可知。年月敕。退溪曰：「敕如今受教。」

擇年月日時。《葬書》以已亥之日用葬最凶之類。○呂才曰：「古者卜葬，蓋以市朝變遷、泉石交侵不可前知，故謀之龜筮。近代或選年月，或相墓田，以爲窮達壽殀，皆因卜葬所致。按禮，天子、諸侯、大夫葬皆有月數，是古人不擇年月也。《春秋》九月丁巳，葬定公，雨，不克葬。戊午，日下昃，乃克葬。是不擇日也。鄭葬簡公，司墓之室當路，毁之則朝而窆，不毁則日中而窆，子產不毁，不擇時也。」抇。退溪曰：「抇」本作「掘穿」也。喪具，《檀弓注》送終之儀物。惡乎齊，言何以爲厚薄之劑量也。還葬。「還」作「旋」，謂斂畢即葬也。縣棺而窆。以手縣繩而下之，不設碑綍也。人豈非之。《鄭注》不責於人所不能。廉范，《漢書》杜陵人，父遭亂死於蜀。范時年十五，往迎父柩，船沉俱溺，以救得免。後舉茂才，遷雲中太守，民歌其政。郭平《漢書》平家貧力學，親死不能送葬，遂賣身於富家爲傭，覓錢營墓，鄉邦稱之。舉孝廉，官至大夫。未葬不變服。《小記》久而不葬者，唯主喪者不除，其餘麻終月數者，除喪則已。《注》主喪者，謂子於父母，妻於夫，孤孫於祖父母也。麻終月數者，期以下至緦之。親至月數足而除，然其服猶必收藏以俟送葬也。○《開元禮》久而不葬者皆變服，唯主喪者不除，其餘各從月數而除之，皆無受服，至葬乃反其服，虞則除之。若亡失尸柩，則變除如常禮。憫，《四聲通解》傷憫。季子止合禮。《檀弓》延陵季子適齊，於其反也，其長子死，葬於嬴盈博之間。孔子曰：「延陵季子，吴之習於禮者也。」往而觀其葬焉。其坎深不至於泉，其斂以時服。既葬而封。左袒，右還其封且號者三，曰：「骨肉歸復于土，命也。若魂氣則無不之也，無不之也。」而遂行。孔子曰：「延陵季子之於禮也，其合矣乎。」《注》吴公子札，讓國而居延陵，故曰「延陵季子」。嬴、博，齊二邑名。不至於泉，謂得淺深之宜也。時服，隨死時之寒暑所衣也。封，築土爲墳也。左袒，以示陽之變，右還，以示陰之歸。骨肉之歸土，陰之降也，魂氣之無不之陽之升也。季子以骨肉歸復于土爲命者，此精氣爲物之有盡，謂魂氣則無不之者，此遊魂爲變之無方也。壽夭得於有生之初，可以言命。魂氣散於既生之後，不可以言命也。再言無不之也者，愍傷離訣之至情而冀其魂之隨己以歸也。不惟適旅葬之節，而又且通幽明之故，宜夫子之善之也。陰陽家《漢志》陰陽家者流，蓋出於羲和之官，敬順昊天，歷象日月星辰，敬授民時，此其所長也。及拘者爲之，則牽於禁忌，泥於小數，舍人事而任鬼神。厝，《韵會》措，倉故切，或作厝置也，安着也。窑，《韵會》窯，余招切，或作窑。《說文》燒瓦窑。

域，《韵會》影逼切，界局也。后土《月令注》五行，獨土神稱后者，后，君也，位居中，統領四行，故稱君也。○《韵會》地爲后土，取厚載之義，古字厚通。○《語類》問：「后土氏之祭。」曰：「極而言之，亦似僭，然此即古人中霤之祭。而今之所謂土地者，《郊特牲》：『取財於地，取法於天，是以尊天而親地，教民美報焉，故家主中霤，國主社。』觀此，則天不可祭，而土神在民亦可祭。雖曰土神，而只以小者言之，非如天子所謂祭皇天后土之大者也。」《丘儀》按古禮雖有舍釋奠墓左之文而無所謂后土氏者，惟唐《開元禮》有之。《温公書儀》本《開元禮》，《家禮》本《書儀》，其喪禮開塋域及窆與墓祭俱祀后土。然后土之稱，對皇天也，士庶之家有似乎僭。考之《文公大全集》，有《祀土地文》，今擬改「后土」爲「土地」。《注》主人既朝哭。《士喪禮》既朝哭，主人皆往兆南，北面免經。命筮者在主人之右。筮者南面受命，命曰：「哀子某，爲其父某甫筮宅。度兹幽宅兆基，無有後艱。」《注》免經者求吉，不敢純凶。掘穴。《丘儀》按掘兆謂掘地四隅爲塋兆之域，兆謂開穴也。《家禮》刻本多誤以「兆」字爲「穴」字，相承之誤久矣。殊不知本文止是「開塋域」，下文「穿壙」方是掘穴。○按《五禮儀》「穴」字正作「兆」。南其壤。《士喪禮疏》爲葬時北首，故壤在足處。告后土氏。《雜記》祝稱卜葬，子孫曰哀，夫曰乃，兄弟曰某，卜葬其兄，弟曰伯子某。《注》子卜葬父則祝辭云「哀子某卜葬其父某甫」，孫則云「哀孫某卜葬其祖某甫」，夫則云「乃某卜葬其妻某氏」。乃者，語助之辭，妻卑故耳。若弟爲兄，則云「某卜葬兄伯子某」，兄爲弟則云「某卜葬其弟某」。執事皆盥洗。按《丘儀》此下有「詣香案前跪上香」七字。酹于神位前。按《丘儀》此下有「復斟酒置神位前」七字。日子。河西曰日，十日：甲、乙、丙、丁、戊、己、庚、辛、壬、癸。子，十二子：子、丑、寅、卯、辰、巳、午、未、申、酉、戌、亥。宅兆、後艱。《士喪禮注》宅，居也。艱謂有非常若崩壞也。兆，域也。主人歸則靈座前哭。《士喪禮》卒，筮，主人經，哭，不踊。歸，殯前北面哭，不踊。《疏》朝夕哭當在阼階下，西面。今筮宅來北面哭者，是易位，非常故也。

附注 莅卜。《士喪禮》族長莅卜。《注》族長，有司掌族人親疏者也。莅，臨也。

穿壙。《五禮儀》用營造尺，後倣此。《注》攛，《韵會》取亂切，擲也。唯天子得爲隧。《春官》及竁以度爲丘隧。《鄭注》隧，羡道也。度丘與羡道廣袤所至。窆器，下棺豐碑之屬。《喪大記》：「凡封，用綍，去碑，負引，君封以衡，大夫以咸緘同。」《疏》先量度作丘、作隧道之處廣狹長短。《左傳》僖二十五年，晉文公請隧，不許。則天子有隧，諸侯以下有羡道。隧與羡異者，隧道則上有負土，謂若鄭莊公與母掘地而相見者也。羡道無負土，若然，隧與羡別，而鄭云「羡道」者，對則異，散則通，故鄭舉羡爲況也。

附注 合葬夫妻位。《白虎通》合葬者，所以同夫婦之道也。故《詩》曰：「穀則異室，死則同穴。」○《檀弓》季武子曰：「合葬非古也。自周公以來未之有改也。」○《丘儀》按：葬位固當如祭位。但世俗循冒已久，葬皆男左女右。一家忽然如此行之，數世之後，安知子孫不誤以考爲妣乎？不如且姑從朱子葬劉夫人之例也。按《語類·答堯卿問》曰：「某當初葬亡室，只存東畔一位。」安卿問：「地道以右爲尊，恐男當居右。」曰：「祭以西爲上，則葬時亦當如此方是。今丘説如此，未可知也。」陳安卿，《宋史》名淳，漳州龍溪人。先生守漳，遂從學。先生每稱「爲吾道得人」，有《四書口義》等書。○《實記》學者稱「北溪先生」，録其語號《筠谷漱口金山所聞》。卸，《韵會》四夜切，舍車解馬也。李守約，《實記》名閎祖，號絅齋，光澤人，進士，官廣東撫幹。○《一統志》父吕，與朱子爲友，三子從學。閎祖篤志精思，先生留之家塾。興化、漳泉。《集覽》興化，郡名；漳泉，二州名；俱屬福建道福州。

作灰隔。《簡易》灰隔，舊制先開壙，後築底，次築墻，其法似難用功且不堅實。只須開壙三尺餘，即攤平如地乃度穴道寬廣於四圍，開溝寬二尺，深四五尺，留其中爲母務取方正，即布炭屑於溝内，以糯米煎汁拌灰沙、黃土，每灰三石，用沙土各一石，務令巧匀周遭下之。每石許築實傍外處，仍用炭屑及母而止，方可掘取中心。築底厚三尺，以薄板鋪于下，用油灰布其縫，仍用糯米汁調浄灰遍灰四旁，俟下棺後乃用厚板蓋上，加灰物輕輕躡之，勢如魚脊。此法最爲簡當且堅實，此予親督人築之者。《注》築實厚二三尺。「尺」字《五禮儀》作「寸」。拌匀。《手鑑》拌，和也。别用薄板，《集説》板厚二寸。中取容棺。《集説》周圍約空七八寸，使可實灰沙。旋抽其板。《補注》板乃築板。比化者。《孟子注》比，爲也；化者，死者也。必誠必信。《檀弓》子思曰：「喪三日而殯，凡附於身者，必誠必信，勿之有悔焉。」《注》必誠謂於死者無所欺，必信謂於生者無所疑。

附注 篩。《韻會》籭，竹器，可以除麤取細。今文借作「篩」或作「簁」。抱朴子。《補注》葛洪，句容人，玄之從孫。家貧力學，尤好神仙導養之術。元帝時求爲句漏令，曰：「非欲爲榮，以有丹耳。」後入羅浮鍊丹，著内外篇，號《抱朴子》，尸解而去。范家 退溪 曰：范范如圭，韋齋先生執友，朱子以父兄事之，念祖、念德之父。生體。退溪 曰：「生」當作「牲」。古者取遣奠牲體包以送葬也。遣奠之牲，士以羊爲之。廖子晦，名德明，號槎溪，南劒順昌人。少學釋，得龜山書，大悟，遂師朱子。朱子稱其學有根據，有《槎溪集録》。棺四旁實灰沙。《集説》今人但實沙灰於椁外，椁内空虛，久必貯水不便，慎之，莫聽俗言而誤大事。問：「椁内外皆實灰沙，則以朱子之言爲據。椁又加底，亦有據乎？」曰：「頃葬先人慮地有水繆出臆見。椁乃加底，用油灰麻筋，召船匠艌其縫，薄溶瀝青塗其外，用以載柩。椁内外如前法，各實以沙灰，既平椁口，再加外蓋，用直板合成，艌其縫，不用横者，仍用油灰批縫，密釘之。再溶瀝青塗其上，更下灰沙盈坎乃止。」問：「椁内外既皆實以灰沙，何必又用木椁在内？」曰：「灰沙須發熱過乃堅。若不用椁隔之，則天雨地泉浸濕灰沙，不能堅結，故用椁隔之。則椁外灰沙縱然浸濕不結，而椁内者自能發熱堅固，及椁朽腐而内灰沙已皆堅結久矣。所以加底蓋非無謂也。」問：

「木椁作兩三套，音討，長也。做如何？」曰：「雖便擧動縫内漏水入去却不便，必作一個做方穩當。」籍溪先生。《宋鑑》胡憲，崇安人，安國從子。紹興中以鄉貢入太學，與劉勉之陰誦習伊洛之説，自是一意下學，歸故山，力田奉親，從遊者日衆。世號「籍溪先生」。○《朱子年譜》先生年十四歲孤，奉遺訓受學籍溪胡憲原仲、白水劉勉之致中、屏山劉子翬彦沖三君子之門。鎼，韵會 虚訝切。《説文》孔鎼。不許用石椁 按《通典·大唐制》諸葬不得以石爲椁及石室，不許用石椁自唐始耳。

刻誌石。《注》母氏。按 氏上闕某字。因夫子。退溪 引朱子之説曰：夫子，夫也。愚 謂夫及子也。

明器。《檀弓》孔子曰：「之死而致死之，不仁，而不可爲也；之死而致生之，不知去聲，而不可爲也。是故，竹不成用，瓦不成味沫，木不成斲，其曰明器者，神明之也。」《注》之往也，謂以禮往送於死者也，往於死者而極以死者之禮待之，是無愛親之心爲不仁，故不可行也。往於死者而極以生者之禮待之，是無燭理之明，爲不知，故亦不可行也。此所以先王爲明器以送死者，竹器則無縢緣而不成其用；瓦器則麤質而不成其黑光之沫；木器則樸而不成其彫斲之文；凡此皆不致死亦不致生，而以有知無知之間待死者，故備物而不可用也。備物則不致死，不可用則亦不致生，其謂之明器者，蓋以神明之道待之也。陳氏曰：「不曰『神明之器』特曰『明器』者，以神之幽不可不明故也。周官凡施於神者皆曰『明』，故水曰『明水』，火曰『明火』者，皆神明之也。」○孔子 謂爲明器者，知喪道矣。備物而不可用。○高氏 曰：「晉成帝詔重壤之下，豈宜重餙？惟潔掃而已。」張説曰：「墓中不置瓴瓶，以其近於水也；不置羽毛，以其近於尸也；不置黃金，以其久而爲怪也；不置丹朱、雄黃、礜石，毒石出漢中，礜，羊茹切。以其近烈而燥，使土枯而不滋也。」古人納明器於墓，比物久而致蟲，必矣。如必欲用之，則莫若於壙旁别爲坎以瘞也。○朱子曰：「某家不用。」○《丘儀》泥塑亦可。**下帳。**《通典》三品已上，帳高六尺，方五尺；女子等不過三十人，長八寸；五品已上，帳高五尺五寸，方四尺五寸；音聲僕從二十五人，長七寸五分；六品已下，帳高五尺，方四尺，音樂僕從二十人，長七寸；三品以優厚料，則有三梁帳蚊幬，婦人梳洗帳，並準式。○開元二十九年正月勑古之送終，所尚乎儉。其明器墓田等，令於舊數内減。其下帳，不得有珍禽奇獸，魚龍化生。其別勑優厚官供者，準本品數，十分加三分，不得別爲華飾。○退溪以爲下帳，下之之帳，指床帳茵席而言也。○鄭道可問曰：「下帳置之不敢知。」愚答：「以爲下帳，恐是對上服而言。如公服、靴、笏、幞頭、襴衫、鞋履之類，屬身上所用之物，故曰『上服』；如牀帳、茵席、椅卓之類，屬身下所用之物，故曰『下帳』看下陳器附注可知也。」道可曰：「來教得之。」苞，《曲禮注》：苞，裹魚肉之屬。○《補注》：苞，草也，古稱苞苴是也。

附注《既夕禮》《儀禮》篇名。

筲《既夕疏》按：下記云：「菅筲三，則筲以菅草爲之。」○《五禮儀》竹器有冪，圓徑七寸五分，高六寸四分，容三升。○《集説》今世又只用五小瓦罐各盛數合耳。或問：「穿便房引水不便，欲貯埋誌處，何如？」曰：「雖不用可也。」唯埋明器。

附注淪，《韵會》弋約切。○本注米麥皆湛之湯，未知神之所享，不用食道。《疏》以其鬼神幽暗，生者不見，故淹而不熟，以其不知神之所饗故也。

甖《五禮儀》磁器有冪，口圓徑四寸，腰圓七寸五分，底圓徑四寸二分，高八寸二分，容三升。《注》便房。史便坐。《注》師古曰：「便坐，於便側之處，非正室。」按此「便」字恐亦「便側」之義。**雖不用可也。**

《丘儀》按朱子謂「雖不用可也」，竊謂：「宜少其制。每種各置少許，五穀每種存數十粒，脯醢存一二塊。庶幾存古似亦無害。」

大轝。《丘儀》按治棺下該棺制，僅取容身勿爲高大。由是推之，大約不過二尺餘而已。若如卷首圖，於兩杠間施以短杠，四人於中并行，局促迫窄，實難轉動。況本注亦無明説，今擬施横杠出長杠之外，庶幾寬敞可以行動。又棺中斂物不無多寡，枘鑿轉動多致偏重，臨載之際或偏有低昂，須用他物稱墜，方得適平。今擬於方牀四隅各加一鐵環，而兩長杠之上亦如之，繫繩於下環而貫之於上，隨其低昂而操縱之，如此則適平矣。又此轝止可行近地寬平之處，不可行遠。今增損舊制，別爲新式，以便行遠。其長杠量截去兩頭，每頭出棺，首尾各留尺五六寸，就於兩頭各施横杠。從杠頭量八尺許，又施横杠，却於分中處加一直杠，俱用麻繩札縛，然後加以短杠，如舊式或用八人、十六人隨宜，以此行遠，庶幾側隘之處無所妨礙。《注》柳車《丘儀》《士喪禮》商祝飾棺，一池設披；屬引注飾棺，爲設墻柳也。墻即柳衣也，柳者聚也，諸飾之所聚也。以此障柩，猶垣墻之障家。故名池者。象宮室之承霤，織竹爲籠衣，以青布披，用帛爲之，繫於柳中，人牽之登高則引前，以防車之軒適，下則引後以防車之飜欹。左則引右欹，右則引左屬，猶着也，引所以引柩車也。《喪大記》大夫畫帷二也。畫荒，火三列，黻三列。素錦褚。纁紐二，玄紐二。齊，三采三貝。黻翣二，畫翣二，皆戴綏。魚躍拂池。大夫戴前纁後玄，披亦如之。士布帷布荒，一池，揄絞。纁紐二，緇紐二。齊，三采一貝。畫翣二，皆戴綏。士戴前纁後緇，二披用纁。注：帷，柳車邊墻也。畫爲雲氣荒蒙也，柳車上覆也。「火三列」畫爲「火三行」，「黻三列」畫爲兩已相背三行。素錦，白色錦也。褚，屋也。紐用帛爲之聯帷與荒，前絳後黑齊者，猶臍也。用絳、黃、黑三色繒衣之三貝者，又連貝爲三交絡齊上翣，形似扇，用木爲之，在路則障車，入槨則障柩。黻者，畫黑白斧形也，畫者爲雲氣也。緌老用五采羽作蕤，綴翣之兩角也。魚躍拂池，以銅魚懸池之下，車行則魚跳躍上拂於池也。戴者用帛繫棺紐着柳車之骨也。士帷皆白布，不畫也。一池，惟前有之。「揄」讀爲「摇」。絞摇，翟也，雉類。赤質五色絞，用青黄絹畫翟於絞，按禮大夫、士棺飾如此華盛。《家禮》從簡，便惟用竹格，若仕宦之家有餘力者，於竹格上稍加華飾，似亦不爲過。鑿。《韵會》在到切，穿孔也。枘。《韵會》濡税切，刻木端所以入鑿。札。《韵會》紮通，側八切，纏束也。流蘇。《集覽》按考索《倦遊録》盤線繪繡之毬，五彩錯爲之，同心而下垂者，曰流蘇。摯虞曰：「流蘇緝鳥尾而垂之，若流然，以其橤不垂，故曰蘇。」今俗謂條，頭橤爲蘇。《吴都賦》注：流蘇者，五色羽飾帷四角而垂之。罜。《韵會》絓，或作罣，古賣切，罥也。

附注 幌。《韵會》通作「荒」，呼光切。延平先生。《實記》名侗，字愿中，南劍州劍浦人，姓李氏。朱先生自謂見延平後，爲學始就平實，沙縣鄧天啓嘗稱：「愿中如冰壺秋月，瑩徹無瑕。」

翣。《韵會》色甲切。《説文》棺羽飾也。天子八，諸侯六，大夫四，士二。《喪大記注》館棺者，以華道路及壙中，不欲衆惡其親也。車行使人持之而從，既窆，樹於壙中。《檀弓》曰「周人墻置翣」，是也。○愚按《家禮》窆條無「翣入壙」之文，或是闕文，抑故略之與。《注》畫黼，畫黻，畫雲氣。《丘儀·圖》《周禮》：「白與黑謂之黼，黼爲斧形。黑與青謂之黻。」今擬用黑青二色相間爲亞形，以紫畫爲雲氣。按禮惟諸侯得用黼翣。以《家禮》本注有之姑畫工此以備其制，今擬大夫用黻翣二，雲翣二，士用雲翣二。准格。《丘儀》謂之准格者，依宋制也。

作主。注用栗《五經異議》主者，神象也。孝子既葬，心無所依，以虞而立主以事之。唯天子、諸侯有主，卿大夫無主，尊卑之差也。按有主無主已見上。三五之代，小祥以前，主用桑。桑，猶喪也。練主，夏后氏以松，殷人以柏，周人以栗。○《白虎通》魯哀公問主於宰我，對曰：「夏后氏以松，所以自竦動。殷人以柏，所以自迫促。周人以栗，所以自戰栗，亦不相襲。廟主以木爲之者，木有終始，與人相似。題之，欲令後可知。」《論語》注古者各以所宜木名其社，非取義於木也。按三代主木之不同，亦以其土之所宜歟。○退溪曰：「取其堅實，别無其義。」剡。《韵會》以冉切。《説文》鋭利也。禮主剡上，削令上鋭也。勒。韵會曆德切，刻也。下齊。按退溪曰：「齊」字句是「下齊」二字，當作一句看。虞主用桑。《五禮儀》虞主用桑木爲之，長一尺，方五寸。上頂徑一寸八分。四廂各剡一寸一分，四隅各剡一寸，上下四方通孔徑九分。○倚几長二尺三寸，廣七寸，厚二寸，足高五寸。○内櫃頂虚。四面高一尺一寸八分，廣各一尺九分。底長廣各一尺三寸，厚四分。○外櫃蓋平。四面直下，長各一尺四寸五分，廣各二尺二寸，厚四分。○臺長廣各一尺三寸，厚三寸，用柏子板。○匱内外皆有紫綾，座子外則裹白綃，主有白苧覆巾，王后則青苧巾，位板同，唯無覆巾。○位板用栗木爲之。長一尺二寸，厚八分，廣四寸。圭首趺長八寸，廣四寸，厚二寸。○座制。面頂俱虚。底板長一尺四寸，廣九寸，厚二寸三。面板高各一尺三寸一分，厚各三分。後面廣一尺五分，左右面廣各五寸。○蓋制。平頂，四向直下，正闊旁狹，蓋板長一尺一寸七分，廣六寸三分有奇，厚三分。前後板長一尺三寸五分，廣一尺一寸七分，厚三分，左右板長一尺三寸五分，廣六寸三分有奇。臺長一尺四寸，廣九寸，厚三寸，用柏子板。櫝用黑漆。魏氏曰：「按《書儀》云：『版下有趺，韜之以囊，藉之以褥，此所謂版趺，即座蓋也。』座之式，以方四寸，厚寸二分之木爲趺，又以薄板三片相合，安於趺之兩旁及後面。其版比主稍高，虚其前面與頂趺之。四邊各寬於板少許，令可容蓋。蓋亦以薄板爲之，四邊相合，有頂，其長可以罩。趺上之版，惟前面留一圓竅，俱餙以黑漆或粉漆。」

附注 庶母不可入廟。《丘儀》若嫡母無子而庶母之子主宗祀，恐亦當祔嫡母之側。○愚按 丘氏妾母祔廟之説，誤矣。恐不可從也。朱子曰按 自「伊川制」至「以通中」爲一條，自「且如」至「大利害」爲一條，此俱見《語類》。自「主式」至「未有考也」爲一條，此見《大全》。《答曾光祖書》三條各有其意，而附注收入之際，合而爲一，故上下文義似不襯合，且《大全》不當作下自注「有官人自作主不妨」云。蓋朱子之意乃爲主式元非國制，本無官品之限。雖子孫無官，不必遽易祖先已作之神主。但繼此以往，當作牌子而不作神主。有官者自當作神主云歟。不消。按「不須」之意。不中換。按 退溪釋以「中間不可換改」之義。程沙隨。《實記》程可久，名迥，號沙隨，寧陵人。靖康之亂徙紹興之餘姚，登第，官至上饒令。嘗受學於嘉興聞人茂德、嚴陵俞樗。著《古易章句》等書。先生稱其博雅君子人。聲律。吴氏曰：「聲，五聲。律，十二律。」按《律書》以律管之長短和聲之高下毫釐不可差。

遷柩 朝祖 奠 賻 陳器 祖奠

以遷柩告。《五禮儀》作啓殯告辭亦曰「啓殯塗」。今人有塗殯者，則以「啓殯告」爲是。

附注 斜布巾。《大全·君臣服儀注》斜布乃民間初喪未成服時所用，既成服則去之。蓋古者免之，遺制也。帕。《韵會》帞同，普駡切，衣襆也。《二儀實録》帕抹其額。

朝祖。《檀弓》喪之朝也，順死者之孝心也。其哀離其室也，故至於祖考之廟而後行。○《丘儀》按奉柩朝祖象，其平生出必辭尊者也，固不可廢。但今人家多狹隘，難於遷轉。今擬奉魂帛以代柩，雖非古禮，猶逾於不行。若其屋宇寬大者，自宜如禮。《注》將遷柩。《丘儀》將遷柩，主人以下輯杖立，祝，跪告曰：「請朝祖。」俯伏興。至祠堂前。按《既夕禮》遷于祖，用軸。升自西階，正柩于兩楹間，用夷牀。注：柩也猶用子道，不由阼也。兩楹間象鄉户牖也。疏：鄉户牖則在兩楹間，近西矣。北首而出。《既夕疏》既言朝祖，不可以足鄉之。

○《檀弓》朝廟北首，順死者之孝心。

附注 遂匠。本注 遂匠，遂人、匠人也。遂人主引徒役，匠人主載柩窆，職相左右也。《疏》《周禮》有遂人、匠人，天子之官。士雖無臣，亦有遂、匠人主其葬事，詳見《通解續》。載柩車。本注 車，載柩車，《周禮》謂之蜃車，《雜記》謂之團。或作輇，或作摶，其車之轝狀如牀，中央有轅，前後出，設前後輅。轝上有四周，下則前後有軸，以輇爲輪。許叔重說：「有輻曰輪，無輻曰輇。」《疏》《周禮》注云：「蜃車，柩路四軫迫地而行，有似於蜃，因取名。」夷牀。《既夕》侇牀饌于階間。《注》侇本作「夷」，侇之言尸也。朝正柩用此牀。《疏》謂柩至祖廟兩楹之間，尸北首之時，乃用此牀，故名「夷牀」也。柱。《四聲通解》撑支也，剌也。《大全》柱，知主反，似是從手、從木也。遷于祖。本注 遷徙也，徙於祖朝，祖廟也。兩楹。《大全·釋宫注》凡言兩楹間者，不必與楹相當，謂當東西之中爾。不統於柩止非神位。本疏 不統於柩，神不西面也者，謂不近設奠。若近柩則統於柩，爲神不西面，故不近東統於柩。知神不西面者，《特牲》、《少牢》皆設席于奧東西，則不西面可知。不設柩東，東非神位也者，非亦據神位在奧不在東而言也。小斂奠設于尸東者，以其始死，未忍異於生。大斂以後，奠皆設于室中，亦不統於柩，此奠不設于室者，室中神所在，非奠死者之處，故也。

遂遷廳事。《丘儀》役者入，祝，跪告曰：「請遷柩于廳事。」俯伏，興。○今人家未必有廳又有堂，其停柩之處即是廳事，略移動可也。若有兩處者，自當依禮遷之。○《補注》大斂在堂中，小西，所以倣古殯于西階之意，遷柩在廳事正中，亦所以倣啓殯之意。《注》右旋。按《既夕禮》：御者執策立于馬後，哭成踊，右旋，出。疏：右者，亦取便故也。今《家禮》導柩右旋，倣此意也。

親賓致奠賻。《既夕》兄弟賵奠，可也。所知則賵而不奠。《注》兄弟有服親者，可且賵且奠，許其厚也。賵奠於死生兩施所知通問相知也。降於兄弟奠施於死者爲多，故不奠。《疏》凡小功以下爲兄弟，大功以上有同財之義，無致賵奠之法。所知許其賵不許其奠，兄弟許其貳賵兼奠。而上經亦賓而有賵、有奠、有賻三者，彼亦不使並行。三禮之中有則任行其一，故總見之。○知死者贈，知生者賻。《注》各主於所知。○書賵於方若九、若七、若五。《注》方，板也。書賵奠、賻贈之人名與其物於板。《疏》直云書賵者舉首而言，但所送有多少，故行數不同。○《開元禮》啓之日親朋致奠，於主人設啓奠後，諸尊者入於寢門外東向謂卑幼者其有故則遣使，祭具陳於尊者東南北向，西上，相者引尊者入，奠者曰：某封若某位伯叔將歸幽宅，謹奉奠。若異姓，各從其稱。若使者云：某封若某姓位聞某封若某官，將歸幽宅，使某奉辭奠。畢應拜者，再拜。○《會成》初喪，奠用香茶酒果。至是親厚，用牲可也。祭文不能作者，請文士代之亦可。

陳器《小記》陳器之道，多陳之而省納之，省陳之而盡納之。《注》陳器，陳列從葬之明器也。凡朋友、賓客所贈遺之明器，皆當陳列，所謂多陳之也。而所納於壙者，有定數，故云「省納之」，省，減殺也。若主人所作者，依禮有限，故云「省陳之而盡納之」。○按《丘儀》「陳器條」，功布補入。○《既夕》薦車直東榮，北輈。《注》薦，進也。進車者，衆生時將行陳駕也，今時謂之魂車。輴，輲也。《疏》以其神靈在，故謂魂車。○薦馬，纓三就，入門北面，交轡，圉人夾牽之。《注》駕車之馬，每車二匹。纓，馬鞅也。就，成也。飾纓以三色而三成。此三色者，蓋條絲也。《疏》薦馬并薦纓者，纓爲馬設，故與馬同時薦之。則上文薦車之馬也。○《記》薦乘車，載皮弁服。道車載朝服，藁車載簑笠。《注》士乘棧車，皮弁服，視朔之服。道車，朝夕及燕出入之車。朝服，口視朝之服也。稾，猶散也。散車，以田以鄙之車。簑笠，備雨服。《疏》此二乘謂葬之魂車。○《丘儀》按此則今世俗送葬，男生時所乘鞍馬牽之柩前，及將所衣衣服陳列從葬，似亦無害。又今世俗送葬有食案、香案，從俗用之亦可。《注》

方相。《集説》《軒轅本記》云：帝周游時，元妃嫘祖死于道，因置方相，亦曰「防喪」，蓋始于此。○《周禮》方相氏，掌蒙熊皮，黄金四目，玄衣朱裳，執戈揚盾，大喪先舊柩同。《鄭注》冒熊皮者，以驚敺疫癘之鬼，如今魌頭也。鄭鍔曰：「熊之爲物，猛而有威，百獸畏之。蒙熊皮所以爲威。金陽剛而有制，用爲四目，以見剛明，能視四方疫癘所在，無不見也。玄者，北方之色也。天事之武也。朱者，南方之色，地事之文也。以玄爲衣，所上者武。以朱爲裳，輔之以文。」李嘉會曰：「鬼神陰物。狂夫四目、玄衣朱裳，皆象陽氣以抑陰氣。執戈、擊刺、揚盾自衛。」劉執中曰：「凶事多邪慝乘之。」○及墓，入壙，以戈擊四隅，敺方良。《注》鄭注曰：「方良，罔兩也。天子之椁柏，黄腸爲裏，而表以石焉。」《國語》曰：「木石之怪，夔、罔兩。」鄭鍔曰：「葬用木石，久而變怪生。故始葬則敺之，亦厭勝之術。」狂夫爲之。《月令》命國難。《注》難那者，聚衆戲劇以盛其喜樂之氣，使人之和氣充盈，則足以勝天地之乖氣。此亦先王燮理之一事而微其機，使百姓由之而不知也。方氏曰：「狂疾以陽有餘，足以勝陰慝，故也。」

魌頭。《韵會》魌，丘奇切，逐儺有魌頭，方相也。《廣記》八品、九品無。舁。《韵會》羊渚切，共轝也。

日晡時。《韵會》晡，奔模切，申時。○《既夕》賓出，主人送于門外，有司請祖期，曰「日側」。《注》亦因在外位請之，當以告賓。側，昳也，謂將過中之時。祖奠。漢臨江王傳 黄帝之子累祖，好遠遊而死於道。故後人祭以爲行神也。祖祭因饗飲也。○《既夕注》將行飲酒曰「祖」。祖，始也。《疏》按《詩》：「韓侯出祖，出宿于屠，顯父餞之，清酒在壺。」又云：「出宿于泲，飲餞于禰。」皆是將行飲酒，曰「祖」。此死者將行亦曰祖，爲始行故曰「祖」。○或問 祖奠時，主人以下位次及車所向？愚答 曰：「按《既夕禮》乃祖注：還柩向外爲行始。疏：踊襲少南當前束，注：主人也，柩還則當前束南，束，束棺於柩車。疏：《經》云「少南」，鄭云「則當前束南者」，以其車未還之時，當前束近北。今還車亦當前束少南，以此推之可見。《注》自他所歸葬。《丘儀》出外死者，初終，至，哭奠皆如常儀，入棺後即作大轝。竹格、功布及雨具，其餘明器等物至家始備。啓行前一日因朝奠以遷柩，告曰：「今擇以某日遷柩就轝將還故鄉，敢告厥明。」因朝奠告曰：「今日遷柩就轝，敢告。」發引男左女右隨柩後行。陸行至無人處，乃乘馬舟行，則至水次登舟，登舟則設靈座，置銘旌，朝夕哭奠如儀。陸行則道次遇食時上奠，未至家前一日，豫遣人報知。在家者於十里便處設幄具奠以待。至日，五服之人各服其服，至幄次哭迎柩，至暫住，有服者以服爲次，舉哀，祝，焚香，斟酒，跪告曰：「今靈輀遠歸將至，家親屬來迎，敢告。」俯伏興，再拜。主人以下男女哭，步從。若死者乃宗子或尊屬，則由中門以入，安柩于中堂。若非宗子、尊屬，各隨便門入，安於其所居。若居城中，門禁不許入者，先設次于郭外便安之處。

附注 功布。《士喪禮注》鍛濯灰治之布。疏：大功之布。○道有低仰傾虧，以布爲抑揚左右之節。《疏》道有低則抑下其布，使知下坂。道有仰有揚舉其布，使知上坂。云左右者，謂道傾虧高下，則左右其布使知道之有傾虧。幠。

《韻會》荒胡切。《士喪禮注》覆也。侇衾。《大記》自小斂以往用夷衾，夷衾質殺之裁猶冒也。《注》小斂有冒，故不用衾，小斂以後，則用夷衾覆之。夷，尸；裁，猶制也。夷衾與質殺之制，皆覆冒尸形而作。舊説夷衾亦上齊手，下三尺，繒色及長短制度如冒之質殺。○《士喪禮疏》上以緇，下以赬，連之乃用也。冒則韜上韜下訖乃爲綴旁使相屬，此色與形制大同，而連與不連則異。○《既夕注》夷衾本擬覆柩，故斂時不用。今得覆棺，於後朝廟及入壙不言用夷衾，又無徹文。以覆棺言之，當隨柩入壙。

遣奠

設遣奠。《既夕疏》遣，猶送也。○厥明，陳鼎五于門外，如初。《注》鼎五，羊、豕、魚、腊、鮮獸各一鼎也。士禮特牲三鼎，盛葬奠加一等，用少牢也。如初，如大斂奠時。○東方之饌四，豆脾毗，折蜱皮佳反，醢葵，菹蠃力禾反醢。《注》脾讀爲鷄脾肶之脾，脾折，百葉也。蜱，蜂也。今文「蠃」爲「蝸」。《疏》陳鼎，既訖，又陳東方之饌于主人之南，前輅之東。其豆有四：脾折一，蜱醢二，葵菹三，蠃醢四。按《周禮》注細切爲韲，全物若牒爲菹。又云「韲菹之稱，菜肉通」。此經脾折者，即韲也。按《醢人》注：「脾折，牛百葉也。」此不云牛者，此用少牢，無牛，是羊百葉也。蜱即蛤也。○四籩棗糗去九反栗脯。《注》糗，以豆糗粉餌。疏 按《籩人》注云：「羞籩之實，糗餌粉餈。」鄭云：「此二物皆粉，稻米、黍米所爲也。」合蒸曰「餌」，餅之曰「餈」。糗者，擣粉熬大豆爲餌，餈之粘著以粉之耳。餌言糗，餈言粉，互相足者，此本一物。餌言糗，謂熬之，亦粉之。餈言粉，擣之亦糗之。○《記》凡糗不煎。

《注》以膏煎之則褻，非敬。《疏》正經葬奠直云「四籩棗糗栗脯」，不云糗之煎不，故明之，凡糗，空糗而已，不用脂膏煎和之。此篇唯葬奠有糗，而云凡者，記人通記大夫已上。《注》徹脯納苞中。《既夕》徹者入，踊如初。徹巾，苞牲取下體。《注》苞者，象既饗而歸賓俎者也。取下體者，脛骨象行，《雜記》：「父母而賓客之，所以爲哀。」《疏》以父母將行鄉壙，故取前脛、後脛、下體行者以送之，故云「象行也」，引《雜記》者按，彼云：「曾子謂或人曰：『吾子不見大饗乎，夫大饗既饗，卷三牲之俎，歸于賓館。父母而賓客之，所以爲哀。』」○《集說》今或不用苞，就卓上舁至墓所。

附注 輀。《手鑑》音「而」，喪車也。訣。《韵會》羊列切，別也。終天。按《丘儀》此下有「俯伏興，納脯于苞中，主人以下哭拜」之文。

奉魂帛升車。《集說》或以魂亭代車。

發引

柩行。《曾子問》葬引至于堩，古鄧反，道也，日有食之則有變乎。孔子曰：「昔者吾從老聃助葬於巷黨，及堩，日有食之，老聃曰：『丘！止柩，就道右，止哭以聽變。』既明反而後行。曰：『禮也，反葬。』而丘問之曰：『夫柩不可以反者也，日有食之，不知其已之遲數速，則豈如行哉？』老聃曰：『夫柩不蚤出，不莫宿。見星而行者，惟罪人與奔父母之喪者乎！日有食之，安知其不見星也？且君子行禮，不以人之親痁户占反，病也患。』」《注》聽變，聽日食之變動也。明反，日光復常也。「安知其不見星」謂日食，既而星見則昏暗中恐有奸慝也。謂不可使人之親病於危亡之患。○程子曰：「按葬者，逢日食則舍於道左，待明而行，行是必須晴明不可昏黑也。而《葬書》用乾、艮二時爲吉，此二時皆是夜半，如何用之？」○《雜記》士喪有與天子同者三，其終夜燎，及乘人，專道而行。《注》終夜燎謂遷柩之夜須光明達朝也。乘人，使人執引也。專道，柩行於路人皆避之也。○《士喪記》唯君命止柩于堩，其餘則否。《注》不敢留神。○《或問》柩行尸首所向。愚曰：「按《開元禮》『宿止』條，靈車到帷門外迴南向，柩車到入凶帷停於西廂南轅，到墓亦然。入墓始北首。以此觀之，是時尸當南首而轅以南向首在前可知。」

主人以下哭步從。《或問》：「《家禮》既曰『主人以下哭步從』，而後不言乘車馬之時，若墓遠及病不堪步者，如之何？」愚曰：「凡禮，孝子從柩者，不許乘車馬。故《家禮》只言其常，不及其變，且按《開元禮》出郭，若親賓還者，權停柩車，内外尊行者，皆下車馬，衣服之麤細爲序，立哭，如式相者引親賓以次就柩車之左，向柩立哭盡哀，卑者再拜而退，婦人亦如之。親賓既還内外乘車馬。」注：墓遠及病不堪步者，雖無親賓還，主人及諸子亦乘惡車，去塋三百步皆下。

親賓郭外駐柩奠。《五禮儀注》即路祭也。○《集説》《廣記》：「祭奠皆主人之事，親朋止可助以奠物，或助其執奠。近世道次設祭甚無謂。」○《或問》：「《廣記》『道次設祭甚無謂』之説何如？」愚曰：「按《既夕記》唯君命止柩于堩，其餘則否。注：不敢留神也。又按《開元禮》出郭若親朋還者，權停柩車以次就哭，盡哀，卑者再拜而退，無所謂駐柩而奠之説。未知此禮出於何書也，疑亦當時俗禮，而温公《書儀》采入，而《家禮》因之。」

途中《注》每舍。《韵會》舍，式夜切。《周禮注》舍所解止之處。《增韵》三十五里爲一舍。

及墓　下棺　祠后土　題木主　成墳

明器《注》陳於壙東南北上。《既夕》至于壙，陳器于道東南北上。《注》統於壙。

柩至。《士喪記》柩至于壙，斂服載之。《注》柩車至壙，祝説土活反載除飾，乃斂乘車、道車、藁車之服載之，不空之以歸。送形而往，迎精而反，亦禮之宜。《疏》説載謂下棺於地，除飾謂除去帷荒，柩車既窆乃斂乘車、道車、藁車，三者之服載之於柩車，示不空之以歸。詳見《通解續》。注北首。《檀弓》葬於北方，北首，三代之達禮也，之幽之故也。《注》北方國之北殯，猶南首，未忍以鬼神待其親葬則終死事，故葬而北首。三代通用此禮。南方昭明，北方幽暗，之幽釋所以北首之義。方氏曰："南方以陽而明，北方以陰而幽。人之生也，自幽而出乎明，故生者南鄉；及其死也，自明而反乎幽，故死者北首。凡以順陰陽之理而已。三代之禮，雖有文質之變，至於葬之北方北首則通而行之，皆所以順死者之反乎幽，故也。"○《集説》問："柩在家南首，至葬北首，然人家墳地及居屋未必皆南向，如何？"曰："按《祠堂章》注，不問何向背，以前爲南後爲北，愚以爲墳地、居屋皆然。"

賓客拜辭歸。《既夕》賓出則拜送。《注》相問之賓也。凡吊賓有五，去皆拜之，此舉中焉。《疏》按《雜記》云："相趍出，出宫而退；相揖也，哀次而退；相問也，既封而退；相見也，反哭而退；朋友虞祔而退。"注：

「此吊者恩薄厚去遲速之節也。相趍，謂相問姓名，未會喪事也。相揖，相會於他也。相問，相惠遺也。相見，相執事相見也。」以此而言，此經既葬而退，是相見問遺之賓，舉中以見上下五者，去即皆拜送可知。○《丘儀》賓客詣柩前舉哀，再拜，主人謝賓，賓答拜。

乃窆。《五禮儀》先用木長杠二，縱置於壙口，左右當灰隔上不令摇動。又用木杠四，横置長杠之上。又用木杠四，横置於壙内椁上。役夫舉柩安於長杠横木上，北首，乃用索四條兜柩底，以索兩頭繞於長杠，每一頭二人執引，一人近長杠，一人在索端，去横木，一時齊聲應手漸漸於下至椁上，横杠則抽索去之。注 别摺布。《集説》或問：「若柩無環，恐索難出，當如此法。柩既有環，何不就索徑下，却至杠上又去索换布絹，何也？」曰：「想亦恐索難出也。今人兩頭齊用活套索於下者，甚是穩當，别摺布絹恐未及也。」

主人贈。《雜記注》以物送别死者於椁中也。○《或問》：「《家禮集説》去此『主人贈』一節，何也？」愚曰：「按《既夕禮》至于邦門，公使宰夫贈玄纁束。注：公，國君也。贈，送也。疏：贈用玄纁束帛者，即是至壙窆，訖，主人贈死者用玄纁束帛也。以其君物所重，故用之送終也。以此觀之，後世雖無君贈之禮而《家禮》所以存之，疑亦是愛禮存羊之意歟。」注 玄六，纁四，各長丈八尺。《補注》玄，皂色。纁，淺紅色。按《書·禹貢》注：「玄，赤黑色。幣也。」○《既夕》主人襲，贈用制幣，玄纁束。注 丈八尺，曰「制」，二制合之束，十制五合。《疏》昏禮用二丈，取成數。凡禮幣皆用制者，取以儉爲節。《聘禮注》凡物十曰束。玄纁之率，玄居三，纁居二。此注云：「二制合之束、十制五合者，則每一端丈八尺，二端爲一匹，五匹合爲十制也。」奉置柩旁。《開元禮》「改葬」條，奉玄纁束帛授主人，主人受，以授祝，主人稽顙再拜，祝奉以入，奠於柩東，按《家禮》既曰：「柩旁則似當以玄纁分置兩旁，而今或并置於柩東之旁，似以《開元禮》爲據。然則其置之，亦當如柩衣之上玄下纁也。」內外蓋。【按】內蓋即所謂薄板也，外蓋即所謂乃加外蓋也。《注》先度。【按】度，去聲。脗合。《韵會》脗，美隕切，脗合，無波際貌。○《莊子注》渾渾然相合而無縫罅也。

實以灰。《注》以酒灑而躡實。【按】如今俗，漆棺松烟必以酒和之，乃得粘之意。《丘儀》用淡酒。

祠后土於墓左。《檀弓》既反哭，主人與有司以几筵舍奠於墓左，反，日中而虞。《注》孝子先反而視牲，别令有司釋奠以禮地神，爲親之托體於此也。「舍」讀爲「釋」。奠者，置也。釋，置此祭饌也。墓道向南，以東爲左，待此有司之反，即於日中時虞祭也。藏明器。《既夕》藏器於旁，加見賢遍反。《注》器，用器、役器也。見，棺飾也。更謂之見者，加此則棺柩不復見矣。先言藏器，乃云加見者，器在見內也。《疏》飾由帷荒，以其與棺爲飾。此柩入壙還以帷荒加於柩。○藏苞筲於旁。【注】於旁者，在見外也。不言罋甒饌相次，可知四者兩兩而居。《喪大記》：「棺椁之間，君容柷，大夫容壺，士容甒。」【疏】以其陳器之法，後陳者先用，先用罋甒，後用苞筲。苞筲藏明，罋甒先藏，可知苞筲居一旁，罋甒居一旁，故云：「兩兩而居」也。○《開元禮》：「輴出持翣者，入倚翣於壙內兩廂，遂以下帳張於柩東，南面。米、酒、脯陳於下帳東北，食盤設於下帳前，苞牲置於四隅，醯醢陳於食盤之南，籍以版，明器設於壙內之左右。」

誌石。《大全》李繼善問：「政和儀。九品以下至庶人無誌石，而《温公書儀》皆有之。今當以何者爲據？」曰：「誌石或欲以爲我遠之驗則略其文而淺瘗之，亦未有僭偪之嫌也。嘗見前輩説大凡誌石須在壙上二、三尺許，即他日或爲畚鍤誤及猶可及止，若在壙中則已暴露矣。雖或見之無及於事也。此説有理。」注磚，《韻會》：朱遄切，甓也。墓在峻處，則於壙南。或問「墓在山側峻處，則誌石埋於壙南。」之意愚曰：「墓在山側峻處，則恐易崩壞而誌石露出。故必於壙南堀地，深四五尺而埋之。若是壙内則不可深堀，故也。」

題主。《大全》陳明仲問：「妻喪，奉祀者題。」其子曰：「此亦未安，且不須題，奉祀之名亦得。」○《語類》潘立之問：「向見人設主，有父在子死而主牌書『父主祀』字，如何？」曰：「便是禮書中説得不甚分曉，此類且得不寫，若尊丈則寫。」○《大全》竇文敬問：「子之所生母死，題主當何稱？」曰：「若避嫡母，則止稱『亡母』而不稱『妣』。」○《廣記》庶人木主，其制如品官，但陷中止題曰「某公諱某字某第幾神主」，婦人則曰「某母某氏第幾神主」。粉面隨其生時稱呼，書之處士、秀才、幾郎、幾公，婦人則曰幾娘之類。《注》使善書者。或問：「題主者，當著何服？」愚答曰：「恐當以其時所着之服服之，而只令盥潔可也。」第幾神主。頤庵曰「《家禮》陷中，故某官某公諱某字某第幾神主」，《丘儀》「第幾」作「行幾」，又於《家禮》圖粉面書「屬稱」。注曰：「屬」謂高曾祖考，「稱」謂官或號。行，如處士、秀才、幾郎、幾公，蓋「行第」二字乃中國俗語，或云輩行，如「吾東所稱行列座目」之語也。中國人於兄弟不分遠近，男女從其次第。稱呼其最長者謂之大，其二、三以下只計數，無定限。如崔大、杜二、陳三、盧四、南八、歐九、六嫂、四娘可見，而族多者至於五六十。此乃天生次第，不以貴賤存没而有改，故爲尊卑老少之通稱也。此於中國，雖兒童婦女皆所能知，而在吾東則不用此。故名爲儒者，亦或不知，士之生於偏方之不幸有如是夫。然東俗既不用行第之稱呼，則其於陷中亦勿書可也。考妣。《曲禮》王父曰「皇祖考」，王母曰「皇祖妣」，父曰「皇考」，母曰「皇妣」，夫曰「皇辟」。《注》曰皇曰王皆以君之稱尊之也。考、成，妣、媲，辟，法也，妻所法式也。○《通解注》郭璞曰：「《禮記》云：生曰父、母、妻，死曰考、妣、嬪。」按《書》曰：「大傷厥考心」，「事厥考厥長」，「聰聽祖考之彝訓」。《蒼頡篇》曰：「考妣延年。」《書》曰：「嬪于虞。」《詩》曰：「聿嬪于京。」《周禮》有九嬪之官，明此非死生之異稱矣。猶今謂兄爲晜、妹爲娟。窀穸。《韻會》：窀，株倫切。穸，詳亦切。窀穸，夜也。長埋謂之窀，長夜謂之穸。《增韵》墓穴也。讀畢懷之。按頤庵謂世或誤見「懷之」之文，有蹔懷神主者，攻斥其非，曰：「懷之者謂懷祝文，非謂懷神主也。」因解「懷祝」之義曰：「靈魂乍依新主不能安定，而遽以火焚祝或致驚散。故姑不焚而懷之。」又引「或者説」云此乃奉邀先靈而先導之者，故尊敬而奉持心胸之間云云。愚嘗見退溪説略亦如此。愚意則急於返魂且原野之禮常略，故祝未暇焚，恐無他意也。○《丘儀》此下有「主人再拜，題主者答拜」之節。

附注 上牲《曾子問》注：「上牲，少牢也。」○少牢，《饋食禮》注：「羊豕曰少牢也。」

奉神主升車。《補注》即靈車也。

遂行。《注》墓門。按《開元禮》「塋夕」條：前一日夕，掌事者先於墓門內道西設靈座如初。退溪亦曰：「墓門即墓近處。」然程子所謂「以石灰封墓門」似指壙口而言，未知孰是？第以《詩》「墓門有棘，墓門有梅」推之，則當以《開元》説爲據。留子弟監視。《集説》問：「主人不親監視成墳而留子弟，於心安否？」曰：「按《雜記》論吊者注：五十者隨主人反哭，四十者待土盈坎乃去，則是主人先奉靈車而反哭也。」○頤庵曰：題主後，登時、反虞、築土、成墳，顧使子弟監之，何也？蓋引接靈魂，依付木主，其事甚急，讀祝纔畢，舉以升車，其意可知也。世俗不能深究，乃置主靈座，仍設別奠，以爲大禮，却於虞祭祝猶尋常，豈非失其輕重哉？成墳。《喪服》四制墳墓不培。《注》不培，一成丘隴之後，不再加益其土也。○《檀弓》孔子先反，門人後，雨甚，至，孔子問焉曰：「爾來何遲也？」曰：「防墓崩。」孔子不應三，孔子泫然出涕曰：「吾聞之：古不修墓。」《注》雨甚而墓崩，門人脩築而後反，孔子出涕者，自傷其不能謹之於封築之時，以致崩圮，且言古人所以不脩墓者，敬謹之至，無事於脩也。○《五禮儀》掩壙，奠俟成，墳既畢。執事者設靈幄於墓前，設香爐、香合并燭於靈座前，設饌訖，祝盥手，詣香案前，北向跪，三上香，斟酒奠于案，俯伏興退。在位者哭，再拜。○按此奠於禮無之，不必行也。墳高四尺。《檀弓》孔子既合葬於防曰：「吾聞之古者墓而不墳。今丘也，東西南北之人也，不可以不識誌也。」於是封之崇四尺。」《注》封土爲壠曰「墳」。《注》墳碑各有日數。《廣記》封王。螭首高三尺二寸，碑身高九尺，闊三尺六寸，龜趺高三尺八寸。一品，螭首高三尺，碑身高八尺五寸，闊三尺四寸，龜趺高三尺六寸。二品，蓋用麟鳳，高二尺八寸，碑身高八尺，闊三尺二寸，龜趺高三尺四寸。三品，蓋用天禄辟邪，高二尺六寸，碑身高七尺五寸，闊三尺，龜趺高三尺二寸。四品，圓首高二尺四寸，身高七尺，闊二尺八寸，方趺高三尺。五品，圓首高二尺二寸，身高六尺五寸，闊二尺六寸，方趺高二尺八寸。六品，圓首高二尺，身高六尺，闊二尺四寸，方趺高二尺六寸。七品，圓首高一尺八寸，身高五尺五寸，闊二尺二寸，方趺高二尺四寸。○墳塋。封王。塋地周圍一百步，每面二十五步，墳高二丈四，圍墳墻高一丈。石人四，文二武二，石虎二，石羊二，石馬二，石望柱二。一品，塋地周圍九十步，每面二十二步，半墳高一丈八尺四，圍墳墻高九尺。石人二，文官用文，武官用一文一武。石虎二，石羊二，石馬二，石望柱二。二品，塋地周圍八十步，每面二十步。墳高一丈六尺，四圍墳墻高八尺。石人二，文官用文，武官用一文一武。石虎二，石羊二，石馬二，石望柱二。三品，塋地周圍七十步，每面一十七步，半墳高一文四尺四，圍墳墻高七尺。石虎二，石羊二，石馬一，石望柱二。四品，塋地周圍六十步，每面一十五步，墳高一丈二尺四，圍墳墻高六尺。石虎二，石馬二，石望柱二。五品，塋地周圍五十步，每面一十二步，半墳高一丈四，圍墳墻高四尺。石羊二，石馬二，石望柱二。六品，塋地周圍四十步，每面十步，墳高八尺。七品，塋地周圍三十步，每面七步半。墳高八尺。庶人塋地九步，穿心計一十八步。○《丘儀》按國朝稽古定制：塋地一品九十步，每品減十步。七品以下不得過三十步，庶民止於九步。墳一品高一丈八尺，每品減二尺，七品以下不得過六尺。其石碑一品螭首，二品麒麟，三品天禄辟邪，皆用龜趺，四品至七品皆圓首方趺。其石人石獸長短闊狹以次減降。其石人、石獸、望柱皆有次第，著在令甲，可考也。貴得同賤，雖富不得同貴。慮遠者，於所當得縱不能盡去，少加減殺可也。○《翰墨大全》庶人墓田，四向去心各九步，即是四圍相去十八步。按式廣地五尺爲步，則是官尺，每一向合得四丈五尺。以今俗營造尺論之，即五丈四尺也。

圭首《書注》圭首斜銳

附注 豐碑。《檀弓》公室視豐碑。《注》豐碑，天子之制。《疏》凡言視者，比擬之辭。豐，大也。謂用大木爲碑。穿鑿去碑中之木，使之空，於空間著鹿盧，兩頭各入碑木，以紼之一頭係棺緘，以一頭繞鹿盧既訖，而人各背碑負紼末頭，聽鼓聲，以漸却行而下之也。○按《韵會》「鹿盧」通作「轆轤」。井上汲水，圓轉木。○《丘儀》豐碑以木爲之，樹於椁前後，穿中爲鹿盧，繞之綷用以下棺耳，非刻字其上也。秦漢以來稍用石爲之，刻字其上，亦謂之碑。晉宋間，死者皆有神道碑。蓋地理家以東南爲神道碑立其地，故因以爲名墓碣。近世五品以下所用文與碑同，墓表則有官無官皆可用。表立墓左，誌銘埋□□，司馬温公曰：「古人有勳德，刻名鍾鼎，止以自知其賢愚耳，非出於禮。經南宋元嘉中顔延之爲王珠作墓誌，以其素□

無銘誄，故以記行。自此遂相祖習，大抵碑表叙學行、履歷、勳業，誌銘述世系、爵里、生卒，雖其義稱美不稱惡，然前人有言，無其美而稱者謂之誣，有其美而不稱者謂之蔽。誣與蔽，君子不由也。」○綷。《韵會》劣戍切，繩也。船上用。呂望。《史》呂尚，東海人，其先封於呂，姓姜氏，西伯遇於渭陽，曰：「吾太公望子久矣。」號曰「太公望」。秦王俊。《隋書》俊，文帝第三子，初封秦王。開皇二十年卒。鎮石。按術家禳鎮法。凡人家中有喪服不絶者，以石九十斤埋於□上，大吉，所謂鎮石。疑亦此類歟。○退溪曰：「如今動土防灾，墓石用之以禦鬼。」季子墓。《一統志》季札墓在常州江陰縣西三十里申浦，南距武進縣七十里。昔孔子爲題其碑曰：「嗚呼！有吴延陵季子之墓。」歲久湮没。宋守彦朋取孔子所書十字刻碑表識。

反哭

反哭。頤庵曰：「《檀弓》返哭升堂，反諸其所作也。主婦入于室，反諸其所養也。」注：所作者，平生祭祀冠昏所行禮之處也。所養者，所饋食供養之處也。又曰：「喪之朝也，順死者之孝子也。其哀離其室也。」注：「子之事親，出必告，反必面。今將葬而奉柩以朝祖，固爲順死者之孝心，然求之死者之心亦必自哀，其違離寢處之居而永棄泉壤之下，亦欲至祖考之廟而訣别也。」朱子於反哭之事謂之曰：「須知得這意思，則所謂踐其位、行其禮等事，行之自安，方見得繼志述事之事。」然則反主乃喪禮中之最大者，故三虞以下須至家乃行，而國俗以廬墓遂不反三，而仍就廬行祭以終三年，此徒知取便而不知其大失《禮經》之旨也。朱子居喪，廬墓，而朔望則歸，拜于几筵。

蓋廬墓乃吾私事，而若朔望時候之變也，禮不可以不親也。大抵喪者自欲廬墓則固不禁矣。若朔望，几筵之禮不可廢也，能如朱子所爲則情禮兩全矣。吾東自圃隱鄭文忠公居廬之後，始知慕效漸久成俗。今非敢以廬墓爲非，只拜其不反主之非耳。○《大全》胡伯量問：「某既葬歸在家間中門外別室，常令一二弟居宿墳庵，某時一展省，未知可否？」曰：「墳土未乾時一展省，何害於事，但不須立廬墓之名耳。」○《擊蒙要訣》今之識禮之家，多於葬後反魂，此固正禮，但時人效嚬，遂廢廬墓之俗。反魂之後，各還其家，與妻子同處，禮妨大壞，甚可寒心。凡喪親者自度一一從禮，無毫分虧欠，則當依禮反魂。如或未然，則當依舊俗廬墓可也。《注》其反如疑。《既夕記》卒窆而歸，不驅。《注》孝子往如慕，反如疑，爲親之在彼。《疏》孝子往如慕者，如嬰兒隨母而啼慕。反如疑者，孝子不見其親，不知精魂歸否，疑之。爲親之在彼，謂精魂在彼不歸。○《檀弓》孔子在衛，有送葬者而觀之，曰：「善哉爲喪乎！足以爲法矣，小子識之。」子貢曰：「夫子何善爾？」曰：「其往也如慕，其反也如疑。」子貢曰：「豈若速反而虞乎？」孔子曰：「小子識之，我未之能行也。」《注》小子識之，我未之能行也。善其哀慕虞祭，雖遲不害。

附注 反哭于廟。《檀弓》本注 卒窆而歸，乃反哭於祖廟，其二廟者則先祖後禰。

有吊者。《檀弓》注 人之始死也，則哀其死。既葬也，則哀其亡，亡則哀爲甚矣。故反哭之時有吊禮焉。○《問喪》入門而不見也，上堂又不見也，入室又不見也。亡矣，喪矣，不可復見矣。故哭泣擗踴，盡哀而止矣。《注》亡焉。《中庸》注 始死謂之死，既葬則曰反而亡焉。

期九月止食肉。《大記》期之喪，三月既葬，食肉、飲酒。期終喪，不食肉不飲酒。父在爲母、爲妻。

《注》上言「期之喪」者，謂不杖期。下言「父在爲母、爲妻」者，謂杖期，故不同也。大功異居可歸。《大記》期，居廬，終喪不御於内者，父在爲母爲妻；齊衰期者，大功布衰九月者，皆三月不御於内。婦人不居廬，不寢苫。喪父母，既練而歸。期九月者，既葬而歸。《注》喪父母，謂婦人有父母之喪也。既練而歸，練乃歸夫家也。女子出嫁，爲祖父母及爲父後之兄弟皆期服九月者，謂本是期服而降在大功者，此皆哀殺，故葬後即歸也。○大夫、士父母之喪，既練而歸。朔日、忌日則歸哭于宗室。諸父兄弟之喪，既卒哭而歸。《注》命士以上，父子皆異宫。庶子爲大夫、士，而遭父母之喪，殯宫在適子家。既練，各歸其宫。至月朔與死之日，則往哭于宗子之家，謂殯宫也。諸父兄弟期服輕，故卒哭即歸也。○《喪服記》卒哭，子折笄首以笄，布總。《傳》折笄首者，折吉笄之首也。《注》卒哭而笄之，大事畢。女子子可以歸於夫家，而著吉笄折其首者，爲其大飾也。《疏》《喪大記》：「女子子既練而歸，與此注違者，彼小祥歸，是其正法，此歸者，容有故。許之，可以權許之耳。」

虞祭

虞祭。《士虞禮》注虞，安也。士既葬，其父母迎精而反。日中而祭之於殯宫以安之。○《檀弓》葬日虞不忍離去聲也。《注》弗忍其無所歸。○《集説》按《傳》注：天子九虞以九日爲節，諸侯七虞以七日爲節，大夫五虞，士三虞。春秋末世，大夫僭用諸侯七虞之禮。後世遂以人死之後，每七日供佛飯。僧言當見地府某王吁。古人七虞之説，乃如此哉！後世妄誕不足信也。○《小記》報葬者，報虞三月而後卒哭。《鄭注》「報」讀爲「赴疾」

之「赴」。既葬，既虞。虞，安神也。卒哭之祭，待哀殺也。《疏》急葬，謂貧者或因事故死而即葬，未得待三月也。急虞，虞是安神，故宜急也。卒哭是奪於哀痛，故不忍急，而待哀殺也。○《檀弓》其變而之吉祭也。比至於祔，必於是日也接，不忍一日未有所歸也。《注》此言變者，以其變易常禮也。所以有變者，以其有他故未及葬期而即葬也。據《士禮》速葬、速虞之後，卒哭之前，其日尚賒，不可無祭之往也。虞往至吉祭其禮如何？曰：「虞後比至於祔，遇剛日連接其祭，若丁日葬，則己日再虞。後虞改用剛日，則庚日三虞也。此遇剛日則祭，至祔而後止，此孝子不忍使其親一日無所依歸也。」○按注説可疑，愚意所謂變而至吉祭者，葬之謂也。未葬前乃是凶禮，既葬則以虞。變奠又變而至於卒哭、與祔則爲吉祭矣。此言其常非速葬變禮也。古崔氏説亦然。姑記鄙見以備參考。

《注》日中而虞。《士虞禮》注朝葬，日中而虞。君子舉事必用辰正，再虞、三虞皆質明。《疏》辰正者，謂朝夕日中也。以朝有葬事，故云日中而行虞事也。再虞、三虞皆質明者，以朝無葬事，故皆質明而行虞事，是用朝之辰，正也。初虞於所館行之。《丘儀》恐他人宅舍未必皆寬敞，及哭泣於他宅，俗人所忌。若經宿，以上預先用蓬蓽搆屋，度寬可行禮似爲簡便。

沐浴。《士虞記》虞，沐浴不櫛。《注》不櫛，未在於飾。唯三年之喪不櫛，期以下櫛可也。

執事者。《士虞禮》賓執事者，如吊服皆即位于位外。《注》賓執事者，賓客來執事也。具饌。《丘儀》於靈座前卓子上近靈前一行設匙筯，當中近内設酒盞，在匙筯西，醋楪在東。羹在醋楪東，飯在酒盞西。次二行以俟行禮時進饌。次三行設蔬菜脯醢。次四行設果實。又於卓子前置一卓以盛牲俎。《注》盥盆於西階西。《士虞禮》側亨于廟門外之右東面。《注》不於門東，未可以吉也。是日也，以虞易奠，祔以吉祭易喪祭。鬼神所在，則曰「廟尊」言之。《疏》不於門東者，《特牲》：「吉禮鼎鑊皆在門東，此云廟門外之右，是門之西，未可以吉也。」醋。《韵會》倉故切。《論語注》醯，醋也。具饌如朝奠。河西曰：「『朝』，乃『朔』，字之誤，下同。」○按具饌如朝奠，則只有蔬果脯醢，而無所謂魚、肉、炙、肝、麵、米食羹飯矣。然則於「陳器」條既有「設匙筯」之文，而無羹飯可乎？此河西所以欲改以「朔」字讀也。宜從《丘氏儀》，節具饌設饌并如吉祭式。

入哭。《注》倚杖於室外。《士虞禮》主人倚杖入。《注》主人北旋倚杖西，序乃入。按《喪禮》男位於東，女位於西。而今曰「倚杖西」，序者何也？禮居喪升降不由阼階，故致位於東，而升降則由西階，其倚杖於西，序者以此。

降神。按此下丘氏補入「參神」一條。曰：「虞祭於辭神下有云：主人以下哭，再拜。而前此只是主人行禮，主人以下序立而已，别無『參拜』之文，今補入。然愚意虞、卒哭、大小祥祭，並無所謂『參神』之文，而只於祔祭有之。而其下注特言參祖考、妣，則其於新主别無參神之禮明矣。而丘氏妄加補入，非《家禮》本意。意者所謂『參神』者，參，謁也。凡祭既奉主於别所，則不可虛視，故必拜而謁之。至於新主，則二年内孝子常居其處。未練前仍有朝夕哭，以象生時定省，而未嘗一日不在於靈座前。雖遇行祭之日無可參謁之義。故只言入哭而已。」

進饌。《丘儀》祝，以魚、肉、炙、肝、米、麵食進列于靈前卓子上次二行空處。

初獻。《注》執板出主人之右。按《儀禮》吉事交相左，凶事交相右。○《檀弓》注吉事尚左，陽也。凶事尚右，陰也。不寧。《士虞禮》注不寧，悲思不安也。柔毛。《曲禮》羊曰「柔毛」。《注》羊肥，則毛細而柔弱。粢盛。《曲禮》注祭祀之飯，謂之粢盛。○《孟子》注黍稷曰「粢」，在器曰「盛」。醴齊。《韵會》醴，里弟切，酒一宿熟也。醴，猶體也。《周禮注》成而汁滓相將上下一體，如「今恬酒齊才詣切酒以度量」節作者，謂之齊。祫事《士虞禮》疏三虞，卒哭後乃有祔祭。始合先祖，今始虞而言祫者。鄭云：「以與先祖合爲安。」故下文云：「適爾皇祖某甫」，是始虞預言祫之意也。剛鬣。《曲禮》豕曰「剛鬣」。《注》豕肥則鬣剛。清酌。《曲禮》酒曰「清酌」。《注》古之酒醴皆有清有糟，未泲者爲糟，既泲者爲清。庶羞。《饋食禮注》庶，衆也。象羞以豕肉，所以爲異味。○《周禮・天官注》羞，進也。羞出於牲，及禽獸以備滋味，謂之庶羞。賈氏曰：「下大夫有臐膮，此出於牲者也。上大夫加以雉、兔、鶉、鴽。此出於禽獸者也。」王氏曰：「國君庶羞内則所載者。」愚按禮庶羞不踰牲，則與饋食。注：三十一物自牛脩鹿脯至於柤梨薑桂是也。及《天官注》不同，更詳之。

亞獻。《注》主婦爲之。按《家禮》「主婦」條，主婦謂亡者之妻，三年之内凡言主婦者，似皆指亡者之妻。而但横渠云：「東酌犧尊，西酌罍尊，須夫婦共事，豈可母子共事？」以此觀之，初喪則亡者之妻當爲主婦。虞祔以後必夫婦親之。更詳之。○《丘儀》若主婦行禮不跪、不俯伏，立傾酒于地，四拜。按婦人不跪不俯與古禮不同，更詳之。

侑食。《禮器注》侑者，勸尸爲飲食之進。○《玉藻注》食而勸侑，禮之勸也。○按凡吉祭「侑食」條俱有「插匙飯中及正筯」之文，而此虞祭及下祔、卒哭、大小祥祭並無，《丘儀》亦無意者，喪祭哀遽，故從簡省之歟。

闔門。《月令注》用木曰闔。○《士虞禮》贊闔牖户。《注》鬼神尚居幽闇或者遠人乎。《記》如食間。

《注》隱之如尸，一食九飯之頃也。《疏》隱之者，謂闔牖尸也。九飯之頃，時節也。○《丘儀》若於所館行禮，可略去「闔門、啓門、噫歆、告利成」四節。

附注《士虞禮》《儀禮》篇名。無尸者。《檀弓注》男則男子爲尸，女則女子爲尸。尸之爲言主也。不見親之形容，心無所係。故立尸而使之着死者之服，所以使孝子之心主於此也。禫祭以前，男女異尸、異几。祭於廟則無女尸，而几亦同矣。《少牢》云「某妃配」，是男女共尸。○《士虞記注》無尸謂無孫列可使者，殤亦是也。○《語類》神主之位東向，尸在神主之北。問今祭欲用尸，如何？曰：「古者男女皆有尸，自周以來不見説有女尸，想是漸次廢了。這個也蹺崎，古者君迎尸在廟門之外，則全臣子之禮。在廟門之内則君拜之。杜佑説上古時中國但與夷狄一般，後聖改之。有未盡者，尸其一也。」○答用之曰：「看來古人用尸自有深意，非朴陋也。」陳丈云：「蓋不敢死其親之意。」曰：「然用之。」云：「祭祀之禮，酒肴豐潔必誠必敬。所以望神之降臨乃歆享其飲食也。若立之尸，則爲尸者既已饗其飲食，鬼神豈復來享之，如此却爲不誠。」曰：「此所以爲盡其誠也。蓋子孫既是祖宗相傳一氣下來，氣類固已感格，而其言語飲食若其祖考之在焉，則有以慰其孝子順孫之思，而非恍惚無形像不及之可比矣。古人用尸之意所以深遠而盡誠，蓋爲是耳。今人祭祀但能盡誠其祖考猶來格，况既是子孫則其來格也。益速矣。因言今世鬼神之附著生人而説話者甚多，亦有祖先降于其子孫者，蓋皆其氣類之相感所以神附著之也。《周禮》祭墓則以墓人爲尸，亦是此意。」○又曰：「古人立尸是將生人、生氣去接他。」○又曰：「程先生言古人之用尸也，質意謂今不用亦得。」

祝啓門。《注》噫歆三。《韵會》噫，於其切；歆，虛音切。○《曾子問》祝聲三。《注》以警動神聽乃告之也。噫，是歎恨之聲。歆，欲其歆享之義也。點茶。《丘儀》進茶，置匙筯旁。西向告利成。《士虞禮》祝出户，西面告利成。主人哭，皆哭。《注》西面告主人也。利，猶養也。成，畢也。言養禮畢也，不言養禮畢於尸間嫌。《疏》以其處主人東，故祝西面對而告之。若言養禮畢即於尸中間有嫌諷去之，或本「間」作「閑」以養尸，事畢而尸空閑，嫌諷去之。○《集說》或問：「本注古有『告利成』一句，其義何謂？今去之何？」說曰：「按《曾子問》注，利猶養也。謂供養之禮已成也。蓋古者祭祀有尸，主人事尸，禮畢，則祝告利成，遂導尸以出。今以無尸廢此禮。」○按《饋食禮》疏：祭禮畢，孝孫徂位祝，於是致孝孫之意，告尸以利成，不言禮畢於尸間之嫌者，間，閒暇無呈。若言禮畢，即於尸閒暇無事，有發遣尸之嫌，故直言利成而已。以此觀之，所謂告利成，雖告於主人而其實欲令尸聞而起也。是以其下即云尸，謖所六反，起也。此《集說》所以以無尸廢此禮歟？

埋魂帛。《丘儀》若路遠於所館，行禮必須三虞後至家埋之。○會成按，今世有俟實土將平壙鋪魂帛於內而埋之。其實人家屏處難得，況此時神已移於主魂，帛同柩而埋之，可也。○愚按二說不同，然「奉魂帛升車」條，「別以箱盛之置帛後奉神主升車」條，魂帛箱在其後，又祝曰：「伏惟尊靈，舍舊從新，是憑是依」，以此觀之，主與魄不使遽離者，恐有意思，丘說似長。

罷朝夕奠。《檀弓》以虞易奠。《注》始死，小斂、大斂，朝夕、朔月、朝祖、賵遣之類皆喪奠也。此日以虞祭代去喪奠，故曰「以虞易奠」也。○《頤庵》曰：「《家禮》罷朝夕奠不及上食。朱子使之，仍行無疑。」○《大全》李繼善問：「朝夕之饋，終喪行之。與《禮經》不合，不知如何？」曰：「此等處，今世見行之禮，不害其爲厚，而又無嫌於僭，且當從之。」餘見上「上食」條。○愚按《檀弓》：「虞而立尸，有几筵。卒哭而諱，生事畢鬼事始。」鄭注謂：「不復饋食於下室而鬼神祭之。」疏：「下室謂內寢。生時饋食，有事處也。未葬有生事，當以脯醢奠。殯又於下室饋，設黍、稷。」至朔月，月半而殷奠。殷奠有黍、稷，而下室不設也。既虞祭遂用祭禮，下室遂無事也。然

「不復饋食於下室」文承「卒哭」之下。卒哭之時乃不復饋食於下室。皇氏以爲虞則不復饋食於下室，於理有疑。以此觀之，既虞不復饋食於下室，先儒已疑之，黄勉齋亦收入於《通解續》，且朱子答李繼善之問，以爲日祭終喪行之不害其爲厚，今之行禮者，恐當據此而行也。

柔日再虞。《士虞記》始虞用柔日。《注》葬之日，日中虞。欲安之柔日，陰取其静。《疏》葬用丁亥是柔日。葬始，虞用日中，故云「始虞用柔日」也。○再虞皆如初。《注》丁日葬則己日再虞。《疏》以其後虞用剛日，初虞、再虞皆用柔日。始虞用丁日，隔戊日。故知再虞用己日。

剛日三虞。《士虞禮》三虞，卒哭，他用剛日亦如初。《注》當祔於祖廟爲神安於此，後虞改用剛日。剛日，陽也。陽取其動也。士則庚日三虞。壬日卒哭。他謂不及時而葬者，《喪服小記》：「報葬者報虞，三月而後卒哭。」然則虞、卒哭之間有祭祀者，亦用剛日，其祭無名，謂之他者假設言之。

卒哭

卒哭。賈氏曰：「卒哭者，謂卒去廬中之哭。」唯有朝夕於阼階下有時之哭。《注》成事。本注卒哭，曰：「成事者祭以吉，爲成卒哭之祭乃吉祭，故也。」吉祭易喪祭。本注吉祭，卒哭之祭也。喪祭，虞祭也。卒哭在虞之後，故云以「吉祭易喪祭」。○《士虞禮疏》卒哭對虞爲吉祭，比祔爲喪祭。

三虞後。《注》玄酒。《鄉飲酒義》尊有玄酒，教民不忘本也。《注》玄古之世無酒，以水行禮。故後世因謂水爲玄酒，不忘本者，思禮之所由起也。○《禮運注》每祭必設玄酒，其實不用之以酌。

厥明。《注》井花水。《醫書》平旦第一汲者，爲井華水。

初獻。《注》隮《士虞禮注》隮升也，今文「隮」爲「齊」。

辭神。《注》東面告利成。按 虞祭，喪祭，故西向告。卒哭，吉祭，故東面告也。

疏食水飲。《韵會》食，音嗣。○《喪服傳》既虞，剪屏柱楣，寢有席，疏食，水飲。疏：用麤疏米爲飯而食之，飲水者恐虞後飲漿酪等，故云飲水而已。

附注 卒哭受服。《喪服注》受，猶承重服已除，以輕服受之。《喪服圖式》古者既葬，練、祥、禫皆有受服，變而從輕。今世無受服，自成服至大祥，其衰無變。故既葬別爲家居之服是亦受服之意。

祔

祔。《檀弓注》祔之爲言，附也。祔祭者，告其祖父以當遷他廟，而告新死者以當入此廟也。畢事，虞主復于寢三年。喪畢，遇四時之吉祭而後奉新主入廟也。○《語類》問：「練而祔，是否？」曰：「此是殷禮，而今人都從周制。若如陸子静説祔了便除去，几筵則須練而祔。若鄭氏説祔畢復移主出於寢，則當如周制祔亦何害。」○

《大全》胡伯量問：「《士虞記》：卒哭，明日以其班祔。《禮記》：卒哭，明日祔于祖父。」又曰：「殷練而祔，周卒哭而祔。」孔子善殷。《開元禮》、《政和禮》皆曰「禫而祔」。伊川先生、横渠先生皆曰「喪三年而祔」。《温公書儀》雖卒哭而祔，然祔祭畢只反祖考神主於影堂，仍置亡者神主於靈座，以爲不忍一日未有所歸，則既祔自當遷主於廟。若復主于靈座以盡哀奉之意，則先設祔祭，又似文具，不知《書儀》之意如何？續觀先生復陸教授書：「吉凶之禮，其變有漸。卒哭而祔者，漸而神事之復。主于寢者，猶未忍盡以事死之禮事之也。某向來卒哭後既失祔祭之禮，不知可以練，時權宜行之否？」曰：「祔與遷是兩事。卒哭而祔，禮有明文。遷廟則《大戴記》以爲在練祭之後。」然又云「主祭者皆玄服」，又似可疑。若曰禫而後遷，則大祥便合徹去几筵亦有未便。横渠有一説。横渠説見《家禮·大祥》附注。〇《雜記》大夫祔於士，士不祔於大夫。祔於大夫之昆弟，無昆弟則從其昭穆。雖王父母在亦然。《注》祖爲士，孫爲大夫，而死可以祔祭於祖之爲士者，故曰：「大夫祔於士。」若祖爲大夫，孫爲士，不可祔祭於祖之爲大夫者。惟得祔祭於大夫之兄弟爲士者，若祖之兄弟無爲士者，則從其昭穆，謂祔於高祖之爲士者，若高祖亦是大夫，則祔於高祖昆弟之爲士者也。雖王父母在亦然者，謂孫死應合祔於祖。今祖尚存無可祔，亦祔於高祖也。〇王父死未練祥而孫又死，猶是祔於王父。《注》孫之祔祖，禮所必然。故祖死雖未練祥而孫又死，亦必祔於祖。〇《士虞禮》明日，以其班祔。沐浴，櫛，搔剪。《注》彌，自飾也。搔，音爪。《疏》彌自飾者，上文虞沐浴不櫛注云「未在於飾」。鄭雖不言不在於飾，沐浴小飾。今祔時櫛是彌自飾也。〇《小記》妾祔於妾祖姑，亡則中一以上而祔，祔必以其昭穆。《注》妾祔於妾祖姑，言妾死則祔於祖之妾也。亡，無也。中，間也。若祖無妾，則又間曾祖一位而祔高祖之妾。〇妾無妾祖姑者，易牲而祔於女若可也。《注》今又無高祖妾，則當易妾之牲而祔於適祖姑。女君謂適祖姑也。○《或問》祠堂只有禰龕，則其禮如何？不得已而祔於禰，則其祝文亦當改曰「隮祔子某」乎。退溪曰：「如此等禮，古所未有。未敢以己意創説。」○《雜記》婦祔於其夫所祔之妃，無妃則亦從其昭穆之妃。《注》夫所祔之妃，夫之祖母也。昭穆之妃亦謂間一代而祔高祖之妃也。《注》二人以上。退溪曰：「此所謂二人以上，蓋由少以及多之稱。《通禮》再宿以上，三人以上，《冠昏禮》期以上，十五以上，十三以上，可見。」以親者。《小記》婦祔於祖姑，有三人則祔於親者。《注》三人或有二繼也。親者，謂舅所生母也。男子祔則配。本注 男子死而祔祖者，其祝辭云「以某妃配某氏」，是并祭王母也。未嫁之女及嫁未三月而死歸葬女氏之黨者，其祔於祖母者，惟得祭祖母，不祭王父也。蓋不言「以某妃配某氏」耳。○《饋食禮注》某妃，某妻也。合食曰「配某氏」，若言「姜氏子氏」。

附注 內子。《雜記注》內子即大夫之正妻。未受夫人所命則未可稱世婦，故但稱內子。蓋已命、未命之通稱，世婦亦內子也。

詣祠堂。《注》在他所止卓上。《丘儀》若行禮於他所，則跪告曰：「請主詣某所。」乃捧其櫝以行置西階卓子上，然後啓櫝請主就座。設虛位除之。按《丘儀》「虛位」作「牌位」，「除之」作「焚之」。

初獻。《注》孝子某適于某考。《丘儀》孝子之子作孫，某考作曾祖考。○按適，主也。

附注 又非愛禮存羊意。按本文此下云：竊意與其依違牽制而均不免爲失禮，曷若獻議于朝，盡復公私之廟皆爲左昭右穆之制，而一洗其繆之爲快乎。

家禮輯覽卷之九

喪禮

小祥

期而小祥。《小記注》小祥之祭，乃孝子因時以伸其思親之禮也。○《曾子問》祭如之何，則不行旅酬之事矣？孔子曰：「聞之：小祥者，主人練祭而不旅。奠酬於賓，賓不舉，禮也。昔者，魯昭公練而舉酬行旅，非禮也。孝公大祥奠酬不舉，亦非禮也。」《注》不旅者，不旅酬也。奠酬於賓，奠其酬爵於賓前也。賓不舉者，賓不舉以旅也。言此祭主人得致爵於賓，賓不可舉此爵而行旅酬，此禮也。大祥則可旅酬矣。○《雜記》自諸侯達諸士小祥之祭，主人之酢也。嚌于細反之衆賓，兄弟則皆啐之。大祥主人啐之，衆賓兄弟皆飲之，可也。《鄭注》嚌至齒啐入口。《疏》主人之酢也。嚌之者，謂正祭之後主人獻賓長，賓長酢主人，主人受酢則嚌之也。衆賓兄弟啐之者，謂祭未受獻之時啐之也。○凡侍祭喪者，告賓祭薦而不食。《注》侍祭喪謂相喪祭禮之人也。薦謂脯醢也。相禮者，但告賓祭此脯醢而已，賓不食之也。若吉祭，賓祭畢則食之。此亦謂練祥之祭。主人獻賓，賓受獻主人，設薦時也。虞祔無獻賓之禮。○父母之喪將祭而昆弟死，既殯而祭如同宮，則雖臣妾葬而后祭。《注》將祭，將行小大祥之祭也。此死者乃是異宮之兄弟耳。劉氏曰：按喪不宜有異居，然則昆當作兄，兄弟或不同居矣。《喪服》小功以下爲兄弟。○《小記》三年而後葬者，必再祭。其祭之間不同時而除喪。《注》孝子以事故不得及時治葬，中間練祥、時月，以尸柩尚存，不可除服。今葬畢必舉練祥兩祭，故云：必再祭也。但此二祭仍作兩次舉行，不可同在一時。如此月練祭，則次月祥祭乃除衰服。○《語類》問：「三年後葬者必再祭。鄭注《大戴記》以爲只是練祥無禫，曰：不知《禮經》上下文如何？」道「看見也是如此。」○《喪服四制》期而練。○父母之喪，十三月而練冠。○《雜記》期之喪，十一月而練。○主妾之喪，則練使其子主之。○《喪大記》大夫士父母之喪，既練而歸。朔日、忌日則歸哭于宗室。○《喪服》婦人喪父母，既練而歸。○公之喪，大夫俟練，士卒哭而歸。○既練，舍外寢，始食菜果、飯素食，哭無時。○《間傳》期而小祥，居堊室，寢有席。○三年之喪，雖功衰不吊。《注》不計閏。○《通典》鄭玄云：「以月數者數閏，以年數者，不數。」射慈云：「三年周喪歲數歿閏，九月以下數閏也。」○《喪遇閏月議》東晉謝攸、孔粲議按《左氏春秋》經，魯襄公二十八年十二月甲寅天王崩，乙未楚子卒，其間相去四十二日，是則乙未閏月之日也。經不書閏月而書十二月，明閏非正宜附正之文。其不曰「二十九年正月」，是附前月之證。又《禮記》喪事先遠日則祥除應在閏月。○宋博士丘邁之議閏月亡者，應以本正之月爲忌。建平王宏謂：「邁之議不可准。」據晉代及皇代以來，閏月亡者皆以閏之後月祥。博士孫休議尋三禮喪遇閏歲數者沒閏，閏在周内，故也。鄱陽哀王去年閏三月薨，月次節物，則是四月之分。應以今年四月末爲祥。按晉元、明二帝並以閏月崩，以閏後月祥。先代成准則是。今比太常丞庾蔚之議禮，正月存親，故有忌日之感，四時既變，人情亦衰，故有二祥之殺，是則祥忌皆以周月爲議。而閏亡者明年無其月，不可以無其月而不祥忌，故必宜用所附之月。閏月附正。《公羊》明義故，班固以閏九月爲後九月，月名既不殊，天時亦不異。若用閏之後月，則春夏永革，節候亦殊。縱然人以閏臘月亡者，若用閏後月祥忌，則祥忌應在後年正月。祥涉三載，既失周歲之議。冬亡而春忌，又乖致感之本。譬今年末三十日亡，明年末月小。若以去年二十九日親尚存，則應用後年正朝爲忌，此必不然。若其不然，則閏亡者亦可知也。通國並用閏附於正，而正不假閏，得周便祥，何待於閏，且祥忌異月亦非禮意。陳練服。

補注《丘儀》陳練服下既曰：「男子以練服爲冠」，而不言冠之制。又曰「去首絰，負版辟領衰」，而不言别有所制。今考之《韵書》，練，漚熟絲也。意其以練熟之布爲冠服。故謂之練焉。今擬冠别爲練，其制一如衰冠。但用稍麤熟麻布爲之，其服製則亦如大功衰服，而布用稍麤熟麻布爲之，不用負版適衰。腰絰用葛爲之，麻屨用麻繩爲之，父杖用竹，母杖用桐。如故婦人服制亦用稍麤熟麻布爲之，庶稱練之名。○間傳練葛腰絰。○既虞卒哭，去麻服，葛帶三重，期而小祥，練冠縓緣，腰絰不除。注葛帶三重。葬後以葛絰易腰之麻絰。差小於前四股糾之積而相重，則三重也。蓋單糾爲一重，兩股合爲一繩，是二重，二繩又合一繩，是三重也。注去負版辟領衰。家語季桓子練而無衰。孔子曰：「無衰衣者，不以見賓，何以除焉？」○按《儀禮》、《禮記》、《儀禮經傳通解》及杜氏《通典》、《開元禮》等書并無「小祥去衰負版辟領」之文，而朱子《家禮》從《温公書儀》去之，從俗禮也。今依古禮，不去衰負版辟領未爲不可。然此已經温公、朱子而未之改焉，後人遵而行之可也。練服爲冠。

按《喪服疏》：既練，練布爲冠。以此觀之所謂練服之「服」恐當從布「字」讀，《五禮儀》引此條亦作「布」。爲妻者止十五月。《檀弓注》祥、禫之制，施於三年之喪，則其月同。施於期之喪，則其月異。《雜記》「十一月而練，十三月而祥，十五月而禫」，此期之喪也。父在爲母有所屈，三年所以爲極，而至於二十五月者，其禮不可過。以三年之變而斷於期者，其情猶可伸。

附注 男子除首絰，婦人除腰帶。《間傳》男子除乎首，婦人除乎帶。男子重首，婦人重帶。除服者先重，易服者易輕。注 小祥，男子除首絰，婦人除腰帶。此除先重也。居重喪而遭輕喪，男子則易腰絰，婦人則易首絰。此易輕者也。○《士虞禮》丈夫説經帶于廟門外，入徹。主人不與婦人脱首絰、不脱帶。《注》不脱帶，齊斬婦人帶不脱也。婦人少變而重帶。帶下體之上也。《疏》婦人少變者，以其男子既葬，首絰腰、帶俱變。男子陽多變。婦人既葬，直變首絰不變帶，故云少變也。重帶，帶下體之上也者。對男子陽，重首，首在上體，婦人陰，重腰，腰是下體。以重下體，故帶不變也。

三獻。《注》常事。《曾子問》薦其常事。《注》薦其歲之常事也。○《士虞禮》薦此常事。《注》祝辭之異者，言常者，期而祭禮也。古文常爲祥。《疏》異者，以虞祔之祭非常，一期天氣變易，孝子思之，而祭是其常事。○《小記》期而祭，禮也。期而除喪，道也。祭不爲除喪也。《注》《禮》正月存親，親亡至今而期。期則宜用祭。天道一變，哀惻之情益衰。衰則宜除而不相爲也。是以謂小祥祭常事也。

止朝夕哭。《注》惟朔望止會哭。按 未除服者會哭，已見上「大功異居者歸」條。雖已除服，猶哭盡哀。《雜記疏》不以殺禮而待新吊之賓也。

始食菜果。《喪服》既練，舍外寢，始食菜果，飯素食。《注》舍外寢，於中門之外，屋下壘墼爲之，不塗塈，所謂堊室也。素，猶古也，謂復平生時食也。《疏》食爲飼讀。知者天子已下平常之食，皆有牲、牢、魚、腊。練後，始食菜、果、米，得食肉、飲酒，何得平常時食，明專據米飯而言也。

大祥

大祥。《士虞禮》父母之喪，三年而祥。○三年之喪，二十五月而畢。○《雜記》期之喪，十三月而祥。○非祥禫，無沐浴。○《喪大記》既祥黝堊。○又期而大祥有醯醬，居復寢，素縞麻衣。○祥而外無哭者。○《四制》祥之日，鼓素琴。○《檀弓》孔子既祥，五日彈琴而不成聲，十日而成笙歌。○子夏既除喪而見，予之琴，和之而不和，彈之而不成聲，作而曰：「哀未忘也。先王制禮而不敢過也。」子張既除喪而見，予之琴，和之而和，彈之而成聲，作而曰：「先王制禮，不敢不至焉。」《疏》按《家語》及《詩》傳皆言子夏喪畢，夫子與琴。援琴而絃，衎衎而樂。閔子騫喪畢，夫子與琴，援琴而絃，切切而悲。與此不同，當以《家語》及《詩》傳爲正。○顏淵之喪，饋祥肉。孔子出受之，入彈琴而後食之。

陳禫服。《雜記》祥，主人之除也。於夕爲期，朝服。祥，因其故服。《注》祥，大祥也。《疏》祥祭之時，主人除服之節。於夕爲期，謂於祥祭前夕，預告明日祭期也。朝服，謂主人著朝服，緇衣、素裳、縞冠。祥因其故，服者謂明朝祥祭時，主人因著其前夕朝服也。又曰此據諸侯卿大夫言之。從祥至吉，凡服有六：祥祭朝服縞冠一也，祥訖素縞麻衣二也，禫祭玄冠黄裳三也，禫訖朝服綅冠四也，踰月吉祭玄冠朝服五也，既祭玄端而居六也。陸氏曰：「綅息廉反黑經，白緯曰綅。」○《小記》除成喪者其祭也，朝服縞冠。《注》除成人之喪則祥祭用朝服縞冠，朝服玄冠，緇衣素裳。今不用玄冠而用縞冠，是未純吉之祭服也。○《丘儀》擬有官者用白布裹帽，白布盤領袍布帶。無官者用白布巾、白直領、布帶。婦人純用素衣履。○按《五禮儀》有白衣、白笠、白靴之陳。《注》垂脚黲紗。《韻會》黲，七感切。○《丘儀》按《說文》黲，淺青黑也。今世無垂脚幞頭之制。未大祥間假以出謁者。按未大祥之間，只於出謁之時着之，至於大祥始常服也。○鄭道可問：「『未大祥間假以出謁者』等語，置之不敢知。」愚答曰：「宋時或未大祥間服此服，出以謁人，此非識禮者之所爲也。朱子以此服色微吉，故移爲大祥之服也。道可曰『來教得之』。」

告遷。《注》以酒果告。《開元禮》祝板云云。《丘儀》前同。但云孝孫某，敢昭告于某官府君、某封某氏，某官府君、某封某氏，某官府君、某封某氏，某官府君、某封某氏，茲以先考某官府君大祥已屆，禮當遷主入廟，某官府君某封某氏親盡神主當祧，某官府君某封某氏神主改題爲高祖，某官府君某封某氏神主改題爲曾祖，某官府君某封某氏神主改題爲祖。世次迭遷不勝感愴，謹以酒果用伸虔告。尚饗。注：祝文神主止書官封稱號而不書高曾祖考妣者，是時高祖親盡，曾祖、祖考妣神主未改題，故也。按丘說恐不然。《祔祭》祝板云適于某考某官府君，內喪則云某妣某封某氏，以此觀之，神主雖未改題，已稱某考某妣矣。故愚所著《喪禮備要》不用丘說耳。○《丘儀》按《喪小記》父母並喪則先葬母而不虞祔，以待父葬畢而後祔。今擬若父先死則用此告遷儀節，若父在母先死則是父爲喪主，惟祔于祖母之櫝，不必告遷也。待父死之後，然後用此儀節告遷。而於祝文，大祥已屆下添入「及先妣某封某氏先亡」，祔于祖妣於禮遷入廟之上。若父先亡已入祠堂而後母死，只告先考一位，其祝文曰「茲以先妣某封某氏大祥已屆，禮當祔於先考並享，不勝感愴」，並同。○魏氏堂曰：今太廟之制左昭右穆，與古制同，則告祔當如古禮告祖品官；庶人祠堂之制四龕並列，一有遞遷則祧其高祖，而曾祖入高祖之故室，祖入曾祖之故室，禰入祖之故室，空其禰之故室以俟新者，當從朱子之意告禰爲是。故前卒哭，祝文舊告「祖考」今改爲「顯考」。○按《大全》陸子壽以爲今同一室則不當專祔於一人，一人謂祖也。朱子以爲不若且依舊説，亦存羊愛禮之意也。魏説恐不可從也。最長之房。問最長之房。愚答曰：「按《語類》賀州有一人家共一大門，門裏有兩廊，皆是子房。如學舍僧房，每私房有人客來，則自辦飲食，引上大廳，請尊長伴五盞後却回私房，別置酒云云。以此觀之，古人累世同居者，於一門之内子孫各有私房以居，亦若《儀禮》所謂南宮北宮。然祠堂若有親盡之主當遷，而族人有親未盡者，則遷于其中最長之房以祭之也。」告畢，埋于兩階間。《丘儀》親盡者以紙裹暫置卓子上。○唐元陵《儀注》祔廟之後，禮官帥腰輿詣廟門南幄下，大祝捧桑木主并匱置于輿，遂自廟門南西偏門舁入，詣廟殿北簾下兩階間，將作先具鍬钁穿坎方深令可容木主匱，遂埋而退。

斷杖棄之。《大記注》杖於喪服爲重。大祥棄之，必斷截使不堪他用。而棄於幽隱之處，不使人褻賤之也。○横渠曰：「祭器、祭服以其嘗用於鬼神，不敢褻用，故有焚埋之禮。至於衰絰冠履不見所以毁之之文，惟杖則言『棄諸隱者』，棄諸隱者不免有時而褻，何不即焚埋之！常謂喪服非爲死者，己所以致哀也，不須道敬喪服也。」毁喪服者，必於除日毁，以散諸貧者，或守墓者可也。蓋古人不惡凶事而今人以爲嫌，留之家人情不悦，不若散之。焚埋之，又似惡喪服。奉遷主埋墓側。《補注》所謂埋于兩階之間者也。按兩階指廟之兩階而言。《補注》説可疑。○《丘儀》祥祭後陳器具饌如朔日之儀。用卓子陳廳事上。質明主人奉安親盡之主于卓子上，序立如常儀，參神降神，主人斟酒，主婦點茶，畢，並立再拜。主婦復位。跪讀祝。再拜復位。辭神焚祝文，執事者用盤盛主奉之主人自送至墓側，祝，埋，畢，始回。祝文前同，但曰：「孝玄孫某敢昭告于五世祖考某官府君妣某封某氏。古人制禮祀止四代，心雖無窮，分則有限。神主當祧，不勝感愴。謹以酒果百拜告辭。尚饗。」

飲酒食肉。

《喪大記》祥而食肉。愚按「祥後食肉」之文與《間傳》所謂「禫後始飲酒先飲醴，禮始食肉先食乾肉」之説不同。《家禮》所謂大祥始飲酒、食肉，是因《喪大記》而有此説，非闕文也，然不可從也。○《大全》胡伯量問：「比者祥祭止用再忌，雖衣服不得不易，惟酒食一節欲以踰月爲節，不知如何？」曰：「踰月爲是。」○《補注》丘氏曰：「始飲酒、食肉而復寢，當在禫之後。按《禮》中月而禫，禫而飲醴酒。始飲酒者，先飲醴酒。始食肉者，先食乾肉。又大祥居復寢，禫而牀。由是觀之，則禫又未可以食肉、飲酒。猶飲醴食脯而已，况大祥乎？今擬禫後始飲淡酒、食乾肉，大祥後雖復寢，至禫後乃卧牀，庶幾得《禮》意。」○按古禮祥月便禫。故雖有分，言祥、禫之祭，而例以祥包禫而言者。故《禮》曰：「孔子既祥，五日彈琴，十日成笙歌。魯人有朝祥而暮歌者，子路笑之，孔子以爲責人已甚。」然又曰：「踰月則善也。」今《家禮》「大祥後飲酒、食肉、復寢」之文，正因《喪大記》之文，而《大記》之文亦包禫而言之者也。此等處當活看可也。若以爲朱子之意必於祥日飲酒、食肉、復寢云，則恐滯泥而不通也。

復寢。

《大記》禫而從御，吉祭而復寢。《注》從御，鄭氏謂「御婦人」，杜預謂「從政而御職事」，杜説近是。蓋復寢乃復其平時婦人當御之寢耳。吉祭，四時之常祭也。禫祭後，值吉祭。同月則吉祭畢而復寢。若禫祭不值吉祭之月，則踰月而吉祭乃復寢也。○汪氏克寬曰：「按《集説》取杜説近是，非也。孟獻子『比御而不入』，則御爲婦人之當御』明矣。」○《大全》胡伯量問：「《喪大記》有『吉祭而復寢』之文，不審所謂，吉祭即月享或禘祫之禮否？」曰：「月享無明文，只祭法。《國語》有之，恐未足據。吉祭者疑謂禘祫之屬，然亦無明據。今以義起可也，不然且從《大記疏》説。」

附注 祧主。程氏復心曰：「祧之言超也，超，上去也。」不得已只埋於墓所。《語類》問：「祧主置何處？」曰：「只得如伊川説埋於兩階之間而已。某家廟中亦如此。兩階之間，人跡不到，取其潔耳。今人家廟亦安有兩階？但擇淨處埋之可也。思之不若埋于始祖墓邊，緣無始祖墓，所以只得如此。」李繼善，《實記》名述，燔之從子，朱子答書云「所示疑義甚精到」。周舜弼。弼，古弼字。○《實記》名謨，南康建昌人。朱子稱其講學持守不懈益勤。祫祭太廟。程氏復心曰：「祫有二。」《曾子問》：「祫祭於祖。則祝迎四廟之主。」《王制》天子祫嘗，祫蒸。諸侯嘗祫，蒸祫。此時祭之祫也。《公羊傳》：「毀廟之主陳于太廟，未毀廟之主皆升食于太廟，此大祫，毀廟未毀廟之主而祭之也。」大宗伯享先王。《周禮》春官，禮官之屬。大宗伯，卿一人。大宗伯之職，掌建邦之天神、人鬼、地示之禮，以佐王建，保邦國。以肆獻祼享許丈反先王，以饋食享先王，以祠春享先王，以禴夏享先王，以嘗秋享先王，以蒸冬享先王。《注》魯禮，三年喪畢而祫於太祖，明年春禘於群廟。自後率五年而再殷祭，一祫一禘。祫畢遷。《集説》庶人無祫，但合祭四代於正寢。三年喪畢，合祭而後遷。《士喪禮》是月也，吉祭猶未配。《注》是月，禫月也。當四時之祭月則祭，猶未以某妃配某氏，哀未忘也。《疏》謂是禫月，得禫祭仍在寢。此月當四時吉祭之月，則于廟行四時之祭，於群廟而猶未得以某妃配，哀未忘，若喪中然也。言「猶」者，如祥祭以前不以妃配也。○《補注》按本條下李繼善楊氏復注，則上文告遷于祠堂猶未祧未遷，但改題神主。厥明行事，猶未入新廟，且附藏於其祖廟，待禫祭畢，又卜日祫祭，然後祧後遷後入也。○丘氏曰：「按楊氏附注引朱子《他日與學者書》『既祥而徹几筵，其主且當附于祖父之廟，俟三年喪畢，合祭而後遷』，蓋有取於橫渠『祫祭後奉祧主於夾室』之説也。而楊氏亦云俟吉祭前一夕以遷告遷主異，乃題神主，厥明合祭畢，奉神主埋於墓所。奉遷主、新主各歸于廟。夫所謂合祭者，即橫渠所謂『祫祭』也。《家禮》時祭之外，未嘗合，若即是時祭，又不知設新主位于何所，今不敢從，且依《家禮》庶幾不失。」○

愚按《士虞禮》：「是月也，吉祭則古人於禫後遇四時祭時，合祭新主。」可知《丘儀》所謂設新主何所者，似指世數已滿者言。若已滿而又陞新主則是五世，果似未安，似當以新主姑位於東壁下，祭畢遷祧後始入正位恐當，然則未滿四世者，直爲正位無妨耶？

禫

禫。《小記》爲父、母、妻、長子禫。○《喪服疏》母之與父，恩愛本同，爲父所厭屈而至期，是以雖屈，猶伸禫杖也。妻雖義合，妻乃天夫，爲夫斬衰，爲妻報以禫杖，但以夫尊妻卑，故齊斬有異也。○《檀弓注》出母則無禫。○《小記》庶子在父之室，則爲其母不禫。《注》妾子，父在厭也。○禫而無所不佩。○《檀弓》孟獻子禫縣而不樂，比御而不入，孔子曰：「加於人一等矣。」○《小記》宗子，母在爲妻禫。《注》宗子之妻尊也。《疏》此一節論宗子妻尊，得爲妻伸禫之事，宗子爲百世不遷之宗。賀瑒云：「父在，適子爲妻不杖，不杖則不禫。若父没母存，則爲妻得杖又得禫。凡適子皆然。嫌畏宗子尊厭其妻，故特云『宗子，母在爲妻禫』。宗子尚然，則其餘適子，母在爲妻禫可知。」賀循云：「出居廬，論稱杖者必廬，廬者必禫。」此明杖章尋常之禮，謂杖章之内居廬必禫，若別而言之，則杖有不禫，禫有不杖者。按《小記》：「宗子母在，爲妻禫則有非。宗子其餘適庶母在，爲妻并不得杖也。」《小記》又云：「父在，爲妻以杖即位。」鄭玄云：「庶子爲妻。然父在，爲妻猶有其杖，則父没母存有杖。可知此是杖有不禫者也。」《小記》又云：「庶子在父之室，則爲其母不禫。」若其不杖，則《喪服》「不杖」之條應有「庶子爲母不杖」之文，今無其文，則猶杖可知也。前文云「三年而後葬者，但有練祥而無禫。是有杖無禫」。此二條是杖而不禫。賀循又云：「婦人尊微，不奪正服，並厭其餘哀。」如賀循此論，則母皆厭其適，適子、庶子不得爲妻杖也。故宗子妻尊，母所不厭。故特明得禫也。詳見《通解續》。○《語類》問：「女子已嫁，爲父母禫否？」曰：「禮，父在爲母禫，止是主男子而言。」○問：「爲祖母，承重禫否？」曰：「禮惟於父母與長子禫。今既承重，則便與父母一般。」○《補注》愚謂禫祭不言設次陳服者，蓋小祥易練服，大祥易禫服。禫祭宜亦吉服，《間傳》所謂禫而纖無所不佩，是也。厥明又卜日祫祭於禫畢。○《喪服小記》除殤之喪者，其祭也必玄。除成喪，其祭也朝服縞冠。《注》玄謂玄冠、玄端也。殤無虞、卒哭及練之變服，其除服之祭，用玄冠玄端黄裳，此於成人爲釋禫之服，所以異於成人之喪也。若除成人之喪，則祥祭用朝服縞冠，朝服玄冠，緇衣素裳。今不用玄冠而用縞冠，是未純吉之祭服也。按玄端黄裳者，若素裳則與朝服純吉同，若玄裳又與上士吉服玄端同，故知此爲黄裳也。○《間傳疏》禫祭之時，玄冠朝服，祭訖則首著纖冠，身著素端黄裳，以至吉祭平常所服之物，無所不佩。○退溪答人問曰：「今若以尚有哭泣之文，純吉未安，只得依丘氏素服而祭，如何？」又答：「鄭道可。」問曰：「不依小、大祥，陳服易服之節，不知禫服除在何節，吉服著在何日也。」愚按今有或者之言，禫祭不可遽著純吉之服，世或有用其言以素服爲是者。然以《雜記》、《間傳》看之，祥祭著微吉之服，祭訖反著微凶之服。禫祭著純吉之服，祭訖服微吉之服，以至吉祭平常所服之物無不佩矣。或者之説恐不然，且退溪所答前後不同，不可歸一。以何服色爲從乎？《補注》所謂禫祭不言設次陳服者，蓋小祥易練服，大祥易禫服，禫祭宜亦言吉服。《間傳》所謂「禫而纖，無所不佩」是也，云云。此《補注》之言恐爲得之更詳之。○神宗之喪未除，而百官以冬至表賀。伊川先生言：「節序變遷，時思方切，請改爲慰。」及除喪，有司又將以開樂置宴，先生又奏請罷宴，曰：「除喪而用吉禮，則因事用樂可矣，今特設宴是喜之也。」詔罷之。

大祥之後。《注》間一月。《士虞禮疏》間，間側之間。**不計閏。**按《四制》父母之喪，十三月而練冠，《三年問》三年之喪，二十五月而畢。《家禮》著其月數，而小祥則曰「自喪至此不計閏，凡十三月」。大祥則曰「自喪至此不計閏，凡二十五月」。至於禫乃因上文而復曰「自喪至此不計閏凡幾月」云歟？今或有祥後不計閏中二月，而禫者恐非禮意也。張子曰：「三年之喪，祥禫閏月亦等之直從之。」

附注 朝祥暮歌。《檀弓》魯人有朝祥而暮歌者，子路笑之。夫子曰：「由，爾責於人，終無已夫。三年之喪，亦已久矣。」子路出，夫子曰：「又多乎哉，踰月則其善也。」《注》朝祥暮歌固爲非禮，特以禮教衰廢之時，而此人獨能行三年之喪。故夫子抑子路之笑，然終非正禮，恐學者致疑，故俟子路出，乃正言之。其意若曰名爲三年之喪，而實則二十五月，今已至二十四月矣。此去可歌之日又豈多有日月乎哉。但更踰月而歌，則爲善矣。陳氏曰：「《記》曰：『祥之日，鼓素琴不爲非，而歌則爲未善者，琴自外作，歌由中出，故也。』」祥而縞。本疏 祥，大祥也。縞，謂縞冠。縞冠素紕。《玉藻注》縞，生絹也。素，熟絹也。紕，冠兩邊及卷下畔之緣也。縞冠素紕，謂冠與卷身皆用縞，但以素緣之耳。○《詩注》白經黑緯曰縞。徙月樂。本注 在禫月而樂者，聽於人也。在徙月而樂者，作於己也。方氏曰：「是月禫，徙月樂者，孔子以謂踰月則其善者以此。」《三年問》，《禮記》篇名。律敇，《韵會》敇，蓄力切。天子制書曰「敇」。○退溪曰：「律，定律。敇，受教。」當如王肅説。按《通典》王肅以中月爲月中者是也。○《集説》或問：「朱子曰：『二十五月祥後便禫』，又云『從鄭説雖是禮疑從厚，然未爲當』。今宜何從？」曰：「歷代多從鄭説，固宜從厚也。」○國制 三年之喪亦二十七月而除。

下旬卜日。《曲禮》凡卜日，旬之外曰遠某日，旬之内曰近某日。喪事先遠日，吉事先近日。《注》今月下旬筮來月上旬，是旬之外日也。喪事，謂葬與二祥。是奪哀之義，非孝子所欲，但不獲已，故先從遠日而起，示不宜急，微伸孝心也。吉事，謂祭祀、冠昏之屬。《集説》或用二十七月終日亦甚便。《注》或丁或亥。《少牢饋食禮》來日丁亥用薦歲事于皇祖。《注》丁未必亥也，直舉一日以言之耳。禘于大廟，禮曰「日用丁亥，不得丁亥，則己亥、辛亥亦用之。無則苟有亥焉可也。」《疏》丁未必亥也，直舉一日以言之耳者，以日有十，辰有十二，以五剛日配六陽辰，以五柔日配六陰辰，若云甲子乙丑之等以日配辰丁日不定，故云「丁未必亥」。經云：「丁亥者，不能俱載，直舉一日以丁當亥而言，餘或以己當亥，或以丁當丑，此等皆得用之也。不得丁亥則己亥、辛亥亦用之者，鄭云此吉事，先近日，唯用上旬。若上旬之内，或不得丁、己以配亥，或上旬之内無亥以配日，則餘陰辰亦用之。無則苟有亥焉可也者。」此即乙亥是也。必須亥者按《陰陽式法》，亥爲天倉，祭祀所以求福，宜稼于田，故先取亥。上旬無亥，乃用餘辰也。○劉敞曰：「丁巳、丁亥皆取於丁。以先庚三日，後甲三日故也。大抵郊祭卜辛，社祭卜甲，宗廟祭卜丁，無取於亥。注家不論十干之丁己，專取十二支之亥以爲解，其失經文之意遠矣。日有十干，辰有十二支，以五剛日配六陽辰，以五柔日配六陰辰，甲子、乙丑之類是也。以日配辰，或丁丑，或丁卯，或丁巳、丁未、丁酉、丁亥，丁日不定，故直舉丁當亥一日以言之，其意或以巳當亥，或以丁當丑皆用之云爾。」○《曲禮》外事以剛日，内事以柔日。《注》先儒以外事爲治兵，然巡狩、朝聘、盟會之類皆外事也。内事，宗廟之祭、冠昏之禮皆是。游氏曰：「外事以剛日，内事以柔日。此謂順其陰陽也。聖人之治天下，本之以自然，行之以至順，如此而已。」○《表記注》馬氏曰：「郊爲外事矣，而用辛；社爲内事矣，而用甲。説者以天地至尊之祭，不可同於外内。其説似得之矣。」**环珓**。《四聲通解》环，卜具；珓，竹。环珓，判竹根爲卜之具，或作笨筊。○或云：「用竹根長二尺，判爲二爲之。」薰珓。按《易・筮儀》置香爐，日炷香致敬。將筮，合五十策，兩手執之，熏於爐上。今此薰珓即是也。

厥明行事。《注》詣祠堂。《丘儀》主人以下具素服詣祠堂，焚香跪告曰：「孝子某將祗薦禫事，敢請先考神主出就正寢。」再拜，奉主就位。

附注 普。《孟子注》普，遍也。喪三年不祭。《曾子問》：「相識有喪服可以與於祭乎？」孔子曰：「緦不祭，又何助於人。」問：「廢喪服可以與於饋奠之事乎？」曰：「説脱衰與奠，非禮也。以擯相可也。」《注》所識之人有祭祀而已，有喪服可以助爲之執事否？夫子言己有緦麻之服，尚不得自祭己之宗廟，何得助他人之祭乎？廢猶除也。饋奠，在殯之奠也。夫子言方説衰即與奠，是忘哀太速，故言非禮也。擯相事輕亦或可。○張子曰：「喪不貳事，則祭雖至重亦有所不可行。蓋祭而誠至，則哀忘；祭而誠不至，不如不祭。」○《語類》問：「伊川謂三年喪，古人盡廢事。故併祭祀都廢。今人事都不廢，祭祀可行？」曰：「然亦須百日外方可。然奠獻之禮亦行不得，只是鋪排酒食儀物之類後，主祭者去拜。若是百日之内要祭，或從伯叔兄弟之類可以行。」問：「今人以孫行之，如何？」曰：「亦得。」又曰：「期大小功、緦服，今法日子甚少，便可以入家廟燒香拜。」又曰：「古人緦麻廢祭，恐今人行不得。」《左傳》杜注。《春秋傳》凡君薨，卒哭而祔。祔而作主，特祀於寢，烝嘗禘於廟。杜謂新主既特祀於寢，則宗廟四時常祀自當如舊。朱子《答葉味道》曰：「所謂烝嘗禘於廟，則與《王制》『喪三年不祭』不合。疑左氏此説乃當時之失，杜氏因之非禮之正。」至慟。《論語注》慟，哀過也。

居喪雜儀

居喪雜儀。《曲禮》居喪之禮，毀瘠不形，視聽不衰，升降不出阼階，出入不當門隧。《注》門隧，門之平道也。《疏》居喪，許羸瘦不許骨露。骨爲形之主，故謂骨爲形。○有疾則飲酒食肉，疾止復初，不勝喪，乃比於不慈不孝。《注》朱子曰：「下不足以傳後，故比於不慈。上不足以奉先，故比於不孝。」○五十不致毀，六十不毀，七十唯衰麻在身，飲酒、食肉處於內。《注》五十始衰故不極毀。六十則又衰矣，故不可毀。七十之年去死不遠，略其居喪之禮者，所以全其易盡之期也。方氏曰：「七十則衰麻之外與平居無以異，飲酒食肉，則不必有疾，處於內則不必居門外之倚廬也。」○《大記》不能食粥，羹之以菜可也。有疾食肉飲酒可也。五十不成喪，七十唯衰麻在身。既葬，若君食之則食之，大夫父之友食之則食之矣。不辟避粱肉，若有酒醴則辭。《注》不成喪謂不備居喪之禮節也。君食之，食臣也。大夫食之，食士也。父友，父同志者，此並是尊者食卑者。故雖粱肉不避，酒醴見顔色，故當辭。○《檀弓》喪有疾，食肉飲酒必有草木之滋焉，薑桂之謂也。《注》薑者，草之滋。桂者，木之滋。酒食之外又有草木之滋者，亦慮其不勝喪而已。○《雜記》喪食雖惡，必充飢。飢而廢事，非禮也。飽而忘哀，亦非禮也。視不明，聽不聰，行不正，不知哀，君子病之。故有疾飲酒食肉，功衰食菜果，飲水漿，無鹽酪洛。不能食食嗣，鹽酪可也。《注》功衰，斬衰齊衰之末服也。○三年之喪，如或遺去聲之酒肉，則受之必三辭。主人衰絰而受之，如君命則不敢辭，受而薦之。喪者不遺人，人遺之，雖酒肉，受也。從父昆弟以下既卒哭，遺人可也。《注》《喪大記》云：「既葬，君食之則食之。」此云哀絰而受，雖受而不食也。薦之者尊君之賜，喪者不遺人，以哀戚中不當行禮於人也。卒哭可以遺人，服輕哀殺故也。王氏曰：「居喪有酒食之遺，必疾者也。」○父有服，宮中子不與去聲於樂。母有服，聲聞去聲焉不舉樂。妻有服，不舉樂於其側。大功將至，辟婢亦反琴瑟。小功至，不絕樂。《注》宮中子，與父同宮之子也。命士以上乃異宮，不與於樂，謂在外見樂，不觀不聽也。若異宮則否此亦謂服之輕者。如重服則子亦有服，可與樂乎？聲之所聞，又加近矣。其側則尤近者也。輕重之節如此，大功將至，謂有大功，喪服者將來也。爲之屏退琴瑟亦助之哀戚之意。小功者輕，故不爲之止樂。陳氏曰：「樂不止於琴瑟。琴瑟特常御者而已。」○《開元禮》父母之喪，不避涕泣而見人。《注》言至哀無飾者。○三年之喪，凡見人皆不去絰。○父母之喪，賓客已吊而重來者，主人哭而見其去也。又哭之。○居父母之喪，遠行而還者，必告。○父有艱未除，則子不衣文彩。○《語類》問：「喪禮不飲酒不食肉，若朝夕奠及親朋來奠之饌，則如之何？」曰：「與無服之親可也。」○喪葬之時只當以素食待客。祭饌葷食只可分與僕役。○《大全》胡伯量問：「《禮》居喪不吊，其送葬雖無明文，然執紼即是。執事禮亦有妨鄉俗不特待吊送喪，凡親舊家有吉凶之事，皆有所遺，不知處此當如何？」答：「吉禮固不可預，然吊送之禮却似不可廢，所謂禮從宜者此也。」○河西曰：「雖功緦之喪，比葬亦須素服素帶。雖已飲酒食肉，亦當盡其日數不與宴樂。」

始死充充。【本疏】事盡理屈爲窮。親始死，孝子匍匐而哭之，心形充屈，如急行道極無所復去窮急之容也。瞿瞿眼目速瞻之貌，如有所失而求覓之不得然也。皇皇猶棲棲也。親歸草土，孝子心無所依托，如有望彼來而彼不至也。至小祥，但慨歎日月若馳之速也。至大祥，則情意寥廓不樂而已。

顏丁善居喪。【本注】顏丁，魯人。望望，往而不顧之貌，慨感悵之意。始死，形可見也，既殯柩，可見也，葬則無所見矣。如有從而弗及似有可及之處也。葬後則不復有所從矣。故但言如不及其反。又云「而息者」，息，猶待也。不忍决忘其親，猶且行且止，以待親之反也。○【問喪注】皇皇，猶彷彿之意也。

小連大連。《論語注》東夷人。《鄭注》言其生於夷狄而知禮也。《陳注》三日，親始死時也。不怠，謂哀痛之切，雖不食而能自力，以致其禮也。三月，親喪在殯時也。「解」與「懈」同，倦也，「憂」謂憂戚憔悴。喪服四制，《禮記》篇名。○【本注】喪有四制，謂以恩制，以義制，以節制，以權制。非仁者不足以盡愛敬之道，故於仁者觀其愛。非知者不足以究居喪之理，故於知者觀其理。非强者不足以守行禮之志，故於强者觀其志。篇首言仁、義、禮、智爲四制之本，此獨曰：「禮以治之，義以正之者，蓋恩亦兼義，權非悖禮也。」吕氏曰：「父母之喪，其大變有三。始死至于三日，一也。十三月而練，二也。三年而祥，三也。莫不執喪也。善於此者難，莫不善其始也，善於終者難。故從兹三節，以善喪稱者，則孝子、弟弟、貞婦可得而知也。惻怛、痛疾、悲哀、志懣，非仁者之篤於親則不能也。然哭踊無節，喪期無數，服不別精粗，位不別賓主，乃野人夷狄直情徑行者，其知不足道也。哀之發於容體，發於聲音，發於言語，發於飲食，發於居處，發於衣服，輕重有等，變除有節，至於襲含斂殯之具，賓客吊哭之文，無所不中於禮，非知者之明於理則不能也。然有其文矣，實不足以稱之；有其始矣，力不足以終之。其强不足道也。喪事不敢不勉，此强有志者之所能也。故古之善觀人者，察其言動之所趨，而知其情，驗其行事之所久，而知其德。親喪者，人之所自致者也，哭死而哀，非爲生者，則其仁可知矣。先王制禮不敢不及，則其强可知矣。故君子之觀人，常於此而得之。

《曲禮》：讀喪禮。【《小學注》】《曲禮》、《禮記》篇名。言其節目之委曲也。○【本注】復常，除喪之後也。樂章，弦歌之詩也。陳氏曰：「非喪而讀喪禮，則非人子之情。居喪而不讀喪禮，不失之過，則失之不及。未葬而讀祭禮，則非孝子之情；既葬而不讀祭禮，不失之黷，則失之怠。葬未除而讀樂章，則哀不足。喪復常而不讀樂章，樂必崩。」○【《語類》】東坡見伊川主司馬公之喪，譏其父在，何以學得喪禮，人遂爲伊川解說，道伊川先丁母艱也，不消如此，人自少讀書，如《禮記》、《儀禮》便都已理會了。古人謂居喪讀《喪禮》，亦平時理會了，到這時更把來温審，不是方理會。

大功廢業。本注 業者，身所習，如學舞、學射、學琴瑟之類。廢之者，恐其忘哀也。誦者，口所習，稍暫爲之亦可，然稱「或曰」，亦未定之辭也。陳氏曰：「業者，弦歌羽籥之事。誦者，詩書禮樂之文。大功，廢業而誦，可，則大功以上，不特廢業，而誦亦不可。大功以下，不特誦可，而業亦不廢也。」○《語類》問：「居喪以來惟看《喪禮》不欲讀他書，然精神元自荒迷，更專一用心去考索制度名物，愈覺枯燥。今欲讀《語》、《孟》，不知如何？」曰：「居喪，初無不得讀書之文。古人居喪廢業，是簨簴上版子，廢業謂不作樂耳。古人禮樂不去身，惟居喪，然後廢樂，故『喪復常，讀樂章』。《周禮》司業者，亦司業也。」

言而。不問。本注 言略而語詳，對應而問倡，言而不語，對而不問，以居憂有所不暇故也。《喪大記》父母之喪。本傳 君既葬，王政入於國，既卒哭，服王事。大夫、士既葬，公政入於家，既卒哭，弁絰帶金革之事。無，辟也。《注》不言國事家事，禮之經也。既葬，政入以下，禮之權也。○《士喪記》非喪事不言。注：不忘所以爲親。

高子皐未嘗見齒。《一統志》高柴，字子皐，衛人。孔子弟子。足不履影，啓蟄不殺，方長不折，執親喪，泣血三年未嘗見齒，避亂而行，不徑不竇，孔子稱爲愚。蓋其爲人，智不足而厚有餘。後封共城侯。○方氏曰：「《經》於喪有曰居，有曰執，有曰爲，何也？蓋以身言之則曰居，以禮言之則曰執，以事言之則曰爲。合以言之，其實一也。」○本注人大笑則露齒本，中笑則露齒，微笑則不見齒。

疏衰之喪。本注疏衰，齊衰也。○《喪服注》疏，猶麤也。○本注潔飾所以交神，故非此四祭則不沐浴也。方氏曰：「有祭則不可以不齋戒，齋戒則不可不沐浴。」

喪服四制百官備。本注百官備，謂王侯也。委任百官，不假自言而事得行。故許子病甚，雖有扶病之杖亦不能起，故又須人扶乃起也。大夫、士既無百官，百物須己言而後喪事乃行，故不許。極病，所以杖而起，不用扶也。庶人卑無人可使，但身自執事，不可許。病，故有杖不用，但面有塵垢之容而已。

致賻奠狀

致賻奠狀。《溟義》狀，貌也。以貌寫情於紙墨也。具位姓某。按發書者之位與姓名也。下具位姓某亦同。歆納。《詩注》神食氣曰「歆」。姓某謹封。《翰墨》於書背上孤子姓名號疏，或哀疏，並無謹封字。蓋面爲陽吉，背爲陽凶。

附注面簽。《四聲通解》簽書文字押署也。○按面簽未詳，《丘儀》名紙幼少，於尊丈用之。用白紙一半幅，楷書其上，曰「侍生姓某再拜」，名帖適以下用之。用箋紙一小片書其上，曰「某拜」。所謂面簽或如此否。

謝狀

謝狀具位姓某。按具位，若子姪發書則自稱，見下「答人慰疏」條。○《丘儀》擬祖父母、父母亡，謝人吊賻會葬，不行躬謝疏：某稽顙再拜言，某罪逆深重，不自死滅，禍延先考，母則云先妣，承重則祖父曰先祖考，祖母曰先祖妣。幸而克襄大事，皆賴諸親相助之力。非親戚則曰「諸賢」。既蒙下吊，平交以下曰「臨吊」。又賜賻奠，止有賻則曰「賻儀」，止有奠則曰「祭奠」。逮其送往，又辱寵臨，如不送葬去此二句。感德良深，莫知所報，欲效世俗具衰絰踵門拜謝，奈縲然重服，哀疚在躬，遠離几筵，非獨古無此禮，亦恐賢人君子之不忍見也。故不敢以俗禮上瀆高明，平交以下去「上」字。伏惟尊慈特賜鑒察哀感之至無任下誠，謹此代謝。荒迷不次，謹疏。月日，孤子，母喪稱哀子，俱亡即稱孤哀子，承重者稱孤孫、哀孫。姓名疏上某位座前，謹空，平交以下去此二字。封皮重封並同前。○世俗既葬，親戚、僚友來吊祭賻葬者，其哀子必具衰絰躬造拜之，謂之謝。若有不行者，怪責叢焉。遂使居喪者舍几筵朝夕之奉，縲然衰服，奔走道途，信宿旅次，甚至浹旬經月不歸者，往往有之。此禮行之已久，世俗習以爲常。今擬爲書一通，既襄事後，即命子弟遍奉親朋之來祭葬者，備述所以不躬拜謝之故，待釋服後行之，謹録于此以備采取。某親。附録稱呼類：父本族。祖父母：公公某官尊前，無官封者不必稱，婆婆某封尊前，或媽媽；自稱：孫、小孫。稱人：令祖、令大父、令祖母；答稱：家祖、大父、祖母。伯叔祖父母：伯公、叔公、伯婆、叔婆尊前；自稱：姪孫，從則稱從孫，族則稱族孫。稱人：令伯祖、令叔祖、令伯祖母、令叔祖母；答稱：伯祖、叔祖，或稱家伯祖、家叔祖，伯祖母、叔祖母。父母：爹爹某官尊前，媽媽某封尊前，或孃孃；自稱：男，女子自稱阿奴，男婦自稱媳婦。稱人：令尊丈、令府丈、令親；答稱：家父大人，老母老親；俗稱：父親、母親。伯叔父母：第幾叔父某官，第幾叔母某封尊前，伯同；自稱：姪，從則稱從姪，或稱從子，族則稱族姪。稱人：令伯父、令叔父、令伯母、叔母；答稱：家伯、家叔，伯母、叔母。兄：幾哥兄長某官尊右，從兄、族兄同；自稱：弟或稱小弟，從稱從弟，族稱族弟。兄之妻：家嫂、嫂氏；自稱。稱人：令兄、令昆、令嫂；答稱：家兄、家嫂、嫂氏。弟：幾郎賢弟，從弟、族弟同；自稱：兄，或稱卑兄，從稱從兄，族稱族兄。弟之妻：幾嫂；自稱。稱人：令弟王季，令弟婦；答稱：舍弟、弟婦。子：稱其名，或稱位第；自稱：父母；或稱：老父、老母。子之婦：幾嫂，從族子婦同；自稱。稱人：令姒、令郎、令器、賢家婦；答稱：頑子、小兒、豚犬子舍、長婦。從子：即姪，幾郎賢姪，族子同；自稱：伯則稱伯，叔則稱叔。稱人：令姪；答稱：姪子。孫：稱其名，從族孫同，或位弟；自稱：祖、翁，伯祖、叔祖，伯公、叔公。孫婦：幾嫂；自稱。稱人：令孫、蘭玉、令孫婦；答稱：小孫、孫子、孫婦。○姑姊妹女子適人之族。祖姑：姑婆某封尊前；自稱：姪孫。稱人：令姑婆；答稱：祖姑、家祖姑。姑：幾姑某封尊前，父之姊曰伯姑，妹曰叔姑；自稱：姪。稱人：令姑；答稱：家姑、舍姑。姑之夫：第幾姑夫某官尊前；自稱：內姪。稱人：令姑夫；答稱：舍姑夫。姑之子：兄則稱第幾表兄某官，弟則稱第幾表弟某官；自稱：弟則稱表弟、表末，兄則稱表兄、忝表。稱人：令表兄、令表弟。姑之舅姑：親家太翁、親家太婆；自稱：忝眷。姊：幾姊某封尊右；自稱：小弟、弟，女則稱妹、女弟。妹：幾妹某封，或稱賢妹；自稱：兄，女則稱女兄。稱人：令姊、令女兄、令妹；答稱：女兄、家姊、舍妹。姊之夫：第幾姊夫某官尊右」，自稱：內弟。妹之夫：第幾妹夫某官」，自稱：內弟」，或稱：眷末、忝眷。稱人：令姊夫、令妹夫。姊妹之舅姑：親家丈、親家母，亦曰姻家」，自稱：忝眷。姊妹之子：第幾賢甥某官」，自稱：舅，姊之子則稱叔舅，妹之子則稱伯舅。稱人：令甥」，答稱：甥子，亦曰小甥。女子與男子同，孫或稱幾姐」，自稱：父，祖父，母，祖母。稱人：令愛、令女孫」，答稱小女、小女孫。女之夫：第幾賢婿某官，或稱賢親」，自稱：外舅、姻末。稱人：令女婿、貴客、令東床，俗稱令坦」，答稱：女夫、子婿、半子。女之子：幾孫」，自稱：外公。稱人：賢甥、令甥、宅相，答稱：外孫、甥子。女之舅姑：尊親家丈、尊親家母」，自稱：忝眷、忝戚。稱人：令親家幾丈」，答稱：姻家。○母族。母之父母：外祖父某官，外祖母某封尊前，外公、外婆」，自稱：外孫。稱人：令外祖父、令外祖母」，答稱：外祖父、外祖母。母之兄弟：尊舅某官尊前，其妻曰尊妗某封尊前」，自稱：甥。稱人：令舅、令妗」，答稱：舅氏，或稱家舅、妗氏。母之姊妹：幾姨某封尊前，俗稱姨嫣，其夫曰幾姨夫」，自稱：甥子。稱人：令姨、令姨夫」，答稱：姨氏、姨夫。母兄弟之子：長曰表兄，幼曰表弟」，答稱：表兄、表弟。母姊妹之子：同母兄弟之子」，自稱：同上。母兄弟之孫：表姪，從則曰表從姪」，自稱：忝表，或稱表末。○妻之父族。妻之父母：外舅某官尊前，外妗某封尊前」，自稱：子婿、女婿。稱人：令外舅，俗稱令岳丈，令外妗，俗稱令岳母」，答稱：妻父、妻母。妻之叔伯母：俗稱尊伯丈、尊叔丈、伯丈母、叔丈母」，自稱：姪婿，妻族內外皆可稱門婿。稱人：盛親幾丈」，答稱：妻伯、妻叔、妻伯母、妻叔母。妻之兄弟：內舅某官」，自稱：內兄、內弟。稱人：令舅」，答稱：妻兄、妻弟。妻之姊妹：姨」，自稱。妻姊妹之夫：姨夫」，自稱：友婿、連襟。稱人：令姨、令姨夫、連袂」，答稱：妻女兄、姨夫、妻妹。妻兄弟姊妹之子：表姪」，自稱：姑夫。稱人：令表姪」，答稱妻姪。

慰人父母亡疏

慰人父母亡疏。頓首。《大全》《周禮・大祝・九操》辨二曰「頓首」。注：拜，頭叩地也。疏：先以兩手拱至地，乃頭至手，而又引頭即舉也。叩地謂若以首叩物，然此平敵自相拜。家臣於大夫及凡自敵者，皆當從頓首之拜也。《記》疏曰：「頭叩地，不停留地也。」又曰：「諸侯相拜則然。」再拜言。《語類》問：「今人書簡，未嘗拜而言拜，未嘗瞻仰而言瞻仰，如何？」曰：「瞻仰字去之無害，但拜字承用之久，若遽除去，恐未免譏罵。前輩只云某啓，啓是開白之義，法帖中有頓首，韓文中有再拜，其來已久。」先某位。《注》母則先某封。《語類》問：「妾母之稱。」曰：「恐也只得稱母，他無可稱。在《經》只得云『妾母』，不然無以别於他母也。」又問：「吊人妾母之死合稱云？」何曰：「恐也只得隨其子平日所稱而稱之。」或口五峰稱妾母爲「少母」，南軒亦然，據《爾雅》亦有「小姑」之文，五峰想是本此。伏惟。《注》緬。《韵會》微究切，遠也。旬朔。《注》襄奉。《左傳》葬定公，雨，不克襄事。《注》襄，成也。𩟄粥。《韵會》𩟄，饘同，諸延切。《檀弓疏》厚曰「𩟄」，稀曰「粥」。下誠。《注》悲係。《韵會》係，胡計切，聯絡也。不備。《翰墨》上宰相恩官及父母師長前用之不宣，官俗平交用之，不具不悉不一，以尊達卑用之。具位。《注》郡望。退溪曰：「猶言本鄉。」大孝。《翰墨》《易》曰：「大哉乾元。故父亡曰大孝，至哉坤元，故母亡曰至孝。」大孝。《注》苫前。《翰墨》既葬則不可用之，蓋苫由設於廬，葬之夕，廬即除矣。

附注 裴儀《裴氏書儀》劉儀《劉氏書儀》

父母亡答人慰疏

父母亡答人慰疏。稽顙。稽顙已見上「哭奠乃吊」條。

附注 泣血。《檀弓》高子皋泣血三年。《疏》人涕淚必因悲聲而出，血出則不由聲也。子皋悲無聲，其涕亦出，如血之出，故云泣血。

荒迷不次。《翰墨》凡居五服之喪，《書》疏皆稱不次。不次者，謂哀痛言語無次序也。或吊他人亦言不次者，蓋悼亡者故也。其或具慶下不可稱也。孤子。《丘儀》按《禮》，喪稱哀子、哀孫，祭稱孝子、孝孫，而《書儀》於父亡則稱孤子，母亡則稱哀子，父母俱亡則稱孤哀子，不知何所據也？凡《禮》中所言孤子，如當室及不純采之類，皆謂已孤之子，非謂所自稱也。而鄭氏《禮注》亦云：「三十以下無父稱孤，明三十以上不得爲孤也。」今既行古禮，父母喪俱宜稱哀子，然世俗相承已久，恐卒難變，或欲隨俗亦可。某位。《注》座前。《因話録》閤下降殿下一等，座前降几前一等。謹空。華使許國曰：「謹空，如左素左地餘白之類。」魏時亮曰空，即白字意也。○或云謹空，如謹空其紙尾以待教之言恭敬之辭；或云謹空，如謹不備之意，謹空其紙不敢盡書云，未知孰是。

哽，《韵會》古杏切，咽塞也。又哽咽悲塞也。○翰墨《求挽詩劄子》：某泣血控告，伏念某罪逆不孝，禍延先考，號天哭地，無所赴愬。重唯先考受知聖朝，致身從列，平生歟歷，中外皆知。今將襄奉，欲得名世鴻筆，發揮幽潛，以授挽者，輒敢稽顙百拜，奉壙志以請，仰丐台慈特矜允，存没均受大賜，僭易皇恐，伏乞台察。○某等不孝忍死，先君襄奉，銜哀茹苦，擬于大手，賁以邊蕭之章，倘蒙矜允，則存没均被華衮之榮，行實呈台察。○復書某伏承貶翰示先丈行實，以挽章猥賜垂喻，極荷不鄙。先丈某官，清名偉節照暎一世，夫豈愚庸所能發揚其萬一耶？復牽課以塞嚴命，兹審窀穸已遂吉卜，某偶以卧病不能預挽紼之列，引領東望，殊用悽愴，匆匆占報，伏乞台察。○某不意變故，大宜人奄棄奉養，日月如流，遽至成服，致力襄事，承需挽詩。顧鄙語不足以相哀紼，荷意之勤，敢不勉奉。

家禮輯覽卷之十

祭禮

祭禮。《語類》謨問：「聖人凡言鬼神，皆只是以理之屈伸者言也。」《祭義》宰我曰：「吾聞鬼神之名，不知其所謂。」孔子曰：「神也者，氣之盛也。魄也者，鬼之盛也。」又曰：「衆生必死，死必歸土，是之謂鬼。」骨肉斃于下陰去聲爲野土，其氣發揚于上爲昭明，焄蒿悽愴，百物之精神之著也。魄既歸土，此則不問其曰氣、曰精、曰昭明，又似有物矣。既只是理，則安得有所謂氣與昭明者哉？及觀《禮運》論祭祀則曰「以嘉魂魄，是謂合莫」，注謂「莫，無也」。又自上通無莫此説，又似與《祭義》不合，曰：「如子所論是，無鬼神也。鬼神固是以理言，然亦不可謂無氣。所以先王祭祀或以燔燎，或以鬱鬯，以其有氣，故以類求之耳。」○《廣》問：「昭明、焄蒿、悽愴之義如何？」曰：「此言鬼神之氣所以感觸人者，昭明乃光景之屬，焄蒿氣之感觸人者，悽愴如《漢書》所謂神君至其風颯然之意。」問：「《中庸·或問》取鄭氏説，云口鼻之嘘吸者爲魂，耳目之精明者爲魄，先生謂此蓋指血氣之類言之。口鼻之嘘吸是以氣言之耳，目之精明是以血言之，目之精明以血言可也，耳之精明何故亦以血言？」曰：「醫家以耳屬腎，精血盛則聽聰，精血耗則耳聵矣。氣爲魂，血爲魄。故骨肉歸于地陰爲野土。若夫魂氣則無不之也。」《廣》云：今愚民於村落杜撰立一神祠，合衆以禱之，其神便靈。曰：「可知衆心之所輻輳處便自暖，故便有一個靈底道理，所以祭神多用血肉者，蓋要得籍他之生氣耳。聞蜀中灌口廟一年嘗殺數萬頭羊，州府亦賴此一項稅羊錢用。又如古人釁鍾釁龜之意，皆是如此。《廣》云人心聚處便有神，故亦古人郊則天神格，廟則人鬼享，亦是此理。」曰：「固是，但古人之意正，故其神亦正。後世人心先不正了，故所感無由得正。因言古人祭山川只是設壇位以祭之，祭時便有祭了，便無故不褻瀆。後世却先立個廟，貌如此所以反致惑亂人心，倖求非望，無所不至。」○《大全》吳伯豐問：「人物在天地間，其生生不窮者，固理也。其聚而生，散而死者，氣也。有是理則有是氣，氣聚於此則其理亦命於此。今所謂氣者，已化而無有矣。則所謂理者，抑何寓耶？然吾之此身即祖考之遺體，祖考之所具以爲祖考者，蓋具於我而未嘗亡也。其魂升魄降，雖已化而無，然理之根於彼者，既無止息，氣之具於我者，復無間斷。吾能致精竭誠而求此氣，既純一而無所雜，則此理自昭著而不可掩，此其苗脉之較然可覩者也。」曰：「人之氣傳於子孫，猶木之氣傳於實也。此實之傳不泯，則其生木雖枯點無餘，而氣之在此者，猶自若也。此等處但就實事上推之，反覆玩味，自見意味。」○《語類》陳後之問：「祖宗是天地間一統氣，因子孫祭享而聚散否？」曰：「這便是上蔡所謂若要有時便有，若要無時便無，皆由乎人矣。鬼神是本有底物事，祖宗亦只是同此一氣。但有個總腦，處子孫這身在此，祖宗之氣便在此。他是有個血脉貫通，所以神不歆非類，民不祀非族。只爲這氣不相關。如天子祭天地，諸侯祭山川，大夫祭五祀，雖不是我祖宗，然天子者天地之主，諸侯者山川之主，大夫者五祀之主。我主得他氣，又總統在我身上。如此便有個相關處。」○汪德輔問：「祖考精神便是自家精神。故齋戒祭祀，則祖考來格，若祭旁親及子，亦一氣，猶可推也。至於祭妻及外親，則其精神非親之精神矣。豈於此但以心感之而不以氣乎？」曰：「但所祭者，其精神魂魄無不感通，蓋本從一源中流出，初無間隔，雖天地、山川、鬼神亦然也。」○

《祭統》祭者所以追養繼孝也。《注》追其不及之養，而繼其未盡之孝也。○程子曰：「冠、昏、喪、祭禮之大者，今人都不理會。豺獺皆知報本，今士大夫家多忽此。厚於奉養而薄於先祖，甚不可也。某嘗修《六禮》，家必有廟，廟必有主，月朔必薦新，時祭用仲月，冬至祭始祖，立春祭先祖，季秋祭禰，忌日遷，主祭於正寢。」陳氏曰：「月朔，一月之始。四時，天道之變。冬至，陽生之始。立春，物生之始。季秋，成物之始。忌日，親之死日。君子於此必有悽愴怵惕之心，故因之而行追遠之禮。」朱子曰：「始祖之祭似國之禘，先祖之祭似祫，古無此。伊川以義起某，當初起祭，後來覺得僭，今不敢祭也。」○《周官·制度》先王制禮必象天道。故月祭象月，時祭象時，三年之祫、五年之禘象閏。○《丘儀》《禮器》：「君親制祭，夫人薦盎。君親割牲，夫人薦酒。」此雖諸侯之禮，由此而推，則士庶之家亦必夫婦親之可知矣。《内則》：「女子觀於祭祀，納酒醬、籩豆、菹醢，禮相助奠。」言女子，則某嫁人躬親爲之可知矣。○《文獻通考》古者宗廟九獻，王及后各四，諸臣一。自漢以來爲三獻，后無。入廟之事，相循至今。○陳氏《禮書》七禮主人、主婦、賓三獻，又加爵三。長兄弟賓長利獻之也。下大夫，主人、主婦、賓又獻，又加爵二，賓長利獻之也。上大夫，特主人、主婦、賓三獻而已。蓋士與下大夫無賓尸，故自加爵。上大夫有賓尸，故無加爵。士之飲禮，止於一獻，而祭有三獻者，攝盛也。士加爵三，而下大夫加爵二者，降也。○《祭義》仲尼嘗，奉薦而進，其親也慤，其行也趍趍促以數。已祭，子贛問曰：「子之言祭也，濟濟漆漆切然。今子之祭，無濟濟漆漆，何也？」子曰：「夫言，豈一端而已？夫各有所當去聲。」《注》嘗，秋祭也。慤，謹貌。趍趍，讀爲促促，行步迫狹也。數，舉足頻也。濟濟者衆，盛之容也。漆漆者專，致之容也。各有所當，言各有所主。謂濟濟、漆漆，乃宗廟中賓客之容，非主人之容也。主人之事親，宜慤而趍數也。○《語類》先生家祭享不用紙錢。凡遇四仲時祭，隔日滌倚卓，嚴辦。次日侵晨，已行事畢。○桂陽易氏曰：祭所以報本追遠，最有家之急務，但儀節未免太繁，且如祭酒乃飲食必祭之説，因死者不能祭而代之，只於初獻行之可也，今則每次皆祭，至於闔門噫歆，啓門嘏辭利成，尤不勝其瑣碎焉。嗚呼！人之於禮多則憚於行，久則懈於後，大抵然也。昔孔子謂禘自既灌而往，猶不足觀，況奠獻已畢，又少休食，頃而復行禮，寧保其無懈怠耶？古禮之不作，良有以也。或者不然，以爲古人於禮不虚設而羊存，猶得以識之，殊不知禮之損益與時宜之。今朝廷頒降《祭神儀説》，自迎神、送神、奠獻之外無他儀，何獨祭先繁縟如彼？且祭主於敬，敬苟至焉，雖舉一觴一酹亦自感格，否則終日跪拜，徒爲虚勞。昔延平李先生云：「而今禮文覺繁多，使人難行，必是裁之方始行得。」此言最當。好古君子當自知之。○《語類》古禮於今實是難行。竊謂後世有大聖人者，作與他整理一過，令人蘇醒，必不一一如古人之繁，但倣古人大意，簡而易行耳。問：「《祭禮》，古今事體不同，行之多窒礙，如何？」曰：「有何難行？但以誠敬爲主，其他儀則隨家豐約，如一羹一飯，皆可自盡其誠。」○自吊魂、復魄、立重、設主便是，常要接續他些子精神在這裏。又曰：「聖人教人子孫常祭祀，要聚得他。」○《尚書大傳》祭之爲言，察也。察者，至也。人事至然後祭。○《中庸》夫微之顯，誠之不可掩，如是夫。延平李氏曰：「於承祭祀時，鬼神之理昭然易見。」○頤庵曰：「甚矣！時俗之怵於疫疾也。夫瘡疹者，大有毒熱之病也，小兒遇之宜多難保，且凡血氣之盛者，必有變動。又小兒例有一月一度變蒸之侯，而氣運相激，或視異狀，則昧者疑有鬼神之使作，巫覡因之恣爲恐嚇，而最所禁忌者，祭祀也。牲牢香火諱不敢言，其或凶則咎人之有失，吉則謂神之有德，祈禱無效而不悟也。吁！寡婦孀家之惑難解，而孤兒弱子諫不行，固也。至於家長稍有知者，亦以爲婦人難可與曉喻，俗習不須爲崖異，置不矯正，付之悠悠，廢祭停薦，過時經歲，亦狃而安焉。古者廢祭則吊今也，將祭則駭異哉。一人行疫，一家被拘，一門信鬼，一鄉持戒，馴至於舉世靡然，誰能力挽其頽波乎？矧又疾病之間，祈卜並興，亦以祭祀爲大禁。嗟呼！人於疾痛則必呼父母，憂患則必聚族而謀之，此愚智之所同知也。然則凡有病患，當先告祠堂以求先祖之陰佑，而徒事乎非鬼，何耶？嗚呼！報本追遠，人道之大者也。灾厄之來，未必非廢祭之因，而顧不知悔罪致誠，修祀復禮，惟憑巫覡，覬回天命，灾愈集而惑愈甚，終至於身殞而家敗，尤可哀也。」按宋公之説似有補於風化，故姑録于此。○《曾子問》大夫之祭，鼎俎既陳，籩豆既設，不得成禮，廢者幾？孔子曰：「九。天子崩、后之喪、君薨、夫人之喪、君之大廟火、日食、三年之喪、齊衰、大功，皆廢。外喪，自齊衰以下行也。其齊衰之祭也，尸入，三飯，不侑，酳不酢而已矣。大功，酢而已矣。小功、緦，室中之事而已矣。士之所以異者，緦不祭；所祭於死者無服，則祭。」《注》士卑於大夫，雖緦服亦不祭，所祭於死者，無服，謂如妻之父母、母之兄弟姊妹，己雖有服，而己所祭者與之無服，則可祭也。○孔子曰：「君子過時不祭，禮也。」《注》如四時之祭。當春祭時，或以事故阻廢，至夏，則惟行夏時之祭，不復追補春祭矣。故過時不祭，禮之常也。惟禘祫大事，則不然。○《曾子問》「宗子爲士，庶子爲大夫，其祭也如之何？」孔子曰：「以上牲祭於宗子之家。祝曰：孝子某爲去聲介子某薦其常事。」《注》士，特牲。大夫，少牢。上牲，少牢也。庶子既爲大夫，當用上牲。然必往就宗子家，而祭者以廟在宗子家也。孝子，宗子也。介子，庶子也。張子曰：「宗子爲士，立二廟。支子爲大夫，當立三廟。是曾祖之廟爲大夫立，不爲宗子立矣。然不可二宗別統，故其廟亦立於宗子之家。所謂以上牲祭於宗子之家者也。祖考皆然，非惟爲士，直爲庶人亦然。」○若宗子有罪，居於他國，庶子爲大夫，其祭也，祝曰：孝子某使介子某執其常事。攝主不厭祭，不旅，不假，不綏祭，不配。不歸肉。《注》介子，非當主祭者，故謂之攝主不配者。祭禮初行，尸未入之時，祝告神曰：「孝孫某，來日丁亥，用薦歲事于皇祖伯某，以某妃配。今攝主不敢備禮，但言薦歲事于皇祖伯某，不言以某妃配也。」不綏祭者，綏當作隋，減毀之名也。主人減黍、稷、牢肉而祭，尸則取菹及黍、稷、肺而祭。不假者，假當作嘏，福慶之辭也。尸十一飯訖，主人酳尸，尸酢主人畢，命祝嘏于主人，曰云云。今亦以避正主，故不嘏也。不旅，不旅酬也。不厭祭者，厭是厭飫之意，謂神之歆享也。若宗子主祭，則凡助祭之賓，各歸之以俎肉。今攝主，故不歸俎肉於賓也。○《曾子問》「宗子去在他國，庶子無爵而居者，可以祭乎？」孔子曰：「祭哉！」問：「其祭如之何？」孔子曰：「望墓而爲壇，以時祭。若宗子死，告於墓，而後祭於家。宗子死，稱名不言孝，身没而已。」注：宗子無罪而去國，則廟主隨行矣。若有罪去國，廟雖存，庶子卑賤無爵，不得於廟行祭。但當祭之時，即望廟爲壇以祭也。若宗子死，則庶子告於墓，而後祭於其家，亦不敢稱孝子某，但稱子某而已。又非有爵者稱介子某之比也。身没而已者。庶子身死，其子則庶子之適子，祭禰之時可稱孝也。○《語類》上谷郡君謂伊川曰：「今日爲我祀父母，明日不復祀矣。」是亦祭其外家也，然無禮經。按《二程全書》「明日」作「明年」。○堯卿問：「荆婦有所生母在家間養，百歲後只歸祔於外氏之塋，如何？」曰：「亦可。」又問：「神主歸於婦家，則婦家陵替，欲祀於別室，如何？」曰：「不便。」北人風俗如此。○本朝《大典》外祖父母及妻父母無主祭者，當於正旦、端午、仲秋及各忌日，用俗儀祭之。○《曲禮》非其祈祭而祭之，名曰「淫祀」。淫祀無福。《注》非所祭而祭之，如法不得祭，與不當祭而祭之。淫，過也。以過事神，神弗享也。故無福。

四時祭

四時祭。《公羊傳》亟則黷，黷則不敬。君子行祭也，敬而不黷。疏則怠，怠則忘。士不及茲四者，則冬不裘，夏不葛。《注》禮本爲士制，茲四者謂四時祭也。士有公事而不及此四時祭者，則不敢着葛衣裘，蓋思念親之祭也。○吴澂曰：「天道三月一小變，而爲一時。未及三月而又祭，則祭期太促密，疑若煩縟而媟瀆。已過三月而不祭，則祭期太闊遠，疑若怠慢而不思其親。天道一歲有四時，故君子之祭，取法于天道。一時一祭，一歲通有四祭，是謂不數不疏，而得其中，合於天道。三月爲一時之節也。」

附注《王制》、《禮記》篇名。○本疏《王制》之作在秦漢之際，盧植云文帝令博士諸生作。無田則薦。本注 薦以時物而已，祭則備庶物焉。備庶物則其禮爲盛，非有田者不足以共之也。大夫士而有無田者，謂諸侯之大夫、士而已。大夫無田且不祭，而庶人得祭於寢者，祭於寢，其禮略而易備故也，且通而言之。薦之於神，亦可謂之祭也。○《丘儀》按後世，非世富貴者，不復有祭田。苟有禄食及財産者，皆當隨時致祭，不可拘田之有無也。何休，《漢書》字邵公，靈帝時陳蕃辟爲議郎。以《春秋》駁漢事百餘條，妙得《公羊》本旨。特豚《士昏禮注》特豚，猶一豚也。春薦韭。止稻以雁。《王制》○《韵會》韭，已有切，菜名，種而久者。○本注 韭之性温，則陽類也，故以配卵。卵，陰物故也。麥與黍皆南方之穀，亦陽類也，故配以魚與豚。魚與豚皆陰物也。稻爲西方之穀，則陰類也，故配以雁。雁，陽物故也。植物之陽者，配以動物之陰。植物之陰者，配以動物之陽。亦使陽不勝陰，陰不勝陽而已。庶羞不踰牲。《王制》本注 庶羞常薦而踰牲嫌於備物。

用仲月。《王制》注：祭以首時，薦以仲月。今國家唯享大廟用孟月。自周六廟濮王廟皆用仲月，以此私家不敢用孟月。**前旬卜日**。程氏《祀先儀注》祭祀日期就仲月内選。日或用春分、夏至、秋分、冬至亦可。○晦齋曰：「按《家禮》卜日之儀，上旬、中旬之日不吉，則直用下旬之日告于祠堂。若至於是日，或有疾病事故而不得行祭，則不能無祭，不及時之慮。今依《程氏儀注》，擇日行之，或用二分、二至爲便。」○《語類》問：「時祭用仲月、清明之類，或是先世忌日，則如之何？」曰：「却不思量到此，古人所以貴於卜日也。」《注》諏義見下「卜筮」條。

附注 孟詵，《唐鑑》汝州人，仕至同州刺史。神龍初致仕。用二至二分。《左傳》分，春秋分。至，夏冬至。○《丘儀》若止用分至，宜先於前一月，主人詣祠堂告。時至事暇可以祭則卜筮《特牲饋食禮》特牲饋食之禮，不諏(子須反)。注 諏，謀也。士賤職褻，時至事暇可以祭，則筮其日矣。不如少牢，大夫先與有司於廟門諏丁巳之日。疏 時至事暇可以祭者，若祭時至，有事不得暇，則不可以私廢公故也。若大夫已上尊，時至，唯有喪故不祭，自餘吉事皆不廢祭，若有公事及病，使人攝祭。故《論語》孔子云：「吾不與祭。」注：「孔子或出或病，不自親祭，使攝者爲之，不致肅敬，於心與不祭同。」是大夫有病，故皆得使人攝祭。按《公羊傳》：「春曰祠，夏曰礿，秋曰嘗，冬曰烝。士不及茲四者，則冬不裘，夏不葛。」何休云：禮本爲士制四者，士有公事，不得及茲四時祭者，則不敢美其衣服。若然，則士不可不得祭，又不得使人攝，可知。

齋戒。《祭統》齊之爲言齊也。齊不齊，以致齊者也。是故君子非有大事，非有恭敬也，則不齊。不齊則於物無防也，嗜慾無止也。及其將齊也，防其邪物，訖其嗜欲，耳不聽樂。故《記》曰：「齊者不樂。」言不敢散其志也。心不苟慮，必依於道，手足不苟動，必依於禮。是故君子之齊也，專致其精明之德也。故散齊七日以定之，致齊三日以齊之。定之之謂齊。齊者精明之至也，然後可以交於神明也。○《祭儀》致齊於內，散齊於外。注：齊於內所以慎其心，齊於外所以防其物。散齊若所謂不飲酒、不茹葷之類。齊三日，則致齊而已。必致齊然後見其所爲。齊者，思之至故也。○《程氏祭禮》散齊二日，致齊一日。○頤庵曰：五禮，儀祭享誓戒之目，有曰不縱酒，不與穢惡事。而《大明會典》則更深一節，曰：不飲酒，不與妻妾同處。蓋高皇帝熟諳俗習之放失，曲爲之防耳。又前朝之法於私家祭祀齊戒條有四：不許騎馬出入接待賓客，違者科罪，云云。今之人士多嗤。前朝之於禮法爲疏略若此等處，果如何耶？余見世俗於祭前一日，雖不出入，親朋萃至，則博奕開酌，終日歡謔，是尚可謂之齊戒乎？大凡酒之爲害，最能迷亂人情，齊時常禁此爲第一。況復接客則多闕於所應檢理者矣。非唯不可不謝絕，實是不得不謝絕也。凡吾子孫每當致齊，一切謝客。如非老病服藥切勿飲酒，以專檢理，以一思慮，其違者以不祭論之可也。○又曰：凡祭祀齊戒之日，不過曰不縱酒、不茹葷、不吊喪問疾、不聽樂、不行刑、不預穢惡事，而其爲前期，大則三日，小則一日，如斯而已矣。今俗昧求於本原而致曲於末務，或前期七日或八日便戒，或有婢僕解産於外廊，有猫犬殞斃於藩墻，或有奴隸乍涉喪家門巷而回便爲之犯染，謬矣。苟耳目之不逮及，雖隔一壁，無所動情。苟心神之不收斂，則雖處一室，未免坐馳千思萬想，凶穢淫慝，何所不至哉？況人倫在世，事故多端，慶吊歌哭皆不可廢。又如從仕之身，則夙夜于公不敢顧私，國家令式時祭，忌祭給暇並止二日或一日尚可望三日外哉。故司馬温公有時至事暇不必卜日之説。韓魏公之祭只齊一日者，以此也。若欲如俗所爲，則須連旬月盡廢人事方可，豈容行得。○問：「時祭、忌祭俱是祭先也，而齊戒則有三日、一日之異者，何也？」曰：「按《開元禮·齋戒》注：凡大祀，散齊四日，中祀三日，小祀二日。致齊，大祀三日，中祀二日，小祀一日。以此觀之，祭有大小，而齊戒之日亦隨而有異也。」《注》茹葷《韵書》食菜曰「茹」汝，葷熏葱、蒜及一切臭菜也。又葱蒜魚肉之臭，皆曰葷。

○《莊子》顔回家貧，不茹葷數月矣。

附注《祭義》，《禮記》篇名。**思其所樂。**《韵會》樂，魚交切，好也。本注五其字及所爲，皆指親而言。○程子曰：「此孝子平日思親之心，非齊也。齊，不容有思，有思非齊。齊者，湛然純一方能與鬼神接。」○晦齋曰：「按程子之説，有異於《祭義》之意。蓋孝子平日思親之心固無所不至，至於將祭而齊，其追慕之心益切，安得不思其居處、言笑、志意、樂嗜乎？然此乃散齊之日所爲也。至於致齊日，則湛在純一，專致其精明之德，乃可交於神明。」

設位。《集説》地寬則各用一倚一卓，而并合之，地狹則用一橙一卓，而考妣二位共之。○《語類》問：「生時男女異席，祭祀亦合異席。今夫婦同席，如何？」曰：「夫婦同牢而食。」○《補注》按本注「設位」之次，愚未敢以爲然。蓋神主在四龕中，以西爲上，以東西分昭穆也。至於出主在堂或於正寢，惟高祖考妣南向，其餘曾祖考以下皆東向，曾祖妣以下皆西向祔主，高祖兄弟祔于高祖左右，亦南向，曾祖以下兄弟祔于曾祖，以下皆東向，其妣祔於高祖北，南向，祔曾祖妣以下皆西向。卑幼男女祔位則在兩序，以上下分昭穆也。蓋繼高宗子則爲高廟，故高祖考妣得居正位。繼曾宗子則爲曾廟，故曾祖考妣得居正位。繼祖宗子則爲祖廟，故祖考妣得居正位。繼禰宗子則爲禰廟，故考妣得居正位。非正位者當側而祔，祭者亦無爲一例，當祔正位者亦正位，當祔側位者亦側位。如天子諸侯太廟祫祭，惟太祖東向自如，其餘在南北牖下，亦南北向，此自然之理也。○按《家禮》非不知昭穆之爲正禮，而姑因時制而爲之節目耳。朱子嘗曰：古者宗廟之制，今日雖未及議，尚期興復之後還反舊都，則述神宗之志，而一新之以正千載之繆，成一王之法，使昭穆有序，而祫享之禮行於室中，則又善之大者也。據此則《補注》之説恐是輕加論議也。《注》蠲《韵會》蠲，圭玄切，潔也，除也。**祔位皆於東序或兩序。**《集説》問：「祔位若兩序相向而設，其中亦有未安者。且如祖之兄弟，乃我父之伯叔，當祭之時，姪則南面而享，伯叔則坐兩旁，亦自未安。」曰：若依祠堂内排位，各祔本龕以祭方安。又恐人家廳事狹隘，施設饌卓不下，莫若只祔東序皆西向者爲善。○《語類》問：「無後祔祭之位。」曰：「古人於東西廂。今人家無東西廂，某家只位於堂之兩邊，正位，三獻畢，使人分獻一酌。如今學中從祀然。」束茅聚沙。《集説》問：「束茅聚沙，是聚沙於地，擁注茅束否？」曰：「然。」曰：「用茅，何義也？」曰：程子曰：「古者灌以降神，故用茅縮酌。《郊特牲》注：縮酌用茅，謂醴。濁用茅以泲之也。」曰：「今俗用茅三束，盤載以酹，何歟？」曰：「程子謂降神酹酒，必澆於地，《家禮》亦同，但與代祭澆酒多寡不同耳，未聞有盤也。至劉氏《補注》『祭初祖』條，始有茅盤。用甆匾盂廣一尺，或黑漆小盤，截茅八寸餘作束。束以紅，立于盤内。劉必有考，但其不注於時祭各條，又恐止宜初祖，不敢據也。莫如降神則澆於地，代祭則澆於盤，未知可否？」曰：「茅用一束，或用三束，何也？」曰：「按初獻條注『用酒三祭于茅束上』，三祭者，三滴酒于茅上，非三束茅也，豈誤其數歟。近見他書每位一獻用酒三盞者，尤非也。後人有考并改正焉。」又曰：「祔位不設。」○《周禮注》必用茅者，謂其體順理柔直而潔白，承祭祀之德，當如此也。○《補注》按：本注「束茅聚沙」，在香案前地下所以降神酹酒，及逐位前地上所以初獻祭酒也。匕《韵會》補履切，所以用取飯。《廣韵》匕，匙。按疑 匙字之訛，下「受胙」條「取匙」之文可見矣。

附注 雖七廟五廟，止以至祭寢。《王制》天子七廟，三昭三穆，與太祖之廟而七。諸侯五廟，二昭二穆，與太祖之廟而五。大夫三廟，一昭一穆，與太祖之廟而三。士一廟，庶人祭於寢。《注》士止及禰却於禰廟併祭祖，天子七廟，諸侯、大夫、士降殺以兩，大抵士無太祖而皆及其祖考也。○朱子曰：「天子太祖百世不遷，一昭一穆爲宗，亦百世不遷。二昭二穆爲四親廟，高祖以上，親盡則毁而遞遷。昭常爲昭，穆常爲穆，諸侯則無二宗，大夫又無二廟，其遷毁之次，則與天子同。」《祭法》，《禮記》篇名。月祭享嘗。《祭法》王立七廟，曰「考廟」，曰「王考廟」，曰「皇考廟」，曰「顯考廟」，曰「祖考廟」，皆月祭之。遠廟爲祧，有二祧，享嘗乃止。《注》始祖百世不遷，而高曾祖禰以親，故此五廟皆每月一祭也。遠廟爲祧，言三昭三穆之當遞遷者，其主藏於二祧也。此不在月祭之例，但得四時祭之耳，故云「享嘗乃止」。干祫。《大傳》大夫士有大事，省於其君，干祫，及其高祖。《注》大事謂祫祭也。大夫二廟，士二廟，一廟不敢私自舉行，必省問於君，而君賜之乃得行焉，而其祫也，亦上及於高祖。干者，自下干上之義，以卑者而行尊者之禮，故謂之干祫。廟無虛主《曾子問》：「古者師行，必以遷廟主行乎？」孔子曰：「天子巡守，以遷廟主行，載于齊車，言必有尊也。今也取七廟之主以行，則失之矣。當七廟、五廟無虛主。」《注》《甘誓》曰：「用命，賞于祖」，則以遷廟主行可知矣。然必以遷廟之主者，以天子之七廟，諸侯之五廟無虛主，故也。廟之有主，猶國之有主也。遊宦貴仕《曲禮》宦學。《注》宦，家臣也，蓋仕爲家臣而未升諸公，蓋亦學爲仕者也，故宦者學爲仕之稱。無所品節所，《大全》作復。奉二主以從。退溪曰：「二主，影與祠版也。」或謂按《大全》作所喻《答劉平甫書》支子自主，止隨宗子而徙。退溪曰：「四時正祭之外，若忌日、俗節等祭，支子亦可祭之。」〇龜峰曰：支子自主之祭，乃繼禰、繼祖等小宗也。即《祠堂》章所謂「祭之次日却令次位子孫自祭」者也。〇按退溪、龜峰之説恐皆不然，愚意此乃班祔神主也。支子之妻及子孫神主班祔於宗家，宗子奉先祖神主而遠去，則其所祔之主，其夫若父若祖，當留而自主其祭，不當隨宗子而遠徙也。弟不立主，只於祭時旋設位。程子曰：「古所謂支子不祭者，惟使宗子立廟主之而已。支子雖不得祭，至於齊戒致其誠意，則與主祭者不異，可與則以身執事，不可與則以物助，但不別立廟爲位行事而已。後世如欲立宗子，當從此義，雖不祭情亦可安。若不立宗子，徒欲廢祭，適長惰慢之志，不若使之祭猶愈於己也。」

具饌。淮海秦氏曰：「禮非天降地出，出於人心而已，合於先王之迹，而不合于人心，君子又以爲禮。夫事死如事生，事亡如事存，古今之情一也。上古之世，生養之未備，居巢而穴處，食草木之實、鳥獸之肉，飲其血而茹其毛，則祭其先也，亦不過薦毛血于中野而已。中古以來，養生之具漸備，範金合土以爲臺榭宮室，以炮，以燔，以烹，以炙，以爲醴酪，夫以備者自奉，而以不備者奉其先，則非人心之所安也。於是始制宗廟之禮，祭祀之儀，其物則天之所生，地之所長，苟有可薦者，莫不咸在，夫豈求勝於上古之世哉。蓋以爲不如是則人心怵焉而不安，此制禮之本意也。」○頤庵曰：「《語類》祭用血肉者，蓋要藉其生氣耳。」又曰：「古者釁龜用牲血，是見龜久不靈，用些生氣者接續也。《史記·龜筴傳》占春，將鷄子就上面開卦，便是將生氣去接他。」又曰：「古人立尸也，是將生人、生氣去接他。又朱子每論時祭、忌日，或用浮屠誦經追薦，是使其先不血食也。以此觀之，祭祀當須用生魚肉。而《家禮》設饌圖所謂魚肉者，正指血腥也。今俗少用血薦，須知朱子所論如是其切至，然後可於祀先之道無欠矣。」劉氏璋曰：「今人祭其先祖未必皆殺牲云，而引司馬温公《祭儀》，有鱠生肉之品，丘氏《儀節》牲或羊，或豕、鷄、鵝、鴨云，今亦雖不能專殺牛猪等肉及肝以爲炙，而肉則生切盛楪，且魚若體大，則截作二三段，盛一段於楪可也。或以鷄鴨可代生肉，蝦蟹可代生魚。而鷄鴨不必全體，當支割分盛，魚之細少者，亦可入用，不必滿尺而後可也。○《擊蒙要訣》用生魚肉。○按《特牲饋食禮注》，祭祀自孰始，曰饋食。饋食者，食道也。《疏》，孝子於親，雖死事之若生，故用生人食道饋之也。又《經》云，烹于門外東方。《注》，烹，煮也。豕、魚、腊以鑊各一爨，以此觀之，頤庵所引朱子説及要訣與饋食説不同，行禮者擇而用之可也。○《丘儀》如天道炎熱可半夜起具之禮，事死如事生，事亡如事存。《家禮》所具之饌，亦非三代以前之禮，只是常時所用耳。今世俗宴會用卓面，且吾先祖平生所用者，若欲從簡用之亦可。今擬每卓用按酒楪五，茶食菜果楪各五，椒鹽醋楪匙筯各一。每一奠之，先進饌一次，如羹米麵食之類，皆預爲之備，臨祭時用。○《集説》有牲則烹，熟爓割薦以大盤。《注》糕《韵會》餻或作糕，居勞切，餈糕，餌也。《周禮注》《方言》，餌謂之糕。串《韵會》作弗，楚限切，燔肉器。昌黎詩 如以肉貫串，注：炙肉串。

附注 臠，《韵會》力轉切，切肉也。膾《内則》膾，春用葱，秋用芥。軒，《内則》牛脩、鹿脯、田豕脯、麋脯、麕脯。麋鹿、田豕、麕皆有軒。《疏》麋鹿、田豕、麕皆有軒者，言此等非但爲脯，又可腥食。腥食之時，皆以藿葉起之而不細切，故云皆有軒。不云牛者，惟可細切爲膾，不宜大切爲軒。鄭氏曰：軒讀爲憲。憲謂藿葉。切肉腥細者爲膾，大者爲軒。《注》：細縷切者爲膾，大片切者爲軒。炒《韵會》炒，煼，通楚絞切。《説文》熬也，方言，火乾也。骨頭。《曲禮》左殽右胾。《注》肉帶骨曰「殽」。糍《四聲通解》餈，粘飯餅，今俗呼「粘糕」。按《韵書》無「糍」字，《家禮》「糍」字恐「粘」字之誤也，又《内則注》：「餈，稻餅也，炊米擣之。」家貧，則隨鄉土所有。《禮器》天不生，地不養，君子不以爲禮，鬼神不饗也。居山以魚鱉爲禮，居澤以鹿豕爲禮，君子謂之不知禮。《注》天不生謂非時之物，地不養如山之魚鱉、澤之鹿豕之類。簠簋籩豆。《論語注》方曰簠，圓曰簋。籩，竹器；豆，木器。

設饌《丘儀》有牲，又於卓前置一卓子，以盛牲俎，無則否。《注》熾炭於爐《丘儀》用以炙肝肉。實水于瓶。《丘儀》用以點茶。

質明奉主就位。陳氏《禮書》《祭義》：夏后氏祭其闇，商人祭其陽，周人祭日以朝及闇。《檀弓》夏后氏大事用昏，商人大事用日中，周人大事用日出。夏尚黑，用昏，故祭其闇。商尚白，用日中，故祭其湯。周尚赤，用日出，故祭以朝及闇。蓋三代正朔之所尚正，則夏以建寅，商以建丑，周以建子，朔，則夏以平旦，商以鷄鳴，周以夜半，是皆夏據其末，商、周探其本，則祭之早晏亦若此也。《少牢》：大夫之祭，宗人請期，曰「旦明行事」。子路祭於季氏質明而始行事，晏朝而退，孔子取之。此周禮也。然禮與其失於晏也，寧早，則周雖未明之時，祭之可也。

《注》主人前導，主婦從後。晦齋曰：「按程氏《祭禮》，主祭者盥帨詣祠堂，奉諸位神主置于盤，令子弟各一人奉至祭所，主婦以下不詣。」

附注 灌用鬱鬯。《郊特牲注》用人尚氣臭而祭必先求諸陰，故牲之未殺，先酌鬯酒灌地以求神以鬯之有芳氣也，故曰「灌用鬯」。臭，又擣鬱金香草之汁，和合鬯酒使香氣滋深，故云「鬱合鬯也」。以臭而求諸陰，其臭下達於淵泉矣。蕭香，蒿也，取此蒿及牲之脂膋合黍稷而燒之，使其氣旁達於墻屋之間，是以臭而求諸陽也。此是天子、諸侯之禮，非大夫、士禮也。王氏曰：「鬯灌之地，此臭之陰者也。蕭焫上達，此臭之陽者也。」○《丘儀》鬯用秬黍爲酒也。此雖是諸侯之禮，後世焚香祭神實取此義。焚香以代之。《丘儀》按古無今世之香，漢以前只是焚蘭芷、蕭芝之類，後百越入中國，始有之，雖非古禮，然通用已久，鬼神亦安之矣。○《語類》《温公書儀》：以香代爇蕭，楊子直不用，以爲香只是佛家用之。○又見「上正至朔望參」條下。北溪陳氏，名淳，字安卿，臨漳人。縮酌《周禮・天官》祭祀供蕭茅。注「蕭」字或爲「茜」，「茜」讀爲「縮」。束茅立之祭前，沃酒其上，酒滲下去，若神飲之，故謂之縮。○又見上「束茅聚沙」條下。

進饌。《集説》注 能周旋中禮，當如儀行之，或不能行，依圖預設可也。《注》主人奉肉止主婦奉飯。

《曲禮》凡進食之禮，左殽右胾，則史反食嗣居人之左，羹居人之右。膾炙拓處外，醯醬處内，葱渫裔處末，酒醬處右。以脯脩置者，左朐劬右末。《注》肉帶骨曰「殽」，純切曰「胾」。骨剛，故左，肉柔，故右。飯左羹右，燥濕也。膾炙異饌，在殽胾之外，醯醬，食之主，故在殽胾之內。葱渫，蒸葱，亦菹類加豆也，故處末。酒醬，或酒或醬也，處羹之右，苦兼設，則左酒右醬。《疏》脯訓始，始作即成也。脩亦脯，脩訓治，治之乃成。薄折曰脯，捶而施薑桂曰腶脩。朐謂中屈也，左朐，朐置左也。脯脩處酒左，以燥爲陽也。吕氏曰：「其末在右，便於食也，食脯脩者先末。」方氏曰：「食以六穀爲主，地産也，所以作陽德，故居左。羹以六牲爲主，天産也，所以作陰德，故居右。」○《特牲饋食禮》主人升，入復位。俎入，設于豆東。主婦設兩敦黍稷于俎南，西上；及兩鉶芼設于豆南，南陳。○按《曲禮》言凡進食之禮，《特牲》言饋食之禮然。食黍稷皆居東，而《家禮》則不然。羹居東，飯居西，未知何義。恐是出於當時俗禮而《書儀》從之。而《家禮》亦未之改故歟。○問 飯器啓蓋宜在何時？愚按《饋食》：「祝洗爵，奠于鉶南，遂命佐食啓會。佐食啓會，却于敦南，出，立于西，南面。主人再拜稽首，祝在左。卒祝，主人再拜稽首，祝迎尸于門外。」以此觀之，當在初獻之後，未讀祝之前。

初獻。《注》炙肝于爐。退溪曰：「炙字有二音。肉之方燔，之石切，親炙、熏炙皆從是音。已燔，之夜切，膾炙、嗜秦之炙皆從是音。○按《士昏禮》「贊以肝從」，《注》：飲酒，宜有肴以安之。以此觀之，祭用肝炙，象生時之用歟。祝取版跪讀。《丘儀》四代共爲一祝。《家禮》四代各一祝。今併省之以從簡便。○《集説》無祝，則主人自讀。○問《家禮集説》「無祝，則主人自讀」，其義如何？古亦無此説耶。退溪曰：「湖南或有陳而不讀云，然未知何以處之得中也。古亦無此説也。」追感歲時，敢以潔牲。按《朱子大全》作「追遠感時，敢作謹」。祔食。《開元禮》庶子不祔食，庶子之嫡祔如嫡殤。但不讀祝。《開元禮》嫡殤者時享，皆祔食於祖，無別祝，不拜。《注》設祔食之座於祖座之左，西向，一獻而已。不讀祝不拜者，以其從食其祖，祝詞末云孫某祔食。

《附注》外神。《語類》外神，如山川、社稷、五祀之類，與山林、溪谷之神能興雲雨者。《少牢》。《饋食禮》。《儀禮》篇名。賓長三獻《曾子問注》十一飯畢，主人酳尸，尸卒爵，酢主人，主人獻祝及佐食畢。次主婦獻尸，尸酢主婦，主婦又獻祝及佐食畢。次，賓長獻尸。尸得賓長獻爵，則止不舉，蓋奠其爵于薦之左也，待致爵之後，尸乃舉爵。《士虞》、《特牲禮》、《鄉射》、《大射》，並《儀禮》篇名。獲者獻侯祭酒。【本注】獲者亦弟子也。謂之獲者，以事名之。獲者以侯爲功，是以獻焉，以上《鄉射》，東方謂之右个，祭酒者，獲者南面於俎北，當爲侯祭於豆間。以上《大射》。○《周禮·射人》注射必有人執旗以告獲。獲言中之難也。設三侯，故有左右个。

侑食。《注》正節。【問】正節之所。【退溪】曰：「正之於羹器。」【按】退溪說恐未然。《家禮》之意若是「正之於羹器」，則何獨於「匙」特言「插之之所」，而節則無說乎？以文勢觀之，恐正之於匙楪中也。豈中國之俗爲然耶。

闔門。《注》厭。《韵會》厭，平聲，飽也。○《曾子問注》厭是饜飫之義，謂神之歆享也。厭有陰有陽。陰厭者，迎尸之前，祝酌奠訖，爲主人釋辭於神，勉其歆享，此時在室奥陰静之處，故云陰厭。陽者，尸謖之後佐食，徹尸之薦俎，設於西北隅，得户明白之處，故曰陽。厭制禮之意，不知神之所在於彼乎，於此乎，皆庶幾其享之而厭飫也。

【附注】一食九飯，【本經】三飯，又三飯，又三飯。《注》九飯而已，士禮也。《疏》少牢十一飯，諸侯十三飯，天子十五飯，故云：「九飯，士禮也。」《記》疏九飯之頃，時節也。

受胙《韵會》胙，存故切，福肉也。○《語類》受胙者，古者胙字與酢字通，受胙謂猶神之酢已也。《注》

嘏于主人。《補注》爲尸致福於主人之辭也。○問 祈福主人不曰「祝」而曰「嘏」者何也？按《禮運注》「假」與「嘏」通。嘏，尊祝卑，以尊統卑故，但言假。工祝止引之《詩》注 善其事曰工。承，猶傳也。來讀曰釐，賜也。引，長也。左袂季指，《少牢饋食禮》注 實於左袂，便右手也。季，猶少也。

餕注 遣僕執事。司馬温公《歸胙于所尊書》某惶恐啓平等、降等皆去「惶恐」二字，某以今月某日祗薦歲事于祖考，降等去「某以」二字，謹遣歸胙于執事，平交去「于執事」三字，隆等改「謹」作「今」，伏惟尊慈俯賜容納，平交去「尊慈俯賜」四字，改「容納」作「留納」，降等併去八字，某惶恐再拜。平交去「惶恐」字，降等云「再拜」，止云「某啓」。所尊復書某啓，降等則云「某惶恐啓」，吾子孝享祖考，平等則云「伏承某人孝享祖考」，不專有其福，降等則云「欲廣其福」，施及老夫，平交則云「施及賤交」，降等改「賤交」作「賤子」，感慰良深。平交則云「不勝感戴」，降等「過蒙恩私不勝感戴」。某啓某人，平交則云「某再拜某人左右」，降等則云「某惶恐再拜某人執事」。

衆男獻女尊長。坊記 非祭，男女不交爵。《注》先儒謂同姓則親獻，異姓則使人攝。此云「不交爵」，謂饗異姓國君耳。頒胙，其日皆盡。《語》祭肉不出三日。《注》家之祭肉，則不過三日皆以分賜。蓋過三日則肉必敗，而人不食之，褻鬼神之餘也。

附注 兄弟及賓無算爵。《有司徹》賓及兄弟交錯其酬，皆遂及私人，爵無算。《注》算，數也。長賓取觶酬兄弟之黨，長兄弟取觶酬賓之黨，唯己所欲，無有次第之數也。

凡祭，量筋力。《韻會》筋，舉欣切，肉之力也。

初祖

初祖。《語類》或謂受姓之祖，如蔡氏，則蔡叔之類；或謂厥初生民之祖，如盤古之類。

附注 覺得僭。《大全》《答葉仁父書》曰：「始祖先祖之祭，伊川方有此説。固足以盡孝子慈孫之心，然嘗疑其禮近於禘祫，非臣民所得用，遂不敢行。德厚者流光，德薄者流卑。故古者太夫以下極於三廟，而干祫可以及其高祖。今用先儒之説，通祭高祖，已爲過矣，其上世久遠，自合遷毀，不當更祭也。」禘。《小記注》禘，王者之大祭也。王者既立始祖之廟，又推始祖所自出之帝，祀之於始祖之廟，而以始祖配之。

祭始祖。《喪服傳》諸侯及其太祖，天子及其始祖之所自出。《注》太祖，始封之君。始祖者，感神靈而生，若稷、契也。自，由也。及始祖之所由出，謂祭天也。注厥初生民。《詩》厥初生民，時維姜嫄。《注》民，人。設位。《伊川祭禮》祭始祖，只設一位，以妣配。○《補注》設於墓所，以義推之，只恐當設初祖一位而已，妣不在其内世遠在所略也。祭先祖亦然。退溪曰：「此説可疑，更詳之。」

陳器。《注》杅。《韵會》杅，雲俱切，器也。○《既夕注》杅，盛湯漿。

具饌。【《會成》】按四時祭有省牲，今補入。【注】主人親割毛血。【祭義】祖，而毛牛尚耳。【注】祖衣，示有事也。將殺牲則先取耳旁毛以薦神，毛以告全，耳以主聽，欲神聽之也。以耳毛爲上，故云「尚耳」。首心肝肺。【《郊特牲》】血祭，盛氣也；祭肺、肝、心，貴氣主也。祭黍、稷加肺，祭、齊去聲加明水，報陰也。取膟律膋僚燔燎，升首，報陽也。【《注》】有血有氣，乃爲生物。血由氣以滋，死則氣盡而血亦枯矣。故血祭者所以表其氣之盛也。肺、肝、心皆氣之所舍，故云氣主。周祭肺，殷祭肝，夏祭心也。祭黍稷加肺者謂尸，隋綏祭之時以黍、稷兼肺而祭也。祭齊加明水謂尸，正祭之時，陳列五齊之尊，又加明水之尊也。祖考形魄歸地屬陰，而肺於五行屬金，金水，陰也，故加肺加明水，是以陰物而報陰靈也。膟膋，腸間脂也，先燔燎于爐至薦熟，則合蕭與黍稷燒之。黍稷，陽也，牲首亦陽，體、魂、氣歸天爲陽。此以陽物報陽靈也。左胖不用，右胖爲三段。【《既夕》】其實羊左胖。【《注》】反吉祭也。○【《少牢饋食禮》】升羊右胖。【《注》】升，猶上也。升右胖，周所貴也。十二體。【按】去近竅一節則當爲十一體，「二」字恐誤。脊三段。【《士昏禮注》】脊者，體之正也。食時則祭之，飯必舉之，貴之也。去近竅。【《既夕注》】近竅，賤也。

厥明注以火爨。【《韵會》】爨，取亂切。取其進火謂之爨，取其氣上謂之炊。祭祀之禮，饔爨以炙肉，廩爨以炊米。

盛服就位。【《補注》】按家衆叙立之儀。在小宗家之祭，四親廟則男在主人之右，女在主婦之左；在大宗家之祭，始祖先祖則一世居左，二世居右，三世居左，四世居右。左爲昭，右爲穆，而女不在内者。蓋祭四親廟則子孫世近屬親男女會於一堂，不自爲嫌。若祭始祖先祖，子孫世遠屬疏，又人數衆多，女不得在内祭者，莫非自然之理也。【《注》】如時祭儀。【按】《丘儀》此下有「俯伏興，再拜，復位，參神」之文。

【附注】匾盂。【《韻會》】匾，補興切。器之薄者曰匾，又不圓貌。盂，雲俱切，飲器也。宋楚之間或謂之盌。

進饌。【《注》】奉毛血腥肉以進。【按】唐《元陵儀注》毛血盛以豆裸後始奠。饌將升，未焚蕭之前還徹之云，而此無徹文，行禮者當更考。○【《禮運》】玄酒以祭，薦其毛血，腥其俎，熟其殽。【注】每祭必設玄酒，其實不用之以酌。薦其毛血，謂殺牲之時，取血及毛，入告神於室也。腥其俎，謂牲既殺，以俎盛肉進於尸前也。「祭玄酒」、「薦血毛」、「腥俎」此三者，是法上古之禮，「熟其殽」以下是中古之禮。殽，骨體也，以湯爓爲熟。方氏曰：「血所以告幽，毛所以告全，腥其俎，則事之以神道；熟其殽，則事之以人道。」○【《禮器》】君子曰：「禮之近人情者，非其至者也。郊血，大饗腥，三獻爓，一獻孰。」《注》近者爲褻，遠者爲敬。凡行禮之事，與人情所欲者相近，則非禮之極至者。郊，祭天也。郊祀與大饗、三獻皆有血腥爓孰，此各言者，據先設者爲主也。郊則先設血，後設腥、爓、孰。大享，祫祭宗廟也。腥，生肉也。去人情稍近，郊先薦血，大享則迎尸時血與腥同時薦獻，酌酒以薦獻也。祭社稷及五祀，其禮皆三獻，故因名其祭爲三獻也。爓，沉肉於湯也，其色略變，去人情漸近矣。此祭血腥與爓一時同薦，但當先者設之在前，當後者設之居後。據《宗伯》，社稷五祀初祭降神時已埋血。據此則正祭薦爓時又薦血也。一獻祭群小祀也。祀畢，酒惟一獻，用熟肉，無血、腥、爓三者。蓋孰肉是人情所食，最爲褻近，以其神卑則禮宜輕也。方氏曰：「由爓而上，則尚氣而已，至於孰，則又尚味焉。」故《郊特牲》曰：「至敬不饗味而貴氣臭也。」肉湆不和者，肉湆以菜者。《士昏禮》大羹湆《注》煮肉汁也。今文「湆」皆作汁。○《補注》肉湆不和者即大羹肉湆以菜者，即鉶羹也。大羹鉶羹。《禮器注》大羹，太古之羹也。肉汁無鹽梅之和，後王存古禮，故設之，亦尚玄酒之意。方氏曰：「大羹之汁，遺其味而無調和之齊，所以爲大。若鉶羹之類，則小矣。」○禮書 鉶鼎所以實羹者，鉶羹所以具五味也。自羹言之則曰鉶羹，自器言之則曰鉶鼎。○《周禮·天官注》太古茹毛飲血所謂羹者，血湆而已。中古漸文，則加滋味，於是有鉶羹之薦。去古既遠，人心滋喪縱口腹之欲，窮鼎俎之味，聖人懼焉。故使祭祀之時薦太古之大羹，貴本也。《記》曰：「大羹不和，貴其質也。」所以交於神明者，非食味之道也。反本復古而已。

初獻。《注》炙肝加鹽。問加鹽之方。愚按《少牢饋食禮》：「户祭酒，啐酒。賓長羞牢肝，用俎，縮執俎，肝亦縮，進末，鹽在右。」注：羞，進也。縮，從也。鹽在肝右，便尸揳之。《疏》鹽在肝右，據賓長西面，手執而言，尸東面，若至尸前，鹽在尸之左，尸以右手取肝，㩜左揳之，是其便也。以此推之，可見古亦用鹽。又問：「時祭炙肝獨不言加鹽者，有何義耶？」曰：按《特牲饋食禮》，賓長以肝從。《疏》此直言「肝從」，亦當如《少牢》：「賓長羞牢肝，用俎，縮執俎，肝亦縮，進末，鹽在右。」此亦不言者，文不具也。以此觀之，時祭肝炙亦須加鹽也。所以不言者亦是文不具也。○《特牲饋食記》注肝宜鹽也。

餕《補注》祭畢而餕，設大席于堂東西二向。東向爲昭，西向爲穆，世爲一席，各以齒坐，所以會宗族而篤恩義。

先祖

祭先祖《語類》問：「立春祭先祖則何祖。」曰：「自始祖下之第二世，及己身以上第主世之祖。」○又曰：「伊川時祭止於高祖，而上則於立春設二位統祭之，而不用主，此説是也。却又云，祖又豈可厭多，苟其可知者無遠近、多少，須當盡祭之。疑是初時曾討論，故有此說。」○《補注》大宗之家，其第二世以下祖親盡，及小宗之家高祖親盡，所謂先祖也。○《丘儀》按冬至祭始祖，立春祭先祖，程子説也。朱子作《家禮》多取温公，而此二祭則用程氏焉。楊氏謂朱子初年亦嘗行之，後覺其似僭，不敢祭。然朱子於小學書亦既載，程子斯言，借曰《家禮》未成之書，而小學則已成矣。而不删去之，必有其説。《語録》又有「始祖之祭似禘，先祖之祭似祫」之説，考禮禘爲王者之祭，祫則諸侯亦得行也，則祫比禘爲小矣。朱子他日《答或人書》論祔及遷，有取横渠「喪畢，祫祭大廟，祭畢，還主迭遷」之説，則亦不以祫爲非。由是觀之，則先祖之祭，似亦可行。今擬人家同居止四代者，固不必行此祭。其有合族以居、累世共爨，生者同居而食，死者異席而祭，恐難萃合人心於孝享之義，宜於立春之日中，設先祖考妣位於中堂，自先祖而下，考左妣右，分爲兩列，每年一行，庶幾累世不分者，得以萃聚人心，揔撮衆志，敬宗收族於悠久云。按 朱子曰：「某當初也祭，後來覺得僭，今不敢祭也。」此似是朱子定論，丘説可疑。《注》

初祖以下，高祖以上之祖。《丘儀》按《家禮》引程子，謂祭初祖以下、高祖以上之祖，則自高以下四時常祭者，不復與也。今擬併高祖祖考祭之，蓋專爲合族以居者設也。不分遠近親疏皆合享於一堂，合祀死者，所以萃聚生者也。

設位《補注》設於墓所。初祖祠堂中東西向設，東向爲昭，西向爲穆，略如天子大祫之儀。○《丘儀》用紙爲牌，如神主，面上書某祖考某官府君，某祖妣某封某氏。高祖之父爲五世祖，推而上之爲六世、七世，有所知而書之，或以始遷之祖，或以起家之祖。在高祖以前者一人爲先祖，設其位堂中，南向，用屏障，其後前設倚子，倚前設卓子。其餘祖考妣無神主者，作紙牌，有主者至祭時請主。凡同居合族之人，有服及親未盡者，是日皆合祭。分爲兩列，左昭右穆相向，以此爲上。每考妣前設一卓，如多列不下，則每列各設一長卓。又於堂中設一卓於香案之北，近裏盛牲俎。牲卓南設香案，香案前列炭爐，其餘一一皆如時祭之儀。按《語類》問：「祭先祖何以只設二位？」考妣二位曰：「此只是以意享之而已。」又問：「用一分。」考妣各一分曰：「只是一氣。」據此則《丘儀》所謂六世、七世有所知而書之云者，恐失本意。且親盡以上，始祖以下，通稱先祖，而今指一人爲先祖云者，尤可疑，豈先字是初字之誤耶？

附注 畢竟。按 似是要其終之意。

具饌。《丘儀》脂雜以乾蒿末爲一盤，無蒿用香末代之。按《家禮》本注，牲體去左胖不用，右胖分爲十一體，蓋用古禮也。然《家禮》祭器既用今器以從簡便，則於此等處不必拘古，似亦無害。今國家祭祀，牲體於正祭皆全用，其於祔祭則每逐位分段，今擬從之。

質明。《注》告詞。《丘儀》主人將祭，先詣祠堂，請主，詣香案前跪，上香告曰：「孫某茲以立春合祭先祖于正寢，敢請高曾祖考妣同伸奠獻。」告畢，主人以盤盛主奉至中堂，各隨次序列其他神主。在別室者，皆倣此告辭，各隨所稱。○按 丘氏自以己意別設合祭之儀，并祭祠堂親未盡之神主節目，與《家禮》不同。進饌。《注》瘞毛血。按 瘞，《翰墨大全》作奉，《丘儀》作進，據《禮》則祭畢始埋毛血，是「瘞」字之誤無疑。

初獻。《注》祝詞。按《丘儀》祝文「祇薦歲事」之下，有「凡我宗親咸茲合食」之文。

禰

禰。《韵會》乃禮切，父廟曰「禰」。○《丘儀》按古禮，禰之祭，支子不得行，蓋謂季秋成物之時也。若夫兄弟異居者，正祭雖不敢行，而時節奉鮮之獻，行之恐亦無害。徹餕。《丘儀》徹餕，止會食而不行慶禮。

忌日

忌日。《祭儀》君子有終身之喪，忌日之謂也。忌日不用，非不祥也。《注》忌日，親之死日也。不用，不以此日爲他事也。非不祥，言非以死爲不祥而避之也。○張子曰：「古人於忌日不爲薦奠之禮，特致哀示變而已。」○《語類》古無忌祭，近日諸先生方考及此。○先生爲無後叔祖忌祭，未祭之前不見客。○問：「人在旅中遇有私忌，於所舍設卓炷香可否？」曰：「這般微細處，古人也不曾說。若是無大礙於義理，行之亦無害。」○頤庵曰：「國俗忌祭，不論男女輪遞設行。國典云：『祭享之費與祭宗族輪番借辦。』又言：『主祭子孫別居遠處，衆子孫就其家行祭，謂送助其費于宗家耳，非使之設行於各家也。』」

設位。《補注》如父之忌日，止設父一位；母之忌日，止設母一位；祖以上及旁親忌日皆然。○

《程氏祠先凡例》祖考忌日則只祭祖考及祖妣，祖妣忌日則只祭祖妣及祖考，餘位忌日祭同。○晦齋曰：按文公《家禮》，忌日止設一位，《程氏祭禮》忌日配考妣，二家之禮不同。蓋止設一位，禮之正也；配祭考妣，禮之本於人情者也。若以事死如事生鋪筵設同几之意推之，禮之本於情者亦有所不能已也。○問忌日設位，程朱二先生之禮不同，未知孰從？愚答曰：按《士虞禮》是月也，吉祭，猶未配。《注》：猶未以某妃配某氏，哀未忌也。而《祭義》君子有終身之喪，忌日之謂也。以此觀之，忌日止祭所祭之位而不配祭者，非薄於所配。祭以哀在於所爲祭者，故也。又吾東俗父母喪三年之内并祭，先亡者尤非也。○又按居家必用。眉山劉氏曰：「或問伊川先生曰：『忌日祀兩位否？』先生曰：『只一位。』愚謂家庭之祭與國家祀典不同。家庭晨夕朔望於父母之敬，未嘗舉一而廢一也，魯人之祔也，合之孔子以爲善，忌祭何獨不然。故忌祭仍當兼設考妣位。若考忌日則祝辭末句增曰『謹奉妣某氏夫人配』，妣忌日則曰『謹奉以配考某公』，後之君子更宜審擇。據此則程子以祭一位爲是，晦齋所引未知出於何書。」

變服。張子《理窟》忌日，變服，爲曾祖、祖，皆布冠而素帶麻衣；爲曾祖、祖之妣，皆素冠、布帶、麻衣；爲父，布冠帶、麻衣、麻履；爲母，素冠、布帶、麻衣、麻履；爲伯叔父，皆素冠帶、麻衣；爲伯叔母，麻衣、素帶；爲兄，麻衣、素帶；爲弟姪，易褐不肉；爲庶母及嫂，一不肉。○《大全》《答李堯卿書》曰：「横渠忌日，衣服有數等，今恐難遽行。且主祭者易以黲素之服，可也。」○《答胡伯量書》曰：「唐人忌日服黲，今不曾製得，只用白生絹衫帶黲巾。」《注》特髻《記原》燧人始爲髻，至周王后首服爲副編。鄭云，三輔謂之假髻，其遺事也。《二儀實録》：「燧人氏婦人束髮爲髻，髻，繼也，言女子必有繼于人也。但以髮相纏，而無物繫縛。」去飾飾如《記原》：燧人之始爲髻，舜加首飾，文王又加翠翹步摇之類是也。

奉主出就正寢。理窟《理窟》凡忌日必告廟，爲設諸位，不可獨享，故迎出廟，設於他次，既出則當告諸位，雖尊者之忌亦迎出。此雖無古制，可以意推。

初獻。《注》祝辭。按《丘儀》「不勝永慕」之下有曰「用伸奠獻」，《集説》有曰「恭伸追慕」。○又按《集説》眉山蘇氏曰：「忌當兼設考妣。若考忌日祝文後謂尚饗之上增一句曰：『謹奉妣某氏配』，妣忌日則『謹奉以配考某公』。」○又按 忌日考妣並祭，則雙書考妣，歲序遷易，之下某親，諱日復臨。諱日《曲禮》卒哭乃諱。《注》敬鬼神之名，諱避也。生者不相避名。君臣同名，春秋不非。王肅曰：「始死哀遽，故卒哭乃令諱。」○《左傳》周人以諱事神，名終將諱之。○《周禮》小史掌邦國之志，若有事則詔王之忌諱。《注》志謂記也。先王死日爲忌，名爲諱，故書。考妣則哭盡哀。《語類》問：「忌日當哭否？」曰：「若是哀來時自當哭。」

不食肉。《或問》《禮》：君子有終身之喪，忌日之謂也。爲子孫者固皆不飲酒食肉矣，一家之人亦皆素食乎。愚答曰：「《語類》：先生家凡值遠諱，一家固自蔬食，其祭祀食物則以待賓客。」○《補注》此所以不餕也。

墓祭

墓祭。《通典》三代以前未有墓祭，至秦始起，寢於墓側。○《補注》伊川曰：「嘉禮不野合。故生不野合，則死不墓祭。蓋燕享祭祀，乃宮室中事。後世習俗廢禮，故墓亦有祭。如禮望墓爲壇，并家人爲墓祭之尸，亦有時爲之，非經禮也。」南軒曰：「墓祭非古也。然考之《周禮》則有『家人之官，凡祭於墓爲尸』，是則成周盛時，固亦有祭於其墓者，雖非制禮之本經，而出於人情之所不忍，而其義理不至於甚害，則先王亦從而許之。其必立之尸者，亦所以致其精神而示享之者，非體魄之謂，其爲義亦精矣。」〇唐侍御鄭正則《祠享儀》古者無墓祭之文，孔子許望墓以時祭祀。漢光武初纂大業，諸將出征，鄉里者詔有司給小牢，令拜掃以爲享。曹公過喬玄墓致祭，其文悽愴，寒食墓祭蓋出於此。〇《大全》《答王晉輔書》曰：「墓祭不可考。先儒説恐是祭土神。但今俗行拜掃之禮，其來已久，似不可廢。」〇《答李堯卿書》曰：「墓祭無明文，雖親盡而祭，恐亦無害。」〇問墓祭或墓非一二，多至八九，東西埋葬，丘隴峻險，南往北來，神倦身疲，恐有怠慢之氣或生，而日亦不繼，則將何以處之，或厥日有終朝之雨，則亦將何以爲之？如欲預搆一屋於墓側，而若遇如此之時，依時祭儀合祭一所，如之何？退溪曰：「豈不善哉。」〇《實記》朱子於父母墳墓所托之鄉人，必加禮，敵已上則拜之。 上旬擇日 韓魏公用寒食及十月一日祭。〇《程子外書》拜墳則十月一日拜之，感霜露也。寒食則又從常禮祭之。飲食則稱家有無。〇《理窟》寒食與十月朔日展墓，亦「可」爲草木初生初死。〇晦齋曰：「按《家禮》墓祭三月上旬擇日行之。今世俗正朝、寒食、端午、秋夕皆詣墓拜掃，今且從俗行之可也。」

具饌。按此條既曰「墓上每分如時祭之品」，則其有羹飯可知，而下無「進饌」、「侑食」二節可疑，《丘儀》有之，當從。

灑掃。《注》芟。《韻會》芟，師咸切，刈草也。 除地《韻會》除，陳如切，去也。按《史·封禪》注：

封，增土也。天高不可及，負土秦山上爲壇而祭之，冀近神靈也。禪，除地也。以此觀之，除地亦所以欲近於地之神靈歟？初獻。《注》祝辭。朱子《歸新安祭墓文》一去鄉井，二十七年。喬木興懷，實勞夢想。兹焉展掃，悲悼增深。所願宗盟，共加嚴護。神靈安止，餘慶下流。凡在雲仍，畢沾兹蔭。酒殽之奠，惟告其衷。精爽如存，尚祈鑑饗。○《告遠祖墓文》維年月日，遠孫某謹率姪某、姪孫某等，以酒果告于遠祖二十一公制置府君、祖妣杜氏夫人之墓：維昔顯祖，作鎮兹邦。開我後人，載祀久遠。封塋所寄，奉守不虔。他人有之，莫克伸理。兹用震怛，籲子有司。鄉評亦公，遂復其舊。伐石崇土，俾後不迷。即事之初，敢謝其譴？謹告。○《翰墨》《熊用元冬至省墓文》：一陽襲管，五物書雲，月南至兮。霜露既降，草木盡落，山獨歸兮。感時濺淚，觸緒痛心，耿耿不寐。屐省松楸，追慕音容，嗟永閟兮。

遂祭后土。《集説》問：「祀后土如何不在墓祭之前？」曰：吾親來薦歲事，專誠在墓，土神自宜後祭。蓋有吾親方有是神也。

附注 先正。《書》注 先世長官之臣。改葬。《丘儀》治棺制服。子爲父、妻爲夫緦麻，餘皆素服布巾，具斂牀布絞衾衣，如大斂儀 治喪具，大轝竹格功布幃幕之類 擇日開塋域，札土地，遂穿壙作灰隔，皆如治葬之儀。祠土地，祝文前同：今爲某親某官姓名，宅兆不利，將改葬于此，神其保佑，俾無後艱，謹以後同前。期日告于祠堂，啓櫝出主，只出所當遷葬之主，告辭曰：兹以某考妣體魄托非其地，恐有意外之患，驚動先靈，不勝憂懼，將卜以是月某日改葬于某所，敢告執事者於舊墓所，張白布幕，開户向南，布席其下，厥明内外，諸親皆至，各就次。主人服緦麻，餘皆素服，爲位哭盡哀。祝祠土地，祝文並同前，但云：兹有某親某官卜宅兹地，恐有他患，將啓窆遷于他所，謹以清酌脯醢祇薦于神，神其佑之。尚饗。序立，舉哀，哀止，再拜。詣墓道前跪，焚香酹酒，奠酒，俯伏，興，再拜，復位。祝噫歆三聲，祝告曰：某官某人，葬于兹地，歲月滋久，體魄不寧，今將改葬，伏惟尊靈，不震不驚。舉哀，再拜，哀止。各就他所，役者開墳。俟開墳訖内外各就哭如初役者舉棺出，置于幕下，席上男女俱哭，從於幕所，男東女西，祝。以功布拭棺，覆以衾，祝。設奠于柩前，用卓子置酒盞、酒注、香爐及設蔬果飯羹如常儀，役夫舁新柩於幕門外，南向遂詣幕所，執事者設斂牀於新柩之西，如不易棺則不設牀，執事者開棺舉尸置于斂床，遂斂如大斂之儀。蓋棺，主人主婦憑哭，盡哀，革去舊奠，遷柩就轝，祝告曰：今日遷柩就轝，敢告。乃設奠，就位舉哀，祝，焚香、斟酒，跪告曰：靈輀載駕，往即新宅。俯伏，興再拜。發引男女哭，從如始葬之儀。未至執事者，先設靈幄靈座爲男女位次，柩至，主人男女各就哭乃窆。一如始窆之儀祠土地於墓左，如常儀祝文前後並同，但改云：今爲某官建兹宅，兆神其後同，既葬，就幕所靈座前行虞祭，如初虞儀祝文前同，但云：新改幽宅。禮畢，終虞夙夜靡寧，啼號罔極，謹以後同。祭畢，徹靈座，主人以下出就別所釋緦麻服、素服而還告于祠堂，告曰：孝孫某今以某親某官體魄托非其地，已於今月某日改葬于某所。事畢，敢告。餘並同。○按《開元禮》「改葬」條則有「銘旌」，而此則無之，是闕文。恝然。《孟子》注恝，無愁之貌。本子按子語辭。楮錢代幣帛。《丘儀》晁氏曰：「紙錢始於殷長史，漢以來里俗稍以紙寓瘞錢，至唐王璵乃用於祠祭。今儒家以爲釋氏法，於喪祭皆屏去。」子謂不然，之死而致死之，不仁；之死而致生之，不知。以紙寓錢，亦明器也。俗謂果資於冥塗則可笑。按此則用紙錢代幣帛，似亦無害。滅裂。《中庸》小注輕薄也。鮓《韵會》側下切，以鹽米釀魚爲菹。周元陽，唐時人。開元，唐玄宗年號。羈，寄也。松檟，《唐音注》陵前樹木也。檟，《説文》楸也。又《爾雅》楸散而小，曰「檟」。《左傳》伍員曰：「樹吾墓檟。」萬乘有上陵之禮。《前漢・刑法志》天子畿方千里，提封百萬井，定出賦六十四萬井，戎馬四萬匹，兵車萬乘去聲。故稱萬乘之主。○《通典》後漢都雒陽，每帝西行，即親謁其雒陽陵。每正月上丁，祀郊廟畢，以次上陵。東晉元帝崩後，諸公始有謁陵、辭陵之事。成帝時，中宮亦年年拜陵，議者以爲非禮，遂止。後魏孝文帝哭於文明太后陵左，終日不絕聲。唐太宗朝于獻陵，至小次，降輦納履，哭入闕門，西再拜，慟絶不能興。皂隸《韵會》皂，在早切，食牛馬器，又賤人直馬者。隸，郎計切，賤稱，屬着於人也，僕隸也。庸丐。《韵會》庸，餘封切，均直也。《韓詩》作傭，厮賤之人也，雇作謂之傭。丐，句通，居太切，乞，請也。夏畦。《孟子》注夏月治畦之人也。罄《韵會》詰定切，空也。《詩》注盡也。慤《韵會》克角切，謹也，誠也。洋洋《中庸》注流動、充滿之意。格《中庸》注來也。歆見上次司馬公按次，編次也。